Ethik

Klassiker Auslegen

Herausgegeben von
Otfried Höffe
Band 31

Otfried Höffe ist o. Professor für Philosophie
an der Universität Tübingen.

Baruch de Spinoza

Ethik in geometrischer Ordnung dargestellt

Herausgegeben von
Michael Hampe und Robert Schnepf

unter Mitwirkung von Ursula Renz

Akademie Verlag

Gedruckt mit freundlicher Unterstützung der Eidgenössischen Technischen Hochschule Zürich

Titelabbildung: Jean Charles François: Spinoza, Kupferstich, 1761–1762

ISBN-10: 3-05-004126-9
ISBN-13: 978-3-05-004126-1

© Akademie Verlag GmbH, Berlin 2006

Das eingesetzte Papier ist alterungsbeständig nach DIN/ISO 9706.

Alle Rechte, insbesondere die der Übersetzung in andere Sprachen, vorbehalten. Kein Teil dieses Buches darf ohne schriftliche Genehmigung des Verlages in irgendeiner Form – durch Photokopie, Mikroverfilmung oder irgendein anderes Verfahren – reproduziert oder in eine von Maschinen, insbesondere von Datenverarbeitungsmaschinen, verwendbare Sprache übertragen oder übersetzt werden.

Gesamtgestaltung: K. Groß, J. Metze, Chamäleon Design Agentur Berlin
Satz: Veit Friemert, Berlin
Druck und Bindung: MB Medienhaus, Berlin

Printed in the Federal Republic of Germany

Inhalt

Zitierweise und Siglen VII

Vorwort IX

1.
Einleitung:
Spinozas *Ethica ordine geometrico demonstrata*
Michael Hampe / Ursula Renz / Robert Schnepf 1

2.
Explaining Explanation
and the Multiplicity of Attributes
Michael Della Rocca 17

3.
Die eine Substanz und die endlichen Dinge (1p16–28)
Robert Schnepf 37

4.
Das Problem des Nezessitarismus (1p28–36)
Dominik Perler 59

5.
Spinoza und die Identitätstheorie (2p1–2p13)
Michael Pauen 81

6.
Die Definition des menschlichen Geistes und die
numerische Differenz von Subjekten (2p11–2p13s)
Ursula Renz 101

7.
Spinoza's Physics
Stephen Gaukroger 123

8.
Die Erkenntnisarten (2p38–2p47)
Christof Ellsiepen 133

9.
Der Conatus: Dreh- und Angelpunkt der *Ethik*
Thomas Cook 151

10.
Liebe und Haß (3p13–21):
Intentionalität, Repräsentation und Bewußtsein
Francis Amann 171

11.
Imitation der Affekte
und zwischenmenschliche Beziehungen
Pierre-François Moreau 183

12.
Menschliche Unfreiheit und Desillusionierung (4praef–4p18)
Jean-Claude Wolf 197

13.
Grundzüge der politischen Philosophie Spinozas (4p37s2)
Manfred Walther 215

14.
Die Theorie des Guten im 4. Teil der *Ethik*
Wolfgang Bartuschat 237

15.
Das vernunftgeleitete Leben freier Menschen
Michael Hampe 251

16.
Ethik als Heilkunde des Geistes (5p1–5p20)
Herman De Dijn 267

17.
Die dritte Gattung der Erkenntnis und die
vernünftige Liebe Gottes
Thomas Kisser 283

18.
Bemerkungen zur Unsterblichkeit der Seele bei Spinoza
Alexandre Matheron 297

Literaturverzeichnis 309

Personenregister 317

Sachregister 321

Hinweise zu den Autoren 329

Zitierweisen und Siglen

Deutsche Stellen der *Ethik* werden, sofern nicht anders angegeben, nach der von Wolfgang Bartuschat besorgten Übersetzung zitiert, die dem zweiten Band der deutschen Werkausgabe entspricht (Hamburg: Meiner 1999). Deutsche Zitate aus anderen Werken sind ebenfalls dieser Werkausgabe entnommen. Lateinische Zitate stammen aus den von Carl Gebhardt herausgegebenen *Opera* (Heidelberg: Winter 1925, Nachdruck 1973). Römische Zahlen verweisen auf den jeweiligen Band der lateinischen Werkausgabe. Englische Zitate stammen aus der Übersetzung von Edwin Curley, die im ersten Band der von ihm herausgegebenen *Collected Works* abgedruckt ist (Princeton 1985).

Verweise auf bestimmte Lehrsätze sind nach folgendem Schema aufgebaut: Die arabische Ziffer verweist auf den jeweiligen Teil, dann folgt ein Kürzel, das die Satzart genauer bestimmt, gefolgt von der Nennung der Zählung des Satzes. Dabei werden folgende Kürzel verwendet:

  d   für ‚definitio'
  dem   für ‚demonstratio'
  a   für ‚axioma'
  post für ‚postulatum'
  p   für ‚propositio'
  c   für ‚corollarium'
  s   für ‚scholium'
  app   für ‚appendix'
  praef für ‚praefatio'
  lem   für ‚lemma'

1p17c2 verweist dementsprechend auf das zweite Corollarium zu Lehrsatz 17 des ersten Teils. Zur Bezeichnung der Werke werden folgende Siglen verwendet:

  Ep.   Briefe
  KV   Kurze Abhandlung von Gott, dem Menschen und dessen Glück
  PPC   Descartes' Prinzipien auf geometrische Weise begründet (Principiae Philosophiae cartesianae)
  TIE   Abhandlung über die Verbesserung des Verstandes (Tractatus de intellectus emendatione)

TTP Theologisch-politischer Traktat (Tractatus theologico-politicus)
TP   Politischer Traktat (Tractatus politicus)

Stellen aus René Descartes' Werken werden nach den von Charles Adam und Paul Tannery herausgegebenen *Œuvres* zitiert. Als Sigle wird AT verwendet, gefolgt von der Angabe des Bandes in lateinischen Ziffern sowie der in arabischen Ziffern angegebenen Seitenzahl.

Vorwort

Die Spinoza-Forschung ist auf eine andere Art und Weise internationalisiert als die über Descartes, Kant oder Hegel. In der Einleitung in diesen Band werden die durch den Nationalsozialismus bedingten Umstände geschildert, die dazu geführt haben, daß die deutsche Forschung über diesen Autor jüdischer Abstammung im Vergleich zur englischen, französischen und niederländischen lange Zeit im Hintertreffen war und Spinoza bis heute in den Lehrcurricula der philosophischen Seminare nicht die ihm aufgrund der Originalität und Durchdachtheit seines philosophischen Entwurfs zustehende Beachtung gefunden hat. In den letzten beiden Jahrzehnten hat sich diese Situation geändert, nicht zuletzt durch die verdienstvolle Tätigkeit der von Manfred Walther gegründeten Spinoza-Gesellschaft. Wir hoffen, mit diesem Band einen weiteren Beitrag zur Belebung der Diskussion über diesen bedeutenden Philosophen der Neuzeit zu leisten. Trotzdem ist es immer noch nicht leicht, einen kollektiven Kommentar zu Spinozas *Ethik* herauszugeben, der sowohl ein „einfacher" Band mit 18 Beiträgen ist, als auch überwiegend mit deutschsprachigen Autoren operiert.

Wegen der großen Komplexität und Dichte des Textes der Spinozanischen *Ethik*, die es leicht rechtfertigen würden, einen Doppel- oder Dreifachband der Reihe „Klassiker Auslegen" mit sehr guten internationalen Autoren zu füllen, ist es darüber hinaus schwer, in der Forschung zu ihren unterschiedlichen Bereichen den Überblick zu behalten. Uns war dies nur möglich, weil wir von Anfang an zu dritt an diesem Buch gearbeitet haben. Schon bei den ersten Schritten zur Konzeption des vorliegenden Bandes haben die Herausgeber bei der Erschließung der französischen und angelsächsischen Spinoza-Forschung eng mit Ursula Renz zusammengearbeitet. Die Gelegenheit eines Vorworts nutzen wir gern, um Ursula Renz für ihre Mitarbeit und insbesondere die Betreuung der französischen Autoren zu danken. Herrn Mischka Dammaschke vom Akademie Verlag danken wir für seinen elanvollen Einsatz bei der Betreuung dieses Bandes und sein Engagement bei der nicht einfachen Suche nach einer Abbildung. Ursula Fröse in Wien hat die französischen Beiträge ins Deutsche übertragen, Frank Hermenau in Kassel die Schlußredaktion mitbetreut und die Indices erstellt. Auch ihnen möchten wir herzlich danken.

Michael Hampe / Robert Schnepf, Juni 2006

Michael Hampe/Ursula Renz/Robert Schnepf

1. Einleitung: Spinozas *Ethica ordine geometrico demonstrata*

1.1 Ziel und systematischer Anspruch

Spinoza *Ethica* gehört zum Ambitioniertesten, dem sich je ein Philosoph gewidmet hat. Alle Aufgabenbereiche der Philosophie werden in diesem Buch zumindest in ihren Grundlagen angesprochen: Ontologie, Philosophie des Geistes, Physik, Erkenntnistheorie, Affektenlehre, Sozialphilosophie, Staatslehre, Metaethik, Moralphilosophie und schließlich eine Lehre von den letzten Dingen: Freiheit, Glück und Ewigkeit. Was behauptet wird, soll absolut wahr sein. Alle Thesen sollen systematisch miteinander verknüpft und in einer vollständig transparenten Beweisstruktur vorgetragen werden. Lebensweisheit und wissenschaftliche Rationalität stehen nicht als zwei Kulturen miteinander im Konflikt. Wissenschaftliche Erkenntnis liefert die rationalen Grundlagen glücklichen Lebens. Die Frage, was ein glückliches Leben ist, unterscheidet irrelevante von relevanter Wissenschaft. Diese starken Ansprüche sind Spinoza selbst durchaus bewußt. Von Albert Burgh, einem ehemaligen Schüler, der später zum Katholizismus konvertierte, darauf angesprochen, woher er wisse, daß seine Philosophie die beste sei, antwortet Spinoza: „Denn ich erhebe nicht den Anspruch, die beste Philosophie gefunden zu haben, sondern ich weiß, daß ich die wahre erkenne." (Ep 76, G IV, 319f.)

Die entscheidende Frage ist jedoch, wie genau Lebensweisheit und Wissenschaft in der *Ethica* miteinander verknüpft werden. Fünf Punkte sind hier zu betonen:

Ontologische Voraussetzung statt deontologische Begründung. Spinozas *Ethica* schlägt keine deontologische Ethik vor, die unbesehen der psychophysischen Verfaßtheit des Menschen auf die Frage antwortet, was man tun soll. Ausgehend von den Strukturen und Gesetzmäßigkeiten der Natur und der menschlichen Existenz erörtert Sie, welche Art des glücklichen und selbstbestimmten Lebens Menschen möglich ist. Spinozas *Ethica* ist eine Theorie der Natur und eine Theorie des Menschen, in der eine Theorie darüber entwickelt wird, was für Menschen gut ist.

Naturalismus. Spinoza vertritt einen Naturalismus, der alles Seiende, das die Natur in irgendeiner Weise transzendieren soll, leugnet. Nicht nur die anthropologischen Ressourcen moralischen Handelns, sondern auch die Güter werden als etwas Natürliches begriffen. Die Ethik, auf die Spinoza zusteuert, schließt jegliches bonum morale aus. Sie geht statt dessen davon aus, daß es stets ein bonum naturale ist, was uns mehr oder weniger zuverlässig glücklich und frei macht. Dabei unterscheidet er sehr wohl zwischen Gütern, die eher andauern, und anderen, die eher zu vergänglichem Glück führen.

Universalismus. Trotz der Zurückweisung eines genuin moralisch Guten sind allgemeine Aussagen darüber möglich, was uns glücklich und frei machen kann. Grund dafür ist, daß die *Ethica* auf Naturphilosophie und Anthropologie aufbaut: Menschen leben zwar in verschiedenen Umständen, weswegen sie ganz unterschiedliche Bedürfnisse ausbilden und verschiedene Dinge als gut ansehen. Doch sie unterliegen alle denselben Naturgesetzen. Deshalb ist ihnen im Prinzip dasselbe zu- oder abträglich. Der vierte Teil der *Ethica* kommt denn auch zu ganz allgemeinen Aussagen darüber, was gut oder schlecht ist. Haß z.B. ist immer schlecht (4p45), ausgeglichene Heiterkeit dagegen immer gut (4p42).

Erkenntnistheoretischer Antiskeptizismus. Allgemeine Aussagen darüber, was den Menschen und ihrer Selbstbestimmung zu- oder abträglich ist, sind nur möglich, wenn die Natur, inklusive der menschlichen, von Menschen selbst erkannt werden kann. Die *Ethik* Spinozas hängt somit auch von der erkenntnistheoretischen Annahme ab, daß Menschen Einsichten in die ontologische und natürliche Verfaßtheit ihrer eigenen Spezies gewinnen können. Die *Ethica* weist also erkenntnistheoretischen Relativismus und Skeptizismus zurück.

Notwendigkeit und Systematizität. Spinoza geht davon aus, daß zwischen Einsichten verschiedener philosophischer Disziplinen ein *notwendiger und systematischer* Zusammenhang besteht. Damit ist nicht unterstellt, daß alles aus den Definitionen des ersten Buches hergeleitet wird. Allerdings hält Spinoza die Zusammenhänge zwischen manchen Erkenntnissen für so zwingend, daß wir, sobald bestimmte Einsichten über die Natur, den Menschen und die Menschen mögliche Wahrheit gewonnen sind, zu den von ihm entwickelten ethischen und metaethischen Überzeugungen kommen.

Dies alles präsentiert Spinoza nicht in gewohnter Prosa. Vielmehr hat sein Buch die Gestalt von Euklids *Elementen*, daher der Untertitel: „ordine geometrico demonstrata". Spinoza unterscheidet wie in einer geometrischen Abhandlung zwischen Definitionen, Axiomen, Postulaten, Propositionen und Beweisen. Propositionen oder Lehrsätze werden aus den vorausgesetzten Definitionen und Axiomen und eventuell vorhergegangen Lehrsätzen bewiesen. Jeder neue Lehrsatz ist in gewisser Hinsicht auch ein neuer gedanklicher Einsatz. Dadurch wird die Lektüre ständig unterbrochen. Der Leser wird gezwungen, immer wieder zurückzublättern, wenn er sich die Voraussetzungen dessen, was er gerade liest und was ja bewiesen werden soll, wirklich veranschaulichen will. Nur durch diese Eingliederung der Lehrsätze in das bisher Erreichte stellt sich der beabsichtigte Erkenntnisgewinn ein. So schwer ein solcher Text auch zu lesen sein mag, für den, der wirklich hin- und herblättert, führt er zu einer Transparenz, die in einem „normalen Fließtext" nie erreichbar ist. Auf diese Weise zwingt Spinoza den Leser, die eben genannten Zusammenhänge zwischen den Einsichten aus unterschiedlichen philosophischen Disziplinen auch tatsächlich herzustellen.

1.2 Vorgeschichte, Entstehung und Veröffentlichung der *Ethica*

Das postume Erscheinen der *Ethica* im Februar 1778 bedeutete für die europäische Öffentlichkeit einen Skandal. Dieser kam nicht aus heiterem Himmel. Schon Spinozas erstes veröffentlichtes Werk, *Descartes' Prinzipien der Philosophie auf geometrische Weise begründet* (1663), provozierte einen langen Briefwechsel mit dem um die religiösen Grundlagen der Moral besorgten Getreidehändler Willem van Blyenbergh über die Natur des Bösen. Auch unabhängig davon galt Spinoza seit den frühen 60er Jahren des 17. Jahrhunderts unter einigen Theologen als „kartesischer Atheist" (Moreau/Lagrée 1999, 5). Spätestens mit dem *Tractatus theologico-politicus* wurde sichtbar, daß Spinoza jegliche göttliche Transzendenz und Schöpfungstheologie leugnet. Später dann, in der *Ethica*, hat Spinoza diesen Gedanken mit der Formel „deus sive natura" auf den Punkt gebracht (1p15sch). Anregungen dazu stammen vermutlich von Franciscus van den Enden (Klever 1989, 318 f. und Klever 1996, 18). Dieser Amsterdamer Arzt betrieb eine Lateinschule und hatte einen philosophischen Diskussionskreis um sich geschart. Spinoza hat diese Schule besucht (Bartuschat 1988, 896) und in dem Diskussionskreis um van den Enden verkehrt (Nadler 1999, 103ff.). Das, was heute manchmal als Spinozas Naturalismus gefeiert wird, konnte zur Zeit der Entstehung dieser Gedanken nur als Atheismus kritisiert werden (vgl. zur frühen Spinoza-Rezeption in Deutschland Schröder 1987 und Otto 1994).

Mit dem *Tractatus theologico-politicus* von 1670 wird Spinoza zu einem international bekannten Skandalautor. Widerlegungsschriften werden publiziert. Leibniz setzt sich unmittelbar nach Erscheinen des Buches mit dem *Tractatus* auseinander und versieht ihn mit ambivalenten Randglossen (Goldenbaum 1999 und 2001, 8f.). In diesem Text, den Spinoza aus Vorsicht unter falschem Namen und falschen Verlagsangaben publizierte, entwickelte er nicht nur eine kritische Bibelhermeneutik, die den Theologen jegliche Rechtfertigung bestritt, wissenschaftliche Aussagen über die Natur und den Menschen aufgrund der Offenbarung zu machen, sondern er schlug eine politische Theorie vor, deren vorrangiges Ziel es war, die libertas philosophandi zu verteidigen. Obschon kurz nach der Publikation seine Autorschaft bekannt geworden war, wurde Spinoza in den liberalen Niederlanden nicht verfolgt. Gleichwohl beobachteten ihn fortan die kirchlichen Autoritäten sorgfältig. Bald stand er in ganz Europa im Ruf, der systematischste und gefährlichste Atheist zu sein und die Grundlagen der Moral und des Staates zu gefährden (vgl. dazu auch Israel 2001, 285ff.).

Vor diesem Hintergrund ist es nicht erstaunlich, daß Spinoza, nachdem er die *Ethica* 1675 fertiggestellt hatte, darauf verzichtete, sie zu publizieren. Zwei Jahre zuvor hatte er einen Ruf auf eine ordentliche Professur für Philosophie nach Heidelberg abgelehnt. Der Unterhändler des Landesfürsten machte Spinoza darauf aufmerksam, daß er vollste Freiheit zu philosophieren habe, der Landesfürst aber darauf vertraue, daß er diese nicht zur Störung der öffentlich anerkannten Religion mißbrauche (Ep. 47, G IV, 235). Spinoza hat die Ruhe eines einsamen und privaten Lebens diesem Ruf auf ein öffentliches Lehramt vorgezogen (Ep. 48, G IV, 236).[1] Damit folgte er der Aufschrift seines Siegels, das als Motto seinen postum erschienen Werken vorangestellt wurde: „Vorsicht!" („caute"). Ebenso vorsichtig wachte Spinoza darüber, daß das Manuskript der *Ethica* nicht an Leute weitergegeben wurde, die er nicht gut kannte oder denen er nicht traute. Zu diesen gehörte wiederum der junge Leibniz, der Spinoza 1676 in Den Haag besuchte. Obwohl er damals die Grundbegriffe und -thesen Spinozas bereits kennenlernte, konnte er die *Ethica* erst im Februar 1678

---

1 Daß er damit Recht hatte, belegt der Fall Kuno Fischer, denn Fischer wurde 1853 am selben Ort unter dem Vorwurf des „Spinozismus" seines Lehramtes enthoben (Walther 1998).

studieren, als sie im Rahmen der *Opera postuma* erschien, welche Leibniz unverzüglich erwarb.

Die Veröffentlichung und der Vertrieb dieser Werke ist eines der spannendsten und folgenreichsten Ereignisse in der Publikationsgeschichte der Frühaufklärung. Als Spinoza im Februar 1677 starb, war sowohl den reformierten Autoritäten in Den Haag und Amsterdam als auch dem katholischen Klerus in Rom die Existenz der *Ethica* bekannt. Nichtsdestotrotz entschieden sich einige enge Freunde Spinozas, seine verschiedenen unpublizierten Werke – dazu gehörten neben der *Ethica* insbesondere der *Tractatus politicus*, in dem Spinoza für die Demokratie als die grundsätzlich überlegene Staatsform argumentiert, der *Tractatus de intellectus emendatione* sowie das *Compendium Grammatices Linguae Hebraeae* – zusammen und überdies gleichzeitig in Latein und Holländisch zu publizieren. Wie Israel (2001, 288) deutlich gemacht hat, war das mit Abstand die dreisteste Publikationsform, mußten doch die Werke in aller Heimlichkeit und im Wettlauf gegen die Zeit übersetzt, zur Herausgabe vorbereitet und vertrieben werden.

Es war der Freundeskreis Spinozas, der die Verbreitung der *Ethica* nach dessen Tod garantierte. Inwieweit dabei redaktionelle Ergänzungen vorgenommen wurden, ist eine der Fragen, der sich die textkritisch-philologische Spinoza-Forschung widmet (Steenbakkers 1994).

1.3 Positionen

Die *Ethica* umfaßt fünf Teile, welche die Titel *Von Gott, Von der Natur und dem Ursprung des Geistes, Vom Ursprung und der Natur der Affekte, Von der menschlichen Knechtschaft oder von den Kräften der Affekte, Von der Macht des Verstandes oder von der menschlichen Freiheit* tragen. In der Reihenfolge dieser fünf Teile spiegelt sich der Gedanke, daß die Lehre von Gott – auch eine Lehre des Seienden (Schnepf 1996, 103) – Grundlage für alles Folgende ist. Insbesondere ist wichtig, daß die Theorie des menschlichen Geistes auf die Ontologie folgt und nicht etwa umgekehrt. Die Philosophie Spinozas gründet nicht in einer Theorie der Subjektivität. Deutlich ist auch die zentrale Rolle, die die Affektenlehre in der Gesamtkonzeption der *Ethica* einnimmt: Sie wird auf der Grundlage ontologischer und erkenntnistheoretischer Thesen entwickelt und ist ihrerseits Fundament für die Moralphilosophie, die Sozialphilosophie und die Theorie menschlicher Freiheit. Ferner ist die Einsicht, wie die Affekte unser Handeln und unsere Überzeugungen bestimmen, Ausgangspunkt für den Nachweis, daß Freiheit unter bestimmten Bedingungen trotzdem möglich ist. Spinoza setzt die Freiheit des Menschen nicht der Natur entgegen, sondern begreift auch den freien Menschen als Teil der Natur.

Um die Grundlage für diesen Gedankengang zu sichern, beginnt er den ersten Teil der *Ethica* mit einem ausgefeilten Argument für die Einzigkeit der Substanz, die „Gott" oder „Natur" genannt wird. „Alles was ist, ist in Gott, und nichts kann ohne Gott sein oder begriffen werden." (1p15) Jegliche Transzendenz wird damit ausgeschlossen. Gott kann nicht mehr als von der Welt verschiedener Schöpfer begriffen werden. Positiv gewendet bedeutet das, daß Gott die immanente Ursache der Welt und der Dinge ist. Weiterhin korrigiert Spinoza damit auch die aristotelische Auffassung, daß wir und die uns alltäglich begegnenden Dinge Substanzen seien, sowie dem kartesischen Substanzendualismus, wonach Körper und Geist substantiell verschiedene Dinge sind. An die Stelle zweier verschiedener Arten von Substanzen tritt die Unterscheidung verschiedener Attribute Gottes, von denen zwei benannt werden: Ausdehnung und Denken. Alle Einzeldinge werden als Modifikationen dieser Attribute begriffen. Die aristotelischen Substanzen werden damit zu bloßen Modi, d.h. zu Dingen, die per definitionem von anderem abhängig sind. Von diesem Substanzmonismus ausgehend, versucht Spinoza im Fortgang zu zeigen, daß alle Dinge, und damit auch die Menschen, in ihrem Sein und Handeln determiniert sind. Sie verfügen über keinen freien Willen und keine absolute Spontaneität.

Aus der Ontologie gewinnt Spinoza in den ersten Lehrsätzen des zweiten Teils eine weitere wichtige These. Er zeigt unter Rekurs auf die Attributenlehre, daß Geist und Körper zwei verschiedene Seiten ein und desselben Dings sind. Ausgehend von einigen weitgehend der Auseinandersetzung mit Descartes entnommenen Axiomen entwickelt er ferner eine Konzeption menschlicher Subjektivität, die den Menschen als ein auch in seinem Denken abhängiges und empirischen Einflüssen ausgesetztes Wesen begreift. Dies tangiert die menschliche Selbsterkenntnis, die Spinoza zufolge grundsätzlich inadäquat ist. Der zweite Teil wird unterbrochen durch einen Exkurs, der grosso modo die kartesische Physik in verallgemeinerter Form wiedergibt. Dieser dient dazu, eine Konzeption der physikalischen Individualität zu entwickeln. Individuen sind nicht etwa unteilbare Größen, sondern Bewegungseinheiten. Sie sind zwar geometrisch komplex, treten aber als eine dynamische Einheit auf. Damit expliziert Spinoza auf einer physikalischen Ebene, was es heißen soll, daß Einzeldinge nicht als Substanzen, sondern als Modi zu denken sind. Die Individualität des Menschen hängt entscheidend von der Individualität seines Körpers und des Körperbewußtseins ab.

Im Anschluß an diesen Individualitätsbegriff führt Spinoza im dritten Buch den Begriff des *conatus* ein: Jedes Einzelding tendiert dazu oder strebt danach, sein Sein zu erhalten. Was die Selbsterhaltung fördert, führt zu „positiven", was sie hindert, zu „negativen" Affekten. Trauer oder Freude sind somit der primäre Zugang zu den wechselnden Zuständen des eigenen Körpers in den aufeinander folgenden Situationen seiner Lebensgeschichte. Auf dieser Grundlage entwickelt Spinoza eine der raffiniertesten Affektenlehren der Philosophiegeschichte. Nach geometrischer Methode rekonstruiert er, wie in unterschiedlichen Konstellationen bestimmte Affekte entstehen. Wer seine Affekte nach dieser Lehre zu erkennen versucht, distanziert sich von ihrer unmittelbaren Wirkung und gewinnt die Möglichkeit des aktiven Umgangs mit ihnen. In manchen Fällen erfordert das allerdings den imaginativen Einsatz von Gegenaffekten oder die Vergegenwärtigung ihrer kausalen Genese. Haß kann überwunden werden, indem man sich vergegenwärtigt, daß der andere aus seinem Selbsterhaltungsstreben heraus gehandelt hat, und nicht um einen zu schädigen. Wenn man sich ferner den Verursacher des Hasses als Wohltäter vorstellt, verschwindet der Haß (3p43d). Die Intersubjektivität von Affekten erklärt Spinoza mit seiner Theorie der *imitatio affectuus*: Wer sich vorstellt, daß ein ihm ähnlicher Körper einem Affekt unterliegt, empfindet selbst einen ähnlichen Affekt (3p27). Obwohl Spinoza Affekte als natürliche Gebilde nach geometrischer Methode behandelt, entgeht ihm die kulturelle und historische Plastizität menschlicher Affektivität nicht. Die Einsicht, daß „verschiedene Menschen [...] von ein und demselben Gegenstand verschiedenartig affiziert werden" (3p51), erlaubt es ihm, die sich wandelnden sozialen Kontexte des Gefühlslebens ernst zu nehmen. So vermeidet Spinoza, anders als die gegenwärtige Neurowissenschaft, einen naturalistischen Reduktionismus. Zugleich gewinnt er eine Grundlage für die philosophische Kritik kultureller Vorurteile.

Ziel der *Ethica* ist eine Konzeption menschlicher Freiheit. Sie hebt sich ab von einer Analyse menschlicher Knechtschaft, in der die destruktiven und pathologischen Mechanismen von bestimmten Affekten erläutert werden. Freiheit ist für Spinoza vor allem *Freiheit von*: von affektiven Zuständen und Abhängigkeiten, die es Individuen unmöglich machen, ihrer individuellen Natur gemäß in der Welt tätig zu werden. Hier scheinen sich Gedankengänge anzudeuten, die später in der Psychoanalyse als Therapie neurotischer Zwänge bekannt geworden sind. Spinoza verkoppelt diese individualtherapeutischen Überlegungen mit sozial- und politiktheoretischen. Menschen, die sich von affektiven kulturellen Vorurteilen und ihren neurotischen Zwängen befreit haben, sind in der Lage, vernünftigere Gemeinschaften zu bilden und zu erhalten. Vielleicht antizipiert Spinoza hier sozialpsychologische Auffassungen der sogenannten „Frankfurter Schule" zum „autoritären Charakter" (vgl. Adorno 1973 sowie Adorno/Horkheimer 1971), wonach religiöser Fanatismus und die hassende Ausgrenzung politisch Andersdenkender nur da möglich sind, wo der Mehrheit eines Gemeinwesens die Befreiung von den quälenden Affektstrukturen noch nicht gelungen ist. Man wird jedoch auf jeden Fall sagen können, daß die Verteidigung der Gedanken- und Meinungsfreiheit im *Tractatus theologico-politicus* in diesen Vorstellungen der *Ethica* ihre anthropologische Grundlage findet.

Freiheit und Glück sind keine Fakten, die in ursprünglicher Autonomie oder einem transzendenten Jenseits vorfindbar wären. Vielmehr müssen sie individuell und sozial im Affektleben der Einzelnen und den sozialen Verhältnissen der Gemeinschaften erarbeitet und können nicht als Gnade empfangen werden. Es sind Erkenntnisprozesse, in denen die Fähigkeit zur Veränderung der eigenen Lage und des eigenen Affektlebens erfahren wird. Diese Erfahrung ist mit Gefühlen der Freude am eigenen Tätigkeitsvermögen verbunden. Die Früchte dieser Arbeit werden als Glück, im emphatischsten Falle als intellektuelle Liebe zu Gott oder der Natur erlebt. So gelingt es Spinoza, in einer rationalen Theorie der Lebensweisheit eine Artikulation menschlicher Heilsbedürfnisse zu finden, die auch eine realistische Perspektive ihrer Befriedigung eröffnet. In den Vorstellungen der Theologen haben sie lediglich einen verzerrenden Ausdruck gefunden und waren selten mit Hinweisen auf einen gangbaren Weg zu ihrer Erfüllung verbunden. In einer Theorie der Immanenz sind Glück und Freiheit das Ergebnis von Mühen in den Ebenen alltäglicher Lebenspraxis.

1.4 Rezeption

Irritation und Faszination liegen bekanntlich eng beieinander – und Leser der *Ethica* Spinozas können diese Erfahrung in aller Regel bestätigen. Denn sowohl einzelne Thesen und Argumentationen als auch die Anlage, der Aufbau und sogar die äußere Erscheinung der Schrift sind selbst für diejenigen, die mit anderen Texten der Philosophie und der Philosophiegeschichte vertraut sind, weit vom Gewohnten entfernt. Dieses Irritations- und Faszinationspotential der Schriften Spinozas macht ihren Autor zu einem ständigen Referenzpunkt in den philosophischen Polemiken und Enthusiasmen des 18. und 19. Jahrhunderts. Der „Spinozismus" wird zu einer Art „denkerischem Phantom", das in den unterschiedlichsten Gestalten verschiedener Debatten auftaucht und im Hintergrund vieler philosophischer und dichterischer Projekte dieser Zeit erkennbar ist.

Nachdem die Rezeption Spinozas Jahrzehnte nach seinem Tod durch den Atheismusvorwurf in dem polemischen Artikel von Pierre Bayle im *Dictionaire historique et critique* (Bayle 1797/2003, 367–439) negativ geprägt worden war, kam es ab 1786 zum sogenannten „Spinozastreit". In einer Auseinandersetzung mit Moses Mendelssohn berichtet Johann Heinrich Jacobi von einem Gespräch über Goethes Gedicht „Prometheus", in dem Lessing ein entsprechendes „Bekenntnis" zum „Spinozismus" abgelegt habe (Jacobi 1785/2000, 12f.). Im Anschluß an diese Auseinandersetzung entwickelt Jacobi eine aufsehenerregende Spinoza-Deutung, wonach diese Philosophie die einzig konsequente, nur durch einen „salto mortale" in den christlichen Glauben zu vermeidende sei (Jacobi 1998, 20, Timm 1974, Goldenbaum 2001). Diese Auseinandersetzung und das Buch von Jacobi lösten eine breite Rezeption der *Ethica* aus, die ihren Höhepunkt in einem fast religiösen Naturenthusiasmus bei Goethe und in Diskussionen über Spinoza zwischen Goethe, Schiller, Herder und Wieland fanden. Fichte widersprach der Jacobischen Vorstellung, es gäbe nur eine *religiöse* Alternative zum Spinozistischen Determinismus mit seiner Version des sogenannten „Kritizismus", der an die Stelle der absoluten Substanz ein absolutes Ich setzte. Subjekt, und damit Mensch im vollen Sinne des Wortes, kann Fichte zufolge nur sein, wer vom Faktum der Freiheit ausgeht und sich selbst von diesem her versteht. Von diesem Gedanken aus beeinflußte die Auseinandersetzung mit Spinoza das Denken des „Deutschen Idealismus" von Schelling und Hegel (Walther 1992, Folkers 1994, Ehrhardt 1994). Hegels Diktum, daß „das Wahre nicht als Substanz, sondern ebensosehr als Subjekt aufzufassen und auszudrücken" sei (Hegel Werke 3, 23), setzte Spinoza in Gegensatz zu Konzeptionen, die menschliche Subjektivität und Freiheit als für das philosophische Denken irreduzibel akzeptierten. In Frankreich prägt diese Alternative von „Hegel oder Spinoza" in der Nachfolge Althussers die Diskussion bis in die Gegenwart (Althusser 1998, 181ff. sowie Macherey 1990).

Nachdem Spinoza durch die Rezeption bei den „Weimarer Klassikern" und im Deutschen Idealismus von einem ehemals „toten Hund" (Lessing von Jacobi in den Mund gelegt, Jacobi 1785/2000, 32f.) zu einem der bedeutendsten Philosophen nobilitiert worden war, konnten sich im neunzehnten Jahrhundert die verschiedensten philosophischen Strömungen mit einer größeren Unbefangenheit auf sein Werk beziehen. Dabei wurden – anders als im Deutschen Idealismus, der nur das erste und das fünfte Buch der *Ethica* zu kennen schien – auch die hinteren Teile von Spinozas Hauptwerk wahrgenommen, die Affektenlehre und Sozialphilosophie der *Ethica* erschienen nun ebenfalls der Diskussion wert zu sein. Von Spinoza waren nicht nur die physiologischen Ansätze von Gustav Theodor Fechner (dazu mehr in Heidelberger 1993) und Johannes Müller (vgl. dazu Hagner 1992) inspiriert, er wurde auch zum Stammvater sämtlicher populärphilosophischen Monismen. Auch Friedrich Nietzsche erkennt mit seinem „amor fati" in Spinoza einen „Vorgänger" (Brief an Overbeck von 1881, Nietzsche 1955, Bd. III, 1171), der sich jedoch mit dem mos geometricus einen „Panzer" zugelegt hatte, der seine Rezeption verhinderte (Nietzsche 1885/1955, § 5, 570). In Frankreich wurde der Spinozismus durch den Philosophiehistoriker Victor Cousin und seine Schule zu einem Gegenspieler des Cartesianismus emporstilisiert (Moreau 1994, 227 sowie ders. 1996, 422f.). Spinoza wurde angeklagt, die Erfahrung, von der seine Philosophie ihren Ausgang genommen habe, zugunsten der Deduktion preisgegeben zu haben (Moreau 1994, 237). Schließlich ist auch Sigmund Freud mit Spinoza in Verbindung gebracht worden. Er selbst sah zwar nur Parallelen und keinen direkten Einfluß zwischen seiner Psychoanalyse und der Affektenlehre Spinozas. Doch hält er fest, daß der psychoanalytischen Affektenlehre „moralische Werturteile [...] überhaupt fern liegen" (Ges. Werke 14, 64) in ihrem Geschäft der wissenschaftlichen Durchleuchtung des menschlichen Trieblebens. Finden sich hier nicht doch tieferliegende Ähnlichkeiten zwischen Spinozas Diktum, daß Einsicht befreit, und der Freudschen „Redekur", in der die Einsicht in verdrängte Wünsche und Ängste von Seelenqualen erlöst?

Im zwanzigsten Jahrhundert spielt vor dem Hintergrund des britischen Hegelianismus (F. H. Bradley und J. E. M. McTaggart) und im Neo-Realismus Spinoza eine wichtige Rolle. John Caird schreibt 1888 eine Einführung in Spinoza und H. H. Joachim kommentiert 1901 Spinoza ausgehend von seiner Erkenntnistheorie (Caird 1888 und Joachim 1901). Hier taucht er nicht als Materialist und Naturalist, sondern vor allem als Denker der Einheit und Immanenz auf. Der Neo-Realist Samuel Alexander verwendet in *Space, Time and Deity* Spinoza als einen Vorläufer seiner nicht materialistischen und immanentistischen Kosmologie (Alexander 1966, 389 sowie ders. 1938, 332–348 und 349–387). Spinoza schien in diesen Kontexten zu helfen, einem die Natur in einem idealistischen Absoluten auflösenden Denken etwas entgegensetzen. Außerhalb der Philosophie zog Spinozas Werk auch die Aufmerksamkeit der Physik auf sich. Einsteins Ablehnung des Zufalls in seiner Auseinandersetzung mit der Quantenmechanik („Gott würfelt nicht") und seine Vorstellung, der Kosmos sei grundsätzlich *geometrisch intelligibel* zu machen (Gravitations- und allgemeine Feldtheorie), wurden mit Spinozas Theorie universaler Notwendigkeit in Zusammenhang gebracht. Doch ähnlich wie Freud sah Einstein zwar Parallelen und bekundete Sympathien mit Spinozas Werk, konnte aber keinen direkten Einfluß von dessen Schriften auf seine eigenen Arbeiten sehen (vgl. Paty 1986). Daß Spinoza darüber hinaus in Anlehnung wie in Abgrenzung regelmäßiger Bezugspunkt für Rechtsphilosophen wie Hermann Heller, Hans Kelsen und Carl Schmitt gewesen ist, wird erst langsam von der Forschung registriert (Walther 1994, Lauermann/Heerich 1991 sowie Senn 1991). Noch 1947 schreibt Carl Schmitt: „Die dreisteste Beleidigung, die jemals Gott und den Menschen zugefügt worden ist und die alle Flüche der Synagoge rechtfertigt, liegt in dem ‚sive' der Formel: Deus sive Natura." (Glossarium, 28) Die Geschichte der Spinozisten unter den Sozialisten ist ebenso kaum aufgearbeitet (vgl. Lauermann 1994 und Goldenbaum 2003). Die Rolle, die Spinoza am Anfang der Soziologie gespielt hat, mag sich noch in seiner Rezeption durch Niklas Luhmann widerspiegeln, der *Die Gesellschaft der Gesellschaft* mit einem Spinoza-Zitat als Motto eröffnet: „Id quod per aliud non potest concipi, per se concipi debet" (E1Ax2).

Als 1926 Carl Gebhardt in Heidelberg die lange Zeit maßgebende lateinische Ausgabe der Werke Spinozas edierte, galt Spinoza in der bildungsbürgerlichen Kultur Deutschlands bereits als wohletablierter Autor, dessen Hauptwerk teilweise die Rolle eines Erbauungsbuches spielte. Doch der Nationalsozialismus setzte der Spinoza-Rezeption in Deutschland nach 1933 ein vorläufiges Ende, von dem sie sich bis heute noch nicht erholt hat. In den Niederlanden und Italien spielt Spinoza insbesondere als Gegenstand der maßstabsetzenden historisch-philologischen Forschung eine Rolle. Die systematisch weitreichende Spinoza-Deutung findet seitdem jedoch vor allem in Frankreich und der anglo-amerikanischen analytischen Philosophie statt. In Frankreich wurde seit den späten 60er Jahren Spinoza als eine Alternative zum cartesianisch inspirierten Existentialismus gelesen. Es entstand eine große, bis heute einschlägige Kommentarliteratur in den Werken von Martial Gueroult, Alexandre Matheron und Gilles Deleuze. Die Werke von Deleuze und Althusser machten Spinoza zu einem ständigen Referenzautor des Anti-Strukturalismus. In der analytischen Philosophie Englands und Skandinaviens wurde der minutiöse Beweisgang der *Ethica* als vorbildlich betrachtet. Das hat Autoren wie Arne Naess, Jonathan Bennett und Charles Jarrett zu Rekonstruktionen des Argumentationsganges der *Ethica* angeregt, teilweise, bei Naess und Jarrett, mit logischen Methoden, über die Spinoza selbst noch nicht verfügen konnte (Naess 1975; Jarrett 1978). Sowohl in der französischen wie in der anglo-amerikanischen Philosophie kann man unterschiedlich intensive Phasen der Beschäftigung mit Spinoza erkennen. Von anfangs nur überblicksartigen, aber durchaus einflußreichen Darstellungen wie Stuart Hampshires *Spinoza* und Edmund Curleys *Spinoza's Metyphysics*, über die Kommentarliteratur von beispielsweise Gueroult und Bennett kommt es (teilweise simultan) zur Wahrnehmung von Spinoza als einem gleichberechtigten systematischen Gesprächspartner, dessen philosophische Position aus vielen Gründen „wiederbelebbar" erscheint, z.B. bei Gilles Deleuze (vgl. dazu dessen zeitgleich mit dessen *Identité et différence* erschienenes Buch über Spinoza), Peter Strawson (vgl. ders. 1992, 133–142), Donald Davidson (1982, 212 sowie ders. 1999) und Harry Frankfurt (1999, 42ff. und 95ff.). Wie Freud und Einstein sieht Davidson Spinoza als einen Vorläufer seines anomalen Monismus, von dem er selbst jedoch, als er diese Position in der Philosophie des Geistes und Handlungstheorie entwickelte, nichts gewußt habe. „Es macht Spaß", so sagte er 1993 in einem Interview mit Kathrin Glüer, „herauszufinden, daß man mit jemand Besserem einer Meinung ist" (Glüer 1993, 162).

1.5 Relevanz

Die Spur, die Spinozas Werk in der Geschichte der Philosophie hinterlassen hat, ist so tief, daß es für jeden, der diese Geschichte verstehen will, unumgänglich ist, sich an die Stelle zu begeben, an der diese Spur beginnt: zur *Ethica* selbst. „Mais Spinoza", so fordert denn Althusser zu Recht, „il faut le lire, et savoir qu'il existe: qu'il existe encore aujourd'hui. Pour le reconnaître, il faut au moins le connaître un peu" (Althusser 1998, 182).

Das oben genannte Projekt einer Verbindung von Wissenschaft und Weisheit hat in der Rezeptionsgeschichte Spinozas eine immer geringere Rolle gespielt. Wie Philosophie sowohl wissenschaftlichen als auch therapeutischen Ansprüchen gerecht werden könnte, fragt man sich meist erst, wenn man zur *Ethica* selbst wieder zurückkehrt.

Dem korrespondiert, daß Philosophie an den Universitäten selbst zur Wissenschaft wurde oder – außerhalb der Akademie – zur unwissenschaftlichen Lebenserbauung herunterkam. Nur bei wenigen (charakteristischerweise außeruniversitär tätigen) Autoren des neunzehnten Jahrhunderts, am prominentesten vielleicht bei Marx und Kierkegaard, kehrt der Anspruch in die Philosophie zurück, das *Leben* der Menschen müsse auf Grund von philosophischen Einsichten, jedoch nicht nur durch diese, verbessert werden. Bei Marx muß die Wissenschaftlichkeit des Historischen Materialismus in die politische Tat übergehen, damit sich die Verhältnisse verändern und nicht nur interpretiert werden. Bei Kierkegaard sitzt der philosophische Therapeut nach den Enttäuschungen mit der Wissenschaftlichkeit des Hegelschen Systems nur noch an den Krankenbetten der Verzweifelten, um ihnen beim Sprung in den Glauben zu helfen. Der Gedanke, nicht nur die vermeintlicher Weise vorab klärbare methodisch-wissenschaftliche Begründetheit einer Philosophie, sondern auch ihre *Relevanz* für das Leben von Menschen seien in der Beurteilung eines philosophischen Entwurfs von Bedeutung, ist dann vor allem in der Philosophie des amerikanischen Pragmatismus wieder hervorgehoben worden. Er endete bekanntlich in der Preisgabe jeglicher Wahrheitsansprüche und der Überzeugung, daß Bekenntnisse zur Demokratie grundlegender sind als die philosophische Einsicht (Rorty 1988). Die Auseinandersetzung mit philosophischen Traktaten wird ein Teil der *literarischen* Bildung, die bestenfalls die alte Salonkultur ersetzt. Ob in den kollektiven Redekuren dieser Veranstaltungen eher kleine Therapien durch die Schatten philosophischer Weisheitslehren erreicht wurden oder nur zivilisierende Effekte durch schöne und gebildete Frauen eintraten, ist schwer zu sagen. Vielleicht geht es in den Nachfolgeveranstaltungen der Salons, in den Seminaren für Humanities, aber auch nur wie damals darum, Karrieren zu befördern oder zu verhindern (wie Bernard Williams in *Truth and Truthfulness* vermutet, 2002, 3).

Der Versuch Spinozas, von der Konstruktion einer philosophischen Grundbegrifflichkeit ausgehend, über die Theorie des Psychophysischen und der Affekte in einem durchgehenden Argumentationsgang zu einer Konzeption von menschlicher Unfreiheit und Freiheit, Unglück und Glück zu kommen, ist bis heute in seiner Stringenz einmalig in der modernen Philosophie geblieben. In seiner Ernsthaftigkeit steht er geradezu in einem Gegensatz zu vielen Strömungen der Gegenwartsphilosophie. Er dürfte auch bis auf weiteres Maßstab für alle Bemühungen sein, Theorie und Praxis in der Philosophie wieder zusammenzuführen. Solche Zusammenführungen ziehen meist theoretische oder praktische Härten nach sich, die, wie eben auch die Philosophie Spinozas, alle Chancen haben, einen Skandal zu machen. Doch gewinnt der Versuch, Lebensweisheit mit wissenschaftlichem Denken zusammenzuführen, gerade heute wieder an Interesse – wissen wir doch weniger denn je, wohin entfesselte Wissenschaften einerseits und quasireligiöse Heilslehren andererseits uns führen könnten.

Literatur

Adorno, Theodor W. 1973: Studien zum autoritären Charakter. Frankfurt/M.
Adorno, Theodor W. und Horkheimer, Max 1971: Dialektik der Aufklärung. Frankfurt/M.
Alexander, Samuel 1938: Philosophical and Literary Pieces. London.
Alexander, Samuel 1966: Space, Time and Deity II. London.
Althusser, Louis 1998: Élements d'autocritique. In ders.: Solitude de Macchiavel (1972). Édition préparé et commenté par Yves Sintomer. Paris.
Davidson, Donald 1982: Essays on Actions and Events. New York.
Davidson, Donald 1999: Spinoza's Causal Theory of the Affects. In: Yovel (Hrsg.).
Ehrhardt, Walter E. 1994: Schelling „untergräbt" Spinoza. In: Delf u.a. (Hrsg.), 263–274.
Folkers, Horst 1994: Zum Begriff der Freiheit in Spinozas „Ethik", Kants „Kritik der reinen Vernunft" und Fichtes „Grundlage der gesamten Wissenschaftslehre". In: Delf u.a. (Hrsg.), 244–262.
Frankfurt, Harry G. 1999: Necessity, Volition and Love. Cambridge.
Glüer, Kathrin 1993: Donald Davidson zur Einführung. Hamburg.
Goldenbaum, Ursula 2001: Zwischen Bewunderung und Entsetzen. Leibniz frühe Faszination durch Spinozas Tractatus theologico-politicus. Delft.
Goldenbaum, Ursula 2002: Mendelssohns schwierige Beziehung zu Spinoza. In: E. Schürmann, N. Waszek, F. Weinrich (Hrsg.): Spinoza im Deutschland des achtzehnten Jahrhundert. Stuttgart/Bad Cannstatt 2002, 265–317.
Goldenbaum, Ursula 2003: „Der alte Spinoza hatte ganz recht"? Zur Aneignung Spinozas in der deutschen Sozialdemokratie. In: Czelinski u.a. (Hrsg.), 239–266.
Hagner, Michael 1992: Sinnlichkeit und Sittlichkeit. Spinozas „grenzenlose Uneigennützigkeit" und Johannes Müllers Entwurf einer Sinnesphysiologie. In: B. Wahrig-Schmidt, M. Hagner (Hrsg.): Johannes Müller und die Philosophie. Berlin, 29–44.
Klever, Wim 1989: Spinoza and Van den Enden in Borch's deary in 1661 and 1662. In: Studia Spinozana 5, 311–326.
Klever, Wim 1996: Spinoza's life and works. In: Garrett (Hrsg.), 13–60.
Lagrée, Jacqueline und Moreau, Pierre-François 1999: Introduction. In: Spinoza Oeuvres III. Tractatus Theologico-Politicus. Traité Théologico-Politique. 1–17.
Lauermann, Manfred und Heerich, Thomas 1991: Der Gegensatz Hobbes-Spinoza bei Carl Schmitt (1938). In: Studia Spinozana 7, 97–160.
Lauermann, Manfred 1994: Jakob Stern – Sozialist und Spinozist. Eine kleine Skizze zum 150. Geburtstag. In: Delf u.a. (Hrsg.), 365–392.
Marcuse, Herbert 1971: Triebstruktur und Gesellschaft. Ein philosophischer Beitrag zu Sigmund Freud. Frankfurt/M.
Moreau, Pierre-François: Spinoza's reception and influence. In: Garrett (Hrsg.), 408–433.
Nietzsche, Friedrich 1985/1955: Jenseits von Gut und Böse. In: ders.: Werke in drei Bänden, hrsg. v. Karl Schlechta, Band 2, München.
Nietzsche, Friedrich 1989/1955: Briefe. In ders.: Werke in drei Bänden. Band 3. München.
Otto, Rüdiger 1994: Studien zur Spinozarezeption in Deutschland im 18. Jahrhundert. Frankfurt/M.
Paty, Michel 1986: Einstein and Spinoza. In: Grene/Nails (Hrsg.), 267–302.
Rorty, Richard 1988: Solidarität oder Objektivität? Die philosophischen Essays. Stuttgart.
Schmitt, Carl 1991: Glossarium: Aufzeichnungen der Jahre 1947–1951. Hrsg. von Eberhard von Medern. Berlin.
Schröder, Winfried 1987: Spinoza in der deutschen Frühaufklärung. Würzburg.

Senn, Marcel 1991: Spinoza und die deutsche Rechtswissenschaft. Eine historische Studie zum Rezeptionsdefizit des Spinozismus in der Rechtswissenschaft des deutschsprachigen Kulturraumes. Zürich.

Steenbakkers, Piet 1994: Spinoza's Ethica from manuscript to print. Studies on text, form and related topics. Van Gorcum.

Strawson, Peter 1992: Analysis and Metaphysics. An Introduction to Philosophy. Oxford.

Timm, Hermann 1974: Gott und die Freiheit. Studien zur Religionsphilosophie der Goethezeit, Bd. 1: Die Spinozarenaissance. Frankfurt/M.

Vogel, Ulrich 2002: „Die Philosophie will ihr Meisterstück machen ...". Spinoza, Pantheismus und Philosophie bei Kuno Fischer. In: D. Hüning, G. Siening u. U. Vogel (Hrsg.): Societas rationis. FS für Burkhard Tuschling. Berlin, 351–281.

Walther, Manfred 1994: Carl Schmitt contra Baruch Spinoza oder Vom Ende der politischen Theologie. In: Delf u.a. (Hrsg.) 1994, 422–441.

Walther, Manfred 1998: Spinoza in Heidelberg. Zur Geschichte des Spinozismus und des Universitätsverlags C. Winter. In: Heidelberger Jahrbücher 42, 209–231.

Williams, Bernard 2002: Truth and Truthfulness. An Essay in Genealogy. Princeton/Oxford.

2

Michael Della Rocca

2. Explaining Explanation and the Multiplicity of Attributes

I am very much drawn to Spinoza's claim that, ultimately, there is only one thing. This attraction to what may be called Spinoza's substance monism is, perhaps ill-advised because, for the argument for monism to be seen as succeeding, one must endorse all sorts of positions extremely unpopular in philosophy nowadays. Do we any longer really have room for the notion of substance in Spinoza's sense, a sense according to which a substance is radically conceptually and causally independent of all other things? Do we really want to endorse the view that there are attributes, conceptually self-contained features of the world? And do we really want to advocate the claim that there is a multiplicity of such features all had by a single substance?

The strangeness of Spinoza's substance monism is mitigated – at least for me – when I see that the sticking points mentioned in the previous paragraph can each be obviated by invoking a claim that Spinoza endorses and himself invokes in this context, viz. the *Principle of Sufficient Reason* (hereafter: "the PSR"). This is the principle according to which each fact has an explanation.[1] In previous work, I have examined the argument for substance monism.[2] That paper went some distance toward showing how the argument is meant to work, but it did not address what are, perhaps, the deeper worries about why we should endorse this argument. In this paper, by re-examining the argument, but this time giving greater prominence to

---

1 For Spinoza's version of the PSR, see 1p11d2. All references to Spinoza are to the *Ethics*. Translations from Spinoza are from Curley's *The Collected Works of Spinoza*, vol. 1. Passages from Spinoza's Latin are from Gebhardt. I have adapted Curley's system of numbering passages from the *Ethics*.
2 See my "Spinoza's Substance Monism."

the role of the PSR, I hope to show how we can trace the discomfort in the previous paragraph's rhetorical questions to a discomfort with the PSR. In this way, I hope to unite the opposition to Spinoza's argument. This strategy is part of a broader unite-and-conquer strategy that can be fully carried out only by arguing for the PSR itself, something I will not attempt here. I will be content here to cast Spinoza's argument in the new light provided by the PSR and, by that means, to provide answers to some questions I previously left open, questions concerning especially Spinoza's notion of attribute.

To understand Spinoza's argument for substance monism, we need, of course, to understand Spinoza's notion of substance. He defines substance as that which is in itself and conceived through itself. As Spinoza understands the notion of conceiving, for a thing to be conceived through something is for the first thing to be explained by, made intelligible in terms of, the second thing.[3] So in saying that substance is self-conceived, Spinoza is saying that substance is self-explanatory.

The notion of conceiving a thing is, in some sense, more fundamental than the notion of causation. For Spinoza, x is caused by y because x is conceived through y. That the notion of causation is less fundamental than the notion of conceiving or explaining is evident from the fact that Spinoza *derives* the claim that substance is self-caused from the claim that it is self-conceived (see 1p6c and 1p7).

Spinoza's definition of "substance" also specifies that a substance is in itself. Spinoza's notion of being in itself, as well as his more general notion of being in something, continue to be the subject of much controversy. Though I cannot develop the point here, I believe that, for Spinoza, the notion of being in is a version of the notion of inherence, according to which, for example, my shirt's property of being white inheres in or is a state of the shirt. I also believe – and this is more controversial – that the notion of being in simply amounts to the notion of being conceived through. So, I regard the notion of being in itself as not, in the end, contributing further content to the definition of substance beyond that already provided by the notion of being conceived through itself.[4] Partly for this reason, and also partly because the explication of the proof of substance monism flows more straightforwardly in terms of

---

3 See, e.g., 1ax5 and the discussion in my *Representation and the Mind-Body Problem in Spinoza*, pp. 3–4.
4 See my "Rationalism Run Amok: Representation and the Reality of Emotions in Spinoza". For more on the "in-relation", see the works by Curley, Carriero, and Garrett listed in the bibliography.

2. THE MULTIPLICITY OF ATTRIBUTES

the notion of being conceived through itself, I will focus on that notion in what follows.

Of course, it is one thing to articulate the notion of substance as that which is conceived through itself. It's quite another – or so it seems – to assert that such a thing exists. Why should there be something that exhibits the radical explanatory self-sufficiency that Spinoza regards a substance as enjoying? We will return to this question shortly.

To reach Spinoza's answer to this question, we need to investigate Spinoza's notion of explanation. For Spinoza, to explain a thing is to conceive it *as* such-and-such, as having a certain feature; there is no bare conceiving of a thing, rather there is only conceiving-as. But why does Spinoza hold that to conceive a thing is to conceive it as having a certain feature? To answer this question, all we need to do is invoke the PSR. If one explains a thing but doesn't explain it *as* having a certain feature, what would make that explanation an explanation of that thing instead of an explanation of some other thing? It is the features of a thing that enable us to tie the explanation to one thing in particular; absent an appeal to such features, what makes the explanation an explanation of that thing would itself be inexplicable. So in his insistence that explanation be explanation-as, Spinoza is, in effect, applying the PSR to the notion of explanation itself: for a substance to be conceived, to be explained, it must be explained in terms of a certain feature.[5]

For Spinoza, a feature that can play the role of explaining a substance is an attribute. Attributes, for Spinoza, are thus ways of conceiving, ways of explaining, a substance. This is evident in an important claim in 1p10s: "nothing in nature is clearer than that each being must be conceived under some attribute." The connection between attributes and ways of thinking of substance is apparent in Spinoza's definition of attribute:

> "By attribute I understand what the intellect perceives of a substance, as constituting its essence." (1def4)[6]

Two aspects of Spinoza's notion of attribute are particularly relevant to his regarding an attribute as an essence of substance. First, for Spinoza as for Descartes before him, an attribute of a substance is a fundamental feature

---

5 A similar worry turning on explanation can be raised about contemporary notions of direct reference: in virtue of what is my thought about an object if I do not grasp a feature that ties my thought to one object in particular?

6 "*Per attributum intelligo id, quod intellectus de substantia percipit, tanquam ejusdem essentiam constituens.*" Spinoza invokes the notion of perception here rather than conception, but Spinoza often shifts between these terms with apparent insouciance (see, e.g., 2p38d).

in terms of which all the other features of a substance can be understood. Thus, e.g., if extension is an attribute of a substance, then all of the less fundamental features of that substance can be understood in terms of extension. To take for a moment a Cartesian example of a substance: a table is an extended substance and, for Descartes, all the more particular properties of the substance can be seen as ways of being extended: the table's being 3 feet tall and the table's being square are ways, for Descartes, of being extended, ways that presuppose the notion of extension and are conceived through extension.

Second, precisely because an attribute is *fundamental* in this way, it must be a self-contained feature of a substance, it must be a feature of a substance that is not dependent on – not conceived through – any other feature of that substance. Thus, for Spinoza, an attribute of a substance, like the substance itself, is self-conceived.

This result raises a question we will want to explore and which I explicitly left unanswered in my previous paper:

(Q1) Why must a substance have an attribute and, in particular, why must it have a feature that is fundamental and self-conceived?

The answer to this question turns on the PSR. Thus let's assume, for the sake of argument, that a given substance has no attributes. Nonetheless, it must have some features, for without features it would not be conceivable as anything at all and so it could not be explained at all. Thus the substance must have some feature or features. But if it has only one feature, then that one feature must be an attribute: for it is a feature that is self-conceived and not dependent on any other feature for the simple reason that there is no other feature. Thus, to continue on our search for a substance with no attribute, we must posit that it has more than one feature and that none of these features is self-conceived, rather each of these features must depend on some *other* feature. Thus, let's say that the substance has two features F and G, but that neither is self-conceived. Thus, perhaps, G depends on F. But what does F depend on? If F is not to be self-contained (and thus not an attribute), it must depend on some further feature of the substance. Let's call this further feature 'H'. (F cannot depend on G because, as we have seen G depends on F. If F depends on G which depends on F, then F would be self-conceived after all and would thus be an attribute.) So F must depend on H. So too H must depend on some further feature, I, and we are off on an infinite regress.

So far it seems to be a perfectly harmless regress. Why can't a substance have infinitely many features that depend on other features? A problem, however, arises when we ask of the whole collection of features that are dependent on other features: in virtue of what does the substance have this collection of features? The PSR demands that there be an answer here and, for an answer to be legitimate, it must appeal to a feature of the substance. But the feature of the substance cannot be a member of the collection of dependent features, otherwise that feature would ultimately explain itself and so it would not be a member of the series of dependent features after all. Thus there must be a feature of the substance that is not a member of the series of dependent features. Thus the feature of the substance must be independent, i.e. self-conceived, i.e. an attribute. We can thus see that, for Spinoza, each substance must have an attribute, a self-conceived feature, and we can see this by invoking the PSR. This is an answer to (Q1).[7]

To argue in this way that substance must have at least one attribute is not yet to argue that substance has or must have a multiplicity of attributes. But even now we can see that *if* a substance has more than one attribute, then given that each attribute is self-conceived for Spinoza, it follows that these attributes are conceptually independent of one another. This is Spinoza's famous conceptual separation between the attributes: "Each attribute of a substance must be conceived through itself" (1p10). Because the conceptual independence of each attribute with regard to every other attribute follows from the fact that each attribute is self-conceived, and because, as we have seen, the fact that there are self-conceived features follows from the PSR, Spinoza's claim that the attributes are conceptually separate follows in part from the PSR. But again, so far this is only a conditional claim: if a substance has more than one attribute, then they are conceptually separate.

Spinoza does, though, in fact hold that a substance can have more than one attribute, more than one fundamental, self-conceived feature. Thus, if thought and extension are both attributes, a single substance can, for Spinoza, be both thinking and extended. The claim that a substance can have a multiplicity of attributes is, of course, crucial to Spinoza's argument for substance monism, to his view that, e.g., the thinking substance and the extended substance are one and the same. But this claim only raises the further question:

(Q2) How is it possible for a single substance to have more than one attribute?

This is a real concern because it might seem that a substance's being thinking precludes it from being extended and vice versa. Certainly,

---

7 The style of argumentation in this paragraph is, of course, analogous to that of the cosmological argument for the existence of God, an argument some version of which Spinoza seems to endorse in 1p11d3.

Descartes would hold that one attribute precludes another attribute from belonging to the same substance. Indeed, it might seem as if the PSR itself demands that a substance have no more than one attribute. Precisely because thought and extension are conceptually independent, it follows that one can think of a substance as thinking without thereby thinking of it as extended (and vice versa). If a substance had both thought and extension as attributes, then, given this conceptual independence, what could keep them both together in the same substance? Why would they be together in the same substance instead of present in two separate substances? In the case of an attribute and a less fundamental feature that falls under that attribute, it is clear why they are in the same substance: being extended and being 5 feet long are features of the same substance precisely because there is a conceptual link between the essence of that substance (the attribute) and the less fundamental feature. But in the absence of such a link between two attributes, what could account for their presence in the same substance? As we will see, Spinoza denies the Cartesian view that a substance can have only one attribute and, intriguingly, he does this precisely by strengthening the way in which the PSR applies to the conceptual separation between the attributes. But until we see how this is so, (Q2) must remain unanswered.

The final key ontological notion at work in Spinoza's argument for substance monism is the notion of mode. Although I have not previously used the term, I have touched upon this notion already: a mode is simply a dependent, less fundamental feature of substance. The modes of a substance depend on the substance itself and they do so by depending on further features of the substance and, ultimately, on a basic feature, an attribute. Thus Spinoza defines a mode as "that which is in another through which it is also conceived" (1def5).

We now have all the tools we need to construct Spinoza's argument for substance monism.

In outline, the argument is rather simple. Spinoza argues first that no two substances can share an attribute (1p5). Second, Spinoza argues that "it pertains to the nature of a substance to exist" (1p7). On the basis of 1p7, Spinoza argues that God – defined in 1def6 as the substance with all the attributes – exists. Finally, since God exists and has all the attributes and since there can, by 1p5, be no sharing of attributes, no other substance besides God can exist (1p14). Any such substance would have to share attributes with God, and such sharing is ruled out.

I want to explain briefly each step and, in some cases, raise potential objections to which Spinoza has or could have good answers. Each of these answers turns in some way on the PSR.

Let's take 1p5 first: "In Nature there cannot be two or more substances of the same nature or attribute." To prove this proposition, Spinoza considers what is required in order to individuate two substances, i.e. what is required in order to explain their non-identity. For Spinoza, the distinctness between two distinct things must be explained by some difference between them, some difference in their properties. In the case of the individuation of substances, this amounts to the claim that they must be individuated via a difference either in their attributes or in their modes. Spinoza makes this point in 1p4:

> "Two or more distinct things are distinguished from one another, either by a difference in the attributes of the substances or by a difference in their affections."[8]

In insisting on some property difference between two things, Spinoza is endorsing the Principle of the Identity of Indiscernibles (PII). This is the principle – more often associated with Leibniz than with Spinoza – that if *a* and *b* are indiscernible, i.e. if *a* and *b* have all the same properties, then *a* is identical to *b*. One can see that this principle turns on the notion of explaining non-identity and, as such, one can see its roots in the PSR: non-identities, by the PSR, require explanation and the way to explain non-identity is to appeal to some difference in properties. In its reliance on the PII, 1p5 thus also relies on the PSR.[9]

Thus two substances could be individuated either by a difference in their attributes or in their modes. Spinoza dismisses right away any differentiation of substances in terms of their attributes because he says we are considering whether two substances can share an attribute. Thus a case in which substances might have different attributes might seem to be irrelevant to the case at hand. (However, as we will see in a moment, this dismissal might be too hasty.) He then considers whether substances can be distinguished by their modes. Spinoza eliminates this possibility as well, offering the following argument.

Since a substance is prior to its modes (by 1p1), we are entitled to put the modes to the side when we take up the matter of individuating substances.

---

8 By "affections" (*affectionum*) Spinoza means modes, as his citation of 1def5 in 1p4d makes clear.
9 Leibniz clearly – in at least one strand of his thinking on this matter – grounds the PII on the PSR. (See, e.g., his correspondence with Clarke.) Spinoza also appeals to the notion of explaining non-identities in 1p5d where he speaks of what is required to *conceive* two things to be distinct. As we have seen, for Spinoza, the notion of conceiving is one of explaining. For a contemporary defense of the PII, see my "Two Spheres, Twenty Spheres, and the Identity of Indiscernibles".

Thus, with the modes to one side and with the attributes already eliminated as individuators, it turns out that there are no legitimate grounds for individuating substances with the same attribute, for explaining why they are distinct. Thus, since substances with the same attribute cannot legitimately be individuated, there cannot be any sharing of attributes.

Obviously this argument turns crucially on the claim that we should put the modes to one side. Spinoza appeals here to the notion of priority introduced in 1p1. What kind of priority does Spinoza have in mind? In 1p1d, he invokes the definition of substance and mode, so it is clear that in speaking of priority, he means that substance is conceptually prior to modes: modes are conceived through the substance of which they are modes, but the substance is not conceived through the modes. Rather, the substance is conceived through its attribute or attributes.

By appealing to conceptual priority in 1p5d, Spinoza seems to be thinking along the following lines. Let's say that we did individuate two substances, X and Y, by appealing to a difference between them with regard to modes. Thus, although substance X and substance Y have the same attribute, X has set of modes 1 and Y has a distinct set of modes 2. In this situation, X and Y would be distinguished by their modes. That is, in order to explain the non-identity of X and Y, in order to conceive of X as distinct from Y, we would need to conceive of X as the substance with set of modes 1 and we would need to conceive of Y as the substance with set of modes 2. But this would, in effect, be to conceive of, to explain, X and Y through their modes. This would go against the conceptual priority of substance with regard to modes, a priority that follows simply from the definitions of substance and mode.

Thus, for Spinoza, substances cannot be individuated by their modes, and since, if there were two substances that shared an attribute, they would be individuated by their modes, Spinoza concludes that there is no sharing of attributes between different substances. And, again, this conclusion derives ultimately from the PSR because it is derived from Spinoza's insistence that there be a way to explain the non-identity of distinct things which insistence is, in turn, a manifestation of the PII and the PSR.

But is this strong conclusion that no attributes are shared justified? Perhaps, even if substances that share an attribute are not individuated by their modes, such substances are individuated by attributes that they do not share. Spinoza does allow, after all, that a substance can have more than one attribute. So why can't we have the following scenario: substance X has attribute A and B only and substance Y has attribute B and C only? In this scenario, while the two substances share an attribute (viz. B) they differ with regard to other attributes and can thus be individuated in this way. So perhaps then, contrary to 1p5, there can be sharing of attributes by different substances after all. This objection was first raised by Leibniz.[10]

To see how Spinoza can rule out the Leibniz scenario, let's assume that this scenario is possible. If so, then attribute B would not enable us to conceive of one substance in particular. This is because the thought "the substance with attribute B" would not enable us to conceive of one substance in particular since there is more than one substance with attribute B. Such a result would contradict Spinoza's view that *each* attribute constitutes the essence of substance. As Spinoza says in 1p10s, in a claim that he clearly sees as following from the definition of attribute, "each [attribute of a substance] expresses the reality or being of substance." It's easy to see why this should be so for Spinoza. Let's say that the attribute of extension did not suffice, by itself, for conceiving of an extended substance. To think of the substance as extended, let's say, one needs to appeal to some other feature besides extension. This further feature must in turn either be an attribute or be dependent on an attribute of the substance for, as we have seen, all features of a substance are or are derived from attributes. So this further feature must be conceived through an attribute other than extension, say thought. In order, then, to conceive of the substance as extended, we would need to conceive of it also in terms of another attribute, thought. This result, however, would violate the explanatory independence of the attributes. An attribute of a substance – viz. extension – would not be self-conceived, rather it would have to conceived through another attribute of substance and this would violate the conceptual independence that Spinoza accords to each attribute. So for Spinoza, if a substance has more than one attribute, each attribute by itself must enable us to conceive of the substance, and this can be the case only if each attribute that a substance has is unique to that substance. Thus the Leibniz scenario is ruled out by the conceptual independence of the attributes and that there are such conceptually independent features stems, as we saw, from the PSR itself. Thus, it is ultimately the PSR which provides Spinoza with an answer to the Leibniz objection. Here again the PSR is the driving force.

But this good result only raises again the question of whether and how a substance can have more than one attribute, i.e. (Q2). We will not be in a

---

10 See his notes on Spinoza's *Ethics* in Leibniz, pp. 198–99.

position to answer this question until we traverse the rest of Spinoza's argument for substance monism.

The next crucial stage is 1p7: "It pertains to the nature of a substance to exist." Spinoza means by this claim that each substance is such that its existence somehow follows from its very concept or nature. Other things – i.e. limited things or modes – are *not* such that their existence follows from their very nature. For such things, their existence is at the mercy of other things. But a substance is special: its existence is beholden only to its own nature. And so the only way that the existence of a substance could be prevented would be if its essence or nature were somehow internally incoherent. Otherwise, i.e. if the nature of a substance is coherent, then that's what it is for the substance to exist.

How does Spinoza argue for 1p7? He first cites 1p6c, the claim that no substance can be caused by anything else. For Spinoza, if a substance were caused by something else, it would have to be conceived through that something else. (Here is one place where the connection between causation and conception is at work.) But this would conflict with the self-conceived nature of substance. Since substance cannot be produced by anything else, he concludes (in 1p7d) that substance is produced by itself. Here the PSR plays a key role: since substance is not produced by anything else, and, by the PSR, it must be produced, explained, by something, it follows that substance is produced by itself. Given Spinoza's connection between causation and conceivability, it follows that a substance's existence is simply a function of its concept or definition. That is, as Spinoza says, "it pertains to the nature of a substance to exist".

In 1p11 Spinoza applies 1p7 to the case of God. To see how Spinoza does this, we should have before us his definition of God:

> "By God I understand a being absolutely infinite, that is, a substance consisting of an infinity of attributes, of which each one expresses an eternal and infinite essence." (1def6)

By "an infinity of attributes" Spinoza means *all* attributes as is clear from his explanation of this definition:

> "I say absolutely infinite, not infinite in its own kind; for if something is only infinite in its own kind, we can deny infinite attributes of it; but if something is absolutely infinite, whatever expresses essence and involves no negation pertains to its essence."

Given that God is by definition a substance (and indeed a substance with all the attributes) and given that, as 1p7 states, existence follows from the nature of a substance, Spinoza concludes that God exists. Indeed, Spinoza states here that God exists *necessarily*, and it's easy to see why. Definitional or conceptual truths are necessarily true (e.g. squares have four sides is a definitional truth and as such it is necessary). Because existence pertains to God's nature, we can say that the statement that God exists is necessarily true.

Spinoza is here giving expression to a version of the ontological argument for the existence of God. Such arguments, in one way or another, proceed from the claim that existence is part of the concept of God to the conclusion that God exists. Spinoza's version is, perhaps, unique in the way in which it relies heavily on the PSR. Spinoza is, in effect, saying in 1p11 that God must exist by his very nature for if God did not then there would be no explanation for God's non-existence. But, this would be intolerable since, by the PSR, each fact must have an explanation. So the PSR helps us to see that God must have a definition or nature that is so rich as to generate God's very existence.

But there's a loose end: I said earlier in connection with 1p7 that the claim that existence pertains to the nature of a substance would hold only for a substance whose nature is not somehow internally incoherent. In this light, Spinoza can be said to have proved that God exists by virtue of the fact that God is defined as a substance *only if* Spinoza can show that the notion of God is internally coherent. (This is a kind of difficulty with the ontological argument that Leibniz was at particular pains to address.) But while Spinoza obviously regards the nature of God as coherent, and, in fact, Spinoza explicitly says that to see God's nature as involving a contradiction is "absurd" (1p11d2), he nonetheless offers no direct argument for the claim that God's nature is coherent. This is troubling because one can well imagine a Cartesian, e.g., challenging that Spinoza's definition of God is incoherent precisely because it involves the claim that a substance can have more than one attribute. So again we come up against the problem of whether a single substance can have more than one attribute. Is there anything that Spinoza says that can be seen as addressing this important difficulty? We'll see that there is indeed by examining a problem with Spinoza's last step, in 1p14, in his proof of substance monism.

Here Spinoza puts it all together. Precisely because God is defined as having all the attributes, it follows that if another substance were to exist in addition to God, it would have to share attributes with God. (Each substance, for Spinoza, must have at least one attribute – 1p10s.) But 1p5 prohibits attribute-sharing. So, given that God exists necessarily (by 1p11), no other substance exists or, indeed, can exist. QED.

But an immediate problem arises here.[11] Spinoza's proof of monism proceeds via the claim in 1p11 that God exists. That claim is proved on the strength of the claim that God is a substance and also the general claim that it pertains to the nature of a substance to exist. But consider what would have happened if, instead of using 1p7 to prove in 1p11d that God exists, Spinoza had invoked 1p7 to prove that some different substance, a substance with fewer attributes exists. For example, call the substance with only the attribute of extension, "ES1". ES1 is, let us say, by nature a substance with only that attribute. We can say, invoking 1p7, that it pertains to the nature of ES1 to exist and thus ES1 does exist and necessarily so. But now, given that ES1 exists, given 1p5 – the thesis that substances cannot share attributes – and also given the fact that if God were to exist God would have all the attributes, it follows that God does not exist after all! God would have to share an attribute with ES1 which we have already proven to exist. So it seems that Spinoza was able to prove that God is the only substance only because he began 1p11 arbitrarily with the claim that God exists. What reason did he have for starting there instead of starting with the claim that, say, ES1 exists? The answer must be that somehow ES1 has an incoherent nature and God does not. But this just brings us back to the question we have already raised: Is God's nature coherent?

How would Spinoza answer this question? The PSR which Spinoza espouses has a direct bearing on this problem. First, let's assume that for each attribute there must be a substance that has that attribute – given that attributes are conceived through themselves (1p10), nothing could prevent the instantiation of a given attribute. Because there is no sharing of attributes and on the assumption that extension is an attribute, it follows that there is only one extended substance. Now consider the question: does this one extended substance have other attributes as well? In particular, does it have the attribute of thought? Well, let's say that it lacks thought. In virtue of what does it lack thought? This last question is a perfectly natural one, and, in fact, Spinoza's PSR demands that there be a reason here, that there be an answer to this question. What then could explain why the one extended substance lacks thought?

It's clear what *Descartes* would say: the fact that it is extended is the reason that the one extended substance lacks thought. Not only would Descartes say this, but it also seems the most natural and plausible way to answer the

---

11 This problem was first raised by Don Garrett in his important paper, "Spinoza's 'Ontological' Argument."

question. But notice that this approach to the question is absolutely illegitimate from Spinoza's point of view. It is ruled out by his strong understanding of the conceptual barrier between the attributes, a barrier which, as we have seen, follows from the PSR. For Spinoza, no fact about thought depends on any fact about extension. This is just a manifestation of the self-conceived nature of each attribute. As Spinoza understands this separation, this means, for example, that the fact that a substance is extended cannot explain why it has the attribute of thought and *also* cannot explain why it lacks the attribute of thought. To explain the lack of thought by appealing to extension would be to explain a fact about thought in terms of a fact about extension. And this violates the conceptual barrier for Spinoza. He makes precisely the point in 1p10s. He says immediately after articulating the conceptual independence of the attributes that:

> "From these propositions it is evident that although two attributes may be conceived to be really distinct (i.e. one may be conceived without the aid of the other), we still cannot infer from that that they constitute two beings, or two different substances."

Spinoza is saying here that the conceptual barrier shows that one attribute cannot prevent a substance from having another attribute. No other potential explanation of the one extended substance's lack of thought seems to be available. So if this substance did lack thought, that would be a brute fact and as such ruled out by the PSR. In this way, we can quickly see that every attribute not only must be instantiated but must also, on pain of violating the PSR, be instantiated by a single substance.

This understanding of the conceptual independence between the attributes is particularly strong. It uses the conceptual independence to preclude not only positive trans-attribute explanations (e.g. explanations that X is thinking because X is extended), but also negative trans-attribute explanations (e.g. explanations that X is not thinking because X is extended). Descartes obviously does not take the conceptual barrier this far: he is quite happy to say that an extended substance lacks thought *because* it is extended. However, Spinoza seems to be saying, if one has a conceptual barrier at all, there is no good reason not to extend it to preclude negative trans-attribute explanations as well as positive ones. If Spinoza is right, then he has a good reason, on his own terms, for holding that one substance has all the attributes and he has a good reason for ruling out ES1 – the substance with only extension – because it has an incoherent nature. For Spinoza, there is good reason to hold that the only substance with a coherent nature is God, the substance of all attributes. For Spinoza, then, if there is a multiplicity of attributes, there is nothing incoherent in these attributes all being instantiated by a single substance. Indeed, the opposite state of affairs in which such attributes are in separate substances would be incoherent because it would involve brute facts.[12]

We have gone a long distance in explaining and defending Spinoza's argument for substance monism. At each stage, the PSR is the motivating force behind the explanation and defense. The PSR underwrites the notion that explanation is explanation-as, a notion that is essential to Spinoza's metaphysics in general and to his substance monism in particular. The PSR grounds the view that a substance must have at least one attribute or self-conceived feature. The PSR also grounds the PII which is expressed in Spinoza's claim that substances cannot be individuated either by their modes or by their attributes. The PSR also licenses the claim that each coherent substance exists. Finally, the PSR leads, as we have just seen, to the view that if there is a multiplicity of attributes, then they must all be instantiated in a single substance.

This last result above makes clear, however, that there is at least one major unresolved question in our defense of Spinoza's argument for substance monism:

(Q3) Why is there a multiplicity of attributes?

Can we go to the well one more time and invoke the PSR to answer this question? I believe we can. But here I must stress that we are going beyond what Spinoza explicitly says.

Let's try to imagine a scenario in which there is only one attribute. Of course, if an attribute exists, it exists necessarily and by virtue of the very concept of that attribute. It follows that if there is only one attribute, then there *must be* only one attribute and it is incoherent for any other attribute to exist. In other words, if there is only one attribute, it is a conceptual truth that there is only one attribute.

Let's call the attribute A and let's say that substance S has A. Given the no-sharing thesis, no other substance has A and thus no other substance exists. Thus all that exists in this scenario are S and A.

What is the relation between S and A? Are they identical or not? Well, if they are not identical, in virtue of what do they fail to be identical? Recall that Spinoza's PII and PSR demand that there be an answer to this question. Notice that S and A do share many properties: S, as a substance is self-conceived. So too is A, an attribute, self-conceived. Let's say that A is extension. Thus it's true to say that S is extended. Is it also true that A is

---

[12] For a fuller elaboration of the above argument, see my "Spinoza's Substance Monism".

extended? I don't see why not. For Spinoza to say that S is extended is, I believe, nothing over and above saying that S is conceived through extension.[13] So, given that A is conceived through extension, it would be true also that A is extended. Given this similarity between S and A, how can we individuate them? We could say that S is a substance and not an attribute and that A is an attribute and not a substance. But given that, in this situation, A is the only conceivable attribute and that S is the only conceivable substance, the claim that S is a substance and not an attribute and that A is an attribute and not a substance simply amounts to the claim that S is S and not A and A is A and not S. But this does nothing to explain the distinction between A and S; rather it merely restates the distinction, i.e. the distinction between A and S would seem to be primitive. And, as we have seen, for reasons stemming from the PSR, Spinoza would reject such primitive individuation.

So, given Spinoza's aversion to primitive individuation, it seems to follow that, in our situation, S = A. Indeed, the identity here would seem to hold as a conceptual truth. Given the PSR, it's part of the notion of a thing that it be explained. In a situation in which A is the only conceivable attribute and S is the only conceivable substance, it seems to follow that any non-identity between S and A is inconceivable. So it would be a conceptual truth that S = A.

Would this identity be problematic? Consider the point I made earlier: for Spinoza there is no bare conceiving of a thing; rather, to conceive a thing, to explain it, one must appeal to certain features of the thing. As I noted, this requirement stems from Spinoza's insistence on the PSR and, more particularly from his insistence that explanation itself be explainable. This latter requirement, in turn, seems to lead to the claim that there must be a distinction – at least in thought – between the thing explained and the explanation of the thing, the way of conceiving that thing. If the thing explained were conceived simply as the way of conceiving that thing, we would seem to be involved in a rather uncomfortable regress: the thing is identical to the way of conceiving that thing. But the way of conceiving that thing is identical to the way of conceiving the way of conceiving that thing ... and so on ad infinitum. All content to the notion of the thing or the notion of the explanation of the thing would slip through our fingers. So, Spinoza's insistence that explanation itself be explicable leads to the view that the thing explained must be at least conceptually distinct from the way of explaining the thing.

---

13 I develop this point in "Rationalism Run Amok".

But, of course, as I have stressed, attributes in general are ways of conceiving of substance. And so, given that ways of conceiving things must in principle be distinct from the things conceived, it follows that an attribute must be at least conceptually distinct from the substance for which it serves as the explanation. If there was not such a distinction between substance and attribute, then the substance could not be explained after all, and this would violated Spinoza's deep commitment to the PSR.

Return now to our situation in which A is the only conceivable attribute and S is the only conceivable substance. In that situation S and A would not be conceptually distinct and, for this reason, our situation now seems to be impossible. This is because in this situation we would have a substance which could not be explained or conceived. A vivid way to make this point is as follows: given that for Spinoza all explanation depends on the explicability of substance, in this situation with only one attribute no explanation could get off the ground. And this, of course, would be the worst thing in the world for Spinoza. Thus, for Spinoza, given the PSR, it cannot be the case that there is only one attribute. There must be a multiplicity of attributes in order to secure the very notion of explanation. Notice that if there is a multiplicity of attributes, A, B, C, etc., then one can individuate the substance that has these attributes and each of the attributes themselves: each attribute is one of many in a way that the substance is not. And so the substance would be distinct from its attributes, and, for this reason, one can intelligibly regard the attributes as explaining the substance.

This then is the answer to (Q3): there is a multiplicity of attributes because otherwise substance itself would not be explicable. I stress again, however, that although this answer is dictated by Spinoza's commitment to the PSR, he does not, as far as I know, give this answer. I also want to stress that, while this answer provides for a multiplicity of attributes, it does not seem to provide for an infinity of attributes – something Spinoza apparently endorses.[14]

A final question, however, about the strategy I have just outlined. If, as I insist, there must be something in virtue of which a substance is not identical to an attribute of that substance, then it seems equally legitimate to demand that there be something in virtue of which each of the distinct attributes are not identical. And once this demand is made, it seems that there is pressure to identify the attributes: after all, each attribute is self-conceived. If attribute A is different from attribute B, then it seems that that can only be in virtue of the fact that A is different from B. And here we seem to be forced to the view

---

14 See, e.g., 1def6.

that the non-identity of the attributes is primitive, grounded simply in the fact that the attributes are not identical. Given Spinoza's general aversion to primitive non-identity, the apparently primitive non-identity of attributes seems problematic. I should note, however, that this problem – about the individuation of attributes in Spinoza – is one that faces interpreters of Spinoza in general and not just those who would advance the line I just developed in order to argue that there is a multiplicity of attributes. *Any* interpretation that sees Spinoza as rejecting primitive identity in general faces a problem concerning how to individuate attributes.

This question deserves more discussion than I can provide here, but let me offer a sketch of an answer. Consider the different question: in virtue of what are bachelors unmarried? This question may seem not to make sense. If you have to ask why are bachelors unmarried, then you haven't fully understood the concepts of "bachelor" and "being unmarried". If you did understand those concepts, you would just see that *what it is to be* a bachelor is in part – by the concepts involved – to be unmarried. Similarly, if you understood what it is to be an attribute, you would understand, you would just see, that there simply are – by the concept of attribute – many attributes. This is because, for Spinoza, the notion of attribute is just the notion of an explanation of substance. But the very notion of explanation – as we have seen – requires that there be more than one potential explanation of the substance. Thus we have as deep an explanation as we could want of the claim that there are many attributes: it is a conceptual truth. It follows from this conceptual truth that there are attributes which are distinct from one another but, because they are all self-conceived, they are also such that there is nothing to distinguish them beyond the fact that they are different ways of conceiving things. So in the end attributes are individuated from one another simply by the fact that they are different ways of conceiving things, and the legitimacy of this way of individuating attributes is grounded in the PSR and the very notion of explanation.

This embrace of individuation by appeal simply to the things individuated holds only for attributes and for ways of conceiving things, ways of explaining things. The PSR requires that things other than ways of conceiving things are to be individuated, and thus conceived, otherwise than by appeal simply to these things themselves. Thus my earlier claim that there is no bare conceiving of things must be modified: there is no bare conceiving of things other than attributes which are themselves ways of conceiving things.

This exception does make me a bit uneasy, but it does makes sense: to insist that attributes not be individuated by appeal to the attributes themselves is to insist that each attribute be conceived or explained in a certain way that is other than the attribute itself. But this is to say that each attribute must be conceived by virtue of grasping some feature of the attribute. To have the thought of an attribute – which is a way of conceiving – one must first grasp some other feature, a way of conceiving that attribute. But why stop there? Why not insist that that feature, call it "F", that way of conceiving an attribute, must also be grasped in terms of some feature of F that is other than F itself, and so on ad infinitum. This regress does seem to be vicious because it specifies that the required grasp of features must be prior to the grasp of the attribute itself. In this way, it is hard to see how conceiving of an attribute could ever get started.

And – perhaps, worse – this result seems to conflict with the notion of attribute as self-conceived. Attributes are, I would have thought, precisely where the buck stops: precisely because they are ways of conceiving things, attributes can be grasped directly and they make possible the grasp of things that aren't ways of conceiving. In the end, then, attributes are the only truly self-conceived things, for Spinoza. Although substance is defined as self-conceived, it is, strictly, conceived through an attribute which is not identical to the substance itself.[15] To conceive of a substance one must first conceive of an attribute of that substance. But an attribute is conceived through itself and, unlike substance, *not* through something strictly distinct from itself. It is not the case that to conceive of the attribute one must first conceive of the substance that has that attribute; rather one conceives of the substance through the attribute. Attributes are thus more fundamentally explanatory than is substance by itself. Indeed, it seems that by itself, i.e. independently of attributes, substance is not explanatory of anything. For this reason, it seems right to make an exception for attributes when it comes to the notion of explanation and to regard each attribute as capable of being conceived simply in terms of itself. If there were not a multiplicity of attributes that could be conceived simply in terms of themselves, then, as the PSR dictates, explanation itself would be impossible.

But is there good reason to accept the PSR on which, as we can now see, this entire defense of Spinoza's argument for substance monism rests? This is a question for another occasion.

---

15 It is because an attribute constitutes an *essence* of substance that, I believe, Spinoza regards conceiving a substance itself as tantamount to conceiving it through itself.

Bibliography

Carriero, John 1995: On the Relationship between Mode and Substance in Spinoza's Metaphysics. In: Journal of the History of Philosophy 33, 245–73.
Curley, Edwin 1991: On Bennett's Interpretation of Spinoza's Monism. In: Yovel (Ed.), 35–51.
Della Rocca, Michael: Rationalism Run Amok: Representation and the Reality of Emotions in Spinoza. Forthcoming in a festschrift for Ed Curley.
– 2002: Spinoza's Substance Monism. In: Koistinen, Olli and Biro, John (eds.). Spinoza. Metaphysical Themes. Oxford. 11–37.
– 2005: Two Spheres, Twenty Spheres, and the Identity of Indiscernibles. In: Pacific Philosophical Quarterly 86, 480–492.
Garrett, Don 1979: Spinoza's 'Ontological' Argument. In: Philosophical Review 88, 198–223.
Leibniz, Gottfried 1976²: Philosophical Papers and Letters. Ed. by Leroy E. Loemker. Dordrecht.

Robert Schnepf

3. Die eine Substanz und die endlichen Dinge (1p16–28)

3.1 Das Problem: Vom Substanzenmonismus zur Vielheit der Dinge

Spinoza mutet dem Leser des ersten Teils der *Ethica* einiges zu, wenn jede halbwegs bewältigte Verständnisanstrengung nur die Aussicht auf die nächste bietet. Wer etwa meint, mit 1p15 – daß alles, was ist, in Gott sei, und nichts ohne Gott sein und begriffen werden könne – den Kernpunkt der allgemeinen Metaphysik oder Ontologie Spinozas erfaßt zu haben, wird sich gelegentlich fragen, warum so viele kaum verständliche Lehrsätze nötig sind, um erst am Ende des Teils die wohlbekannten Ablehnungen teleologischer Ursachen und des freien Willens sowie seine Lehre von der Notwendigkeit aller Geschehnisse einzuführen. Mit 1p15 scheinen nämlich bereits die Identifikation von Gott und Natur etabliert, der Substanzenmonismus begründet und die endlichen Dinge zu bloßen abhängigen Modi ohne jede Selbständigkeit degradiert zu sein, so daß keine eigenständigen kausalen Kräfte außerhalb Gottes möglich sind, die Kontingenz ins Spiel bringen könnten. Daß alles irgendwie aus Gott folgt (1p16), scheint sich deshalb ebensosehr von selbst zu verstehen, wie daß Gott die immanente Ursache aller Dinge ist (1p18), daß seine Attribute ewig sind (1p19), Existenz und Wesen Gottes zusammenfallen (1p20) und er nicht nur die Ursache der Existenz, sondern auch des Wesens der endlichen Dinge ist (1p25).

Die Vielzahl der Interpretationen zeigt indessen, daß man es sich nicht so einfach machen kann. So wird der Substanzenmonismus gelegentlich als neuplatonische Emanationsphilosophie interpretiert, bei der alle endlichen Dinge aus der einen Substanz „herausfließen" (z.B. Wolfson 1958);

oder als Philosophie des Ausdrucks, bei der einzelne Macht- oder Kraftquanten die eine umfängliche *potentia*, die die Substanz ist, ausdrücken (z.b. Deleuze 1968 oder Bove 1996); oder aber als Philosophie der absoluten Intelligibilität alles Seienden, bei der aus dem Wesen Gottes alles auf luzide Weise abgeleitet werde bzw. konstruiert werden kann (z.b. Gueroult 1968 oder Matheron in diesem Band); oder schließlich als Feldontologie im Sinne moderner Physik (z.b. Bennett 1984 oder Rohs 1996). Dieser Überfülle an Interpretationen entspricht natürlich auch eine entsprechende Überfülle an Bedenken gegen Spinozas Ansatz. Man sollte es deshalb nicht bei einem Überblick über die „Highlights" unter den Lehrsätzen des ersten Teiles belassen, weil offensichtlich Lehrsätze wie „Was auch immer ist, ist in Gott" isoliert genommen hoffnungslos mehrdeutig sind. Ihre eigentümliche Ausgestaltung erfährt die Ontologie Spinozas erst in den Lehrsätzen, die das Verhältnis zwischen Einzelding und Substanz genau zu bestimmen suchen. Mit 1p15 ist das genaue Verhältnis von Einzelding und umfassender Substanz noch nicht hinreichend geklärt – gerade darum geht es in den nachfolgenden Lehrsätzen des ersten Teils.

Doch ausgerechnet hier finden sich einige vertrackte Propositionen. Spätestens mit der Lehrsatzgruppe 21 bis 23 wird beispielsweise die Lehre von den sogenannten „unendlichen Modi" eingeführt,[1] den *modi infiniti*, von denen alles andere als klar ist, was sie sein sollen und wozu Spinoza sie braucht (zumal er zu allem Überfluß auch noch zwei unterschiedliche Typen solcher *modi infiniti* annimmt, nämlich solche, die direkt aus einem Attribut Gottes folgen, und solche, die indirekt via den direkten infiniten Modi aus dem Attribut Gottes folgen). Im Anschluß an diese problematische Lehrsatzgruppe findet sich dann eine Lehre von der Produktion und Verursachung endlicher Dinge. Dort wird nicht nur behauptet, Gott sei die wirkende Ursache der Existenz und des Wesens aller endlichen Dinge (1p24 und 25), sondern auch, daß ein jedes endliche Ding zugleich von anderen endlichen Dingen zum Existieren und Handeln bestimmt werde, und so ins unendliche fort (1p28). Während die ersten Lehrsätze dieser Lehrsatzgruppe suggerieren, alles werde direkt von Gott verursacht, legt der letztgenannte Lehrsatz nahe, die endlichen Dinge verursachten sich wechselseitig in einem unendlichen dynamischen System, ohne daß Gott noch eine besondere kausale Rolle spielte.[2]

---

[1] Aus Gründen, die im wesentlichen auf Gabbey (2006) zurückgehen, werde ich die eingebürgerte Redeweise von „unendlichen Modi" nicht übernehmen und stattdessen von „infiniten Modi" sprechen.
[2] Gelegentlich retten sich die Interpreten aus der Verlegenheit, indem sie Spinoza eine Theorie doppelter Verursachung unterstellen, einer vertikalen „von oben" durch Gott und

Die Theorie infiniter Modi und die Lehrsätze über die kausale Ordnung, in der endliche Dinge stehen, gehören zusammen. Mit ihnen entwickelt Spinoza die allgemeine Form des Verhältnisses der einen Substanz zu der Fülle der Einzeldinge, aus der sich die skandalträchtigen Konsequenzen gegen Ende des ersten Teils der *Ethica* ergeben und die später in den folgenden Teilen durch weitere Untersuchungen aufgefüllt wird. Doch bevor diese umstrittenen Lehrstücke genauer untersucht werden sollen, gilt es weitere Beobachtungen und Fragen zusammentragen, um die Probleme etwas genauer zuzuspitzen (2.). Dann werden sukzessive 1p16 (3.), die erste Lehrsatzgruppe 1p21–23 (4.) und schließlich die Lehrsätze 1p25–28 (5.) interpretiert.

3.2 Vorbereitende Beobachtungen

Die Probleme, die diese Textpassagen aufwerfen, sind nicht erst heutigen Interpreten aufgefallen. Sie wurden vielmehr in dem Kreis diskutiert, in dem noch zu Lebzeiten Spinozas das Manuskript der *Ethica* zirkulierte. Zugespitzt hat sie bereits der vermutlich bedeutendste Briefpartner Spinozas, nämlich Ehrenfried Walther von Tschirnhaus.[3] Zunächst fragt er vermittelst eines engeren Bekannten Spinozas, Georg Herrman Schuller, bei Spinoza an, was denn Beispiele für infinite Modi seien (Ep. 63, G IV, 276). Spinoza nennt daraufhin „Ruhe und Bewegung" bzw. den „schlechthin unendliche(n) Verstand" (*intellectus absolute infinitus*) als Beispiele für infinite Modi, die direkt aus dem Attribut Gottes folgen. Mit dem rätselhaften Ausdruck „Angesicht des ganzen Universums" (*facies totius universi*) nennt er hingegen ein Beispiel für die indirekt folgenden infiniten Modi (Ep. 64, G IV, 278). Spinoza will hiermit nicht eine vollständige Aufzählung geben, sondern nur Beispiele für die beiden Arten von infiniten Modi.[4] Um sich einen Reim auf sie zu machen, muß man zwei weiteren Hinweisen nachgehen. Der Ausdruck „Angesicht des ganzen Universums" wird mit einem Hinweis auf den physikalischen Einschub nach 2p13 versehen, genauer auf die Anmerkung zum 7. Lemma (doch fällt dort der Ausdruck „infiniter Modus" nicht). Und in 5p40s findet sich

---

einer horizontalen durch die unendliche Kette endlicher Dinge. Allerdings scheint eine solche Lesart nicht attraktiv zu sein.

3 Vgl. Ep. 80 und 82 von Tschirnhaus an Spinoza sowie Ep. 81 und 83 von Spinoza an Tschirnhaus (G IV, 331–335).

4 Vgl. die genaue Formulierung in Ep. 64, wo Spinoza von den „exempla […] primi generis" und „secundi [generis]" spricht, was in beiden Fällen eine Mehrzahl impliziert (G IV, 278). Für

eine Bemerkung, die wegen des Rückverweises auf 1p21 als Hinweis auf infinite Modi gelesen werden muß. Dort wird gesagt, daß der ewige Teil unseres Geistes zusammen mit allen anderen ewigen Teilen Modi des Denkens, die sich wechselseitig bestimmen, zusammen „Gottes ewigen und unendlichen Verstand" ausmachten (*Dei aeternum, et infinitum intellectum constituant*). Man wird auch diese Bemerkung vor dem Hintergrund von Ep. 64 verstehen müssen.

Mit diesen ersten Hinweisen ist über das Verhältnis der einen Substanz zu den vielen Einzeldingen und zur genauen Funktion der infiniten Modi noch nicht viel gesagt. In zwei weiteren Briefen fragt Tschirnhaus deshalb recht direkt bei Spinoza nach, wie man Bewegung und Gestalt der Dinge aus dem bloßen Begriff der Ausdehnung a priori beweisen könne (Ep. 80, G IV, 331). Das entspricht in gewisser Weise der Frage, ob aus der einen Substanz die endlichen ausgedehnten Dinge abgeleitet werden könnten, insofern sie sich gerade durch ihre Bewegungszustände und ihre Gestalt unterscheiden. Spinoza reagiert zunächst mit der Bemerkung, aus dem Attribut der Ausdehnung, wie Descartes es aufgefaßt habe, folgten Bewegung und die Gestalt der Dinge nicht, ja mehr noch, die ganzen Prinzipien der natürlichen Dinge von Descartes seien „unbrauchbar und widersinnig" (Ep. 81, G IV, 332). Spinoza spielt damit auf Descartes' Theorie an, nach der die ausgedehnten Dinge nicht etwa sich selbst bewegten, sondern durch Gott in bestimmter Weise bewegt würden, wobei die Bewegungsgesetze – die Naturgesetze (*leges naturae*) – nichts anderes seien als die allgemeinen Regeln, nach denen Gott die Dinge bewegt.[5] In der Tat ist diese Theorie nicht nur mit all denjenigen Schwierigkeiten belastet, mit denen Theorien innerweltlichen Handelns eines extramundanen Gottes nun einmal behaftet sind. Sie ist vielmehr noch dadurch kompliziert, daß Descartes in ihrem Kontext den Naturgesetzen selbst eine kausale Rolle zuschreibt. Naturgesetze sollen zweite Ursachen sein, durch die Gott als erste Ursache in der Welt handelt. Spinozas Kritik läßt sich vor dem Hintergrund seiner infiniten Modi scheinbar gut verstehen. Gelegentlich werden die infiniten Modi nämlich als Nachfolger der cartesischen Naturgesetze gedeutet, die diese Schwierigkeiten nicht aufwerfen,[6] und gelegentlich wurde auch von ihnen behauptet, sie seien

---

mein Interpretation wird dieser Punkt, auf den auch Gabbey (2006) hinweist, eine gewisse Rolle spielen.

5 Vgl. Descartes, *Principia philosophiae* II, §§ 36ff., AT VIII, 61ff.; dazu Garber (1992), Gaukroger (2000), McLaughlin (2000).

6 Vgl. Yovel (1991), Curley (1988, 45f.), Schmitt (1922) – deutlich gegen die kausale Interpretation Bartuschat (1996, 76).

Ursachen,[7] beide Male, um sie als vermittelnde Instanzen zwischen der einen Substanz und den Einzeldingen zu begreifen.

Doch hat Spinoza mit dem Hinweis auf diese Schwierigkeiten einer konkurrierenden Theorie diejenigen der eigenen noch nicht behoben, und gegen die Interpretation von infiniten Modi als Naturgesetze oder gar als Ursachen lassen sich gravierende Einwände erheben: Die erste Interpretation widerspricht schlicht Spinozas Auskunft in Ep. 64, denn Ruhe und Bewegung sind eben nicht die Gesetze von Ruhe und Bewegung, und die zweite Interpretation müßte Ruhe und Bewegung als Ursachen deuten, wo wir doch eher geneigt sind, nach den Ursachen von Ruhe und Bewegung zu fragen. Entsprechend bittet Tschirnhaus, Spinoza möge erklären, wie nach seiner eigenen Theorie aus dem „Begriff der Ausdehnung [...] die Verschiedenheit der Dinge beweisbar" sei (Ep. 82, G IV, 333). Spinozas abschließende Antwort wird nach allem kaum verwundern, wirft sie doch wiederum neue Schwierigkeiten auf: Ruhe und Bewegung sowie die Verschiedenheit der Dinge seien gar nicht aus dem Begriff der Ausdehnung zu beweisen. Vielmehr müßten sie durch ein Attribut Gottes erklärt werden (*explicatur*). Doch was genau dadurch gewonnen sein soll, daß man Ausdehnung und Denken nicht mehr als Attribute der ausgedehnten und denkenden Substanz (wie Descartes), sondern im Rahmen eines Substanzenmonismus als Attribute Gottes auffaßt, ist alles andere als klar.

Aus diesen Briefstellen läßt sich nicht entnehmen, wie genau die Lehrsätze der *Ethica* zu interpretieren sind. Gleichwohl ist eine der zentralen Lehren dieses Briefwechsels mit Tschirnhaus verblüffend einfach. Offensichtlich meint Spinoza, daß das Problem, wie sich die eine Substanz mit ihren zwei Attributen so zu den Einzeldingen verhält, daß deren kausale Erklärungen eine bestimmte Form annehmen, völlig verschieden ist von der Frage, wie aus dem Begriff des Attributs ein partikuläres Einzelding unter diesem Attribut abgeleitet werden könne. Während die im Cartesianismus so gestellte zweite Frage in den Augen Spinozas nicht beantwortet werden kann, soll die erste Frage in seinem Substanzenmonismus überzeugend beantwortet werden können. Um zu sehen, warum das so ist, muß 1p16 genauer in den Blick genommen werden.

---

[7] Zumindest werden ihnen gelegentlich eine eigentümliche Aktivität oder bestimmte kausale Züge zugeschrieben – vgl. Wolfson (1958, 391); dagegen beispielsweise Mason (1987).

3.3 (1p16): Alles folgt aus Gott – aber was heißt „folgen"?

Lehrsatz 16 kommt eher trivial daher, so daß gar nicht recht zu sehen ist, was an ihm eigentlich interessant sein könnte: „Aus der Notwendigkeit der göttlichen Natur muß unendlich vieles auf unendlich viele Weisen folgen (d.h. alles, was unter einen unendlichen Verstand fallen kann)." Doch so schlicht sich dieser Satz ausnimmt, so viele Fragen wirft er auf. Gerne wüßte man, was genau Spinoza unter der Natur Gottes versteht und was unter den „unendlich vielen Weisen", in denen Unendliches folgen soll. Ebenso ist unklar, was „folgen" (*sequi*) genau heißen soll, warum vom „unendlichen Verstand" die Rede ist (*intellectus infinitus*) und was es schließlich mit der merkwürdigen Konstruktion „aus der Notwendigkeit der göttlichen Natur" auf sich hat.

Hierzu ist ein kurzer Blick auf die Art und Weise nötig, in der Spinoza seine Ontologie einfädelt und seine Terminologie expliziert (vgl. Schnepf, 1996). Betrachtet man die Definitionen zu Beginn des ersten Teils, dann wird deutlich, daß Ausdrücke wie „Substanz", „Attribut" und „Modus" dadurch definiert werden, daß sie etwas bestimmtes an einem Ding bezeichnen, das durch leitende Ausdrücke hervorgehoben wird. So heißt beispielsweise dasjenige an einem Ding (*res*), das in den Blick fällt, sofern es in sich betrachtet wird und durch sich begriffen werden kann, „Substanz" (1D3); dasjenige, das in den Blick fällt, wenn nicht das Substantielle an ihm betrachtet wird, sondern was in Relation zu anderem steht und begriffen werden muß, heißt hingegen „Modus" (1D5). Für den gegenwärtigen Zusammenhang entscheidend ist nun, daß eine solche Begriffsbildung den Bezug auf endliche Dinge bereits voraussetzt, an denen eben durch die definierenden Ausdrücke etwas hervorgehoben werden kann. Das Szenario ist also nicht etwa so zu denken, daß Spinoza einen Begriff sucht (etwa den Gottes), um dann die Existenz dieses Gottes zu beweisen und aus ihm (bzw. den Begriffen seiner Attribute) alles abzuleiten. Vielmehr liefert Spinoza eine Analyse der internen Struktur endlicher Dinge durch Unterscheidung verschiedener Aspekte, die an ihnen hervorgehoben werden können.[8] Bei dieser Analyse ergibt sich, daß es nur eine Substanz geben kann, die zugleich den internen Kern jedes einzelnen Dings ausmacht. Denn versucht man einmal, an endlichen Dingen alle Bestimmungen wegzulassen, die in irgendeinem Sinn eine Relation zu anderem implizieren, dann stößt man auf etwas, von dem sich kein Merkmal mehr angeben läßt, das es vom Substantiellen in einem anderen Ding

---

[8] Vgl. auch 5p36, wo man dieses Hervorheben von Aspekten auch annehmen muß.

unterscheiden könnte. Der substantielle Kern verschiedener endlicher Dinge ist ein und derselbe, weil ununterscheidbar – und daraus ergibt sich nicht nur, daß es in allen Dingen nur eine und dieselbe Substanz gibt, sondern auch, daß das Verhältnis zwischen Substanz und einzelnem Ding kein Verhältnis zwischen zwei verschiedenen Dingen ist (also das, was unter dem Stichwort „Immanenz Gottes" berüchtigt geworden ist). Das systematische Ableitungsproblem besteht entsprechend nicht darin, daß Spinoza Gott und seine Attribute bewiesen hätte und dann aus diesen Attributen deduzieren muß, daß es Dinge gibt (das scheint Tschirnhaus anzunehmen). Vielmehr ist er von Dingen ausgegangen, hat gezeigt, daß sie einen gemeinsamen substantiellen Kern haben, von dem wir Denken und Ausdehnung erfassen und von dem ausgehend die Dinge, von denen er ausgegangen ist, wieder zu rekonstruieren sind.

In diesem systematischen Kontext greift Spinoza in 1p16 das Wort „sequi" auf, das seinerseits spätestens seit Descartes eine ganz bestimmte Bedeutung hat.[9] Im *Discours de la Méthode* (bzw. der von Descartes autorisierten lateinischen Übersetzung) verwendet Descartes das Wort in terminologischer Weise, um die Verbindung zwischen den einzelnen Schritten eines Deduktionsganges zu bezeichnen.[10] Er faßt damit zusammen, was er in den früheren *Regulae ad directionem ingenii* als „Deduktion" bezeichnet hatte (also in einem zu Lebzeiten Spinozas nicht edierten Fragment, das Spinoza jedoch wahrscheinlich kannte). Unter „Deduktion" versteht Descartes dort den *intuitiv* prinzipiell erfaßbaren Übergang von einfachen Naturen zu den jeweils nächsten komplexeren Gebilden, die aus diesen Naturen zusammengesetzt sind. Diese einfachen Naturen müssen durch Analyse des Problems in seine immer einfacheren Bestandteile allererst gewonnen werden, bevor sie mittels Deduktion zur Problemlösung synthetisch zusammengesetzt werden können. Nimmt man beispielsweise ein Dreieck und als Problem die Bestimmung der Winkelsumme, dann wäre eine solche einfache Natur die Strecke und die „Deduktion" bestünde darin, intuitiv zu erfassen, wie die drei Strecken arrangiert werden müssen, um das Dreieck zu bilden. Auf der Grundlage

---

9 Vgl. zum Folgenden ausführlicher Schnepf (2003). Meine Interpretation weicht beispielsweise von der Wolfsons (1958, 373) ab, der „sequi" auf mittelalterliche Quellen der jüdischen Philosophie zurückführt, um seine Interpretation des Verhältnisses zwischen Gott und den Substanzen als Emanation zu stützen.
10 Genauer: In der lateinischen Übersetzung – vgl. AT VI, 550: „Longe illae valde simplicium & facilium rationum catenae, quarum ope Geometrae ad rerum difficiliarum demonstrationes ducuntur, ansam mihi dederant existimandi, ea *omnia, quae in hominis cognitionem cadunt* eodem pacto se mutuo *sequi*." (Hervorhebung R. S.)

solcher „Deduktionen" lassen sich dann Beweise für Lehrsätze führen, etwa dafür, daß die drei Winkel im Dreieck gleich zwei rechten sind. Dazu muß man nur in ebenso lückenloser Abfolge die Strecken verlängern, Hilfslinien konstruieren und die Gleichheit der Wechselwinkel „sehen". Es lassen sich so nicht nur bekannte Wahrheiten beweisen, sondern durch Konstruktion auch neue entdecken. Descartes gibt diesem Verhältnis zwischen einfacheren und komplexeren Gebilden bereits in den *Regulae* eine kausale Deutung: Die Bewegung der Strecken ist dabei regelrecht als eine Art „causa efficiens" anzusprechen. „Deduktion" und „sequi" bezeichnen also nicht ein logisches Verhältnis zwischen Begriffen oder Sätzen etwa derart, daß die Konklusion nicht falsch sein kann, wenn die Prämissen wahr sind. Gemeint ist vielmehr ein durch lückenlose Intuition abgesichertes Verfahren der Konstruktion komplexer Gebilde aus einfachen Elementen zur kausalen Erklärung der Phänomene.

Spinoza greift auf ein solches Modell zurück, wenn er in 1p16 von „sequi" spricht. Das ist auch insofern plausibel, als „Substanz" etwas ist, auf das man beim konsequenten Analysieren eines Dinges zwangsläufig stößt, wobei diese Substanz am Ende der Analyse allerdings derartig unbestimmt ist, daß man nicht einmal mehr die Substanz dieses Dings von der eines anderen unterscheiden kann. Die Schwierigkeit der kausalen Erklärung von Einzeldingen besteht deshalb vor allem darin, wie im Ausgang von dieser Unbestimmtheit der Substanz die unterscheidenden Bestimmungen der Einzeldinge gewonnen werden können. Die dazu nötigen Modifikationen an der cartesischen Vorlage werden durch den Einschub in 1p16 („alles, was unter einen unendlichen Verstand fallen kann") signalisiert.[11] Spricht man dem unendlichen Verstand die höchste Art von Erkennen zu, dann wird mit 1p16 gefordert, daß sich jedes noch so komplexe Ding in der Weise des „sequi" aus einfachen Komponenten entwickeln lassen muß. Das wird in dem Sinn auf unendlich viele, verschiedene Weisen erfolgen müssen, in dem es unendlich viele Arten und Weisen des Kombinierens der einfachsten Elemente gibt. Doch muß man noch eine Spur genauer sein: Tatsächlich muß man sich fragen, was denn in diesem Kontext die Funktion übernehmen soll, die in Descartes' *Regulae* die einfachen Naturen als Endpunkte der Analyse bzw. als Ausgangspunkte der Deduktion übernahmen. Vor dem Hintergrund des bis 1p16 bereits Bewiesenen kommen dafür nur die beiden Attribute Ausdehnung

---

11 „[…] (omnia, quae sub intellectum infinitum cadere possunt)": Ich lese diesen Einschub als eine modifizierende Wiederaufnahme des in Anm. 10 zitierten Satzes aus Descartes' *Discours de la méthode*.

und Denken in Frage. Denn die Attribute sind dasjenige, was der Verstand als das Wesen der Substanz ausmachend erkennt (1D4). Es geht also nicht darum, wie bei Descartes aus kleinsten Strecken geometrische Körper zu konstruieren,[12] sondern aus einer ungeteilten, unendlichen und unbestimmten Ausdehnung die Figuren etwa einer Strecke, eines Dreiecks oder am Ende gar eines komplexen Organismus zu bilden (Analoges gilt im Attribut des Denkens). Damit zeichnet sich ein gigantisches Rekonstruktionsprogramm ab, von dem noch gar nicht zu sehen ist, wie es bewältigt werden könnte. Ich vermute, daß die unterschiedlichen Typen unendlicher Modi hier ihre bestimmte Funktion haben sollen – doch dazu gleich mehr.

Mindestens ebenso irritierend und zentral ist zunächst die weitere Frage, warum in diesem Zusammenhang von Notwendigkeit die Rede sein kann. Betrachtet man drei Strecken, dann ist es alles andere als notwendig, sie zu einem Dreieck zu arrangieren. Wer drei Strecken klar und deutlich erkannt hat, der muß noch gar nicht den Begriff des Dreiecks bilden, er kann dies lediglich aufgrund der drei Strecken und ohne weitere Anweisung auch noch gar nicht. Allerdings verändert sich die Situation grundlegend, wenn man wiederum von den *Regulae* des jungen Descartes ausgeht. Dort war die Perspektive nämlich umgekehrt die, daß man das Dreieck hat und die Frage lösen möchte, welches die Summe der drei Winkel sein mag. Der erste Schritt besteht dann in der Analyse des gegebenen Gebildes in die einfachen Bestandteile und der zweite in der Rekonstruktion des Gebildes aus ihnen, bei der dann ein Erkenntnisgewinn abfallen soll. Hier kann man durchaus von Notwendigkeit sprechen, allerdings in einem ganz bestimmten Sinn: Wenn das Dreieck aus drei Strecken zu konstruieren ist, dann müssen diese mit Notwendigkeit in dieser bestimmten Weise arrangiert werden. Nun ist selbst das im Kontext der *Regulae* nur mit Einschränkungen richtig, da dort die Dekomposition des Komplexen in der *imaginatio* stattfindet und also gar nicht ausgeschlossen werden kann, daß mehrere Weisen der Analyse und der Rekonstruktion möglich sind.[13] Die Bewegung, mit der die Elemente zum Gebilde gruppiert werden, findet ihrerseits auch nur in der Imagination statt und ist entsprechend kontingent. Doch ist die Situation im Kontext von 1p16 aufgrund des bereits herangezogenen Einschubs eine völlig andere: Denn hier ist es der

---

12 Vgl. dazu Berning (1997), der darauf hinweist, daß Descartes in seiner Geometrie kleinste Strecken als einfachste Elemente der Konstruktion annahm.
13 Vgl. dazu Sepper (1996), der sehr genau die Rolle der Imagination in den *Regulae* rekonstruiert und auch die Frage nach der Notwendigkeit untersucht.

unendliche Verstand, der das „sequi" auffaßt, und nicht die Imagination. Das aber bedeutet, daß jede mögliche Konstruktion einem Ding entspricht, das Gott (nach 1p16) mit Notwendigkeit hervorgebracht hat, so daß die Bewegung, der sich die Neugruppierung der Elemente verdankt, im Blick auf das zu rekonstruierende Ding eine notwendige ist. Anders gesprochen: Jede Weise des Kombinierens und Konstruierens ist für sich genommen im göttlichen Verstand notwendig und im Blick auf das Resultat notwendig, da so jeweils unterschiedliche Dinge konstruiert werden. Weil Gott der einzige Akteur ist, der hier in Frage kommt, kann man davon ausgehen, daß er jedes Ding, das in dieser Weise für uns prinzipiell rekonstruierbar wäre, faktisch konstruiert hat. Daher ist es richtig, die Notwendigkeit seiner Natur zuzuschreiben – *ex necessitate divinae naturae*. Nur darf man das nicht so lesen, als verfügten wir selbst bereits über einen solchen Begriff Gottes, aus dem alles weitere durch Analyse deduziert werden könnte (so daß es in diesem Sinn logisch notwendig wäre). Vielmehr ist die Notwendigkeit eine rückblickend zu erschließende, wie auch der komplexe Begriff Gottes bzw. der der einen Substanz erst sukzessive rekonstruiert werden kann.

Das bisher gewonnene Bild paßt in den oben skizzierten allgemeinen ontologischen Rahmen. Wenn es nämlich stimmt, daß Spinoza nicht in einem ersten Schritt einen Begriff von Gott und dessen Existenz beweist, sondern ganz im Gegenteil von gegebenen Dingen ausgeht und ihre allgemeine interne Struktur analysiert, dann entspricht das genau dem eben skizzierten Bild, insofern auch das „sequi" von gegebenen Dingen ausgeht, die dekomponiert und wieder zusammengesetzt werden müssen. Bis 1p15 wird die allgemeine Struktur entwickelt, der diese Dekomposition und Rekonstruktion zu folgen hat: Jedes Ding besteht demzufolge aus einer substantiellen Komponente und einer modalen. Die modale Komponente, die das Ding betrifft, insofern es in Relationen zu anderen Dingen steht, unterscheidet das Ding relativ auf die anderen Dinge; die substantielle Komponente ist im Ausgang von den beiden Attributen (Denken und Ausdehnung) zu rekonstruieren und ist in allen Dingen zunächst dieselbe.[14] Die Aufgabe besteht nun darin, genauer die Art und Weise zu beschreiben, in der einzelne Dinge in diesem Raster aus (oder in) den einfachen Elementen Denken und Ausdehnung zu rekonstruieren sind – und dabei sind die unendlichen Modi unverzichtbar.

---

14 Vgl. zur Frage, ob hier der Teilbegriff sinnvoll verwendet werden kann, Schnepf (1996, 236ff.).

3.4 (1p21–23): Was sind infinite Modi?

Spinoza verwendet in den Lehrsätzen 1p21–23 den Ausdruck „modus infinitus" nicht.[15] Die Lehrsätze 1p21 und 1p22 sprechen schlicht von „allem", „was auch immer" und „etwas" (*omnia, quicquid, aliquid*). Tatsächlich wird nur behauptet, daß „alles, was aus der unbedingten Natur irgend eines Attributes Gottes folgt, hat immer existieren und unendlich sein müssen" (1p21); daß das auch für alles gilt, was aus etwas folgt, das aus dem Attribut gemäß 1p21 folgt (1p22); und daß „jeder Modus, der notwendigerweise existiert und unendlich ist" auf eine dieser beiden Weisen aus dem Attribut Gottes folgt (1p23). Die Beweise für diese Lehrsätze sind indirekt, d.h. sie erheben den Anspruch zu zeigen, daß es nicht möglich ist, daß etwas mit Notwendigkeit aus der absoluten Natur Gottes folgt und nicht immer und infinit existiert (und analog bei den anderen beiden Lehrsätzen). Spinoza zeigt entsprechend an keiner Stelle, daß und wie etwa Ruhe und Bewegung als direkte infinite Modi aus dem Attribut der Ausdehnung folgen oder gar mit welchen Zwischenschritten sich das „Angesicht des ganzen Universums" gewinnen ließe. Mehr noch: 1p23 läßt sich geradezu so lesen, als wolle Spinoza das auch gar nicht, sondern als ginge es ihm darum zu zeigen, daß dann, wenn von etwas gezeigt wurde, daß es in notwendiger und infiniter Weise existiert, auch behauptet werden könne, daß es mit Notwendigkeit aus einem Attribut Gottes folge. Spinoza behauptet also gar nicht, daß es uns ohne weiteres möglich sei, aus dem Attribut die unendlichen Modi abzuleiten (außer vielleicht in den einfachsten Fällen), vielmehr behauptet er, daß es solche infiniten Modi geben muß, daß wir versuchen müssen, die ersten zu identifizieren, und daß wir dann, wenn wir mit ihrer Hilfe anderes als notwendig erkannt haben, irgendwann auch dahin kommen mögen, immer bestimmtere Begriffe der indirekten infiniten Modi zu bilden.[16] Das „sequi", von dem in 1p16 die Rede ist, wird nicht auf den menschlichen Verstand bezogen, sondern auf den göttlichen, und ist deshalb mühselig vom menschlichen

---

15 Tatsächlich fällt der Ausdruck, worauf Gabbey (2006) hingewiesen hat, in der ganzen *Ethica* nicht im terminologischen Sinn. Es handelt sich – ebenfalls nach Gabbey – auch nicht um einen terminus technicus, den Spinoza etwa einer vorgegebenen Tradition hätte entnehmen können. Man muß deshalb von einer echten terminologischen Neuprägung durch Spinoza ausgehen.
16 Vielleicht muß man sogar noch vorsichtiger formulieren, daß mit 1p21 noch gar nicht gezeigt ist, daß überhaupt etwas in dieser Weise existiert, sondern nur der hypothetische Satz, daß etwas ewig und infinit existieren müßte, wenn es aus der absoluten Natur eines Attributs

zu erschließen. Deshalb darf man an dieser Stelle der *Ethica* nicht zuviel erwarten.

Noch in einem anderen Punkt ist Vorsicht geboten. Traditionell wird der Ausdruck „infinitus" in diesem Kontext mit „unendlich" übersetzt. Allan Gabbey hat demgegenüber geltend gemacht, daß die Ursprünge des Neologismus „modus infinitus" in den Grammatiken und einigen Logikhandbüchern des 16. und 17. Jahrhunderts zu suchen sind, nämlich im bekannten „modus infinitivus", für den eben auch der „modus infinitus" in Gebrauch gewesen ist.[17] Für diesen grammatischen „modus infinitus" ist es nun charakteristisch, daß die Person und die Anzahl unbestimmt sind, so daß der „modus infinitus" auch als in gewissen Hinsichten unbestimmter Modus aufgefaßt werden kann. Nimmt man diesen Hinweis auf, dann hat beispielsweise der Beweis von 1p21 einen guten Sinn. Die Beweisidee wird deutlich, wenn man nun noch den Ausdruck „absolute Natur eines göttlichen Attributs" analog interpretiert. „Absolut" wird etwas genannt, insofern es keinerlei Relation zu anderem impliziert, von dem her es eine zusätzliche Bestimmung erhalten könnte. Die Beweisidee besteht dann darin zu zeigen, daß es widersinnig ist anzunehmen, aus etwas, das absolut und deshalb in gewissem Sinn unbestimmt ist, könne etwas folgen, das in eben diesem Sinn bestimmt sei (bzw. „begrenzt", wie Spinoza auch sagt). Diese Interpretation paßt zu dem, was oben über das „sequi" gesagt wurde. Denn dort war es ja so, daß das „sequi" oder die „Deduktion" ein Verhältnis zwischen einfachen Naturen als Elementen und dem zu rekonstruierenden komplexen Ding ist. Auch hier ist die einfache Natur (das Attribut) unbestimmt im Hinblick auf das, was es zu rekonstruieren gilt (also den endlichen Modus). Jede Bestimmung scheint zunächst kontingent. Wenn etwas mit Notwendigkeit aus den ersten Elementen oder einfachen Naturen folgt, dann wird es deshalb ebenfalls infinit oder unbestimmt sein müssen. Positiv gewendet: Für infinite Modi gilt, daß sie die Unbestimmtheit dessen, woraus sie folgen, gleichsam erben und deshalb in ihrer Dauer und Existenz nicht begrenzt sein können.

Allerdings scheint diese Interpretation wenig attraktiv, denn nun ist nicht zu sehen, wie infinite Modi eine Funktion in der kausalen Konstruktion von Einzeldingen haben sollten. Es ist schlicht unklar, was der Übergang von einem Unbestimmten zum nächsten Unbestimmten nutzen sollte, um die Bestimmtheit von Einzeldingen kausal zu erklären. Um an

---

folgt. Allerdings wird spätestens mit 5p40s deutlich, daß Spinoza tatsächlich Fälle von infiniten Modi auch in der *Ethica* angenommen hat.

17 Vgl. Gabbey (2006), der auch ausführlich auf die Hintergründe in Spinozas *Hebräischer Grammatik* eingeht.

dieser Stelle weiter zu kommen, muß man genauer zusehen, wie infinite Modi im einfachsten Fall aus der in gewissem Sinn unbestimmten Natur eines göttlichen Attributs folgen. Dazu läßt sich einiges vermuten, wenn man Spinozas Hinweis aufgreift, Bewegung und Ruhe seien die ersten unmittelbaren infiniten Modi im Attribut der Ausdehnung (um nur den einfacheren Fall des Attributs der Ausdehnung zu betrachten). Wenn allgemein die Aufgabe darin besteht, im Attribut ein Einzelding als solches zu erklären, so daß gezeigt werden kann, wie es aus einfachen Bestandteilen folgt, und wenn der Ausgangspunkt dieser Rekonstruktion das zunächst unbestimmte Attribut der Ausdehnung ist, dann fragt sich, worin ein Einzelding sich von einem anderen Körper so unterscheiden kann, daß es von diesem anderem unterschieden und als solches identifiziert werden kann. Dazu kann man nicht einfach auf die Gestalt oder die Form des Dings (etwa eines Dreiecks) verweisen, da diese selbst allererst aus dem zunächst unbestimmten Attribut gewonnen werden muß. Es ist hingegen durchaus plausibel zu behaupten, daß sich eine „Portion" des Ausgedehnten nur dadurch von ihrer Umgebung abgrenzen kann, daß sie sich in einem Zustand der relativen Bewegung oder Ruhe zu ihrer Umgebung befindet. Erst dadurch entstehen Formen und Gestalten, wie etwa Linien, Strecken oder Dreiecke. Wenn aber plausibel ist, daß es nur so möglich ist, daß sich Dinge im Attribut der Ausdehnung unterscheiden, dann ist man nach 1p23 berechtigt zu sagen, es müsse sich um infinite Modi handeln, die ewig und unbegrenzt existieren, auch wenn für uns kein intuitiv notwendiger Übergang vom unbestimmten Attribut der Ausdehnung zu Ruhe und Bewegung einsehbar ist.[18] Denn da es notwendig ist, die gegebenen Dinge, von denen das gesamte Verfahren ausgeht, zu rekonstruieren, und da die Dinge nur unter Zuhilfenahme von Ruhe und Bewegung rekonstruiert werden können, sind Ruhe und Bewegung selbst notwendig. Ruhe und Bewegung sind dabei als unbestimmte Modifikationen des Attributs selbst aufzufassen. Infinit im Sinne dieser Unbestimmtheit ist dieser Modus deshalb, weil er nicht auf ein bestimmtes Einzelding bezogen ist, dann aber auch deshalb, weil mit ihm nur festgelegt ist, daß sich jede „Portion" der Ausdehnung in einem Zustand relativer Ruhe und

---

18 In dieser Weise läßt sich m.E. die umstrittene Funktion dieses Lehrsatzes auflösen, von dem im weiteren Gang der *Ethica* kein Gebrauch gemacht wird und der ansonsten überflüssig zu sein scheint. Wolfson (1958, 379) meint, dieser Lehrsatz diene dazu, den Begriff „Modus" in diesem Problemkontext einzuführen, was mit meiner Lesart zumindest verträglich ist. Bartuschat (1992, 42) behauptet hingegen, der Lehrsatz zeige lediglich, daß es über die in 1p21 und 1p22 angelegten hinaus keine weiteren infiniten Modi gebe. Macherey, Bennett, Deleuze u.a. übergehen diese Frage nach der genauen Funktion von 1p23.

Bewegung befindet, ohne daß bereits determiniert wäre, in welchem bestimmten Zustand sich die einzelnen Regionen jeweils befinden. Um einen Modus des Attributs muß es sich deshalb handeln, da bei der Bestimmung des ontologischen Status dieser Bestimmungen nach 1p15 nur zwischen Substanz und Modus gewählt werden kann und als „Träger" dieser Modifikation gerade wegen seiner Unbestimmtheit zunächst nur das Attribut in Frage kommt. Allerdings lauert hier noch das Problem, wie das Verhältnis zwischen infinitem Modus und Einzelding bestimmt werden kann. Doch ist nun schon deutlicher, welche Funktion bereits die ersten unmittelbaren infiniten Modi im Kontext einer Theorie der kausalen Erklärung endlicher Einzeldinge haben können: Sie geben gleichsam die basalen Bestimmungsformen vor, in denen kausale Erklärungen unter einem Attribut zu erfolgen haben (im Fall des Attributs der Ausdehnung nämlich in Termini von Ruhe und Bewegung). Spinozas andere Erläuterung direkter infiniter Modi in Ep. 64, also die Rede von einem *schlechthin* infiniten Verstand, müßte in analoger Weise rekonstruiert werden.

Die bis jetzt mit dieser Interpretation verknüpften Folgeprobleme lassen sich exemplarisch an der Frage nach den indirekten infiniten Modi ablesen. Das betrifft zunächst die Frage, in welchem Sinn das „Angesicht des ganzen Universums" aus Ep. 64 ein infiniter Modus sein kann. Von diesem „Angesicht" wird man nämlich zumindest sagen müssen, daß es in einem viel größeren Ausmaß bestimmt ist als die unbestimmten direkten Modi von Ruhe und Bewegung. Das betrifft aber auch die Frage, wie Spinozas Hinweis in 5p40s zu interpretieren ist, die sich wechselseitig determinierenden ewigen Modi des Denkens (darunter ein Teil unseres Geistes) konstituierten einen ewigen und infiniten Verstand, der im Rückgriff auf 1p21 als infiniter Modus zu deuten ist. Denn auch von diesem infiniten Verstand wird man sagen müssen, daß er zumindest in dem Sinn in höchstem Maße bestimmt ist, daß die in ihm enthaltenen Wesen als unterschiedene begriffen sind (und das sind unendlich viele). Um dieser Schwierigkeit zu entgehen, muß man offensichtlich verschiedene Arten oder Hinsichten der Bestimmtheit unterscheiden, so daß auch von dem in hohem oder höchstem Maß bestimmten indirekten infiniten Modi noch gesagt werden kann, sie seien im Sinn von 1p21 und 1p22 unbestimmt.

In der nachfolgenden Lehrsatzgruppe bis 1p28 läßt sich eine solche Differenzierung tatsächlich finden. Diese Lehrsatzgruppe wirft – wie eingangs erwähnt – unter anderem das Problem auf, daß ein Einzelding einerseits von Gott hervorgebracht werden soll, andererseits aber von einer unendlichen Kette anderer endlicher Dinge. Mein Vorschlag wird darin bestehen, statt einer Theorie doppelter Verursachung endlicher Dinge anzunehmen, verschiedene Hinsichten der kausalen Determination zu unterscheiden. Diesen verschiedenen Hinsichten entspricht dann auch eine Unterscheidung von zwei Weisen oder Hinsichten der Bestimmtheit von Einzeldingen, so daß am Ende plausibel werden kann, wieso ein infiniter Modus, der in gewisser Weise von allen Einzeldingen konstituiert wird (vgl. 5p40s), gleichwohl in entscheidender Hinsicht unbestimmt bleibt.

3.5 (1p24–28): Produktion und Geschichte der Dinge – zwei Hinsichten kausaler Bestimmung?

Erst mit 1p24 wird die kausale Erklärung endlicher Dinge thematisch. Sieht man sich die zugehörige Lehrsatzgruppe indessen genauer an, dann wird schnell deutlich, daß diese Redeweise vereinfachend ist. Von den Lehrsätzen 25–27 einerseits zu 1p28 andererseits wechselt nämlich mehrmals das genaue Thema: 1p25 handelt von Gott als Ursache des Wesens und der Existenz der Dinge, 1p26 von Gott als demjenigen, der die Dinge dazu bestimmt, in gewisser Weise zu wirken, und 1p28 von anderen Einzeldingen als Ursachen für die bestimmten Handlungen und die bestimmte Existenz eines Einzeldings.[19] Spinoza differenziert offensichtlich zwischen verschiedenen Aspekten desjenigen, was an einem Einzelding erklärungsbedürftig ist. Dabei meint er, so etwas wie das bloße Wesen und die bloße Existenz einer Sache von dem Handeln des Dinges im allgemeinen und der bestimmten Existenz und den bestimmten Handlungen im besonderen unterscheiden zu können. Allerdings ist weder genau zu sehen, worin sich die Existenz, von der 1p25 spricht, und die bestimmte Existenz, von der 1p28 spricht, voneinander unterscheiden, noch worin genau der Unterschied zwischen dem Handeln im Sinn von 1p26 im Unterschied zu dem von 1p28 besteht – vom Begriff des Wesens einer Sache, die keine Substanz, sondern ein bloßer Modus ist, ganz zu schweigen. Meine Vermutung besteht darin, daß diese Differenzierungen recht genau diejenigen verschiedene Hinsichten des Bestimmt- und Unbestimmtseins charakterisieren, die nötig sind, um die Probleme aufzulö-

---

19 Nach Bartuschat (1992, 43ff., und 1996, 80) werden endliche Modi in gar keiner Hinsicht unmittelbar von Gott hervorgebracht. Er interpretiert das Wesen, von dem in 1p25 die Rede ist, als Wirksamkeit des Dings (*potentia*), so daß sich im Einzelding Gottes Macht ausdrückt. Bei dieser Interpretation von „Wesen" (*essentia*) ist es nicht notwendig und auch nicht möglich, das Wesen von Einzeldingen als Endpunkt einer kausalen Konstruktion in einem Attribut aufzufassen. Die Interpretation des mittelbaren unendlichen Modus (*facies totius universi*) als bloßer Struktur ist davon eine Konsequenz.

sen, die der Begriff der indirekten infiniten Modi aufwirft, insbesondere dann, wenn es darum geht, die höchst bestimmten infiniten Modi von der Summe der Einzeldinge zu unterscheiden, die aktual existieren.

Betrachten wir erneut das Beispiel vom Dreieck: Man kann seinen Begriff dadurch bilden, daß man die Art und Weise angibt, in der es aus einfachen Elementen (den Strecken) zusammengesetzt ist. Im Zusammenhang von 1p16 kann der göttliche Verstand das in gewisser Weise für alle Dinge tun, insofern sie im angezeigten Sinn aus den Attributen folgen. Für jedes Einzelding muß es deshalb eine solche Rekonstruktion geben, bei der zunächst von allen anderen Dingen abgesehen wird. Das gilt auch dann, wenn allgemein Ruhe und Bewegung die ersten infiniten Modi sind und die Formen und Gestalten durch Zustände relativer Ruhe und Bewegung zu ihrer Umgebung definiert werden müssen. Denn hier ist von Zuständen der Ruhe und Bewegung *nicht* relativ auf andere Dinge, sondern auf das ansonsten an sich unbestimmte Attribut die Rede. Mit dieser Rekonstruktion wird das Ding gleichsam in sich betrachtet und man kann entsprechend von seinem Wesen sprechen. Solange aber von Relationen zu anderen Dingen abgesehen und lediglich das Attribut in den Blick genommen wird, kommt einzig Gott als Akteur der kausalen Konstruktion in Frage, so daß Gott zu Recht als die Ursache des Wesens der Einzeldinge anzusehen ist.[20] Insofern diese Rekonstruktion aus dem Attribut eine notwendige ist, mag man auch sagen können, daß das Ding in genau diesem Sinn existiert und Gott darin zugleich die Ursache von dessen Existenz ist (1p25).

Mit dieser Interpretation ist aber auch einiges für den Fall gesagt, daß sich das so isoliert genommen Rekonstruierte in einer Welt von Einzeldingen befindet. Nimmt jemand beispielsweise sein Geodreieck, um mich scherzhaft in den Arm zu pieksen, dann kann er das aufgrund der Winkel, die ein Geodreieck nun einmal auszeichnen. Versucht er indessen, mit dem Geodreieck Kaffee zu kochen, wird ihm das nicht gelingen, weil das Geodreieck aufgrund der ihm zukommenden Eigenschaften so etwas schlicht nicht hergibt. Wegen der Eigenschaften, die ihm bereits nach 1p25 zukommen, kommen ihm dann, wenn es in einem Kontext steht, von sich aus bestimmte Handlungs- oder Wirkungsweisen zu (und andere nicht), etwa eine gewisse Härte. Weil diese Eigenschaften des Geodreiecks ohne Rekurs auf andere Dinge und den genauen Kontext

---

20 Und zwar nicht Gott, insofern er bereits modifiziert ist (wie in 1p28), sondern der noch nicht modifizierte Gott – in 1p25-27 ist nicht von Gott als zu endlichen Dingen modifiziertem die Rede.

erklärt werden können und sie sich vielmehr aus seinem Wesen einsehen lassen, wird man konsequent sagen müssen, daß Gott, der Ursache des Wesens ist, auch Ursache dieser Bestimmung des Dings zu bestimmten Handlungen oder Wirkungen ist (1p26). Die Dinge liegen jedoch völlig anders, wenn ich erklären sollte, warum mich das Geodreieck gepiekst hat. Jede Erklärung dieser besonderen Aktion wird im skizzierten Fall auf jemanden zurückgreifen müssen, der das Geodreieck als Instrument benutzt hat (aus welchen Gründen auch immer). Die konkreten Handlungen oder Aktivitäten (einschließlich der Reaktionen) können nicht ohne weiteres aus der Natur des Dinges erklärt werden, insofern es relativ auf die unbestimmte Natur des Attributs rekonstruiert wird, sondern nur, wenn andere Dinge und ihre jeweilige Konstellation in den Blick genommen werden. Dasselbe gilt auch für die bestimmte Existenz des Geodreiecks. Denn daß dieses Geodreieck jetzt bei dem Versuch meines Freundes zerbricht, kann wiederum nur unter Rückgriff auf meinen Freund erklärt werden (1p28).

Damit ergeben sich auch die nötigen Differenzierungen, um die abschließenden indirekten infiniten Modi von der Summe aller aktual existierenden Dinge zu unterscheiden. Versucht man nämlich zu rekonstruieren, wie das Geodreieck aus dem absoluten (d.i. in gewissem Sinn unbestimmten) Attribut der Ausdehnung sukzessive rekonstruiert werden kann, und geht man dazu noch davon aus, daß Ruhe und Bewegung als die ersten infiniten Modi gleichsam die grundlegenden Rekonstruktionsprinzipien bieten, dann ist klar, daß auch die Rekonstruktion des Geodreiecks nicht ohne Konsequenzen für benachbarte Areale der Ausdehnung sein kann. Das muß so sein, weil Bewegung und Ruhe ja als relative Bewegung und Ruhe aufgefaßt werden müssen. Wenn nun unendlich viel aus Gottes Natur folgen soll (1p16), dann heißt das, daß alles, was unter dem Attribut der Ausdehnung folgt, auch in der einen unbegrenzten Ausdehnung konstruiert sein muß. Das aber bedeutet, daß das Attribut der Ausdehnung dann, wenn alle Einzeldinge unter diesem Attribut auf diese Weise konstruiert sind, gleichsam eine bestimmte Konfiguration annimmt, die ebenso ewig ist, wie es das Attribut, die infiniten Modi und der Folgerungszusammenhang sind. Diese Konfiguration ist deshalb selbst als ein infiniter Modus anzusprechen. Er enthält alle Wesen der Einzeldinge, eben insofern sie aus dem Attribut folgen (und sich in dem Sinn wechselseitig bestimmen, daß die Konstruktion des einen Dinges Konsequenzen für die „Nachbarschaft" hat). In diesem Sinne mag man diesen in höchstem Maße bestimmten infiniten Modus dann mit dem Ausdruck „Angesicht des ganzen Universums" belegen. Dieser höchst bestimmte infinite Modus ist aber in all den Hinsichten noch unbestimmt, in denen das tatsächliche Verhalten und Erleiden sowie die Dauer der endlichen Existenz von anderen Einzeldingen determiniert werden. Denn dieses läßt sich nicht auf gleiche Weise aus dem absoluten Attribut ableiten, in der die infiniten Modi folgen. Diese Unbestimmtheit ist aber auch völlig hinreichend, um seine Ewigkeit und Notwendigkeit zu sichern. Denn gerade im Hinblick auf das Wann und Wo der aktualen Existenz und im Hinblick auf das Ob, Wann und Wo konkreter Ereignisse ist der indirekt infinite Modus prinzipiell unbestimmt. Wenn man so sprechen will, dann ist es genau diese Unbestimmtheit, aus der sich die Möglichkeit und die Notwendigkeit einer Art Geschichte der Einzeldinge mit Anfang und Ende begründet.

Man muß also nicht nur zwei Bedeutungen von Unbestimmtheit unterscheiden (eine solche, in der alle infiniten Modi unbestimmt sind, und eine solche, in der der abschließende indirekte infinite Modus im Fortgang der *sequi*-Kette schließlich vollständig bestimmt ist). Damit das möglich ist, muß man darüber hinaus auch noch zwei verschiedene Weisen unterscheiden, in der sich Einzeldinge wechselseitig determinieren: einmal diejenige, die das „Angesicht des ganzen Universums" auszeichnet, und dann die, in der sich nach 1p28 aktual existierende Einzeldinge wechselseitig zum bestimmten Handeln und Existieren determinieren. Nur so wird man sich einen Reim darauf machen können, daß Spinoza in 1p21 bis 23 versichert, infinite Modi folgten aus der absoluten Natur eines göttlichen Attributs, und gleichzeitig in der so aufschlußreichen wie rätselhaften Passage 5p40s darauf insistiert, daß sich die ewigen Modi des Denkens (darunter der ewige Teil unseres Geistes, der ja ein Einzelding ist) wechselseitig determinierten und in dieser Weise Gottes ewigen und infiniten Verstand ausmachen (der nach Ep. 64 vermutlich ein infiniter Modus sein soll).[21] Die Art und Weise, in der sich im abschließenden indirekten infiniten Modus die Wesen der Einzeldinge wechselseitig determinieren, muß von derjenigen verschieden sein, von der in 1p28 die Rede ist, schlicht weil sonst auch die letztere ewig und notwendig wäre, so daß es keinen Anfang und kein Ende des Existierens gäbe und sich das Wesen eines Einzeldings (das ein Modus ist) von seinen wechselnden Zuständen nicht unterscheiden ließe.

---

21 Gerade wegen dieser höchst komplexen Struktur dieses ewigen und infiniten Verstandes scheint es mir notwendig anzunehmen, daß es ein indirekter infiniter Modus ist, wozu man allerdings konsequenter Weise zwischen diesem infiniten Verstand und dem schlechthin infiniten Verstand unterscheiden muß, von dem Ep. 64 spricht – denn dieser ist nach Ep. 64 ein direkter infiniter Modus. Vgl. zu diesem Problem Gueroult (1968, 318ff.).

3.6 Ausblick: Die nächsten Schwierigkeiten

Es ergibt sich alles in allem ein etwas deutlicheres Bild von den infiniten Modi und dem Verhältnis zwischen der einen Substanz und den vielen Dingen: Infinite Modi folgen aus den jeweiligen Attributen – aber nicht so, daß wir bereits über einen solchen Begriff des Attributs verfügten, der uns diese Notwendigkeit sehen ließe, sondern so, daß wir diesen Zusammenhang im Ausgang von den endlichen Dingen rekonstruieren müssen. Sie spielen im Kontext kausaler Erklärungen eine Rolle – aber ohne selbst Ursachen zu sein, indem sie die Struktur kausaler Erklärungen vorzeichnen.[22] Infinite Modi bilden eine Art *sequi*-Kette bis zu einem Endpunkt höchster Bestimmtheit – aber nicht so, daß daraus die bestimmte Existenz und das einzelne Handeln und Erleiden der endlichen Modi ableitbar wären, sondern nur so, daß die ewigen Wesen endlicher Dinge in diesen abschließenden Endpunkten enthalten sind.[23] Infinite Modi sind gleichsam die sich überlagernden Modifikationen der an sich unbestimmten Attribute (und in diesem Sinn eben Modifikationen bzw. Zustände des Attributs) – aber noch ohne Zeit zu implizieren. Die Endpunkte der *sequi*-Ketten fallen nicht zusammen, so daß es mehrere mittelbare infinite Modi gibt. Der Ausdruck *facies totius universi* bezeichnet nur ein Beispiel für einen solchen abschließenden Modus, aber nicht das einzige.[24] Das in 1p21ff. angedeutete Schema der infiniten Modi gibt eine sukzessive aufzufüllende Struktur für die Bildung von Begriffen der Einzeldinge unter den verschiedenen Attributen vor. Eine regelrechte Ableitung der Einzeldinge aus Gott ist dabei für uns nicht möglich. Gleichwohl wissen wir, daß ihr Wesen und ihre Existenz durch Gott verursacht sind (1p25). Prinzipiell ausgeschlossen ist die Ableitung der konkreten Geschichte der Einzeldinge, also ihrer konkreten Existenz in Raum und Zeit und der bestimmten Handlungen (oder Widerfahrnissen), die in bestimmten Kontexten an bestimmtem Ort und zu bestimmter Zeit stattfinden (1p28).

Wie nicht anders zu erwarten, sind aber auch die bisherigen Überlegungen nur Vorstufen zu weiteren Anstrengungen und Überlegungen, die Spinoza seinen Lesern zumutet. Man muß nur einen Schritt zurücktreten,

---

22 Vgl. dazu Yovel (1991), der ebenfalls eine solche Kette annimmt, diese aber als Reihe von immer spezieller werdenden Naturgesetzen auffaßt.
23 Vgl. dagegen Gueroult (1968, 318ff.), der meint, die unmittelbaren infiniten Modi enthielten bereits die Wesen, die mittelbaren hingegen die Existenz.
24 Vgl. dagegen Bartuschat (1996, 75) und Amann (2000, 78ff.), die nur einen mittelbaren infiniten Modus annehmen (eben die *facies totius universi*).

damit sich eine ganze Fülle von Anschlußfragen einstellt. Für sich genommen ist schon fragwürdig, wie denn ausgerechnet Ruhe und Bewegung ewige und infinite Modi sein sollen, wo beide doch Zeit implizieren. Ebenso bleibt unklar, wie sich das ewige Angesicht des Universums, das die Wesen der Einzeldinge in irgendeiner Weise enthält, zu der durch steten Wandel gekennzeichneten aktualen Welt verhält. Nicht zuletzt droht die Frage von Tschirnhaus auch nach der hier vorgelegten Interpretation sich wieder einzustellen, denn unerklärt ist immer noch, was gleichsam den Anstoß zu der Geschichte abgibt, die gemäß 1p28 zu verstehen ist. Der ganze Gewinn der bisherigen Überlegungen scheint geradezu darin zu bestehen, daß sich die Anschlußfragen sinnvoll auf andere Textstellen und Lehrstücke Spinozas beziehen lassen. Wer sich beispielsweise fragt, wie der Begriff des Wesens zu interpretieren ist, der sieht sich schnell an 2p8 verwiesen, aber auch an den Anfang des dritten Teils, insbesondere an 3p7, wo Spinoza von *essentia actualis* im Unterschied zur *essentia formalis* spricht. Wer hingegen versucht, sich auf die unterschiedlichen Existenzbegriffe einen Reim zu machen, wird 2p8s und 5p29s genau interpretieren müssen. Eine der größten Herausforderungen besteht dabei darin, daß Spinoza dem Existenzbegriff, der sich am Folgen eines Einzeldings aus dem Attribut orientiert, ontologische Priorität gegenüber der Existenz in Raum und Zeit einräumt. Will man schließlich genauer aufklären, welche Formen des Erklärens die unterschiedlichen Aspekte, in denen ein Einzelding verursacht ist, im einzelnen annehmen und wie weit wir Menschen in den Augen Spinozas dabei kommen, so wird man seine Theorie der drei Erkenntnisarten gegenlesen müssen. Doch gerade an dieser Frage läßt sich ein letzter Ertrag der bisherigen Interpretationsbemühungen registrieren: Spinozas Ontologie läßt sich geradezu als ein System von Regeln und Anweisungen lesen, im Ausgang von Gegebenem unklare und verzerrende Vorstellungen und Überzeugungen über uns und die Welt dadurch zu klären und zu bereinigen, daß sie in das skizzierte Schema kausaler Erklärungen eingepaßt werden.

Literatur

Berning, Matthias 1997: Analysis und Determination. Eine Studie zur Erkenntnistheorie der Mathematik bei Descartes. Konstanz.
Gabbey, Allan 2006: Spinoza, Infinite Modes, and the Infinite Mood. Erscheint in: Studia Spinozana 15.
Garber, Daniel 1992: Descartes' Metaphysical Physics. Chicago u.a.
Gaukroger, Stephen 1989: Cartesian Logic. Oxford.
- 2000: Descartes' System of Natural Philosophy. Cambridge.
Giancotti, Emilia 1991: On the Problem of Infinite Modes. In: Yovel, Y. (Hrsg.).
Mason, Richard V. 1986: Spinoza on the Causality of Individuals. In: Journal for the History of Philosophy 24, 197–210.
Mathéron, Alexandre 2006: Bemerkungen zur Unsterblichkeit der Seele. In diesem Band, 297–307.
McLaughlin, Peter 2000: Force, determination and impact. In: Gaukroger u.a. (Hrsg.), 81–112.
Rohs, Peter 1996: Feld – Zeit – Ich: Entwurf einer Feldtheoretischen Transzendentalphilosophie. Frankfurt/M.
Schmitt, Elisabeth 1922: Zur Problematik der unendlichen Modi. In: Chronicon Spinozanum 2, 155–173.
Schnepf, Robert 2003: Der ‚ordo geometricus' und die Transformation der kausalen Ordnung in Spinozas *Ethik*. In: M. Czelinski u.a. (Hrsg.).
Sepper, Dennis L. 1996: Descartes's Imagination. Proportion, Images, and the Activity of Thinking. Berkeley u.a.
Wilson, Margaret D. 1983: Infinite Understanding, Scientia Intuitiva, and Ethics I.16. In: Midwest Studies in Philosophy 8, 181–191.
Yovel, Yirmiyahu 1991: The Infitine Modes and Natural Laws in Spinoza. In: Yovel (Hrsg.). 79–96.

Dominik Perler

4. Das Problem des Nezessitarismus (1p28–36)

4.1 Ist Kontingenz eine Illusion?

Im täglichen Leben halten wir es für selbstverständlich, daß vieles ganz anders sein könnte, als es jetzt gerade ist. Beim Anblick eines Baumes im Frühling stellen wir fest, daß er gerade blüht, aber wir räumen sofort ein, daß er auch nicht in Blüte stehen könnte. So hätte etwa später Schnee die Blüte verhindern können, oder der Baum hätte von einem Blitz getroffen werden können. Bei anderen Dingen hingegen halten wir es für ebenso selbstverständlich, daß sie sich nicht anders verhalten können. So sagen wir beim Anblick eines Dreiecks, daß es immer und überall drei Innenwinkel haben muß, deren Summe zwei rechten Winkeln entspricht, und zwar unabhängig davon, welchen Verlauf die Welt hätte nehmen können.

In philosophischen Debatten wird dieser intuitiven Unterscheidung meistens durch eine Differenzierung zwischen kontingenten und notwendigen Sachverhalten (auf sprachlicher Ebene: zwischen kontingenterweise und notwendigerweise wahren Aussagen) Rechnung getragen. So ist „Der Baum blüht" eine kontingenterweise wahre Aussage; wir können uns sehr gut eine mögliche Welt vorstellen, in der sie nicht wahr ist. „Das Dreieck hat drei Innenwinkel, deren Summe zwei rechten Winkeln entspricht" hingegen ist eine notwendigerweise wahre Aussage; sie ist (zumindest im Rahmen einer euklidischen Geometrie) in jeder möglichen Welt wahr. Spinoza scheint indessen genau diese Unterscheidung zu leugnen. Provokativ hält er fest:

> „In der Natur gibt es nichts Zufälliges (*contingens*), sondern alles ist aus der Notwendigkeit der göttlichen Natur bestimmt, in einer bestimmten Weise zu existieren und etwas zu bewirken." (1p29)

„Die Dinge haben auf keine andere Weise und in keiner anderen Ordnung von Gott hervorgebracht werden können, als sie hervorgebracht worden sind." (1p33)

Spinoza räumt zwar ein, daß wir im Alltag gelegentlich von kontingenten Dingen oder Sachverhalten sprechen. Doch dann drücken wir seiner Ansicht nach nur aus, daß wir das Wesen dieser Dinge nicht kennen oder nicht wissen, welche Ursachen sie haben. Die Rede von Kontingenz ist nichts anderes als das Eingeständnis eines Erkenntnisdefizits (vgl. 1p33s1). Dies heißt natürlich, daß Kontingenz strenggenommen nur eine epistemische und keine metaphysische Kategorie ist. In der Welt, die unabhängig von unserer defizitären Erkenntnis eine bestimmte Struktur hat, gibt es nur notwendige Dinge und Sachverhalte.

Diese nezessitaristische Position hat unter Spinozas Zeitgenossen ebenso wie unter modernen Kommentatoren Verblüffung ausgelöst. H. Oldenburg berichtet, die ersten Leser hätten mit Befremden darauf reagiert: „Ich will Ihnen sagen, was eigentlich den Lesern in erster Linie anstößig gewesen ist. Es scheint, daß Sie an einer Schicksalsnotwendigkeit aller Dinge und Handlungen festhalten; nun aber meint man, sobald das zugegeben und angenommen wäre, würde der Nerv aller Gesetze, aller Tugend und Religion durchschnitten und alle Belohnungen und Strafen wären gegenstandslos."[1] Offensichtlich befürchteten bereits die ersten Leser genau das, was die Verteidiger der Willensfreiheit und moralischen Verantwortung auch heute noch befürchten: Wenn alles in der Welt notwendig ist, können wir nicht frei zwischen verschiedenen Handlungsoptionen wählen. Wir *müssen* bestimmte Handlungen ausführen, ob wir dies wollen oder nicht. Das heißt aber auch, daß wir nicht für unsere Handlungen verantwortlich gemacht werden können – es geschieht ohnehin alles, wie es geschehen muß.

Der Nezessitarismus ist nicht nur aufgrund der handlungstheoretischen und ethischen Konsequenzen problematisch. Selbst im Rahmen rein ontologischer Überlegungen erscheint er höchst unplausibel, weil er die Differenz zwischen verschiedenen Typen von Dingen und Sachverhalten einebnet. J. Bennet stellt daher lapidar fest: „Der größte Druck auf Spinoza, zumindest einige kontingente Propositionen zuzulassen, rührt einfach von der Tatsache her, daß es schwierig ist, gute Philosophie zu betreiben, wenn man der These treu bleibt, daß dies die einzige mögliche Welt ist."[2] Doch

---

1 *Ep.* 74, 16. Dezember 1675 (G IV, 278, Übers. Gebhardt & Walther 1986, 278).
2 Bennett 1984, 114 (sämtliche Übersetzungen aus dem Englischen stammen vom Verfasser); ähnlich auch Bennett 2001, 176. Mason 1986, 314, bemerkt, die These von einer umfassenden

nicht nur in systematischer Hinsicht, sondern bereits mit Blick auf Spinozas eigene Aussagen scheint der Nezessitarismus unhaltbar oder gar inkonsistent zu sein. Er behauptet nämlich am Anfang des zweiten Teils:

> „[...] nach der Ordnung der Natur kann es gleichermaßen geschehen, daß dieser oder jener Mensch existiert, wie daß er nicht existiert." (2a1)

Wenn es gleichermaßen geschehen kann, daß Peter existiert oder nicht existiert, dann ist „Peter existiert" keine notwendigerweise wahre Aussage. Spinoza hält sogar explizit fest, Existenz gehöre nicht zum Wesen eines Menschen. Denn wäre mit der Existenz der Substanz auch ein Mensch gegeben, dann „würde der Mensch notwendigerweise existieren, was (nach Axiom 1 dieses Teils) widersinnig ist" (2p10d). Spinoza scheint also einzuräumen, daß die Existenz dieses oder jenes Menschen kontingent ist und daß somit Existenzaussagen, die nicht die ganze Substanz, sondern Dinge innerhalb dieser Substanz betreffen, kontingenterweise wahr oder falsch sind.

Gibt es also trotz der umfassenden Notwendigkeit eine Kontingenz in der Welt? Oder ist Kontingenz nur eine Art perspektivischer Täuschung? Diesen Fragen möchte ich im folgenden nachgehen, indem ich in einem ersten Schritt Spinozas Begründung des Nezessitarismus genauer betrachte und dabei auf seine implizit geführte Auseinandersetzung mit Descartes eingehe. In einem zweiten Schritt werde ich dann untersuchen, ob und wie innerhalb des Nezessitarismus eine Unterscheidung zwischen verschiedenen Arten von Sachverhalten getroffen werden kann. Schließlich werde ich in einem dritten Schritt die handlungstheoretischen Konsequenzen ausleuchten und die Frage diskutieren, ob die Rede von Freiheit und Verantwortung für Spinoza tatsächlich obsolet ist.

4.2 Vier Argumente für den Nezessitarismus

Um zu verstehen, warum Spinoza einen Nezessitarismus vertritt, empfiehlt es sich, bei einer Aussage anzusetzen, die er scheinbar nebenbei in einer Anmerkung trifft:

> „Unter Gottes Macht versteht das gewöhnliche Volk Gottes freien Willen und sein Recht auf alle Dinge, die es gibt und die deshalb

Notwendigkeit sei zwar verständlich, aber „we hardly feel inclined to give it serious consideration".

gewöhnlich als zufällig angesehen werden, sagt man doch, Gott habe die Gewalt, alle Dinge zu zerstören und auf nichts herunterzubringen. Sehr oft vergleicht man auch Gottes Macht mit der Macht von Königen." (2p3s)

Spinoza spielt hier auf eine Gottesvorstellung an, die nicht nur im gewöhnlichen Volk, sondern auch bei einigen mittelalterlichen Theologen, die auf der uneingeschränkten Allmacht insistierten, und bei Descartes anzutreffen ist. Gott, so wird dabei angenommen, ist ein souveräner Herrscher, der Gesetze erlassen hat und die Welt nach diesen Gesetzen regiert. Wenn er wollte, könnte er die Gesetze aber jederzeit ändern; er wird in seiner Macht durch nichts eingeschränkt, auch nicht durch die selbst erlassenen Gesetze. Um diesen Punkt zu verdeutlichen, unterschieden die mittelalterlichen Theologen zwischen der „geordneten Allmacht" (*potentia ordinata*), die Gott ausübt, wenn er sich an die selbst erlassenen Gesetze hält, und der „absoluten Allmacht" (*potentia absoluta*), die er verwendet, wenn er sich über diese Gesetze hinwegsetzt.[3] Konkret heißt dies: Im Normalfall respektiert Gott das Naturgesetz, dem zufolge schwere Körper nach unten fallen, wenn sie nicht daran gehindert werden. Doch wenn Gott wollte, könnte er bewirken, daß schwere Körper ab sofort nach oben fliegen – nichts hindert ihn daran, ein selbst erlassenes Gesetz zu ändern. Gott ist nur an das Gesetz der Widerspruchsfreiheit gebunden, d.h. er kann nicht bewirken, daß schwere Körper gleichzeitig nach unten fallen und nicht nach unten fallen.

Descartes knüpft an diese Unterscheidung an, indem er Gott explizit mit einem König vergleicht, der sich souverän über die eigenen Gesetze hinwegsetzen kann. In einem Brief an Mersenne inszeniert er einen Dialog mit einem fiktiven Gesprächspartner, um diese Souveränität zu verdeutlichen, aber auch um gleichzeitig die Vorstellung von einem vollkommen willkürlich handelnden und launenhaften Gott zurückzuweisen:

> „Man wird Ihnen sagen: Wenn Gott diese Wahrheiten erlassen hätte, könnte er sie ändern wie ein König, der seine Gesetze macht. Darauf ist zu erwidern: Ja, wenn sein Wille sich ändern kann. – Aber ich verstehe sie als ewige und unveränderliche Wahrheiten. – Aber sein Wille ist frei. – Ja, aber seine Macht ist unbegreiflich, und wir können im Allgemeinen sagen, daß Gott alles machen kann, was wir verstehen können, aber nicht, daß er nicht das ma-

---

[3] Vgl. zu dieser Unterscheidung Randi 1987 und Courtenay 1990; zu ihrer Rezeption im 17. Jh. vgl. Alanen & Knuuttila 1988.

4. Das Problem des Nezessitarismus

chen kann, was wir nicht verstehen können. Denn es wäre eine Verwegenheit zu denken, daß unsere Vorstellung ebenso weit reicht wie seine Macht."[4]

Der fiktive Opponent weist hier darauf hin, daß die Annahme eines königsähnlichen Gottes zur Folge hätte, daß dieser kapriziöse Herrscher seinen Willen permanent verändern und damit auch die Gesetze immer wieder außer Kraft setzen würde. Es gäbe dann keine ewigen und unveränderlichen Gesetze mehr, die festlegen, daß eine Aussage wie „Schwere Körper fallen nach unten" ein für allemal wahr ist. Welche Aussage gerade wahr ist, hinge vom momentanen Willensentscheid Gottes ab. Darauf erwidert Descartes, daß dies in der Tat eine Folge wäre, wenn Gott seinen Willen permanent veränderte. Aber wir dürfen nicht annehmen, daß er den Willen wie ein kapriziöser Herrscher tatsächlich immer wieder verändert. Mit Blick auf seine uneingeschränkte und unbegreifliche Macht dürfen wir nur feststellen, daß er den Willen verändern *könnte*. Gott ist durch nichts daran gebunden, die einmal erlassenen Gesetze immer aufrechtzuerhalten, auch wenn er dies faktisch tut. Nur weil wir beobachten, daß die Gesetze immer in Kraft bleiben (empirische Untersuchungen zeigen ja, daß schwere Körper immer nach unten fallen, wenn sie nicht daran gehindert werden), dürfen wir noch lange nicht behaupten, daß sie auch immer in Kraft bleiben müssen. Denn was wir beobachtet haben oder was wir uns aufgrund unserer Erfahrung vorstellen können, deckt sich nicht mit dem, was Gott tun könnte. Trotzdem heißt dies nicht, daß Gott die Gesetze faktisch verändert. Wichtig ist nur, daß er es tun könnte, wenn er wollte. Daher sind selbst die scheinbar absolut notwendigen Sachverhalte nur hypothetisch notwendig. Stets gilt: *Wenn* Gott nicht gerade eingreift, *dann* ist ein bestimmter Sachverhalt aufgrund geltender Gesetze notwendig.

Spinoza ist mit dieser Auffassung gut vertraut, wie der bereits zitierte Vergleich der göttlichen Macht mit der „Macht von Königen" verdeutlicht. Er erwähnt sogar mehrfach die Vorstellung, Gott könne kraft seines uneingeschränkten Willens jederzeit in die Natur eingreifen (1p17s, 1p33s2, 1 app.), und in den *Cogitata metaphysica* verweist er explizit auf die Unterscheidung von geordneter und absoluter Allmacht.[5] Diese Äußerungen verdeutlichen, daß sich Spinoza sehr wohl einer Alternative zum Nezessitarismus bewußt ist. Wenn es sein könnte, daß Gott jederzeit

---

[4] Brief vom 15.4.1630 (AT I, 145–146). Siehe auch die Briefe vom 6.5.1630 (AT I, 149–150), vom 2.5.1644 (AT IV, 118–119) und vom 29.7.1648 (AT V, 223–224). Vgl. eine ausführliche Analyse dieser Stellen in Perler 2001.
[5] Vgl. *Cogitata metaphysica* I, 9 (G I, 267).

eingreift, sind die Dinge und Sachverhalte nicht notwendig. Die Welt hätte sich auch ganz anders entwickeln können, wenn Gott es gewollt hätte, ja sie könnte sich jetzt gerade anders verhalten.

Doch Spinoza schließt sich nicht dieser verbreiteten Auffassung an. Warum nicht? Mindestens vier Gründe lassen sich rekonstruieren. Ein erster Grund – man könnte ihn „den antivoluntaristischen Grund" nennen – betrifft die Willenstheorie, die der cartesischen Konzeption zugrunde liegt. Descartes (und vor ihm schon Duns Scotus und die Mehrzahl der mittelalterlichen Autoren) geht davon aus, daß Gott als ein personales Wesen zu verstehen ist, das über zwei Grundvermögen verfügt: Verstand und Wille. Die beiden kooperieren miteinander, um Sachverhalte in der Welt hervorzubringen, aber der Wille ist im Prinzip ein autonomes Vermögen, das auch abweichend von einmal getroffenen Entscheidungen bestimmte Sachverhalte bewirken kann.

Dagegen wendet Spinoza ein, daß es unsinnig ist, den Willen als etwas zu bestimmen, was gleichsam tief in Gott schlummert und einzelne Tätigkeiten ausführt. Es gibt keinen Willen als eine besondere Instanz oder als ein distinktes Vermögen. Vielmehr gilt: „Der Wille ist, wie der Verstand, nur ein gewisser Modus des Denkens" (1p32d). Da ein solcher Modus immer ein konkretes Vorkommnis innerhalb der einen Substanz ist,[6] gibt es strenggenommen nur einen Willensakt bzw. eine Menge von Willensakten und nicht den Willen schlechthin. Diese Menge ist als eine kausale Kette einzelner Willensakte zu verstehen; jedes Glied dieser Kette steht in unmittelbarer Verbindung zum jeweils vorausgehenden Glied. Daher betont Spinoza, daß es abwegig ist, vom freien Willen zu sprechen, der spontan und autonom etwas bewirkt. Der Wille ist nicht als eine freie Instanz aufzufassen, sondern als „eine notwendige oder besser eine gezwungene" (1p32d), d.h. als eine Abfolge von Willensakten, von denen jeder vom jeweils vorausgehenden „erzwungen" wird. Ebenso abwegig wäre es, den Willen als eine mysteriöse Kraft zu verstehen, die von außen auf die Welt einwirkt und in ihr Sachverhalte hervorbringt. Da Gott nicht eine Instanz ist, die außerhalb der Welt steht und in sie eingreift, sondern nichts anderes als die Welt bzw. die Natur selbst (vgl. 4, praef.), ist auch der göttliche Wille nichts außerhalb der Welt Stehendes. Der Wille *ist* die Welt, genauer gesagt: eine Kette von Modi des Denkens in dieser Welt. Und wenn es irgendeine Tätigkeit des Willens gibt, dann nur

---

[6] Wie alle Modi unter dem Attribut Denken ist auch ein volitiver Modus eine Idee (vgl. 2ax3), und eine Idee ist nicht einfach eine logische Entität, sondern ein konkretes psychologisches Vorkommnis. Della Rocca 1996, 8, charakterisiert die Ideen treffend als „particular psychological items".

innerhalb der Welt. Wie jede göttliche Tätigkeit muß auch die volitive eine der Welt immanente sein (vgl. 1p18).

Hinter der Ablehnung des göttlichen Willens als einer besonderen Instanz, die von der Welt verschieden ist und auf sie einwirkt, verbirgt sich eine fundamentale Kritik an einem personalen Gottesverständnis. Wer Gott mit einem absoluten Herrscher vergleicht, der für sein Königreich Gesetze erläßt und diese auch wieder außer Kraft setzen kann, geht Spinoza zufolge von der irreführenden Annahme aus, es gebe Gott *und* die Welt, genauso wie es den König *und* das Königreich gibt. In Tat und Wahrheit gibt es aber nur die Welt, und die ganze Rede von einem göttlichen Willen bezeichnet bloß einen bestimmten Aspekt dieser Welt.

Doch wie ist dieser Aspekt zu verstehen? Die Rede von einer notwendigen Kette von Modi des Denkens mutet aus heutiger Sicht seltsam an. Ein moderner Vergleich mag hier Klarheit schaffen. Stellen Sie sich vor, daß Sie wie jeden Tag auch heute Ihre Mails abfragen. Sie stellen Ihren Computer an und loggen sich in das E-Mail-Programm ein. Ihr Computer meldet: „Sie haben 22 neue Nachrichten!" Etwas verärgert murmeln Sie: „Jetzt will mir dieses Ding schon wieder meine Zeit stehlen." Haben Sie damit dem Computer einen Willen zugeschrieben? Oder haben Sie sogar angenommen, es gebe irgendwo (vielleicht im Rechenzentrum der Universität) ein arglistiges Wesen, das Sie schon wieder von interessanten Beschäftigungen abhalten will? Natürlich nicht. Es gibt hier nicht den Willen als eine besondere Instanz, sondern nur einen bestimmten Mechanismus. Wenn Daten übertragen, unter Ihrer Mail-Adresse abgespeichert und von Ihnen abgerufen werden, dann zeigt der Computer automatisch an, wieviele Nachrichten Sie erhalten haben. Dabei handelt es sich um eine notwendige Kette: Wenn die Daten unter Ihrer Adresse abgespeichert wurden, *müssen* sie für Sie abrufbar sein und Ihr Computer *muß* anzeigen, wie viele Nachrichten Sie haben. Hier wird nichts punktuell entschieden oder gewählt. Ähnlich gilt auch für den göttlichen Willen: Es gibt keinen Gott, der punktuell entscheidet, daß dieser oder jener Sachverhalt verursacht wird. Es gibt nur einen kausalen Mechanismus in der Welt, der regelt, welcher Sachverhalt auf welchen anderen folgt. Und gemäß Spinozas berühmter Parallelismus-These ist der Abfolge von physikalischen Sachverhalten (d.h. von Modi der Ausdehnung) immer eine entsprechende Abfolge von mentalen Sachverhalten (d.h. von Modi des Denkens) zugeordnet (vgl. 2p7).[7] Daher ist z.B. der Abfolge „Herunter-

---

[7] Ob es sich bei dieser Zuordnung nur um eine Parallelführung oder um eine Identität zweier Ketten handelt, soll hier nicht diskutiert werden. Vgl. dazu Della Rocca 1996, 118–140.

fallen des Steins → Auftreffen des Steins auf dem Boden" die Abfolge „Idee vom herunterfallenden Stein → Idee vom Auftreffen des Steins auf dem Boden" zugeordnet. Aber es gibt hier keine mysteriöse Instanz, die will, daß auf das Herunterfallen das Auftreffen auf dem Boden folgt.

Dies hat nun eine Konsequenz für das Nezessitarismus-Problem. Wenn es keine besondere Instanz gibt, die will, daß dies oder jenes eintritt, dann gibt es auch nichts, was wie ein absolutistischer Herrscher plötzlich eine Abweichung von der kausalen Kette oder gar eine Beseitigung dieser Kette beschließen könnte. Zwar kann man in gewisser Weise nach wie vor von einem göttlichen Willen sprechen, aber damit kann nicht mehr als die Kette von Modi des Denkens gemeint sein, die der Kette von Modi der Ausdehnung zugeordnet ist. Und in dieser Kette gibt es – bildlich gesprochen – keine Löcher oder Sprünge. Vielmehr folgt notwendigerweise ein Glied auf das andere. Spinoza betont, daß aus Gott „unendlich vieles auf unendlich viele Weisen, also alles, notwendigerweise geflossen ist, anders formuliert, immer mit derselben Notwendigkeit und auf dieselbe Weise folgt, wie aus der Natur eines Dreiecks von Ewigkeit her und in Ewigkeit folgt, daß seine drei Winkel gleich zwei rechten sind" (1p17s). Entscheidend ist hier, daß alles *notwendigerweise* erfolgt ist, ohne daß es eine Ausnahme gibt oder geben wird.[8] Denn genauso wenig, wie es plötzlich ein Dreieck mit einer Winkelsumme von mehr oder weniger als hundertachtzig Grad geben kann, kann plötzlich ein Modus des Denkens aus dem Nichts auftauchen oder zusammenhanglos an andere Modi gereiht werden. Die Ordnung der Modi des Denkens ist umfassend und lückenlos.

Es gibt noch einen zweiten Grund, der Spinoza dazu veranlaßt, die Auffassung von einem königsähnlichen Gott, der punktuell eingreift und bestimmte Sachverhalte hervorbringt, zurückzuweisen. Man könnte ihn „den Grund von der Ewigkeit der Welt" nennen. Spinoza führt ihn folgendermaßen ein:

> „Da es nun im Ewigen kein Wann, kein Vorher und kein Nachher gibt, folgt hieraus, nämlich aus Gottes Vollkommenheit allein, daß Gott niemals etwas anderes beschließen kann und auch nicht hat beschließen können, anders formuliert, daß Gott weder vor seinen Beschlüssen gewesen ist noch ohne sie sein kann." (1p33s2)

---

8 Eine Ausnahme kann es schon aus dem einfachen Grund nicht geben, weil sonst Spinozas „explanatorischer Rationalismus" (vgl. Bennett 1984, 29–32, und Bennett 2001, 170) verletzt würde. Alles, was existiert, muß aus seinen Ursachen erklärbar sein. Ursachenlose, plötzlich auftauchende Ereignisse wären unerklärlich.

4. Das Problem des Nezessitarismus

Spinoza greift hier einen Gedanken auf, der in der theologischen Tradition weit verbreitet ist. Gott ist ein ewiges Wesen, für das es keinen Anfang und kein Ende der Existenz gibt, ja strenggenommen auch keine zeitliche Abfolge einzelner Sachverhalte. Gott steht außerhalb der Kategorie Zeit; alles ist in ihm in unveränderlicher Allgegenwart präsent.[9] Wenn wir von Zeit und einer Abfolge von Zeitpunkten sprechen, liegt dies nur daran, daß wir bloß einen kleinen Ausschnitt Gottes bzw. der Natur erkennen können und immer an eine bestimmte Perspektive gebunden sind. Spinoza betont daher, daß wir in zwei Weisen von „aktuellen Dingen" sprechen können, nämlich „entweder insofern wir sie als existierend in Beziehung auf eine gewisse Zeit und einen gewissen Raum begreifen oder insofern wir sie als in Gott enthalten und aus der Notwendigkeit der göttlichen Natur folgend begreifen. Die Dinge nun, die wir in der beschriebenen zweiten Weise als wahr oder real begreifen, begreifen wir unter einem Aspekt von Ewigkeit [...]" (5p29s). Wenn ich etwa den Stein beschreibe, der auf den Boden fällt, kann ich dies in einer *zeitlichen* Perspektive tun, indem ich angebe, zu welchem Zeitpunkt dieses Ereignis eingetreten ist. Ich kann dies aber auch in einer *ewigen* Perspektive tun, indem ich so etwas wie ein Netz sämtlicher Ereignisse und Sachverhalte aufzeige und verdeutliche, welchen Platz dieses eine Ereignis im ganzen Netz einnimmt. Wähle ich die zweite Perspektive, spreche ich nicht von einem datierbaren Zeitpunkt, sondern von der Struktur des ganzen Netzes und vom genauen Ort des einen Ereignisses in diesem Netz.[10] Natürlich ist uns Menschen dies faktisch nie möglich, weil wir nie das ganze Netz auf einen Schlag erfassen können. Uns ist nur ein bestimmter Ausschnitt zugänglich, der gleichsam an uns vorbeizieht. Daher steht uns nur die zeitliche Perspektive zur Verfügung, und wir meinen, auf ein Ereignis könne dieses oder jenes andere Ereignis folgen. Doch dies ist eine perspektivische Täuschung, die sich aus der eingeschränkten zeitlichen Perspektive ergibt. Würden wir das ganze Netz erfassen, würden wir sehen,

---

9 Eine klassische Formulierung dieser Auffassung bietet Thomas von Aquin, *Summa theologiae* I, q. 10, art. 2.
10 Curley & Walski 1999, 250, vertreten die Ansicht, in der zweiten Betrachtungsweise gehe es nur noch um nicht-existierende Gegenstände. Dies scheint mir nicht zwingend zu sein. Es geht nur darum, die Dinge nicht mehr mit Blick auf einen bestimmten Zeitpunkt, sondern auf ihre Relation zu anderen Dingen zu sehen. Doch es werden nach wie vor existierende Dinge betrachtet. (Zur Veranschaulichung: Ich kann George W. Bush entweder als den amerikanischen Präsidenten erfassen, der im Januar 2001 ins Amt eingesetzt wurde, oder als den Präsidenten, der auf Bill Clinton folgte, der wiederum auf George Bush sen. folgte, usw.)

welchen Platz das eine Ereignis einnimmt – einen Platz, der in einer Allgegenwart immer schon festgelegt ist.

Auch dies ist natürlich ein Argument, das ausschließt, daß Gott eingreift und plötzlich ein Ereignis oder einen Sachverhalt hervorbringt, der nicht mit anderen verknüpft ist. Gott ist ja nichts anderes als die Welt bzw. das Netz aller Sachverhalte, und in diesem Netz ist der Ort jedes einzelnen Sachverhaltes genau festgelegt. Die Rede von einem göttlichen Wollen oder Beschließen ergibt in diesem Bild keinen Sinn. Vielmehr muß man gemäß der bereits genannten parallelen Ordnung der Modi der Ausdehnung und des Denkens zwei einander zugeordnete Netze zeichnen: ein Netz der physikalischen Sachverhalte und ihrer kausalen Verknüpfung sowie ein Netz der mentalen Sachverhalte und ihrer inferentiellen Verknüpfung.[11] Konkret heißt dies: Daß auf das Herunterfallen des Steines das Auftreffen auf dem Boden folgt, heißt nichts anderes, als daß hier zwei Knoten im Netz unmittelbar benachbart sind. Und daß parallel dazu auf die Idee vom Herunterfallen die Idee vom Auftreffen folgt, heißt nichts anderes, als daß eine inferentielle Beziehung zwischen dem Begriff des Herunterfallens und jenem des Auftreffens besteht. Entscheidend ist dabei, daß sowohl die physikalische als auch die mentale Ordnung nicht anders sein kann, als sie immer schon gewesen ist und bleiben wird, auch wenn wir uns in der zeitlichen Perspektive Abweichungen vorstellen können.

Ein dritter Grund, der eine plötzliche Abweichung von einer notwendigen Ordnung ausschließt, ist jener, den man „den antiteleologischen Grund" nennen könnte. Die Ablehnung der aristotelischen Finalursachen zieht sich bekanntlich durch Spinozas ganze Metaphysik und Naturphilosophie.[12] Er hält es für unverständlich, innere oder äußere Ziele anzunehmen, auf die ein Ding ausgerichtet ist oder gar von außen ausgerichtet wird (vgl. 1, app., und 4, praef.). Jede kausale Relation zwischen den Dingen muß als eine wirkursächliche Verbindung verstanden werden. Dies hat nun eine Konsequenz für die Willensproblematik. Wer behauptet, Gott verfüge über einen Willen, mit dem er dies oder jenes beabsichtige, nimmt an, daß Gott sich auf ein bestimmtes Ziel ausrichtet und

---

11 Spinoza spricht im zweiten Fall natürlich auch von einer kausalen Verknüpfung (vgl. 2p7s), aber in Anlehnung an Brandom 2002, 37, gehe ich davon aus, daß er im mentalen Bereich auf eine inferentielle Beziehung abzielt.
12 Vgl. ausführlich Bennett 1984, 213–230, und Mason 1997, 117–131; zum historischen Hintergrund siehe Carriero 1991, 55–60. Selbst wenn man im Streben nach Selbsterhaltung eine gewisse Form von Teleologie sieht, wie Garrett 1999 mit guten Gründen argumentiert, heißt dies nur, daß es das allgemeine Ziel der Selbsterhaltung gibt, nicht aber, daß in einem teleologischen Prozeß ein ganz bestimmtes Ziel für jeden Gegenstand festgelegt wird.

Handlungen mit Blick auf dieses Ziel ausführt. Dies heißt freilich, „daß es etwas außerhalb Gottes gibt, das nicht von Gott abhängt, auf das, wie auf ein Musterbild, Gott in seinem Wirken hinblickt oder auf das, wie auf ein bestimmtes Ziel, er sich richtet" (1p33s2). Spinoza behauptet sogar, dies heiße, „Gott einem blinden Schicksal zu unterwerfen" (ibid.). Dies ist freilich eine polemische Zuspitzung. Nicht jedes Ziel muß ein von außen – von einem blinden Schicksal – gestecktes und aufgezwungenes Ziel sein. Man kann auch selbstgesetzte Ziele annehmen, mit Blick auf die Handlungen ausgeführt werden. Doch Spinoza ist jede Rede von Zielen suspekt. Entscheidend ist für ihn nicht die Frage, wozu eine Handlung ausgeführt wird oder ein Sachverhalt eintritt. Wichtig ist vielmehr, warum etwas erfolgt, d.h. auf welche Ursache etwas zurückgeführt werden kann und welche Gründe somit für das Eintreten eines Sachverhaltes angegeben werden können. Wenn aber die Warum-Frage immer mit Blick auf die ewig feststehende Ordnung der physikalischen (und parallel dazu: der mentalen) Sachverhalte beantwortet werden kann, ergibt es keinen Sinn, von einem Sachverhalt zu sprechen, den ein königsähnlicher Gott hervorbringen will. Gott will nicht, daß der Stein herunterfällt, *damit* er auf dem Boden auftrifft. In der Ordnung der physikalischen Sachverhalte ist einfach festgelegt, daß der Stein auf dem Boden auftrifft, *weil* er vorher heruntergefallen ist. Und wenn es prinzipiell kein Ziel für den Stein gibt, kann auch kein neues Ziel von Gott festgelegt werden.

Der wohl stärkste Grund, der gegen die Annahme eines in die Welt eingreifenden Gottes spricht, ist der vierte und letzte, den man als „Monismus-Grund" bezeichnen könnte. Für Spinoza steht fest, daß es nur einen Gott bzw. eine Substanz geben kann, weil neben der einen Substanz, die unendlich viele Attribute in sich vereint, keine weitere Substanz begriffen werden kann (vgl. 1p14). Wenn nun aber die eine Substanz nichts anderes als die vollständige Ordnung aller physikalischen und mentalen Sachverhalte ist, kann es keine andere Ordnung geben. Dezidiert hält Spinoza fest:

> „Denn wären die Dinge auf andere Weise hervorgebracht, müßten wir Gott eine andere Natur zuschreiben, verschieden von derjenigen, die ihm zuzuschreiben wir genötigt sind, wenn wir ihn als ein höchstvollkommenes Seiendes ansehen." (1p33s2)

Würden wir etwa annehmen, daß der fallende Stein auch nach oben fliegen könnte, würden wir Gott eine andere Natur zuschreiben, nämlich eine Natur, in der die physikalische Ordnung „Herunterfallen des Steins → Entfliegen des Steins in den Himmel" festgesetzt ist. Gott eine andere Natur zuzuschreiben hieße aber, ihm andere Attribute zuzuschreiben. Doch Gott kann gar keine anderen Attribute haben, da er in sich immer schon alle Attribute vereint. Sobald man einen Gott mit anderen Attributen annähme, würde man genau gegen jenen Grundsatz verstoßen, der das Fundament für Spinozas Metaphysik bildet: Gott hat unendlich viele Attribute, zu denen keine weiteren hinzugedacht werden können (vgl. 1d6).

Gegen dieses Argument könnte allerdings ein Einwand erhoben werden. Wenn wir annehmen, daß es eine andere physikalische und mentale Ordnung geben könnte, schreiben wir Gott noch lange keine anderen Attribute zu. Wir gehen nach wie vor davon aus, daß er unendlich viele hat, von denen zwei – Ausdehnung und Denken – für uns erkennbar sind. Wir nehmen nur an, daß er diese beiden Attribute anders realisiert und dadurch andere Modi der Ausdehnung bzw. des Denkens hervorbringt, ähnlich wie auch ein Mensch seine Denkfähigkeit je nach Situation anders realisieren und dadurch andere Denkakte hervorbringen kann. Indem Gott dies tut, ändert er natürlich die physikalische bzw. mentale Ordnung. Doch es gibt nach wie vor *einen* Gott mit unendlich vielen Attributen.

Dieser Einwand erweist sich allerdings als nicht tragfähig. Er setzt nämlich voraus, es gebe so etwas wie ein unrealisiertes Attribut, das je nach Situation unterschiedlich realisiert werden kann. Wie aber das Argument von der Ewigkeit der Welt gezeigt hat, gibt es nichts Unrealisiertes.[13] In Gott ist immer schon alles in Allgegenwart aktuell präsent. Somit ist es abwegig anzunehmen, Gott verfüge zuerst über das Attribut Denken und überlege sich dann, wie er es einsetzen und in Form von Modi des Denkens realisieren möchte. Die Modi des Denkens sind immer schon aktuell präsent und in einem Netz miteinander verflochten, auch wenn wir dies nicht erfassen können und nur zu einem kleinen Ausschnitt einen Zugang haben. Spinoza stellt daher fest: „Könnten die Dinge anders verfaßt sein, als sie sind, müßte zwangsläufig auch Gottes Wille anders verfaßt sein, als er ist. Doch kann Gottes Wille nicht anders verfaßt sein […]" (1p33s2). Er kann nicht anders verfaßt sein, weil er ja nichts anderes ist als die Kette von Modi des Denkens. Es gibt keinen Willen „hinter" diesen Modi – keinen Willen als ein bloßes Vermögen, das anders realisiert werden könnte.

---

13 Wie Garrett 1991, 207, detailliert nachweist, verpflichtet sich Spinoza der These „Alles, was möglich ist, ist aktuell". Es gibt keine unrealisierten Möglichkeiten.

4.3 Essentielle und kausale Notwendigkeit

Ich hoffe, bislang ist deutlich geworden, daß der Nezessitarismus tief in Spinozas Metaphysik verankert ist. Die These, daß es in der Natur nichts Kontingentes gibt, aufzugeben oder aufzuweichen, würde bedeuten, so zentrale Elemente wie die apersonale Gottesvorstellung, die Antiteleologie oder den Monismus aufzugeben. Doch die These scheint in flagrantem Widerspruch zu der eingangs erwähnten Unterscheidung verschiedener Arten von Sachverhalten und Aussagen zu stehen. Ist es nicht offensichtlich, daß „Der Baum blüht" sich grundlegend von „Die Summe der Innenwinkel eines Dreiecks entspricht zwei rechten Winkeln" unterscheidet? Muß nicht jede befriedigende philosophische Theorie dieser Unterscheidung Rechnung tragen? Pauschal festzustellen, es handle sich in beiden Fällen um Aussagen, die notwendige Sachverhalte bezeichnen, erscheint nicht sehr aufschlußreich.

Spinozas Erklärungsansatz wäre in der Tat unbefriedigend, wenn er ganz undifferenziert von Notwendigkeit spräche. Doch er führt durchaus eine Differenzierung ein, die der Alltagsunterscheidung Rechnung trägt. Er betont nämlich:

> „Die Existenz eines Dinges folgt nämlich notwendigerweise entweder aus seiner eigenen Essenz, und [damit] aus seiner Definition, oder aus einer gegebenen Wirkursache. Aus den genannten Gründen wird des weiteren ein Ding unmöglich genannt, entweder weil seine Essenz oder Definition einen Widerspruch in sich schließt oder weil es keine äußere Ursache gibt, die dazu bestimmt worden ist, ein solches Ding hervorzubringen." (1p33s1)

Im Lichte dieser Aussage kann man zwei Arten von Notwendigkeit unterscheiden:

(1) *Essentielle Notwendigkeit*: Die Definition eines Dinges legt fest, daß es nicht anders existieren kann, als es tatsächlich existiert.

(2) *Kausale Notwendigkeit*: Die Ursachen, die ein Ding hervorgebracht haben, legen fest, daß es nicht anders existieren kann, als es tatsächlich existiert.

Entsprechend gibt es auch zwei Arten der Unmöglichkeit. Schließt etwa die Definition eines Dings einen Widerspruch ein (man denke an die Definition eines viereckigen Kreises), liegt eine essentielle Unmöglichkeit vor. Und gibt es keine Ursache für ein Ding (z.B. liegt keine Ursache für einen Vulkanausbruch in Berlin vor, ganz einfach weil es in Berlin keine Vulkane gibt), besteht eine kausale Unmöglichkeit. E. Curley hat zu Recht darauf hingewiesen, daß es sich bei den beiden Arten von Notwendigkeit und Unmöglichkeit um eine Differenzierung zwischen etwas Absolutem und etwas Relativem handelt (Curley 1969, 89–91). Die essentielle Notwendigkeit besteht nämlich absolut, d.h. unabhängig von der Relation eines Dings zu anderen Dingen. So legt die Definition eines Dreiecks unabhängig von der Existenz anderer geometrischer Körper fest, daß es nur als ein Körper mit drei Innenwinkeln existieren kann. Die kausale Notwendigkeit hingegen besteht aufgrund der Relation eines Dings zu anderen Dingen. Wenn eine rollende Billardkugel eine andere Kugel in Bewegung versetzt, so deshalb, weil eine Ursache die erste Kugel ins Rollen gebracht und damit festgelegt hat, daß sie nicht anders als sich bewegend und andere Dinge anstoßend existieren kann.

Mit Hilfe dieser Unterscheidung läßt sich nun die Differenz zwischen „Der Baum blüht" und „Die Innenwinkel eines Dreiecks entsprechen der Summe von zwei rechten Winkeln" erklären. Im ersten Fall liegt eine kausale Notwendigkeit vor; der Baum kann aufgrund seiner kausalen Vorgeschichte gar nicht anders, als im Frühling zu blühen. Im zweiten Fall hingegen besteht eine essentielle Notwendigkeit; die Definition des Dreiecks legt fest, daß die Summe der Innenwinkel zwei rechten Winkeln entsprechen muß. Freilich legt die Definition allein nicht fest, daß tatsächlich dieses oder jenes gezeichnete Dreieck existieren muß (vgl. 1p11d). Sie legt nur Folgendes fest: Wenn ein gezeichnetes Dreieck existiert, kann es nicht anders existieren als mit Innenwinkeln, deren Summe zwei rechten Winkeln entspricht. Man könnte sagen, daß die beiden Arten von Notwendigkeit hier ineinander greifen. Die kausale Vorgeschichte (jemand hat ein Dreieck gezeichnet) legt fest, daß ein Dreieck existiert, und die Definition legt fest, daß es als ein geometrischer Körper mit Innenwinkeln, deren Summe zwei rechten Winkeln entspricht, existiert.

Im Lichte dieser Unterscheidung läßt sich die eingangs erwähnte Stelle erklären, die einige Kommentatoren dazu bewogen hat, Spinoza eine Inkonsistenz in seinem Nezessitarismus vorzuwerfen. Der Einwand lautet: Läuft die Behauptung, es könne „gleichermaßen geschehen, daß dieser oder jener Mensch existiert, wie daß er nicht existiert" (2a1), nicht darauf hinaus, daß die Existenz eines Menschen kontingent ist? Nicht ganz. Die häufig nur abgekürzt zitierte Stelle lautet nämlich im vollen Wortlaut:

> „Die Essenz des Menschen schließt nicht notwendigerweise Existenz ein; d.h., nach der Ordnung der Natur kann es gleichermaßen geschehen, daß dieser oder jener Mensch existiert, wie daß er nicht existiert." (2a1)

Entscheidend ist hier, daß die *Essenz* des Menschen nicht die Existenz festgelegt. Oder anders ausgedrückt: Es besteht keine essentielle Notwendigkeit für die Existenz eines konkreten Menschen, denn allein die Definition „Der Mensch ist ein vernunftbegabtes, zweibeiniges, federloses usw. Lebewesen" legt nicht fest, daß Peter existieren muß. Sie bestimmt nur Folgendes: Wenn Peter existiert, muß er als ein vernunftbegabtes, zweibeiniges usw. Lebewesen existieren. Ob Peter aber tatsächlich existiert, hängt von der kausalen Vorgeschichte ab. Daher ist es allein aufgrund der Essenz ebenso möglich, daß Peter existiert wie daß er nicht existiert. Erst wenn essentielle und kausale Notwendigkeit ineinander greifen, wird festgelegt, daß genau *dieser* Mensch mit *diesen* wesentlichen Eigenschaften existieren muß.

Die häufig zitierte Stelle belegt also nicht, daß es eine metaphysische (und nicht bloß eine epistemische) Kontingenz gibt. Sie verdeutlicht nur, daß wir notwendige Existenz nicht allein aus dem Wesen eines Dings herleiten können. Die einzige Ausnahme dafür ist natürlich Gott bzw. die Substanz als Ganze. Gemäß der berühmten *causa sui*-Theorie gilt nämlich, daß die eine Substanz allein aufgrund ihrer allumfassenden Essenz auch existiert (1p7). Doch alle Dinge innerhalb der einen Substanz existieren als konkrete Einzeldinge aufgrund ihrer kausalen Vorgeschichte, nicht einfach aufgrund ihres Wesens. Entscheidend ist freilich, daß sie aufgrund dieser Vorgeschichte existieren *müssen*. Hier zeigt sich einmal mehr der explanatorische Rationalismus bei Spinoza: Die kausale Vorgeschichte erklärt vollständig, warum ein Ding existieren muß; und die Definition erklärt, warum es mit bestimmten wesentlichen Eigenschaften existieren muß. Wenn wir die gesamte Ursachenkette und das gesamte Wesen erfaßt haben, können wir gar nicht anders als einzusehen, daß es so existieren muß, wie es existiert.[14]

Doch ist es nicht denkbar, daß ein Ding auch ganz anders existiert oder überhaupt nicht existiert? Ist es nicht vorstellbar, daß es eine andere Ursachenkette gibt? Vorstellbar ist dies in der Tat. Spinoza räumt ein, daß wir uns die Welt auch ganz anders vorstellen können und daß wir deshalb auch von möglichen Dingen sprechen können. Doch möglich sind diese Dinge nur, „insofern wir, wenn wir die Ursachen, von denen sie hervorgebracht werden müssen, ins Auge fassen, nicht wissen, ob diese Ursachen

---

14 Wie Schütt 1985, 177, zu Recht betont, beruhen Spinozas Überlegungen zur Notwendigkeit auf dem Prinzip vom zureichenden Grund: Zu verstehen, warum ein Ding so existiert, wie es existiert, heißt verstehen, welche externen Gründe (d.h. welche äußeren Wirkursachen) und welche internen Gründe (d.h. welche wesentlichen Eigenschaften) für seine besondere Existenz verantwortlich sind.

bestimmt sind, sie hervorzubringen" (5d4). Möglichkeit hat etwas mit uns zu tun. Wir erkennen die Ursachenkette nicht vollständig und wissen daher nicht, welche Ursachen vorliegen oder welche Wirkungen bestimmte Ursachen haben. Entscheidend ist freilich, daß all dies nur unserem Unwissen entspringt. Aus diesem Grund betont Spinoza, daß Kontingenz eine epistemische Kategorie ist (vgl. 1p33s1, 5d3). Da wir die verwickelte Kausalkette nur defizitär erkennen, stellen wir uns alle möglichen Alternativen und Abweichungen vor. Und daher können wir sehr wohl sagen, daß eine Aussage wie „Der Baum blüht" *für uns* kontingenterweise wahr ist; wir können uns eine Welt vorstellen, in der der Baum nicht blüht. Aber das heißt noch lange nicht, daß diese Aussage auch *an sich* kontingenterweise wahr ist. Würden wir die Welt vollständig sehen (was uns prinzipiell verwehrt ist),[15] würden wir erkennen, daß der Baum aufgrund der ganzen kausalen Vorgeschichte und aufgrund seines Wesens blühen muß. Und das heißt natürlich: Wir würden erkennen, daß die Aussage notwendigerweise wahr ist.

Berücksichtigt man den Unterschied zwischen diesen beiden Betrachtungsweisen, läßt sich die Antwort auf eine Frage finden, die in der neueren Forschung immer wieder aufgeworfen worden ist. Vertritt Spinoza einen strikten Nezessitarismus, dem zufolge es nur die eine aktuelle Welt gibt und sogar geben muß, oder verteidigt er einen moderaten Nezessitarismus, der neben der aktuellen Welt noch andere mögliche Welten zuläßt?[16] Man könnte erwidern: *Für uns* gibt es mehrere mögliche Welten, da wir uns aufgrund der mangelhaften Erkenntnis der kausalen Verknüpfungen Alternativen zur aktuellen Welt vorstellen können. *An sich* betrachtet gibt es aber nur die eine aktuelle Welt, in der wie in einem umfassenden Netz sämtliche Verknüpfungen zwischen den Dingen festgelegt sind.[17]

---

15 In 2p44cor2 betont Spinoza zwar: „Es liegt in der Natur der Vernunft, Dinge unter einem bestimmten Aspekt von Ewigkeit wahrzunehmen". Doch dies heißt nicht, daß wir auch in der Lage sind, sie unter *jedem* solchen Aspekt zu sehen. Unsere Perspektive ist immer eingeschränkt.
16 Vgl. dazu die Kontroverse zwischen Garrett 1991, der für einen strikten Nezessitarismus eintritt, und Curley & Walski 1999, die bei Spinoza nur einen moderaten Nezessitarismus sehen. Bennett 2001, 175–176, ist der Meinung, daß sich aufgrund der unklaren Textlage keine eindeutige Position bestimmen läßt.
17 In der *Kurzen Abhandlung* I, 40 (ed. Gebhardt & Bartuschat 1991, 40) betont Spinoza, daß sich in dieser Perspektive nichts verändern kann, weil alles in Ewigkeit gegeben und dadurch vorherbestimmt ist: „Wir sagen nun, weil alles, was geschieht, von Gott getan wird, muß es also von ihm notwendig vorherbestimmt sein, sonst wäre er veränderlich, was bei ihm eine große Unvollkommenheit bedeuten würde."

Daß wir die kausalen Verknüpfungen nur ansatzweise erkennen können, hat eine Konsequenz für ein weiteres Problem, das immer wieder Anlaß zu Kontroversen gegeben hat. Es scheint auf den ersten Blick, als sei Spinoza ein Rationalist, für den es gar keinen Sinn ergibt, die Dinge in der Welt und ihre Verknüpfung zu erforschen – die Welt entwickelt sich ja eh, wie sie sich entwickeln muß. Wenn wir überhaupt etwas über die Dinge in der Welt aussagen können, so nur, indem wir sie deduktiv von den ersten Ursachen herleiten und dadurch darstellen, daß und wie sie so kommen mußten, wie sie sind.

Dies wäre freilich das Zerrbild eines „Lehnstuhl"-Rationalisten, der sich von jeder empirischen Forschung fernhält. Spinozas Intention zielt gerade umgekehrt darauf ab, die empirische Forschung zu stärken und voranzutreiben. Da wir nur eine defizitäre Erkenntnis haben, müssen wir alles daran setzen, herauszufinden, welche der von uns vorgestellten möglichen Welten auch die aktuelle Welt sein wird. In einem Brief an L. Meyer hält er unmißverständlich fest, daß wir nicht einfach die gegenwärtigen und zukünftigen Dinge aus den bereits existierenden deduzieren können:

> „Daraus folgt weiter, daß wir, sobald wir bloß das Wesen der Modi, aber nicht die Ordnung der ganzen Natur ins Auge fassen, nicht daraus, daß sie jetzt existieren, darauf schließen können, daß sie später existieren oder nicht existieren werden oder früher existiert oder nicht existiert haben."[18]

Konkret heißt dies, daß ich nicht einfach aus der jetzigen Existenz des blühenden Baumes schließen darf, daß er auch morgen noch existieren wird oder gar existieren muß. Ich muß vielmehr eine detaillierte Untersuchung über die zahlreichen Faktoren (Licht, Temperatur, Wasserzufuhr usw.) anstellen, die dazu beitragen, daß er sehr wahrscheinlich auch morgen noch existieren wird. Deshalb kann ich aus meiner Perspektive nur von einer Möglichkeit oder Wahrscheinlichkeit sprechen, nicht von einer Notwendigkeit. Und je intensiver ich meine empirischen Studien vorantreibe, desto besser kann ich sagen, was morgen sehr wahrscheinlich der Fall sein wird. Es ist somit gerade die Unfähigkeit, die vollständige Kausalkette auf einen Schlag zu erkennen, die einen Anreiz zur empirischen Forschung darstellt. Denn nur mit Hilfe dieser Forschung können wir begründete Hypothesen darüber anstellen, welche von den vielen möglichen Welten, die wir uns vorstellen, die aktuelle Welt sein wird.

---

18 *Ep.* 12, 20. April 1663 (G IV, 54; Übers. Gebhardt & Walter 1986, 48).

4.4 Notwendigkeit und Freiheit

Berücksichtigt man den Unterschied in der Betrachtungsweise der Welt *an sich* und *für uns*, läßt sich eine auf den ersten Blick elegante Antwort auf die verwirrende Frage finden, wie sich der Nezessitarismus mit einer Auffassung von Handlungsfreiheit und moralischer Verantwortung vereinbaren läßt. Man könnte einfach sagen: Da wir die Ursachenkette nicht vollständig kennen und da für uns somit nicht feststeht, welche Ereignisse eintreffen werden und welche nicht, lohnt es sich, Gedanken über mögliche Handlungen und deren Folgen anzustellen. Wir können die Welt ja nicht vollständig „sub specie aeternitatis" betrachten, sondern müssen auf der Grundlage des Wissens von bisherigen Ereignissen Handlungsszenarien für die Zukunft entwerfen.[19]

Dies wäre freilich eine Antwort von trügerischer Eleganz. Wenn *an sich* schon feststeht, welche Ereignisse eintreffen werden, und wenn Kontingenz nur eine epistemische Kategorie ist, wie Spinoza unmißverständlich betont, können wir uns noch so viele Handlungsszenarien überlegen, dies wird keinen Einfluß darauf haben, wie die Welt sich verhalten wird. Zwar können wir sehr wohl überlegen, was wir tun wollen oder sollen, aber unsere Überlegungen sind genauso wie die daraus resultierenden Handlungen in eine notwendige Kausalkette eingebunden.

Hatten die ersten Leser also recht, wenn sie – wie H. Oldenburg berichtet – befürchteten, mit dem Nezessitarismus „würde der Nerv aller Gesetze, aller Tugend und Religion durchschnitten und alle Belohnungen und Strafen wären gegenstandslos"?[20] Sie hätten in der Tat recht, wenn wir nur folgende Alternative hätten: Entweder es gibt so etwas wie eine kausale Lücke, die die Verknüpfung der mentalen und physikalischen Sachverhalte offen läßt und uns dadurch einen freien Handlungsraum garantiert; oder es gibt keine kausale Lücke und die Rede von freier Handlung wird sinnlos. Doch wie ein kurzer Blick auf die gegenwärtigen Debatten zeigt, ist diese Alternative keineswegs überzeugend. Frei zu handeln heißt nicht

---

19 Auf dieser Linie argumentiert Mason 1997, 67: „It does *not* suggest, of course, that we are fatalistically powerless to alter the future: among the causes that will bring about the future are decisions I make now, based partly on what I have been able to discover about how I arrived where I am." Das Problem dieses Erklärungsansatzes liegt darin, daß meine Entscheidungen nichts anderes als Modi des Denkens sind, die in eine notwendige Ordnung eingebunden sind. Ich kann nicht frei diesen oder jenen Modus hervorbringen, wenn es eine solche Ordnung gibt. Ich kann mit einem solchen Modus auch nicht die Zukunft bestimmen oder verändern. Die zukünftigen physikalischen Sachverhalte sind ja ebenfalls in eine notwendigen Ordnung eingebunden, nämlich in jene der Modi der Ausdehnung.
20 Vgl. Anm. 1.

einfach, eine kausale Lücke zu füllen und etwas hervorzubringen, was durch nichts Vorhergehendes verursacht wird. Frei zu handeln heißt, *selbstbestimmt* zu handeln, d.h. aus Einsicht in bestimmte Handlungsgründe (vgl. Pauen 2004, 59–65). Geht man von diesem Verständnis von freier Handlung aus, zeigt sich, daß auch für Spinoza der Nezessitarismus nicht von vornherein eine freie Handlung verunmöglicht.

Doch was heißt es, aus Einsicht zu handeln? Spinoza gibt auf diese Frage eine eindeutige Antwort:

„Aus Vernunft handeln ist nichts anderes [...] als aktiv hervorzubringen, was aus der Notwendigkeit unserer Natur, in sich allein betrachtet, folgt." (4p59d)

Entscheidend ist, daß eine Person, die aus Vernunft handelt, nicht von spontanen Affekten oder Begierden getrieben wird und auch nicht von jemandem gezwungen wird, etwas zu tun. Sie erkennt vielmehr die Gründe dafür, daß etwas so gekommen ist, wie es kommen mußte, und macht diese Gründe zu ihrem Handlungsmaßstab. Gründe zu erkennen heißt freilich nichts anderes, als über Ideen (Modi des Denkens) zu verfügen, die sich parallel zu physikalischen Sachverhalten (Modi der Ausdehnung) verhalten. Veranschaulichen wir dies anhand eines Beispiels: Angenommen, ich verspüre einen heftigen Schmerz in einem Zahn, habe aber Angst, zum Zahnarzt zu gehen. Aus Vernunft handle ich, wenn ich diese Angst überwinde und erkenne, daß der Schmerz ein Symptom für eine Nervenreizung ist, die durch vorangeschrittene Karies oder sonst einen Defekt ausgelöst wurde. Ich erfasse also bewußt eine Kette von Ideen, die sich parallel zu einer Kette von physikalischen Sachverhalten verhält, und richte mein Verhalten danach aus.

Doch bin ich dann frei? Wäre ich nicht ohnehin früher oder später zum Zahnarzt gegangen oder von einem Freund dahin geschleift worden, ganz einfach weil ich den Schmerz nicht mehr ausgehalten hätte? In der Tat hätte ich dies getan. Aber meine Freiheit zeigt sich gerade darin, daß ich nicht von jemandem dazu gezwungen oder von einem Schmerzerlebnis überwältigt wurde, sondern aufgrund meiner Einsicht in einen bestimmten kausalen Zusammenhang selber zum Zahnarzt gegangen bin. Kurzum: Ich bin aus eigener Einsicht *aktiv* geworden und bin nicht einfach zu einer Handlung gezwungen worden.

Für Spinoza ist es entscheidend, daß Freiheit nur auf diesem Wege möglich ist: nicht als das Hervorbringen einer Handlung, die nicht mit früheren Sachverhalten kausal verbunden ist und gleichsam eine kausale Lücke füllt, sondern als das aus Gründen gewählte, selbstbestimmte Ausführen einer Handlung, die in einer kausalen Kette steht. Er betont sogar, daß durch diese Einsicht in Gründe die Affekte überwunden oder zumindest unter Kontrolle gebracht werden können: „Insofern der Geist einsieht, daß alle Dinge notwendig sind, hat er eine größere Macht über die Affekte, anders formuliert, erleidet er weniger von ihnen" (5p6). Ich leide also weniger unter meiner Zahnarztphobie oder kann sie sogar in den Griff bekommen, wenn ich einsehe, daß ich aufgrund der unausweichlichen Verknüpfung bestimmter Sachverhalte zum Zahnarzt gehen *muß*. Spinoza geht sogar so weit, daß er behauptet, auf diese Weise könne man auch starke Affekte wie etwa Trauer in den Griff bekommen: „Wir sehen nämlich, daß die Trauer, irgendein Gut verloren zu haben, gemildert wird, sobald der Mensch, der es verloren hat, sich klar macht, daß dieses Gut auf keine Weise erhalten werden konnte" (5p6s). Man könnte diesen Erklärungsansatz „therapeutischen Rationalismus" nennen: Die Erkenntnis einer notwendigen Ordnung, in der die Sachverhalte so eintreten, wie sie eintreten müssen, führt zu einer Überwindung von Enttäuschungen, falschen Erwartungen und leeren Hoffnungen und damit zu einem glücklicheren Leben.

An diesem Punkt zeigen sich sowohl die Stärken als auch die Schwächen des Spinozistischen Ansatzes. Die Stärken bestehen sicherlich darin, daß er – ähnlich wie die Psychotherapie – ein reflektiertes Selbstverständnis und dadurch auch eine affektive Selbstkontrolle ermöglicht. Wenn wir einmal eingesehen haben, warum bestimmte Dinge (einschließlich der eigenen Biographie) aufgrund einer komplexen kausalen Geschichte so kommen mußten, wie sie gekommen sind, können wir unser eigenes Verhalten und dasjenige anderer Personen besser verstehen. Wir können dann unsere auf den ersten Blick unverständlichen emotionalen Reaktionen in einen kausalen Zusammenhang einordnen und erklären. So können wir etwa verstehen, warum wir eine panische Angst vor Zahnärzten haben, und wir sind in der Lage, diesen Affekt Schritt für Schritt abzubauen oder zumindest kontrolliert auszuleben.

Gleichzeitig werden aber auch die Schwächen dieses Erklärungsansatzes deutlich. I. Berlin hat bereits darauf hingewiesen, daß die bloße Erkenntnis einer notwendigen Abfolge von Sachverhalten uns noch lange nicht freier oder gar glücklicher macht. Frei sind wir erst, wenn wir über echte, nicht nur von uns imaginierte Handlungsalternativen verfügen und uns gezielt für eine davon entscheiden. Bloß zu erkennen, daß wir aufgrund einer kausalen Geschichte nicht anders handeln können, als wir es in Tat und Wahrheit tun, mag uns vielleicht rationaler machen, aber keineswegs freier. Pointiert hält I. Berlin fest: „Zu entdecken, daß ich nicht tun kann, was ich einst glaubte, wird mich rationaler machen (ich werde mit dem Kopf nicht gegen Wände aus Stein rennen), aber dies wird mich nicht notwendigerweise freier machen; wohin ich auch schaue, sind vielleicht Wände aus Stein" (Berlin 1979, 185). Zudem können wir mit der Erkenntnis einer bestimmten kausalen Geschichte nicht nur ein besseres Selbstverständnis gewinnen, sondern uns gewisse imaginative und emotionale Freiräume auch verbauen. So kann ein Schriftsteller, der in einem therapeutischen Prozeß die ganze Kindheit aufgearbeitet hat, gerade dadurch die künstlerische Imagination verlieren (er führt jeden Einfall auf ein bestimmtes Kindheitserlebnis zurück und sieht in der Konstellation literarischer Figuren nur noch die Familienkonstellation seiner Kindheit) und dadurch seine Denkfreiheit einbüßen. Oder wer weiß, daß er an einer unheilbaren Krankheit leidet, kann dadurch eine Unbeschwertheit verlieren und damit auch die Fähigkeit zu bestimmten Emotionen – etwa zu Heiterkeit oder Freude im Alltag – einbüßen. Manchmal kann Nichtwissen befreiender sein als Wissen.

Doch problematisch ist nicht nur die Annahme, Erkenntnis und Einsicht in notwendige Handlungsverläufe würden die Freiheit maximieren. Problematisch ist prinzipiell die rationalistische Annahme, der Verstand könne uns durch eine Einsicht in die notwendige Ordnung dazu bringen, daß wir in Übereinstimmung mit dieser Ordnung handeln wollen. Warum sollten wir das wollen, was wir einsehen? Warum sollte aus der bloßen Einsicht heraus, daß ein bestimmter Sachverhalt eintreten muß, unsere Motivation entstehen, diesen Sachverhalt zu akzeptieren oder gar selber herbeizuführen? Um Spinozas eigenes Beispiel aufzugreifen: Warum sollte meine Einsicht in die Tatsache, daß eine bestimmte Krankheit zum Tod einer geliebten Person führen mußte, mich dazu bringen, diesen Tod zu akzeptieren und die Trauer abzuschwächen oder gar zu überwinden? Warum sollte ich mich nicht dagegen auflehnen, wie unvernünftig und unangemessen dies auch erscheinen mag? Warum sollte ich nicht (ähnlich wie Medea nach dem Verlust Jasons) in Raserei geraten und wild um mich schlagen? Der therapeutische Rationalismus geht stillschweigend davon aus, daß die Einsicht in eine notwendige Ordnung auch eine therapeutische Wirkung hat, ja haben muß. Dies ist nur plausibel, wenn dem Verstand eine motivierende Kraft zugestanden wird – eine Kraft, die uns dazu bringt, genau das zu akzeptieren oder gar aktiv zu wollen, was wir eingesehen haben. Doch den Beweis dafür, daß der Verstand tatsächlich über diese motivierende Kraft verfügt, bleibt Spinoza uns schuldig. Oder wie D. Hume gesagt hätte: „Reason of itself is utterly impotent in this particular" (Hume 1978, 457).

Literatur

Alanen, Lilli und Knuuttila, Simo 1988: The Foundations of Modality and Conceivability in Descartes and His Predecessors. In: Simo Knuuttila (Hrsg.): Modern Modalities. Studies of the History of Modal Theories from Medieval Nominalism to Logical Positivism. Dordrecht, 1–69.

Bennett, Jonathan 2001: Learning from Six Philosophers. Descartes, Spinoza, Leibniz, Locke, Berkeley, Hume. Oxford.

Berlin, Isaiah 1979: Concepts and Categories. Philosophical Essays. New York.

Brandom, Robert B. 2002: Tales of the Mighty Dead. Historical Essays in the Metaphysics of Intentionality. Cambridge/MA.

Carriero, John 1991: Spinoza's Views on Necessity in Historical Perspective. In: Philosophical Topics 19, 47–96.

Courtenay, William J. 1990: Capacity and Volition. A History of the Distinction of Absolute and Ordained Power. Bergamo.

Curley, Edwin und Walski, Gregory 1999: Spinoza's Necessitarianism Reconsidered. In: Gennaro/Huenemann (Hrsg.), 241–262.

Garrett, Don 1991: Spinoza's Necessitarianism. In: Yovel (Hrsg.), 191–218.

Hume, David 1978: A Treatise of Human Nature. Hrsg. P. H. Nidditch. Oxford.

Mason, Richard 1986: Spinoza on Modality. In: The Philosophical Quarterly 36, 313–342.

Pauen, Michael 2004: Illusion Freiheit? Mögliche und unmögliche Konsequenzen der Hirnforschung. Frankfurt/M.

Perler, Dominik 2001: Cartesische Möglichkeiten. In: Th. Buchheim, C. H. Kneepkens, K. Lorenz (Hrsg.): Potentialität und Possibilität. Modalaussagen in der Geschichte der Metaphysik. Stuttgart-Bad Cannstatt, 255–272.

Randi, Eugenio 1987: Il sovrano e l'orologiaio. Due immagini di Dio nel dibattito sulla „potentia absoluta" fra XIII e XIV secolo. Florenz.

Schütt, Hans-Peter 1985: Spinozas Konzept der Modalitäten. In: Neue Hefte für Philosophie 24/25, 165–183.

Thomas von Aquin 1952: Summa theologiae. Hrsg. P. Caramello. Turin.

Michael Pauen

5. Spinoza und die Identitätstheorie (2p1–2p13)

Die jüngere Geschichte des Leib-Seele Problems läßt sich mit einer gewissen Berechtigung auch als Geschichte der Auseinandersetzung mit Descartes sehen. Spinoza dagegen scheint dagegen in diesem Zusammenhang nur eine untergeordnete Rolle zu spielen. Dieses Bild wird jedoch in den letzten Jahren zunehmend in Frage gestellt: Zum einen hat es sich gezeigt, daß eine – wenn auch komplizierte – rezeptionsgeschichtliche Verbindung zwischen Spinoza und neueren philosophischen Ansätzen existiert. Zweitens berufen sich Neurowissenschaftler wie Antonio Damasio explizit auf Spinoza. In diesem Zusammenhang fällt ein zweiter Unterschied zu Descartes auf: Während dieser in der Regel Gegenstand der Abgrenzung ist, wird Spinoza häufig als Vorläufer und Gewährsmann eigener Ansätze verstanden. Es leuchtet ein, daß eine Verbindung über die wissenschafts- und ideengeschichtlich tiefe Kluft von mehr als drei Jahrhunderten äußerst gespannt sein muß – Spinozas metaphysische Grundvoraussetzungen und Hintergrundannahmen weichen fundamental von denen heutiger Theoretiker ab, dasselbe gilt für seine methodischen Prinzipien, vor allem die Orientierung an der Geometrie. Doch auch das Ziel ist ein anderes: Spinoza entwickelt seinen Ansatz nicht, um vorhandene oder erwartete empirische Befunde zu erklären, sondern um die Basis für seine Ethik zu schaffen.

Angesichts dieser tiefgreifenden Differenzen scheidet eine Vereinnahmung Spinozas für heute Positionen von vornherein aus. Dennoch findet sich bei ihm im einzelnen eine ganze Reihe von Thesen und Lösungsvorschlägen, die eine bemerkenswerte Verwandtschaft zu aktuellen Ansätzen aufweisen. Ich werde im ersten Teil dieses Aufsatzes zunächst ganz kurz den argumentativen Zusammenhang skizzieren, in dem diese Äußerungen innerhalb der *Ethik* stehen, bevor ich dann im zentralen zweiten Teil die Kernpunkte der Theorie des Geistes darstellen werde, so wie sie vor allem zu Beginn des zweiten Teils der *Ethik* entwickelt wird. Schließlich werde ich im dritten und letzten Teil rezeptionsgeschichtliche und systematische Beziehungen zwischen dem Ansatz Spinozas und heutigen Theorien diskutieren.

5.1 Voraussetzungen

Das vermutlich auffälligste Kennzeichen, das Spinozas Theorie des Geistes nicht nur von heutigen Ansätzen, sondern auch von der Cartesianischen Theorie unterscheidet, besteht darin, daß sie sich nicht auf Beobachtungen oder Intuitionen stützt, so wie dies Descartes tut, wenn er sich z.B. auf die klare deutliche Vorstellung einer körperlosen Seele beruft. Spinoza leitet seine Aussagen vielmehr aus einigen grundlegenden begrifflichen Annahmen über das Wesen der Substanz und ihrer Attribute ab. Dieses Verfahren ergibt sich direkt aus seiner Erkenntnistheorie, für die die sinnliche Erkenntnis die niederste, die intuitive Erkenntnis unmittelbar gewisser Ideen dagegen die höchste Form der Einsicht ist. Letztere befreit sich aus der von Spinoza als „Knechtschaft" bezeichneten Abhängigkeit der sinnlichen Wahrnehmung (Ellsiepen 2006). Ihr wichtigster Gegenstand ist Gott, von dem wir notwendigerweise eine adäquate Erkenntnis haben (2p46); hieraus lassen sich wiederum „sehr viel Dinge ableiten, [...] die wir adäquat erkennen" (2p47).

Genau diesem Weg folgt Spinozas eigene „geometrische Methode", die die Erkenntnis der Einzeldinge aus der Erkenntnis der höchsten Prinzipien und damit letztlich aus Gott ableitet. Die göttliche Natur, so heißt es im zweiten Teil der *Ethik*, müsse man „vor allem anderen betrachten, [...] weil sie sowohl der Erkenntnis wie der Natur nach das erste ist" (2p10s). Der aus heutiger Sicht naheliegende Einwand, daß damit bestenfalls eine kohärentes theoretisches Konstrukt, nicht jedoch eine adäquate Einsicht in die reale Beschaffenheit unserer Welt möglich sei, hat für Spinoza nicht nur deshalb kein Gewicht, weil er der Wahrnehmung nur eine untergeordnete Rolle zubilligt, sondern auch weil er eine grundsätzliche Entsprechung zwischen der „Ordnung der Ideen" und der „Ordnung der Dinge" unterstellt (2p7).

Die zentralen Weichenstellungen für Spinozas Theorie des Geistes finden daher auch schon bei der Diskussion des Substanz- bzw. Gottesbegriffs im ersten Teil der *Ethik* statt. Ähnlich wie für Descartes[1] zeichnet sich eine Substanz auch für Spinoza dadurch aus, daß sie durch sich selbst begriffen werden kann (1d3). Substanzen sind Träger von Attributen, unter denen Spinoza das versteht, „was der Verstand an einer Substanz als deren Essenz ausmachend erkennt" (1d4).

Entscheidend sind nun zwei Behauptungen, die Spinoza gleich zu Beginn des ersten Teils aufstellt: Zum einen die These, daß es nur *eine* Substanz geben könne. Es gehört nämlich in Spinozas Augen nicht nur zum Begriff der Substanz, daß sie notwendigerweise existieren muß und daher keine andere Substanz zu ihrer Entstehung benötigt (1p6–7), sondern auch daß sie unendlich ist, also durch keine andere Substanz begrenzt wird (1p8). Bei dieser unendlichen und notwendigerweise existierenden Substanz kann es sich nach Spinoza nur um Gott handeln. Gott wird dabei allerdings nicht im theistischen Sinne als personaler Schöpfer verstanden, der unabhängig von dem durch ihn geschaffenen Kosmos existiert, vielmehr identifiziert die pantheistische Metaphysik Spinozas Gott und Kosmos. Die einzelnen Objekte, die wir innerhalb dieser Welt voneinander unterscheiden, lassen sich für Spinoza nur als Modi der einen göttlichen Substanz begreifen.

Zweitens geht Spinoza davon aus, daß die Substanz eine größere Zahl von Attributen besitzen kann (1p10c), wobei dem menschlichen Erkenntnisvermögen allerdings nur das Attribut des Denkens und das Attribut der Ausdehnung zugänglich sind. Dies bedeutet, so hebt Spinoza ausdrücklich hervor, „daß, wenn auch zwei Attribute als real unterschieden begriffen werden, also das eine ohne Hilfe des anderen [begreifbar ist], wir daraus gleichwohl nicht schließen können, daß sie zwei Entitäten oder zwei verschiedene Substanzen ausmachen" (1p10c).

5.2 Theorie

Damit sind die metaphysischen Grundvoraussetzungen genannt, aus denen Spinoza seine Theorie des Geistes ableitet. Ausdrücklich betont er zu Beginn des zweiten Teils der *Ethik*, daß es im folgenden darum gehen werde, „was aus der Essenz Gottes, anders formuliert, des ewigen und unendlichen Seienden notwendigerweise folgen mußte".

---

1 Vgl. Descartes 1953, 594: „Lorsque nous concevons la substance, nous concevons seulement une chose qui existe en telle façon qu'elle n'a besoin que de soi-même pour exister." Descartes nimmt hier die Position Spinozas insofern vorweg, als er nur Gott als Substanz im engeren

Tatsächlich hatte Spinoza erstens mit seiner Festlegung auf *eine* Substanz im ersten Teil der *Ethik* bereits den Cartesianischen Substanzdualismus zugunsten eines monistischen Ansatzes ausgeschlossen. Zweitens können Geist und Körper nach den dort getroffenen Festlegungen nur noch die Attribute der einen göttlichen Substanz sein (2p1–2); es handelt sich zudem um die einzigen Attribute, die dem menschlichen Erkenntnisvermögen zugänglich sind (2a5). Zieht man in Betracht, daß die Substanz den gesamten Kosmos umfaßt, dann zeigt sich schließlich drittens, daß hier ein durchgängiger psychophysischer Parallelismus vorliegen muß (2p7). Es ist also nicht nur das menschliche Gehirn, das neben physischen auch psychische Attribute besitzt, vielmehr gilt dies für die gesamte Natur. Der Pantheismus Spinozas hat sein Gegenstück also im Panpsychismus.

Die Identitätsthese

Die entscheidenden Schritte werden gleich in den ersten beiden Lehrsätzen des zweitens Teils vollzogen. Spinoza spricht hier von der einen göttlichen Substanz, der sowohl das Attribut des Denkens (2p1) wie auch das Attribut der Ausdehnung zukommt (2p2); dabei nimmt er direkten Bezug auf die cartesianischen Formulierungen: „Deus est res cogitans […] Deus est res extensa" (2p1–2).

Diese Behauptung gilt nicht nur für Gott, sie gilt, wie der Lehrsatz 13 zeigt, genauso für den Menschen. Konkret bedeutet dies, daß der psychophysische Parallelismus, der laut Spinoza die gesamte Natur umfaßt, auch den Menschen betrifft. Spinoza stellt daher zunächst fest, „daß der Mensch aus einem Geist und einem Körper besteht und daß der menschliche Körper, so wie wir ihn empfinden, [wirklich] existiert" (2p13c). Aus dieser – nicht weiter überraschenden – Feststellung leitet Spinoza dann die für seine Theorie entscheidende Identifikation von Geist und Körper ab:

> „Daraus ersehen wir nicht nur, daß der menschliche Geist mit dem Körper vereinigt ist, sondern auch, was unter Vereinigung von Geist und Körper verstanden werden sollte" (2p13s).

Sinne akzeptiert. Im Anschluß an die zitierte Stelle heißt es nämlich: „En quoi il peut y avoir de l'obscurité touchant l'explication de ce mot, *n'avoir besoin que de soi-même*; car, à proprement parler, il n'y a que Dieu qui soit tel, et il n'y a aucune chose créée qui puisse exister un seul moment sans être soutenue et conservée par sa puissance" (Princ. phil. I 51). Auf der anderen Seite besteht hier ein Unterschied insofern, als Descartes metaphysisch, Spinoza dagegen epistemisch argumentiert.

5. Spinoza und die Identitätstheorie

Man mag daran zweifeln, ob sich diese Behauptung wirklich aus dem zuvor Gesagten ergibt. Doch versuchen wir zunächst, Spinozas These möglichst genau zu verstehen. Was also ist damit gemeint, daß „der menschliche Geist mit dem Körper vereinigt ist"? Schon kurz zuvor, in der Anmerkung zum siebten Lehrsatz, hatte es geheißen, „daß die denkende Substanz und die ausgedehnte Substanz ein und dieselbe Substanz sind, die bald unter diesem, bald unter jenem Attribut aufgefaßt wird" (2p7s). Und im zweiten Lehrsatz des dritten Teils stellt Spinoza fest, „daß nämlich der Geist und der Körper ein und dasselbe Ding sind, das bald unter dem Attribut Denken, bald unter dem Attribut Ausdehnung begriffen wird" (3p2s).

Der erste Punkt ist unproblematisch: In direkter Übereinstimmung mit dem im ersten Teil vertretenen Substanzmonismus behauptet Spinoza hier die Identität von Geist und Körper. Geistige Prozesse sind also identisch mit bestimmten körperlichen Prozessen.

Gleichzeitig versucht er jedoch der offensichtlichen Differenz zwischen der Erfahrung geistiger und der körperlicher Phänomene gerecht zu werden. Entscheidend ist hier seine Lehre von den Attributen. Schon die Definition am Beginn des ersten Teils (1d4) zeigt, daß der Begriff des Attributs epistemisch zu verstehen ist: Die Unterscheidung von Attributen ist also keine Unterscheidung von Eigenschaften auf der Objektebene, so wie ein Gegenstand neben seiner Farbe auch noch ein Gewicht haben kann – eine solche Unterscheidung von Geist und Körper wäre unvereinbar mit der Identitätsbehauptung, auch wenn nicht mehr von zwei Substanzen, sondern von zwei Eigenschaften die Rede wäre.

Spinoza meint vielmehr eine Unterscheidung zwischen Formen des erkennenden *Zugangs zu* einem Objekt oder Sachverhalt. Der Unterschied zwischen der Erfahrung geistiger und der körperlicher Phänomene ergibt sich also aus der Art und Weise, *wie* wir uns auf einen Prozeß bzw. – in Spinozas Terminologe – auf einen Modus der einen Substanz beziehen.

Besonders deutlich wird dies an dem bereits zitierten Passus aus dem Scholion zur zweiten Proposition des dritten Teils, wo Spinoza davon spricht, daß „ein und dasselbe Ding [...] bald unter dem Attribut Denken, bald unter dem Attribut Ausdehnung begriffen wird". Noch einmal wird dabei deutlich, daß hier nicht zwei unterschiedliche Eigenschaften oder Eigenschaftsreihen gemeint sein können. Die Differenz von Geist und Körper tritt nicht auf der Seite des Objekts auf, sondern auf der Seite des erkennenden Subjekts, das zwei Zugänge zu der einen Substanz besitzt.

Die beiden skizzierten Grundzüge des Monismus Spinozas – die Identifikation von Geist und Körper auf der *Objektebene* und die Unterscheidung auf der Ebene des *Zugangs zu* diesem Objekt ist ganz allgemein ein

Kennzeichen von Identitätstheorien in der Philosophie des Geistes. Dies hat einen einfachen sachlichen Grund: Die Identitätsbehauptung versteht sich dabei von selbst, doch auch die Unterscheidung von Perspektiven oder Zugängen ist unverzichtbar, weil sonst gar nicht verständlich würde, warum die Frage nach der Identität überhaupt auftritt.

Auf den ersten Blick können Identitätsbehauptungen nämlich als unsinnig erscheinen. So behauptet z.b. Wittgenstein im *Tractatus*: „Beiläufig gesprochen: Von *zwei* Dingen zu sagen, sie seien identisch, ist ein Unsinn, und von *einem* zu sagen, es sei identisch mit sich selbst, sagt gar nichts" (Wittgenstein 1984, 62 (5.5303)).

Wittgenstein übersieht dabei jedoch eine wichtige Alternative: Wir können nämlich ein und dasselbe Objekt bei unterschiedlichen Gelegenheiten wahrnehmen oder es unter unterschiedlichen Beschreibungen kennenlernen. Die Frage nach der Identität tritt also dann auf, wenn unklar ist, ob sich zwei Beschreibungen oder Wahrnehmungen auf ein Objekt oder Ereignis beziehen. Solche Situationen kommen vergleichsweise häufig vor. So könnten wir z.b. einer Person begegnen, die einem ehemaligen Klassenkameraden verdächtig ähnlich sieht – ist die Person identisch mit unserem Klassenkameraden? Beim Besuch eines Hauses, das wir seit vielen Jahren nicht mehr betreten haben, finden wir einen Gegenstand, bei dem es sich offenbar um ein Spielzeug aus unserer Kindheit handeln könnte – doch ist der gefundene Gegenstand wirklich identisch mit unserem Spielzeug? Einige Tage nach dem Besuch eines Konzerts lesen wir in der Zeitung die Kritik, die gut auf das von uns besuchte Konzert paßt. Auch in diesem Falle könnten wir uns die Frage stellen, ob das Konzert, das wir besucht haben, identisch ist mit demjenigen, das unser Kritiker beschreibt.

Das Beispiel zeigt außerdem, daß die Frage nach der Identität nicht nur sinnvoll ist, vielmehr kann es gute Gründe geben, sie zu bejahen. Bei öffentlichen Veranstaltungen ergeben sich diese Gründe in der Regel aus Übereinstimmungen von Ort und Uhrzeit, bei dem vermutlichen Klassenkameraden reicht vermutlich der Name zur Identifikation. Auch wenn es also gute Gründe für eine Identitätsbehauptung gibt, kann sie sich im nachhinein als falsch herausstellen – einen definitiven Beweis für eine Identitätsbeziehung gibt es einfach nicht.

Wichtig ist zudem, daß sich die Gründe für eine Identitätsbehauptung nicht unbedingt aus der Ähnlichkeit dessen ergeben, was wir erkennen: Der Bericht in der Zeitung ist dem Konzert, so wie wir es aus der Perspektive der ersten Person erfahren haben, überhaupt nicht ähnlich – dennoch entstehen gerade hier nur selten Zweifel, weil wir über klare Identitätskriterien verfügen. Natürlich heißt das nicht, daß Unterschiede einfach ignorieren werden könnten, notwendig ist vielmehr eine Erklärung für die verbleibenden Unterschiede.

Genau hier kommen die unterschiedlichen Perspektiven oder Zugänge ins Spiel, die wir einem Gegenstand gegenüber einnehmen. Schon fast trivial ist der Hinweis darauf, daß das persönliche Erleben uns einen anderen Zugang zu einem Konzert liefert als ein Zeitungsbericht – die dabei bestehenden Differenzen sprechen also nicht dagegen, daß sich der Bericht und das Erleben auf dasselbe Konzert beziehen.

Die Bedeutung dieser Überlegungen für das Problem der Identität von Geist und Körper ist nicht schwer zu erkennen: Auch in diesem Falle kann man argumentieren, daß die Unterschiede, die unsere Erfahrung geistiger Phänomene von der Erfahrung körperlicher Phänomene trennt, nicht von vornherein ausschließen, daß beide Erfahrungen den gleichen Gegenstand haben. So wie also Zeitungsbericht und unser Erleben trotz aller Unterschiede dasselbe Konzert zum Gegenstand haben können, genauso scheint es möglich zu sein, daß bestimmte physische Prozesse, die wir aus der Perspektive der dritten Person in unserem Gehirn beobachten können, identisch sind mit den Erfahrungen, die wir aus der Perspektive der ersten Person machen.

Wir hätten es also mit einem Objekt bzw. einem Prozeß zu tun, zu dem wir zwei unterschiedliche Zugänge haben, und es sind die Unterschiede in den Zugängen, die erklären, warum sich unsere Erfahrungen in den beiden Fällen voneinander unterscheiden. Bei Spinoza stehen hierfür die Attribute, unter denen wir die Dinge betrachten können. Damit macht er prinzipiell verständlich, wie es überhaupt möglich ist, daß zwei Dinge, die so unterschiedlich sind wie Geist und Gehirn, miteinander identisch sein können. Aber natürlich liefert er keine konkrete Erklärung dafür, warum Schmerzen oder Farbempfindungen so und nicht anders erfahren werden.

Parallelismus und psychophysische Interaktion

Spinozas Theorie wird häufig als psychophysischer Parallelismus bezeichnet. Diese Bezeichnung könnte zu dem Mißverständnis verleiten, Spinoza vertrete einen Parallelismus von psychischen und physischen Ereignissen bzw. Eigenschaften. Ein solcher dualistischer Parallelismus wäre jedoch mit dem bislang Gesagten nicht vereinbar. Den obigen Ausführungen zufolge kann es sich nur um einen monistischen Parallelismus der *Zugänge zu einer* Reihe von Ereignissen, nicht aber um einen dualistischen Parallelismus von *zwei* Ereignisreihen handeln.

Spinoza scheint die Existenz von zwei Ereignisketten jedoch selbst zu unterstellen, wenn er davon spricht, daß „die Ordnung und Verknüpfung von Ideen […] dieselbe wie die Ordnung und Verknüpfung von Dingen" sei (2p7; vgl. 3p2s). Die Annahme von parallelen Ereignisketten ähnlich wie im explizit dualistischen Parallelismus Leibnizscher Prägung liegt auch deshalb nahe, weil Spinoza, belehrt von den Schwierigkeiten, die sich Descartes mit seinem Interaktionismus eingehandelt hatte, jegliche Wechselwirkung zwischen der geistigen und der physischen Ebene bestreitet: Geistige Prozesse können genauso wenig auf physische einwirken, wie es umgekehrt eine Einwirkung physischer Prozesse auf geistige Vorgänge gibt. In diesem Sinne fordert Spinoza, daß wir, „solange Dinge als Modi des Denkens angesehen werden, die Ordnung der ganzen Natur, d.h. die Verknüpfung von Ursachen, allein durch das Attribut Denken erklären; und insofern sie als Modi der Ausdehnung angesehen werden, muß auch die Ordnung der ganzen Natur allein durch das Attribut Denken erklärt werden" (2p7s).

Eindeutiger noch bezieht Spinoza im zweiten Lehrsatz des dritten Teils Stellung zu dieser Frage. Dort heißt es:

> „Der Körper kann den Geist nicht zum Denken bestimmen und der Geist nicht den Körper zu Bewegung und Ruhe oder zu irgendetwas anderem" (3p2).

Man könnte dies so verstehen, als hätten geistige Prozesse faktisch keine Wirkungen auf physische Prozesse. Zwar mag es so scheinen, als hätten unsere Schmerzäußerungen ihre Ursache in unserem Schmerzempfinden oder als hätten unsere visuellen Wahrnehmungsbilder ihre Ursache in den Objekten unserer näheren Umgebung; faktisch, so könnte die Folgerung lauten, stehen mentale Prozesse jedoch immer nur unter dem Einfluß anderer mentaler Prozesse. Genauso scheinen physische Prozesse auch von anderen physischen Prozessen beeinflußt zu werden.

Will Spinoza also die Wirksamkeit geistiger Prozesse bestreiten? Dies wäre nicht nur ganz allgemein unplausibel, vielmehr wäre damit unklar, welche Rolle geistige Prozesse überhaupt bei der Verhaltenssteuerung spielen sollen. Bartuschat (1992, 314) wirft in diesem Zusammenhang die Frage auf, ob Spinoza nicht höhere geistige Prozesse, wie etwa den Entwurf eines Gebäudes, allein durch den Bezug auf einfache körperliche Prozesse erklären müsse. Spinoza scheint dieser Interpretation recht zu geben, wenn er im Scholion zum zweiten Lehrsatz des dritten Teils betont, daß man eben noch nicht wisse, wozu der Körper imstande sei – und daher offenbar nicht ausschließen kann, daß der Körper auch ohne den Geist zu komplexen kognitiven Leistungen fähig sei.

Eine nähere Betrachtung zeigt jedoch, daß sich dieses Problem für Spinoza gar nicht stellt. Dies ergibt sich aus den Implikationen des Monismus. Wenn wir es nämlich nur mit *einer* Substanz oder *einem* Ding zu tun haben, das sowohl als denkend wie auch als ausgedehnt beschrieben werden kann, dann folgt aus der Zurückweisung der Interaktion keineswegs die Wirkungslosigkeit psychischer Prozesse. Vielmehr würde sich der Modus, den wir unter dem Attribut des Denkens als den psychischen Akt eines Entwurfs bezeichnen können, gleichzeitig unter dem Attribut der Ausdehnung auch als physischer Prozeß begreifen lassen, der mit anderen physischen Prozessen in kausaler Verbindung steht. Natürlich handelt es sich bei den relevanten physischen Prozessen nicht um einfache körperliche Aktivitäten, auch Spinoza unterstellt, daß es hier um komplexe Prozesse auf der physiologischen Ebene geht – auch wenn seine konkreten Vorstellungen weit von heutigen Erkenntnissen abweichen.

Besonders aufschlußreich sind dazu die Vorstellungen zum Ablauf psychischer Prozesse und zu den ihnen zugrundeliegenden physischen Aktivitäten, die Spinoza in der zweiten Hälfte des zweiten Teils der Ethik entwickelt. Auf der psychischen Ebene entwickelt er dabei ein assoziationspsychologisches Modell, das davon ausgeht, daß Vorstellungen, die ursprünglich zusammen aufgetreten sind, dazu tendieren, sich gegenseitig zu aktivieren:

> „Wenn der menschliche Körper einmal von zwei oder mehreren Körpern zugleich affiziert worden ist, dann wird der Geist, wenn er später einen von ihnen vorstellt, sich auf der Stelle auch der anderen erinnern" (2p18).

Diese Passage zeigt schon, daß Spinoza parallel zu seiner psychologischen Erklärung auch eine physiologische Theorie besitzt und dabei direkt zwischen beiden Erklärungsebenen wechselt. Im Mittelpunkt seiner physiologischen Vorstellungen steht die auf die Antike zurückgehende und von Descartes weiterentwickelte Theorie der Lebensgeister (spiritus animales). Diese hinterlassen offenbar auf mechanischem Wege, z.B. bei wiederholten Vorstellungen, Spuren im Gehirn, die ihren Weg und damit den Gang der Vorstellungen auch in Zukunft festlegen (vgl. 2p17demonstr.).

Spinozas Wechsel zwischen den Erklärungsebenen zeigt, daß es sich hier für ihn um unterschiedliche Perspektiven gegenüber *einem* einheitlichen Prozeß handelt. Selbst wenn man also einige Formulierungen auch als Parteinahme für einen dualistischen Parallelismus von zwei Ereignisreihen lesen könnte, so scheidet eine solche Interpretation faktisch angesichts der eindeutigen Parteinahme des Autors für den Monismus aus – zumal der Text eine dualistische Interpretation nirgends erzwingt.

Am nächstliegenden dürfte sie noch bei dem oben zitierten siebten Lehrsatz des zweiten Teils sein, in dem Spinoza von der Übereinstimmung zwischen der Ordnung des Geistes und der Ordnung der Dinge spricht und dann (2p7s) fordert, daß wir die Dinge, solange wir sie als Modi des Denkens betrachten, nur durch Attribute des Denkens, wenn wir sie aber als Modi der Ausdehnung ansehen, sie auch nur durch das Attribut der Ausdehnung erklären. Tatsächlich begründet Spinoza aber gerade hier die Übereinstimmung beider Ordnungen ausdrücklich unter Bezugnahme auf die bereits zitierte Identitätshypothese, der zufolge „die denkende Substanz und die ausgedehnte Substanz ein und dieselbe Substanz sind" (2p7s). Ganz ähnlich argumentiert er im zweiten Lehrsatz des dritten Teils. Abermals wird gefordert, daß Ursachen jeweils unter dem Attribut begriffen werden müssen, unter dem auch ihre Wirkungen begriffen werden. Noch deutlicher als an der oben zitierten Stelle wird hier aber, daß Spinoza geistige und physische Prozesse jeweils nur als Aspekte eines Vorgangs sieht, wenn er behauptet, „daß die Ordnung der Aktivitäten und des Erleidens unseres Körpers mit der Ordnung der Aktivitäten und des Erleidens des Geistes von Natur aus zugleich ist" (3p2s). Wenig später resümiert er:

> „Dies alles zeigt in der Tat klar, daß beide, die Entscheidung und der Trieb des Geistes und die Bestimmung des Körpers, der Natur nach zusammen bestehen oder vielmehr ein und dieselbe Sache sind; Entscheidung nennen wir sie, wenn sie unter dem Attribut Denken betrachtet wird und sich durch dieses erklären läßt, und Bestimmung, wenn sie unter dem Attribut Ausdehnung betrachtet wird und sich aus den Gesetzen von Bewegung und Ruhe herleiten läßt" (3p2s).

Doch führt die skizzierte Interpretation die von Spinoza verworfene psychophysische Interaktion nicht durch die Hintertüre wieder ein? Was will man unter einer psychophysischen Interaktion verstehen, wenn nicht eine Entscheidung, die eine körperliche Reaktion hervorruft? Genau diesen Einwand hat Delahunty (1985) gegen Spinoza erhoben. Es scheint also einen Konflikt zwischen der Identitätsbehauptung einerseits und der Zurückweisung der psychophysischen Interaktion andererseits zu geben.

Tatsächlich gibt es jedoch zwei Möglichkeiten zur Auflösung dieses Konfliktes. Die erste, heutigem Denken entsprechende Option würde bestreiten, daß wir es in den genannten Fällen überhaupt mit psychophysischer Interaktion in dem von Spinoza bestrittenen, cartesianischen Sinne zu tun hätten. Der entscheidende Unterschied zur Interaktion im cartesianischen Sinne besteht darin, daß man in den genannten Fällen für jede Wirkung auf der physischen Ebene zumindest im Prinzip immer auch eine Ursache auf der physischen Ebene benennen kann. Das Problem wäre damit gelöst, es ist jedoch fraglich ob Spinoza angesichts seines Insistierens auf der Unterscheidung zwischen den beiden Kausalreihen eine solche Antwort akzeptieren würde.

Es gibt jedoch noch eine zweite Option, die von Michael Della Rocca (1991) skizziert worden ist. Sie liegt heutigem Denken weniger nahe, doch scheint sie besser mit den Vorstellungen Spinozas übereinzustimmen. Della Rocca verweist darauf, daß für Spinoza, anders als es unserem heutigen Verständnis entspricht, Kausalaussagen nicht unabhängig von der Beschreibung gelten, in der sie formuliert werden. Kausale Kontexte sind für ihn nicht „referentiell transparent". Wenn man also der Überzeugung ist, daß ein Gehirnprozeß die Ursache eines bestimmten Verhaltens ist, dann muß man noch lange nicht akzeptieren, daß eine mit dem Gehirnprozeß identifizierte Entscheidung die Ursache des Verhaltens ist. Wenn in solchen Fällen aber keine Kausalbeziehung zwischen Modi unterschiedlicher Attribute besteht, dann besteht erst recht keine psychophysische Interaktion. Auch diese Interpretation würde das Problem also beseitigen.

In jedem Falle zeigt Spinozas ausführliche Kritik Descartes' in der Vorrede zum fünften Teil der *Ethik*, daß die Ablehnung der psychophysischen Interaktion offenbar eines der wesentlichen Motive für seinen Entwurf gewesen sein muß. Descartes, so heißt es dort, habe mit seiner Theorie der psychophysischen Interaktion „eine Hypothese aufgestellt, die geheimnisvoller ist als jede verborgene Qualität" (5praef.) Schon angesichts der unüberbrückbaren Verschiedenheit von Leib und Seele sei eine Kausalbeziehung prinzipiell ausgeschlossen.

Die Überlegungen zeigen aber auch, daß die Übereinstimmung zwischen der Ordnung der Ideen und der Ordnung der Natur nichts weniger als rätselhaft ist, solange man Spinozas panpsychistische Prämisse akzeptiert, der zufolge die Substanz grundsätzlich unter den beiden Attributen beschrieben werden kann: Sicherlich gibt es aus heutiger Sicht gute Gründe, diese Voraussetzung zu bestreiten, doch wenn man sie akzeptiert, dann ergeben sich die Übereinstimmungen der „beiden" Ordnungen und der zwischen ihnen bestehenden kausalen und logischen Verknüpfungen praktisch von selbst: Wir haben es hier in Wirklichkeit nur mit einer einzigen Ordnung, d.h. mit einer einzigen Ereignisfolge zu tun, die lediglich unter zwei unterschiedlichen Aspekten beschrieben werden kann.

Ideen

Dies gilt allerdings nur solange, wie man ein psychologisches, kein propositionales Verständnis von Spinozas Begriff der Idee unterstellt. „Idee" stünde in diesem Falle also für ein raumzeitlich bestimmbares *psychisches Ereignis*, also das, was wir heute einen Gedanken nennen würden. „Idee" kann aber auch für den *Inhalt* eines Gedankens stehen, also für die Proposition, die der Gedanke ausdrückt. In diesem Sinne heißt es bei Allison:

> „Every idea can be described as both a mental episode within its own psychological reality (a believing) and a propositional content that is affirmed in such an episode (what is believed)" (Allison 1987, 89).

Generell verwendet Spinoza den Begriff der Idee in beiden Bedeutungen,[2] wobei umstritten ist, ob er zwischen beiden Verwendungsweisen systematisch sauber trennt oder nicht.

Unterstellt man nun – wie oben angenommen – die erste Bedeutung, dann würde es sich bei den Ideen, deren Übereinstimmung mit der Ordnung der Natur behauptet wird, einfach nur um die psychischen Zustände handeln, die mit bestimmten materiellen Prozessen identifiziert werden: Die These wäre also, daß das physische Korrelat eines Gedankens, daß Rom eine schöne Stadt ist, nicht in Abwesenheit des entsprechenden psychischen Zustands auftritt. Dies ist in der Tat eine Implikation des Monismus Spinozas. Spinoza spricht in diesem Zusammenhang davon, daß der Körper das „Objekt der Idee, die den menschlichen Geist ausmacht", sei.

Anders als es heutigem Verständnis entspräche, gibt Spinoza sich dabei allerdings nicht mit einer psychophysischen Korrelation zufrieden, sondern unterstellt gleichzeitig auch eine epistemische Beziehung: Wenn der Körper Objekt der Idee ist, die den menschlichen Geist ausmacht, dann bedeutet das auch, daß der Geist ein Bewußtsein des Körpers hat. Spinoza behauptet sogar, der Geist erkenne den Körper, ja er habe eine vollständige Wahrnehmung aller körperlichen Prozesse:

> „Wenn das Objekt der Idee, die den menschlichen Geist ausmacht, ein Körper ist, dann wird in diesem Körper sich nichts ereignen können, was von dem Geist nicht wahrgenommen wird" (2p12).

Diese „Wahrnehmung" ist allerdings nicht als ein Affiziertwerden der Seele durch den Körper zu verstehen – dies wäre ein Rückfall in den von

---

2 Hiergegen argumentiert allerdings Mascarenhas, der bei Spinoza allein das psychologische Verständnis beobachtet, den Ideen jedoch gleichzeitig ihren propositionalen Gehalt abspricht: „Thus, it seems that Spinozistic ideas are the non-representational, non-intentional consci-

Spinoza abgelehnten psychophysischen Interaktionismus. Spinoza scheint vielmehr eine unmittelbare Beziehung anzunehmen, die sich daraus ergibt, daß der Körper gleichzeitig auch Geist ist und dadurch offenbar ein Bewußtsein seiner selbst besitzen muß.

Es gibt jedoch noch ein zweites, propositionales Verständnis des Ideenbegriffs. Die Idee eines Körpers kann also auch eine Idee sein, die einen beliebigen Körper außerhalb der Physis des Subjekts bzw. einen den Körper betreffenden Sachverhalt zu ihrem Gegenstand hat. Legt man dieses Verständnis zugrunde, dann wäre mit der Übereinstimmung zwischen der Ordnung der Ideen und der Ordnung der Natur gemeint, daß unsere *Ideen über die Natur* mit der Natur übereinstimmen, daß diese Ideen also in einem korrespondenztheoretischen Sinne wahr sind. In diesem Falle dürfte der Gedanke, daß Rom eine schöne Stadt ist, nur dann auftauchen, wenn Rom tatsächlich eine schöne Stadt ist. Spinoza hat in bezug auf adäquate Ideen auch diese Auffassung vertreten, allerdings ergibt sie sich ganz offensichtlich *nicht* aus der Identitätshypothese.

Der Parallelismus von Geist und Körper ist schließlich wichtig auch für die Unterscheidung des Menschen von anderen belebten Wesen und Objekten. Trotz seines Panpsychismus übersieht Spinoza nämlich keineswegs die Differenzen, die hier bestehen. Zwar sieht Spinoza – anders als Descartes – keine kategorialen, sondern nur graduelle Unterschiede. Diese hängen ab von der Komplexität des Körpers, wie Spinoza vor allem im Anhang zum dreizehnten Lehrsatz des zweiten Teils ausführt: Anders als der Körper einfacher Lebewesen ist der des Menschen „aus sehr vielen Individuen (verschiedener Natur) zusammengesetzt, von denen jedes seinerseits äußerst komplex ist" (2post.1).

Die wichtigste Folge höherer Komplexität ist die Fähigkeit, durch eine größere Zahl unterschiedlicher Reize affiziert zu werden (2l7s). Dies hat Konsequenzen für die psychischen Prozesse, so daß sich die psychischen Eigenschaften, die man einfachen Lebewesen und anderen Objekten zuschreiben kann, konstitutiv von denen des Menschen unterscheiden können. Zwar spricht es auch unter diesen Prämissen gegen Spinozas Panpsychismus, daß er nicht deutlich machen kann, was die Zuschreibung psychischer Eigenschaften bei einfachen Lebewesen und Objekten genau bedeutet; auf der anderen Seite wird man ihm aber nicht den Vorwurf machen können, er

---

ousnesses of their correlated modes of extension. They do not represent their correlated modes; in fact, they have no objective content at all, unless it be the extended mode of which it is the immediate consciousness and with which it is identified." Mascarenhas 1998, 97.

schreibe Bäumen oder Steinen Bewußtsein in einem dem Menschen ähnlichen Sinne zu.[3]

5.3 Rezeption

Spinoza hat die Ethik bekanntlich aufgrund von Bedenken bezüglich der Reaktion der Öffentlichkeit nicht zu Lebzeiten veröffentlicht – eine Befürchtung, die z.B. angesichts der Bayleschen Polemik gegen die ‚ungeheuerlichen Absurditäten' des Werkes nicht ganz unberechtigt erscheint (vgl. Bayle 2003, 397). Tatsächlich bleibt die Spinoza-Rezeption bis weit ins 18. Jahrhundert hinein sehr verhalten.[4] Im Gegensatz dazu zeichnet sich aber seit einiger Zeit ein größeres Interesse an dieser Philosophie ab, gleichzeitig werden systematische Verwandtschaften zu neueren Ansätzen sichtbar, die z.T. auch auf echten, wenn auch vermittelten Rezeptionsbeziehungen basieren.

Systematische Parallelen

Systematische Parallelen bestehen zu neueren monistischen Ansätzen, insbesondere zur Identitätstheorie. Ich kann diese Parallelen, die ich oben bereits erwähnt und an anderer Stelle ausführlicher dargestellt habe (vgl. Pauen 1998), hier nur kurz skizzieren. Die entscheidenden Punkte betreffen dabei neben der Identitätsthese selbst die Annahme, daß es unterschiedliche Formen des Zugangs zu dem einen psychophysischen Prozeß gibt. Spinoza erkennt ebenso wie die meisten heutigen Vertreter monistischer Auffassungen die Unverzichtbarkeit der mentalistischen Perspektive an; auf der anderen Seite schafft er aber die Basis dafür, daß die Grundlagen geistiger Prozesse auch naturwissenschaftlich untersucht werden können. Trotz der oben skizzierten Schwierigkeiten ist sich Spinoza

---

3 Vgl. Mascarenhas 1998, 98. Allison 1987, 97, sieht dagegen bei Spinoza nur einen Panvitalismus. Doch abgesehen davon, daß die Behauptung, Steine würden leben, nicht wesentlich plausibler erscheint als die, daß sie ein rudimentäres Bewußtsein haben, widerspricht Allisons Auffassung der Rede Spinozas von geistigen Zuständen, die ganz offensichtlich nicht mit der Aristotelischen Konzeption der Pflanzenseele gleichzusetzen ist. Vgl. auch Röd 2002, 212.

4 Vgl. dazu allerdings Israel 2001. Israel sucht z.B. durch einen Vergleich der Länge von Lexikoneinträgen Indizien dafür zu finden, daß das Interesse an Spinoza im 18. Jahrhundert keineswegs geringer war als z.B. das an Locke.

schließlich mit praktisch allen neueren Vertretern monistischer Auffassungen darin einig, daß sich aus diesen Voraussetzungen eine Erklärung für die Wirksamkeit mentaler Phänomene ergibt, die nicht auf die problematische These der psychophysischen Interaktion zurückgreifen muß. Geistige Phänomene sind dieser Auffassung zufolge einfach deshalb wirksam, weil sie identisch mit physischen Prozessen sind, deren Wirksamkeit allgemein als unproblematisch gilt.

Die Simplizität dieser Theorie und die Fähigkeit, der Eigenständigkeit geistiger Phänomene gerecht zu werden, ohne dazu eine Klasse prinzipiell unerklärbarer immaterieller Eigenschaften oder gar einer immateriellen Substanz postulieren zu müssen, ist zweifellos einer der zentralen Vorzüge monistischer Ansätze. Mit den modernen Varianten dieser Theorie teilt Spinozas Konzeption allerdings nicht nur diesen wichtigen Vorzug, sondern auch das prinzipielle Problem, die Identitätsbehauptung angesichts der fundamentalen Unterschiede zwischen geistigen und physischen Prozessen verständlich zu machen. Ich werde auf diese Frage unten noch einmal zurückkommen.

Schelling, Fechner und Damasio

Zuvor möchte ich jedoch auf einige wichtige Aspekte der Rezeptionsgeschichte dieser Theorie eingehen. Tatsächlich gibt es eine Linie, die von Spinoza über Schelling, Oken, Fechner und Alois Riehl bis zu einem der Begründer der Identitätstheorie des 20. Jahrhunderts, nämlich Herbert Feigl, führt. Die Bedeutung Spinozas für Schelling, der sich in einem 1795 entstandenen Brief an Hegel selbst als ‚Spinozisten' bezeichnet, ist gut dokumentiert (vgl. Zeltner 1975). Schelling seinerseits übt wesentlichen Einfluß auf Gustav Theodor Fechner aus (vgl. Heidelberger 1993, 150, sowie Kuntze 1892, 105), der mit seinem monistischen Psychophysischen Parallelismus noch bis in die Identitätstheorie der 1950er Jahre hineinwirkt. Fechners Beziehung zu Spinoza und Schelling einerseits, zu neueren Varianten der Identitätstheorie andererseits ist in neuerer Zeit vor allem von Michael Heidelberger (1993; 2002) analysiert worden. Tatsächlich besteht hier eine ganze Reihe von substantiellen systematischen Gemeinsamkeiten. Sie betreffen nicht nur die monistische Identifikation von Geist und Körper, sondern auch die damit unmittelbar verbundene Vorstellung, Leib und Seele seien zwei Aspekte ein und derselben Substanz. Gemeinsam ist Fechner und Spinoza aber auch der Panpsychismus, also die These, alles Bestehende sei beseelt. Fechner hat die Nähe zu

Spinoza ausdrücklich anerkannt; seine eigene Theorie könne „als reiner Spinozismus erscheinen" (Fechner 1922 II, 155). Weiter heißt es:

> „Spinoza's Ansicht gestattet wie die unsrige die doppelte, materialistische und spiritualistische Auffassung des Gebiets der Existenz, indem er das identisch eine Wesen (die Substanz) einmal als Körperliches (unter dem Attribut der Ausdehnung), dann wieder als Geistiges (unter dem Attribut des Denkens) fassen und verfolgen läßt, beide Auffassungsweisen aber durch die substantielle Identität des Grundwesens verknüpft. Wenn der Mensch will, so kann man diesen Vorgang nach Spinoza unter dem Attribut des Denkens, d.h. als einen psychischen betrachten, aber eben so als einen physischen oder unter dem Attribut der Ausdehnung, indem man auf die körperliche Veränderung, die voraussetzlich im Willen statt hat, reflektiert" (Fechner 1922 II, 155).

Fechner geht über Spinoza hinaus, indem er zumindest einen Ansatz zur Lösung eines der wohl dringlichsten Probleme identitätstheoretischer Ansätze präsentiert. Wenn Geist und Materie miteinander identisch sind – wie ist es dann zu erklären, daß sich unsere geistige Erfahrung so tiefgreifend von unserer Erfahrung körperlicher Prozesse unterscheidet? Wie ist es überhaupt einzusehen, daß einfache neuronale Aktivitäten identisch sein sollen mit der vielfältigen bewußten Erfahrung von Schmerzen, Farben oder Gerüchen, so wie wir sie aus der Perspektive der ersten Person kennen? Das Problem wird seit der Antike diskutiert (vgl. Lange 1908), es tritt auf bei Leibniz (vgl. ders. 1979) und bildet eines der wesentlichen Themen in Dubois-Reymonds berühmter „Ignorabimus"-Rede; bis heute stellt es einen der zentralen Einwände gegen die Identifikation von Geist und Materie dar (vgl. Pauen 1999; Pauen und Stephan 2002). Auch wenn man das Problem für lösbar hält, wird man zugeben müssen, daß die zugrundeliegende Schwierigkeit evident und eine Lösung zumindest nicht offensichtlich ist.

Spinoza befaßt sich nur am Rande mit dieser Frage. Wie bereits dargestellt, beschränkt er sich auf die Aussage, daß wir es hier mit zwei unterschiedlichen Attributen zu tun hätten, zwischen denen wir in unseren Beschreibungen wechseln können. Damit ist auch im besten Falle nicht mehr gezeigt, als daß eine Lösung des Problems nicht völlig unmöglich ist. *Wie* eine solche Lösung aussehen könnte, bleibt dabei aber noch völlig offen. Fechner dagegen ist sich des Problems in einem weit höheren Maße bewußt und er macht zumindest einen ersten Schritt auf dem Weg zu einer Lösung: Der Unterschied zwischen geistigen und physischen Phänomenen erklärt sich in seinen Augen dadurch, daß wir hier einen Wechsel zwischen der Perspektive der ersten Person und der Perspektive der dritten Person, zwischen der Innenansicht und der Außenansicht der gleichen Prozesse vollziehen:

> „Körper und Geist oder Leib und Seele oder Materielles und Ideelles oder Physisches und Psychisches, [...] sind nicht im letzten Grund und Wesen, sondern nur nach dem Standpunct der Auffassung oder Betrachtung verschieden. Was sich selbst auf innerem Standpunct als geistig, psychisch erscheint, vermag einem Gegenüberstehenden vermöge dessen dagegen äußeren Standpunct nur in anderer Form, welche eben die des leiblich materiellen Ausdrucks ist, zu erscheinen. Die Verschiedenheit der Erscheinung hängt an der Verschiedenheit des Standpuncts der Betrachtung und der darauf Stehenden" (Fechner 1922 II, 135).

Fechner selbst sieht in dieser Erklärung der Differenz von Leib und Seele durch den Wechsel zwischen der Innen- und der Außenperspektive einen der wesentlichen Unterschiede seiner eigenen Theorie von der Spinozas:

> „Wenn Spinoza in dieser Hinsicht nicht mit uns gleichen Schritt hält, liegt dies in seiner Mißkenntnis des Umstandes, worauf die Verschiedenheit des körperlichen und des geistigen Attributes (nach uns der körperlichen und geistigen Erscheinung) beruht" (Fechner 1922 II, 156).

Es muß nicht eigens darauf hingewiesen werden, daß auch Fechners Vorschlag das Problem nicht löst. Dennoch liefert der Autor mit seinem Verweis auf den Unterschied zwischen Innen- und Außenperspektive zumindest den Ansatz zu einer Erklärung: Einer der Unterschiede zwischen Innen- und Außenperspektive besteht nämlich darin, daß in der Außenperspektive Wahrnehmungsprozesse involviert sind, die in der Perspektive der ersten Person keine Rolle spielen. Der Unterschied vermag zu erklären, warum Differenzen zwischen der Innen- und der Außenperspektive auftreten müssen, er kann allerdings nicht deutlich machen, warum die Unterschiede so sind, wie wir sie erfahren.

Nur kurz erwähnen möchte ich einen zweiten Unterschied, der eng mit Fechners Idee des Standpunktwechsels zusammenhängt. Fechner glaubt nämlich, daß er die Probleme, die bei Spinoza durch den Parallelismus der psychischen und physischen Kausalketten auftauchen, umgehen kann, weil er den Wechsel zwischen der Innen- und der Außenperspektive zuläßt. Wenn eine bestimmte Überzeugung einen Wunsch auslöst, dann läßt sich dieser Zusammenhang auch als Wirkung eines mentalen auf einen physischen Zustand, nämlich den dem Wunsch entsprechenden physischen Prozeß verstehen.[5] Zieht man in Betracht, daß das Problem bei Spinoza nicht wirklich gravierend ist, dann fällt dieser Unterschied allerdings nicht sehr stark ins Gewicht.

Fechner hat mit seiner Theorie den monistischen Psychophysischen Parallelismus begründet, der die Diskussion des Leib-Seele-Problems um die vorletzte Jahrhundertwende dominierte. Vertreten wurde diese Theorie u.a. von Alois Riehl, Ernst Mach und Albert Einstein; vermittelt – offenbar durch Schlick und Riehl (vgl. Heidelberger 2002) – war auch Herbert Feigl, einer der Begründer der Identitätstheorie, mit diesem Ansatz vertraut. Zwar lehnen die meisten anderen Vertreter dieser Konzeption Fechners Panpsychismus ab, sie stimmen mit ihm jedoch sowohl in ihren monistischen Grundannahmen wie auch in der Auffassung überein, daß die Differenz zwischen geistigen und bestimmten physischen Phänomenen letztlich nur auf unterschiedliche Zugänge oder Perspektiven und nicht etwa auf einen Unterschied in der Sache zurückzuführen sei. Die Grundzüge dieser sowohl systematisch wie auch rezeptionsgeschichtlich letztlich auf Spinoza zurückführbaren Auffassung finden sich noch bei Feigl, der hier von einem „zweifachen Zugang spricht".[6]

Überraschenderweise sehen mittlerweile auch empirische Wissenschaftler Anknüpfungspunkte bei Spinoza. Das bekannteste Beispiel liefert Antonio Damasio, der nach einer kritischen Auseinandersetzung mit „Descartes' Irrtum" (Damasio 1994) Parallelen zwischen Spinozas Theorie und der modernen Neurowissenschaft hervorgehoben hat. Spinoza sei ein „Protobiologe", der Prinzipien erkannt habe, auf denen auch die

---

[5] „Der Geist hat nach Spinoza keinen Einfluß auf den Körper, noch der Körper auf den Geist; beides geht immer nur mit einander, kausal unabhängig von einander. Spinoza kennt demgemäß keine teleologische Betrachtung, welche die Ordnung der materiellen Welt von geistigen Absichten abhängig macht, verwirft sie vielmehr prinzipiell, und muß es wohl, da kein Prinzip des Überganges zwischen seinen Attributen (dem des Körperlichen und Geistigen) stattfindet, außer dem allgemeinsten durch den Substanzbegriff; dagegen bei uns die teleologische Betrachtung prinzipiell einen Spielraum weit über den gewöhnlich angenommenen hinaus findet." Fechner, 1922 II, 155f.
[6] „The ‚mental' states or events (in the sense of raw feels) are the referents (the denotata) of the phenomenal terms of the language of introspection, as well as of certain terms of the neurophysiological language. For this reason I have in previous publications called my view a ‚double-language theory'. But, as I have explained above, this way of phrasing it is possibly misleading in that it suggests a purely analytic (logical) translatability between the statements in the two languages. It may therefore be wiser to speak instead of twofold access or double knowledge", Feigl 1967, 80.

modernen Neurowissenschaften aufbauen könnten. Insbesondere die Erkenntnisse der Emotionsforschung deckten sich in vielen Fällen mit Vorschlägen, die bereits bei Spinoza zu finden seien (Damasio 2003, 12–14; 265–89).

5.4 Fazit

Festhalten läßt sich somit der paradoxe Befund, daß Spinoza aus metaphysischen Prämissen einen Vorschlag zur Lösung des Leib-Seele Problems ableitet, der dem heutigen, oft explizit antimetaphysischen Denken in vielen Punkten vergleichsweise nahe kommt. Dies darf nicht dazu veranlassen, die Zeitgebundenheit und die Probleme seiner Theorie des Geistes zu übersehen. Dennoch wird man ihr zugute halten müssen, daß sie in zentralen Punkten Einsichten vorwegnimmt, die erst viele Generationen später den Weg in die allgemeine Diskussion gefunden haben – nicht nur deshalb ist es verständlich, daß dieser Theorie in neuerer Zeit wieder größeres Interesse entgegengebracht wird. Die Auseinandersetzung mit Spinoza ist daher nicht nur aus historischen Gründen interessant, sondern erweist sich auch unter systematischen Aspekten als gewinnbringend – auch wenn man die Lösungsvorschläge Spinozas heute im einzelnen kaum mehr übernehmen kann.

Literatur

Della Rocca, Michael 1991: Causation and Spinoza's Claim of Identity. In: History of Philosophy Quarterly 8, 265–276.
Descartes, René 1953: „Les principes de la philosophie". In: Œuvres et lettres. Textes présentés par André Bridoux. Paris, 551–690.
Ellsiepen, Christof 2006: Die Erkenntnisarten. In diesem Band 133–150.
Fechner, Gustav Theodor 1922: Zend-Avesta oder über die Dinge des Himmels und des Jenseits vom Standpunkt der Naturbetrachtung. 2 Bde. Hamburg/Leipzig.
Feigl, Herbert 1967: The ‚Mental' and the ‚Physical'. The Essay and the Postscript. Minneapolis.
Heidelberger, Michael 2002: Wie das Leib-Seele Problem in den Logischen Empirismus kam. In: Pauen, M. und Stephan, A. (Hrsg.): Phänomenales Bewußtsein – Rückkehr der Identitätstheorie? Paderborn, 40–72.
Kuntze, Johannes Emil 1892: Gustav Theodor Fechner (Dr. Mises). Ein deutsches Gelehrtenleben. Leipzig.
Lange, Friedrich Albert 1908: Geschichte des Materialismus und Kritik seiner Bedeutung in der Gegenwart. 2 Bde. Leipzig.
Leibniz, Gottfried Wilhelm 1979: Monadologie. Übers. und eingel. v. Hermann Glockner. Stuttgart.

Mascarenhas, Vijay 1998: Consciousness, Representation, Thought and Extension: An Interpetation of Monistic Parallelism in the Philosophy of Baruch Spinoza. In: Studia Spinozana 14, 92–109.
Pauen, Michael 1998: Vorläufer der Identitätstheorie? Über das Verhältnis Spinozas zu neueren Varianten des Monismus. In: Studia Spinozana 14, 34–55.
– 1999: Das Rätsel des Bewußtseins: eine Erklärungsstrategie. Paderborn.
Wittgenstein, Ludwig 1984: Tractatus logico-philosophicus, Werkausgabe in 8 Bdn.; Bd. 1. Frankfurt/M.
Zeltner, Hermann 1975: Das Identitätssystem. In: Schelling. Hrsg. v. H. M. Baumgartner. Freiburg/München, 75–94.

Ursula Renz

6. Die Definition des menschlichen Geistes und die numerische Differenz von Subjekten (2p11–2p13s)

Wer sich ausgehend von Spinozas *Ethica* Gedanken über seine eigenen Erfahrungen macht, stößt irgendwann auf ein fundamentales Problem: Wie kommt es, daß ich mir bestimmte Erfahrungen zuschreiben und sie gleichzeitig einem anderen absprechen kann? Stellen wir uns vor, ich treffe auf einen alten Schulfreund, den ich seit Jahren nicht mehr gesehen habe. Wir tauschen Neuigkeiten aus, und er erzählt mir euphorisch von der Bergtour, die er am Wochenende unternommen hat. Ich kenne diese Tour sehr gut, da ich sie vor einigen Jahren selbst gemacht habe. Mein Ausflug auf den Berg endete aber tragisch, weil der Freund, der mich dabei begleitete, auf dem Abstieg schwer verunfallte und später an den Folgen starb. Die Erzählung des Schulfreundes, so können wir uns leicht vorstellen, wird auf mich eine Wirkung haben, die der Freund selbst, der meine Erlebnisse nicht kennt, kaum nachvollziehen kann. Da es nicht der Ort ist, ihm darüber zu berichten, werde ich versuchen, ihm nicht zu zeigen, was sein Bericht in mir auslöst, und ich werde mir innerlich sagen, daß seine Erinnerung an den Ausblick, den man von jenem Gipfel aus genießt, eine andere ist als die meinige.

Ein solches Verhalten setzt neben anderen Bedingungen, die hier nicht diskutiert werden können, voraus, daß ich und der Erzähler zwei verschiedene Subjekte sind. Wenn mein Freund mir von der Tour berichtet, wird mir seine Erzählung nicht eo ipso zur eigenen Erfahrung, sondern sein Bericht schreibt sich vielmehr in meine eigene Lebensgeschichte ein und evoziert im Zusammenhang mit dieser eigene Assoziationen. Daß ich eine qualitativ abweichende Erfahrung mit dem Namen dieses Berges verbinde als mein Freund, ist u.a. davon abhängig, daß zwischen uns eine numerische Differenz besteht und daß ich mir dieser Differenz bewußt bin.

Als Leser der *Ethica* wird man sich fragen, wie im Rahmen des hier entwickelten Ansatzes die numerische Differenz zwischen verschiedenen Subjekten theoretisch eingeholt wird. Die Antwort liegt keineswegs auf der Hand. Dabei ist weniger ausschlaggebend, daß Spinoza den modernen Begriff des Subjekts im Sinne eines sich selbst bewußten Wesens noch nicht zur Verfügung steht. Zwar hat der Ausdruck „subjectum" in der *Ethica* tatsächlich nicht die heutige bewußtseinstheoretisch angereicherte Bedeutung, sondern er wird im traditionellen, d.h. logisch-ontologischen Sinne als res singularis verwendet, der wir, als einem grammatischen Subjekt, bestimmte Eigenschaften zuschreiben. Dennoch läßt sich das Problem, wie gerade der Blick auf die numerische Differenz von Subjekten deutlich macht, nicht so leicht wie die Terminologien historisieren. Was es bedeutet, wenn wir uns andere Gedanken zuschreiben als unseren Nachbarn, mußten Philosophen schon früher erklären können.

Entscheidender für die Schwierigkeiten, der numerischen Differenz von Subjekten ausgehend von der *Ethica* Rechnung zu tragen, ist, daß Spinoza – anders als Descartes, anders aber auch als Aristoteles oder Thomas von Aquin – an der Stelle nicht auf den Substanzbegriff zurückgreifen kann. Da es ihm zufolge nur eine einzige Substanz gibt (vgl. dazu Della Rocca in diesem Band), kann die Differenz verschiedener Subjekte nicht als Verschiedenheit von Substanzen gefaßt werden. Umgekehrt kann der Spinozanische Begriff des Modus auf zu viele Dinge angewendet werden, als daß er ohne zusätzliche Bestimmungen das Besondere dieser Differenz erklären könnte. Er mag dazu taugen, auf einer allgemein metaphysischen Ebene über die begrifflichen Grundlagen der numerischen Unterscheidung von Einzeldingen nachzudenken (vgl. dazu Hartbecke 2006), doch um zu erklären, weshalb wir uns als menschliche Subjekte unterscheiden, taugt er nicht. Auch zwei Regentropfen sind in Spinozas Terminologie zwei unterschiedliche Modi, doch sie werden in dem Moment einer werden, in dem sie miteinander in Kontakt kommen.

Nicht von ungefähr ist Spinoza genau dieser Punkt – daß er das konkrete individuelle Subjekt zum Verschwinden bringe – im Zuge der Rezeptionsgeschichte immer vorgeworfen worden.[1] An diesem Punkt kommt er mit seiner ontologischen Begrifflichkeit allein nicht weiter, und so gesehen weist der genannte Vorwurf auf einen kritischen Punkt von Spinozas

---

1 Der Vorwurf hat vor allem durch Pierre Bayles Lexikonartikel (vgl. derselbe 1983/1698, 67) und später wieder durch Hegel (Werke 5, 178f., sowie Werke 20, 189f.) Konjunktur erhalten. Er taucht schon kurz nach dem postumen Erscheinen der *Ethica* auf, etwa bei Nicolas Malebranche (1992/1688, 826). Es kann gut sein, daß er Spinoza schon zu Lebzeiten von seinen Diskussionspartnern entgegengehalten wurde.

Ansatz hin. Dennoch scheint mir der Vorwurf als solcher nicht gerechtfertigt. Die *Ethica* skizziert nämlich mindestens auf zwei Ebenen Ansätze einer Erklärung. Zum einen entwirft sie im physikalischen Exkurs einen Begriff von Individualität, der physikalische Individuen nach Konstitutionstypen und nach Graden der Integration unterscheiden kann. Im Unterschied zu Regentropfen, deren Individualität erstens sehr situationsabhängig und zweitens aufgrund des niedrigen Kohäsionsgrades sehr gering ist, ist die Individualität von Organismen durch die Organisation des Körpers geregelt, so daß sie über den Moment hinaus stabil bleiben kann. Diese zunächst nur physikalisch begründete Individualität wird später im Begriff des conatus auch metaphysisch eingeholt und zur Erklärung von individuellen Gemütslagen eingesetzt.

Zum anderen bestimmt sie, wie im Anschluß noch im einzelnen zu zeigen sein wird, den Begriff des menschlichen Geistes von Anfang so, daß damit eigentlich nicht nur auf die Frage „Was ist der menschliche Geist?", sondern auch auf die Frage „Wodurch unterscheide ich mich, insofern ich Geist bin, von anderen Geistern?" geantwortet wird. Diese Bestimmung erfolgt bereits *vor* der Einführung der physikalischen Individualitätskonzeption. Das ist deshalb von Bedeutung, weil diese Reihenfolge impliziert, daß die Frage nach der numerischen Differenz von Subjekten als ein von der Individuation von Körpern verschiedenes theoretisches Problem anzusehen ist, das unabhängig von physikalischen Sachverhalten geklärt werden kann. Trotz der ontologischen Einheit von Körper und Geist fällt also der Nachweis einer numerischen Differenz von Subjekten nicht mit der Erklärung physikalischer Individualität zusammen.

In der Folge werde ich mich nur auf den zweiten Punkt beziehen, der direkt mit dem Begriff des menschlichen Geistes zu tun hat. Im Zentrum der Erläuterungen steht dabei die Lehrsatzgruppe 2p11 bis 2p13, welche im Wesentlichen der Herleitung des Begriffs des menschlichen Geistes dient. Wie noch am Detail erörtert wird, sucht Spinoza im Zuge dieser Herleitung Schritt für Schritt jene Folgelast des Substanzmonismus zu beseitigen, welche dem Spinozismus später immer wieder vorgeworfen wurde. Es geht also in dieser Passage maßgeblich darum, plausibel zu machen, weshalb wir *trotz* des Substanzmonismus von der numerischen Differenz von Subjekten ausgehen können.

Zum Schluß dieser Einleitung ist noch eine terminologische Bemerkung zu machen. Wie bereits gesagt, verwendet Spinoza den Begriff des Subjekts nicht im modernen, bewußtseinstheoretisch angereicherten Sinne. Statt dessen ist von der „mens humana", von der „mens" als „individuum" oder auch von „nos" die Rede. Der Sache nach beziehen sich all diese Ausdrücke auf uns Menschen, insofern wir uns je als singuläre geistige Wesen verstehen können. Wenn ich in der Folge von Subjekten spreche, so ist das stets eine Verkürzung dieser relativ komplexen Redeweise.

6.1 2p11: Der menschliche Geist als Idee

Spinoza beginnt seine Erörterung des Begriffs der mens humana damit, daß er eine vorläufige Bestimmung ihres ontologischen Status vornimmt: Was den menschlichen Geist ausmacht, ist nach 2p11 „nichts anderes als die Idee eines wirklich existierenden Einzeldings". Diese Bestimmung schließt unmittelbar an den vorangegangenen Lehrsatz und dessen Folgesatz an, die im Blick auf den Menschen als Ganzen festgehalten hatten, daß substantielles Sein dem Menschen nicht zukomme (2p10) und daß sein Wesen daher vielmehr aus Modifikationen oder Modi der Attribute der einen Substanz konstituiert werde (2p11c). Der menschliche Geist gehört also rein ontologisch betrachtet zu den abhängigen Dingen, deren Existenz und Wesen kausalen Einwirkungen von außen unterliegt.

Neben dieser kategorialen Einordnung des menschlichen Geistes ins Gefüge der Spinozanischen Ontologie kommt mit dem Begriff der Idee aber noch ein anderes Element ins Spiel: Der menschliche Geist ist bereits in dem, was er ist, durch Intentionalität charakterisiert. D.h. er besteht im Grunde genommen in einem Denken an etwas, in einem Wissen von etwas oder in einem geistigen Bezogen-Sein auf etwas. Das ist sowohl von unseren heutigen Intuitionen her als auch vor dem historischen Hintergrund eher ungewöhnlich: Wir denken zwar in der Regel, daß der Geist in dem, was er *tut*, d.h. in seinem Vorstellen, Wissen und Fühlen, auf Dinge bezogen ist, nicht aber in dem, was er *ist*. Wir unterscheiden also implizit zwischen der Instanz, die Wissen hat, und dem Wissen, das diese hat. Eine solche Unterscheidung wurde auch von den meisten Zeitgenossen Spinozas gemacht, und sie wurde, wie aus den damals schon veröffentlichten Einwänden gegen die Cartesischen *Meditationes* hervorgeht, in der Diskussion auch von verschiedenen Philosophen eingesetzt. So ist etwa bemerkenswert, daß sowohl Hobbes' Einwand gegen den Cartesischen Substanzendualismus als auch Descartes' Zurückweisung desselben auf diese Differenz rekurrieren. Es besteht, darin sind sich die beiden Kontrahenten einig, ein Unterschied zwischen den Tätigkeiten (actiones) und Fähigkeiten (facultates) einerseits und der

Sache (res) andererseits, die diese ausübt oder hat und dem sie, als ihrem Subjekt (subjectum), inhärieren.²

Mit 2p11 weist Spinoza diese Differenz auf einer prinzipiellen Ebene zurück. Der menschliche Geist ist nicht kategorisch von den Gedanken oder eben Ideen zu trennen, die er in sich vorfindet. Er ist nicht Prinzip oder unsichtbarer Träger des Wissens, sondern er ist selbst schon Wissen. Damit verpflichtet sich die *Ethica* auf einen kognitivistischen Ansatz: Was unser Geist tut oder fühlt, hängt davon ab, was für Ideen er hat. Diesen kognitivistischen Ansatz wird Spinoza im Verlaufe des zweiten und v.a. des dritten Buchs noch zu verfeinern versuchen, so daß er nicht nur den Erfordernissen der Spinozanischen Ontologie entspricht, sondern auch mit den Intuitionen seiner Leser kompatibel ist.³

Auf einige dieser Intuitionen geht Spinoza bereits im Beweis von 2p11 ein. Es ist auffällig, daß dieser Beweis sich wie keine andere Textstelle der *Ethica* auf die Axiome des zweiten Buches stützt. Nun bringen diese Axiome – anders als jene des ersten Buches, welche im Wesentlichen in der Explikation von *begrifflichen* Relationen zwischen verschiedenen Grundbegriffen bestehen – *historische* Einsichten (2ax1) resp. *phänomenologische* Tatsachen (2ax2–2ax5) auf einen philosophischen Nenner. Sie setzen in der einen oder anderen Art immer schon einen gewissen Erfahrungsbezug voraus (vgl. dazu auch Gueroult 1974, 31, sowie Bartuschat 1992, 65f.). Spinoza will sich offenbar trotz der prima facie kontraintuitiven Wendung, die er mit 2p11 seiner Theorie des Geistes gibt, nicht einfach von unserem Vorwissen abschneiden, sondern es lediglich auf neue Weise beschreiben. Dabei gibt es Aspekte, die sich korrigieren lassen, andere hingegen dürften sich als reformresistent erweisen.

Konkret sind in 2p11dem v.a. zwei unserer alltäglichen Intuitionen von Belang. Wichtig ist erstens, daß Spinoza attestiert, daß die Idee, die der Geist ist, der Natur nach früher ist als die modi cogitandi, die er hat. Damit wird die Provokation, die von der Gleichsetzung des Geistes mit einer Idee ausgeht, gemildert. Daß zwischen dem Geist und seinen Ideen

---

2 Vgl. dazu AT VII, 172–176. Der Unterschied zwischen Descartes' und Hobbes' Umgang mit dieser Differenz besteht darin, daß nach Hobbes der Geist der Ebene der Eigenschaften zugehört und nur der Körper als subjectum zu fassen ist, Descartes' hingegen sowohl den Körper als auch den Geist der Ebene der subjecta zuordnet. Daß Spinoza die verschiedenen Einwände gegen Descartes' *Meditationen* wie auch dessen Antworten genau kannte und an vielen Stellen seines Werkes bedacht hat, zeigt Rousset 1996.

3 Wenn in der Folge von Intuitionen die Rede ist, so nicht im Sinne von Spinozas Begriff der scientia intuitiva, sondern im heute üblichen Sinne von „implizitem Wissen", das bestimmten Handlungs- oder Redeweisen zugrunde liegt und meist für gegeben gehalten wird.

keine kategoriale Differenz mehr besteht, heißt für Spinoza offensichtlich nicht, daß es hier im konkreten Falle keine Unterschiede gibt. Im Gegenteil, er nimmt durchaus an, daß das Wissen, das seinem Ansatz zufolge den menschlichen Geist ausmacht, dem Wissen, von dem wir sagen, wir „haben" es, vorausgeht und insofern fundamentaler ist.

Ein weiteres, relativ reformresistentes Moment wird zweitens im nachfolgenden Satz ebenfalls unter Rekurs auf 2ax3 angedeutet: Spinoza nimmt an, daß modi cogitandi oder Ideen „in" einem bestimmten Individuum sind. Zum Verständnis dieser Behauptung ist nun entscheidend, daß der Akzent richtig gesetzt wird. Spinoza nimmt hier keine Qualifizierung unserer Ideen als etwas „Innerliches" vor, sondern er macht lediglich geltend, daß Ideen grundsätzlich von bestimmten Individuen gehabt werden. Ideen sind nicht einfach in der Welt, sondern sie finden sich stets im Denken ganz bestimmter historischer Subjekte.

Damit macht Spinoza dieselbe Voraussetzung, auf die zu Beginn hingewiesen wurde: daß sich menschliche Geister oder Subjekte numerisch unterscheiden lassen müssen. Zu beachten ist hier allerdings, daß 2p11 die numerische Differenz von Subjekten nur *voraussetzt*, nicht aber *zeigt*, *worin* diese genau besteht. Letzteres wird mit 2p13 eingelöst werden, 2p11 ist hingegen erst mit der vorläufigen Rechtfertigung des Ansatzes befaßt.

6.2 2p11c: Unsere Ideen im Verstande Gottes

Es wurde deutlich, daß Ideen nicht nur darin bestehen, auf bestimmte Gegenstände oder Sachverhalte bezogen zu sein und diese zu repräsentieren, sondern Ideen müssen auch von jemandem „gehabt" werden. Ideen können stets einem bestimmten Subjekt zugeordnet werden. Vor diesem Hintergrund stellt sich die Frage, wer denn eigentlich das Subjekt ist, das diejenige Idee hat, die nach 2p11 den menschlichen Geist ausmacht. Auch diese Idee muß ja von jemandem gehabt werden. Es gibt grundsätzlich zwei mögliche Antworten darauf: Entweder das Subjekt ist Gott resp. der infinite Verstand oder es ist der Mensch selbst. Während jene wenigen Kommentare, die dazu überhaupt explizit Stellung nehmen, davon ausgehen, daß es sich beim Subjekt dieser Idee um Gott resp. den infiniten Verstand handeln muß,[4] halte ich das aus zwei Gründen für eher unwahrscheinlich.

---

4 Am explizitesten vertritt diese Annahme Wilson 1999, 128, in ihrer Kritik an den Vergleichen von Spinozas Begriff des menschlichen Geistes mit den Konzepten der Philoso-

Erstens hält 2def3 explizit fest, daß Ideen Begriffe sind, die der Geist formt und nicht etwa der Verstand, *intellectus*. Nun wird jedoch der Ausdruck „mens", wie weiter unten noch im Detail ausgeführt wird (vgl. Absatz 5), bei Spinoza meist für den Menschen oder in Analogie zu ihm verwendet. Man muß daher annehmen, daß das auch in der besagten Definition der Fall ist und daß das Ideen-Formen demzufolge *per definitionem* vom menschlichen Geist oder dem Geist eines dem Menschen ähnlichen Wesen ausgeht.

Zweitens ist es eines der wichtigsten Anliegen der *Ethica*, jeglichem Anthropomorphismus im Blick auf Gott den konzeptuellen Boden zu entziehen. Um dies zu leisten, sucht Spinoza zum einen die Annahme von Zweckursachen als ein natürliches Vorurteil menschlichen Denkens zu entlarven (1app., 79f., vgl. auch Wolf in diesem Band). Zum andern hält er der Versuchung zu teleologischem Denken eine Metaphysik-Konzeption entgegen, die die Annahme eines personalen Gottes fragwürdig macht. Diese Metaphysik-Konzeption basiert auf einer Engführung der rationalen Theologie mit einer allgemeinen Ontologie (vgl. dazu Schnepf 1996, 103, sowie derselbe 1999, 140f.), so daß scheinbar theologische Probleme als ontologische reformuliert werden. Auch wenn an vielen Stellen von Gott die Rede ist, beantwortet Spinoza damit eigentlich Fragen, die das Seiende als Seiendes betreffen, und nicht Fragen nach den Eigenschaften Gottes. Man darf daher Spinozas Thesen über Gott oder die göttliche Substanz nicht als theologische, sondern muß sie als ontologische Aussagen lesen.

Es würde nun sowohl dem Gebrauch des Terminus „mens" als auch der grundlegenden anti-anthropomorphistischen Stoßrichtung der *Ethica* zuwiderlaufen, wenn Gott in Spinozas Theorie des menschlichen Geistes so in Erscheinung träte, wie sich der Durchschnitts-Cartesianer vom 17. bis zum 20. Jahrhundert den *menschlichen* Geist vorstellt: als ein Subjekt, das Ideen produziert, unter denen sich auch diejenigen finden, die menschliche oder andere Geister darstellen. Man muß daher annehmen, daß es bei der Idee, welche den menschlichen Geist konstituiert, letztlich um eine Idee geht, *die der Mensch selbst hat, insofern er ein denkendes Wesen ist*.

Damit stellen sich zwei Probleme: Zum einen kann man sich fragen, wie es zu erklären ist, daß der menschliche Geist zugleich eine Idee *ist* und Ideen *produziert*. Dieses Problem wird entschärft, wenn man sich verge-

---

phy of Mind. Andere (z.B. Gueroult 1972, 126) setzen sie voraus und wieder andere weichen einfach in andere Ausdrucksweisen aus, ohne die Voraussetzungen dazu zu explizieren (z.B. Bartuschat 1992, 82f., oder Bennett 1984, 177).

genwärtigt, daß 2def3 wahrscheinlich eine implizite Stellungnahme zur bereits erwähnten Auseinandersetzung zwischen Descartes und Hobbes darstellt. Obwohl der menschliche Geist keinen substantiellen Status genießt, hält Spinoza offenbar den Hobbesschen Ansatz, wonach Ideen als Tätigkeiten oder Eigenschaften eines *körperlichen* subjectums zu begreifen sind, für verfehlt. Gegen diese Reduktion gewendet behauptet 2def3, daß Ideen geistige Entitäten sind, die aus unserer Existenz als res cogitans hervorgehen. Die Definition macht die nicht-körperliche Natur unserer Ideen geltend und ist nicht als Aussage über eine psychologische Ausstattung zu verstehen.

Mit der Annahme, daß der Mensch selber Subjekt jener Idee ist, die seinen Geist ausmacht, steht man zum anderen aber auch vor einem Interpretationsproblem. Wie ist vor diesem Hintergrund 2p11c zu verstehen? Weist nicht dieses Corollarium, in dem aus der Bestimmung des menschlichen Geistes als Idee gefolgert wird, „daß der menschliche Geist ein Teil des unendlichen Verstandes" sei (121), darauf hin, daß es doch der göttliche Verstand ist, der quasi hinter unserem Rücken die Fäden zieht?

Keineswegs. Denn grundsätzlich ist zu berücksichtigen, daß Spinoza mit 2p11c keine Kausalbeziehung zwischen dem infiniten Intellekt und dem menschlichen Geist, sondern eine semantische Äquivalenz zwischen zwei Arten von Aussagen behauptet. Das kommt im zweifachen „dicimus" deutlich zum Ausdruck: *„Wenn wir daher sagen,* der menschliche Geist nimmt dies oder jenes wahr, *so sagen wir nichts anderes,* als daß Gott, nicht insofern er unendlich ist, sondern insofern er durch die Natur des menschlichen Geistes erklärt wird, d.h. insofern er die Essenz des menschlichen Geistes ausmacht, diese oder jene Idee hat" (121–23, Hervorhebungen U. R.). Spinoza zeigt hier, wie man bestimmte alltägliche Redewendungen in die Sprache seiner allgemeinen Ontologie übersetzen muß. Ferner muß man beachten, daß 2p11c nicht die Äquivalenz zwischen „Gott hat eine bestimmte Idee x" und „Der menschliche Geist besteht in einer bestimmten Idee x" behauptet, sondern zwischen „Gott hat, insofern er die Essenz des menschlichen Geistes ausmacht, die Idee von y oder z" und „Der menschliche Geist nimmt y oder z wahr". 2p11c handelt nicht mehr von der Idee, die den menschlichen Geist ausmacht, sondern von den Ideen, die der Geist *hat*.

Wird 2p11c so gelesen, so kann nicht behauptet werden, daß Spinoza die menschlichen Subjekte in irgendeiner Weise zugunsten eines göttlichen Subjekts *eliminiert* oder gewissermaßen ihr Subjekt-Sein an Gott *delegiert*, derart, daß quasi Gott an unserer Stelle tut, wovon wir gängigerweise meinen, wir tun es. Der Schritt, den Spinoza mit 2p11c unternimmt, bewegt sich eher auf einer metatheoretischen Ebene, werden doch bestimmte Aussagen über den menschlichen Geist mit Aussagen über bestimmte Relationen im infiniten Verstand *identifiziert*. Die Konsequenzen dieses Schritts sind allerdings nicht weniger radikal: Spinoza behauptet nämlich im Grunde genommen nichts anderes, als daß sich die Bedeutung der Ideen, die wir haben, einem semantischen Holismus verdankt. Was wir denken, wahrnehmen oder fühlen, ist – inklusive der Idee, die wir von uns selbst haben – maßgeblich durch den systematischen Erkenntniszusammenhang bestimmt, in dem die Ideen organisiert sind, die diese jeweiligen mentalen Zustände ausmachen.

6.3 2p12: Ideen in der Idee, die unseren Geist ausmacht

Die Rekonstruktion von 2p11 und 2p11c hat gezeigt, daß unser Geist in einer Idee besteht und daß diese Idee, wie alle Ideen, die wir haben, in ihrem Gehalt durch den Erkenntniszusammenhang bestimmt ist, in dem sie organisiert ist. Dabei ist eine Frage offen geblieben: Wie kann begriffen werden, daß unser Geist selbst Ideen *hat*? Klar ist, daß es sich dabei um ein Verhältnis zwischen Ideen handeln muß, so daß eine Idee quasi „in" einer anderen ist. Nun ist aber von solchen Verhältnissen zwischen Ideen in der *Ethica* allenthalben die Rede. So spricht Spinoza, ein Cartesisches Beispiel aufgreifend, öfters davon, daß die Idee der Winkelsumme von 180° in der Idee des Dreiecks *involviert* sei. Die Frage ist, unter welchen Bedingungen ein solches Verhältnis zwischen Ideen auch bedeutet, daß eine Idee eine andere *hat*.

Spinoza gibt auf diese Frage in 2p12 eine erste Antwort. Der Lehrsatz lautet, daß es von allem, „[w]as auch immer in dem Objekt der Idee, die den menschlichen Geist ausmacht, sich ereignet […] im Geist notwendigerweise eine Idee geben muß" (123). Auffällig ist dabei zunächst die Form. Die Proposition bezieht sich nicht nur auf *alles*, quicquid, was im objectum mentis geschieht, sondern sie behauptet auch, daß der Geist davon *notwendig*, necessario, eine Idee haben *muß*, debet, bzw. daß es in ihm eine Idee davon geben *wird*, dabitur. Der Lehrsatz macht also keine empirische Feststellung über unsere faktische Wahrnehmung körperinterner Vorkommnisse, sondern er behauptet kategorisch in Form eines All-Satzes einen notwendigen Zusammenhang zwischen der Idee, die unser Geist ist, und einer bestimmten Gruppe von Ideen, die in ihm sind.

Um was für Ideen es sich handelt, vergegenwärtigt Spinoza im zweiten Satz von 2p12. Hier wird erstmals, wenn auch in hypothetischer Form, der Körper als Objekt des Geistes angenommen: „Das heißt, wenn das Objekt der Idee, die den menschlichen Geist ausmacht, ein Körper ist, dann wird in diesem Körper sich nichts ereignen können, was von dem Geist nicht wahrgenommen wird" (123). Es geht in 2p12 offenbar um das Phänomen psychosomatischer Wahrnehmungen: Wir haben bekanntlich oft in der einen oder andern Form Kenntnis davon, was in unserem Körper geschieht.

Diese Annahme hat die Spinoza-Forschung immer wieder vor Rätsel geführt. An sich ist uns das Phänomen psychosomatischer Wahrnehmung vertraut. Wer kennt nicht den Zustand langsam wachsender Übelkeit, der plötzlich unsere Gedanken beherrscht. Offensichtlich haben wir eine Wahrnehmung davon, wie gut oder schlecht unser Magen eine Speise (oder eine schlimme Nachricht) verdaut. Verblüffend ist allerdings, daß 2p12, gerade wenn man den Lehrsatz auf die Frage des psychosomatischen Zusammenhangs bezieht, auch ganz absurde Konsequenzen haben kann. Ist es wirklich sinnvoll zu glauben, wir hätten von *schlechthin jedem* Vorgang, der in unserem Körper vor sich geht, eine Wahrnehmung? Selbst wenn man annimmt, daß es sich hier um eine unbewußte oder konfuse Wahrnehmung handelt, ist das ziemlich kontraintuitiv, was Spinoza auch von all jenen Interpreten, die 2p12 in erster Linie vom zweiten Satz aus gelesen haben, vorgeworfen worden ist (vgl. dazu v.a. Bennett 1984, 14 und 155; Della Rocca 1996, 9 und 24; Wilson 1999, 137f.).

Das Problem läßt sich ausräumen, wenn man zwischen der eigentlichen These und ihrer Veranschaulichung unterscheidet. Man kann vermuten, daß der zweite Satz von 2p12 am Fall des Körpers in erster Linie der *Illustration* dient. Es geht darum, dem Leser zu zeigen, von welchen Vorgängen hier eigentlich die Rede ist. Die These selbst, die in dieser Proposition in so kategorischer Form vertreten wird, bezieht sich dagegen nicht auf *körper*-, sondern auf *objekt*interne Ereignisse. Spinoza behauptet nicht, daß wir sämtliche physiologischen Vorgänge, die im menschlichen Körper stattfinden, wahrnehmen, sondern daß wir von Ereignissen, genau insofern sie im Objekt unseres Geistes stattfinden, eine Wahrnehmung haben müssen (vgl. dazu auch Renz 2007).

Der psychosomatische Zusammenhang wird damit nicht geleugnet, doch es wird präzisiert, in welchem Skopus er sich tatsächlich bemerkbar macht. Zum Objekt unseres Geistes kann unser Magen gehören, nicht aber jede einzelne Zelle unserer Magenwand. Konsequenterweise nehmen wir auch nicht wahr, wenn eine einzelne Zelle abstirbt, wohl aber, wenn uns eine Mahlzeit aufstößt. Wie weit wir physiologische Vorgänge tatsächlich wahrnehmen werden, ist dadurch bestimmt, in welcher Weise, in welcher Ausdehnung und in welcher phänomenalen Dichte der Körper tatsächlich Objekt unseres Geistes ist. Ob wir ein einzelnes Ereignis wahrnehmen oder nicht, hängt davon ab, in welcher Relation es *zu unserem Geist* und nicht zu unserem Körper steht (vgl. auch Parkinson 1954, 111).

Daß 2p12 eher in der soeben skizzierten Weise zu lesen ist, geht auch daraus hervor, wie Spinoza in 2p12dem dafür argumentiert. Er stützt sich in diesem Beweis auf drei frühere Lehrstücke, nämlich auf 2p11 und 2p11c, welche oben bereits eingehender besprochen wurden, sowie auf 2p9c. Es ist vor allem dieses letztere Corollarium, was für 2p12dem entscheidend ist. Spinoza behauptete dort, daß es von einem Ereignis, welches in einem einzelnen Ding passiert, nur insofern eine Idee in Gott gebe, als er die Idee dieses Dinges habe, und nicht absolut betrachtet. Das heißt konkret, daß das Ereignis genau *für dasjenige Ding* erkennbar sein muß, in dem es stattfindet, und nicht unbedingt für jedermann. In 2p9c wird also die in 2p3 angenommene universale Erkennbarkeit alles Seienden in Gott *regionalisiert*. Das Corollarium formuliert eine Regel darüber, in welchem Skopus Ereignisse erkennbar sind: Der Skopus der Erkennbarkeit von Ereignissen reicht genau soweit, wie das Ereignis Auswirkungen hat.

2p12 wendet diese Regel auf jene Idee an, die nach 2p11 den menschlichen Geist ausmacht. Auch der menschliche Geist hat von den Ereignissen in seinem Objekt genau soweit Kenntnis, als sie auf das Individuum, um dessen Geist es geht, Auswirkungen haben, und genau soweit sind sie für ihn überhaupt relevant. Damit dürfte auch zusammenhängen, ob das Sein einer Idee in einer anderen Idee einer Wahrnehmung korrespondiert: Das Haben von Idee „A" durch Idee „B" ist offensichtlich damit korreliert, daß sich das in einer Idee repräsentierte Ereignis A auf das Ding B in einer für B relevanten Weise auswirkt. Die Wahrnehmung von Ereignissen hängt mit der Relevanz derselben für das wahrnehmende Ding zusammen. Nicht alle Geschehnisse sind für alle involvierten Dinge gleichermaßen relevant. Für meinen Schulkameraden, der mir euphorisch von seiner Bergtour erzählt, ist das Geschehnis des Absturzes meines früheren Freundes nicht in der Weise relevant wie für mich, die ich durch die bloße Nennung des Bergs daran erinnert werde. Es wird den Schulkameraden nur insoweit tangieren, als sich meine gedrückte Stimmung auf ihn überträgt.

Wenn allerdings, und das ist die eigentliche Pointe von 2p12, ein Geschehnis für ein Ding relevant ist, dann ist dessen Wahrnehmung notwendig, und nicht etwa optional. Wir können uns die Bedeutung eines Ereignisses ausreden, aber wir können darüber nicht frei verfügen. Daß wir Ideen haben, bedeutet somit nichts anderes, als daß Ereignisse vorfallen, die uns in dem Ausmaße angehen, daß wir nicht anders können, als sie wahrzunehmen. Der Rückgriff auf eine Fähigkeit, beliebige Ideen spontan zu produzieren, ist damit ausgeschlossen.

6.4 2p13: Der Körper als Objekt des menschlichen Geistes

Die Ausführungen zu 2p11 und 2p11c haben gezeigt, daß der menschliche Geist eine Idee resp. eine Art Wissen von einem bestimmten Gegenstand ist. Diese Bestimmung birgt eine Gefahr in sich: Wissen ist, mindestens unter bestimmten Umständen, übertragbar. Wissen kann ich anderen Menschen kommunizieren, und dann haben sie dieses Wissen auch. Wer aber eine solche Übertragbarkeit von seinem Geist behaupten wollte, nähme allerdings fragwürdige Konsequenzen in Kauf. Er müßte nämlich annehmen, daß es prinzipiell möglich wäre, das Wissen, das seinen Geist ausmacht, allen Menschen zu diktieren, so daß die ganze Menschheit nur noch über einen numerisch einzigen – nämlich seinen – Geist verfügte. Das mag in der Phantasie eines absolutistischen Monarchen eine verlockende Vorstellung sein, gleichzeitig widerspricht es jedoch der bereits erwähnten Intuition einer numerischen Differenz von Subjekten. Wenn daher Spinoza, wie es in 2p11 in Aussicht gestellt wurde, an dieser Intuition festhalten will, so muß er zeigen, daß demjenigen Wissen, das meinen Geist ausmacht, ein Moment innewohnt, das ich nicht in gleicher Weise kommunizieren kann wie beispielsweise das Wissen, daß Spinoza am 21. Februar 1677 in Den Haag gestorben ist.

Es ist nun genau dieses Problem, auf das Spinoza in 2p13 reagiert, wenn er behauptet, daß „das Objekt der Idee, die den menschlichen Geist ausmacht, [...] der Körper" sei. Damit begreife ich diesen zentralen Lehrsatz, anders als so ziemlich alle Kommentatoren, nicht einfach als Antwort auf die Frage, wie das ontologische Verhältnis von Geist und Körper zu denken ist – diese Frage ist auf einer allgemeinen Ebene mit 2p7s beantwortet –, sondern als These über die epistemische Grundlage der Selbstzuschreibung von Affektionen. Um ein epistemisches Problem handelt es sich dabei insofern, als der Lehrsatz zeigt, weshalb wir uns als numerisch verschiedene Subjekte *wahrnehmen*, und nicht schon, was erst im Anschluß an die Physik verhandelt wird, inwiefern wir auch tatsächlich verschiedene, voneinander auch körperlich getrennte Individuen *sind*.

Diese Interpretation soll in der Folge etwas genauer vorgestellt werden. 2p13 scheint, rein von der Formulierung her gesehen, in mehreren Punkten vage. So fragt sich, auf was für einen Körper 2p13 überhaupt Bezug nimmt. Da das Lateinische keine Artikel kennt und in 2p13 weder mit einem Personalpronomen noch durch irgendeinen attributiven Zusatz verdeutlicht wird, von was für einem Körper die Rede ist, scheint der Text hier offen zu lassen, ob es sich um *einen bestimmten partikulären* Körper handelt, der gerade Gegenstand meiner Ideen ist, wie etwa der Tisch vor mir, auf dem ich schreibe, oder ob *der* Körper im Sinne unseres eigenen Körpers gemeint ist. Dieses Problem läßt sich jedoch trotz oft entstehender Mißverständnisse eindeutig klären. Zum einen ist in 2ax4, auf welches Axiom 2p13dem verweist, von einem gewissen, quoddam, Körper die Rede. Zum andern geht aus späteren Verweisen (beispielsweise in 2p19dem) hervor, daß 2p13 vom *menschlichen* Körper handelt. Gemeint ist nicht irgendein beliebiger Körper, der gerade Gegenstand unserer Ideen ist, sondern der dem menschlichen Geist korrespondierende Körper (vgl. dazu auch Hallett 1972). Weshalb dieser Körper in 2p13 selbst nicht eindeutig benannt wird, wird noch zu erörtern sein.

Zuvor ist allerdings ein weiteres Problem zu diskutieren: Wenn es in 2p13 tatsächlich um den *menschlichen* Körper geht, was an ihm ist dann dafür verantwortlich, daß gerade *er* als objectum mentis in Frage kommt? Hat Spinoza hier bestimmte physiologische Merkmale des menschlichen Körpers vor Augen, etwa die Tatsache, daß der menschliche Körper über ein zentrales Nervensystem verfügt (vgl. z.B. Odegard 1975, 77)?

In der Tat wird im Anschluß an den physikalischen Exkurs, der zwischen 2p13 und 2p14 eingeschoben wird, die These vertreten, daß die *aptitudo* unseres Geistes, vieles zugleich wahrzunehmen, mit der physiologischen Konstitution des menschlichen Körpers zusammenhängt (2p14). Zu dieser Konstitution gehört, daß der menschliche Körper aus flüssigen, weichen und harten Teilen zusammengesetzt ist (2p13 post 2). Das ermöglicht, daß Affektionen, die der menschliche Körper an seinen flüssigen Teilen von äußeren Körpern erleidet, sich den weichen Teilen einprägen (2p13 post 5), so daß über die Zeit einzelner Affektionsereignisse hinweg Spuren von Affektionen im Körper erhalten bleiben (2p13 post 5). Das wiederum ist eine physiologische Voraussetzung für die Erklärung der Erinnerung (2p17) und der Assoziation von Ideen (2p18). Es ist somit *für die kognitiven Leistungen*, die dem menschlichen Geist zugesprochen werden, wichtig, wie der menschliche Körper beschaffen ist.

In 2p13 ist jedoch noch nicht von den kognitiven Leistungen des menschlichen Geistes die Rede. Im Blick auf die Frage, was am menschlichen Körper es ausmacht, daß er in 2p13 als bevorzugtes Objekt des Geistes in Frage kommt, muß berücksichtigt werden, daß Spinoza bislang noch nicht geklärt hat, worin die Spezifika des menschlichen Körpers bestehen. Es ist daher problematisch, wenn man aus späteren Verweisen auf diesen Lehrsatz schließt, daß bereits 2p13 auf die biologische Konstitution des menschlichen Körpers abstellt. Sinnvoller ist es, den Ausdruck „corpus humanum" in den Rückverweisen auf diesen Lehrsatz als ein neutralisiertes Äquivalent für die indexikalische Rede von „unserem Körper" aufzufassen. Das wirft auch ein neues Licht auf Spinozas Gebrauch des Ausdrucks „mens humana". Man kann vermuten, daß das Adjektiv „humana" in dieser Wendung bisweilen in analoger Weise das indexikalische Possessivpronomen „unser" ersetzen soll.

Dafür spricht auch der Beweis von 2p13. Er stellt eine reductio ad absurdum dar (vgl. für die genaue Analyse Lévy 2000, 97 und 100), deren Pointe sich durch das folgende Gedankenexperiments vergegenwärtigen läßt. Angenommen, unser Geist bestünde, wie aus der vorläufigen Bestimmung von 2p11 hervorgeht, in irgendeiner Idee eines Einzeldings. Beispielsweise wäre mein Geist die Idee des Postboten, der soeben bei mir geklingelt hat. Umgekehrt bestünde der Geist des Postboten in der Idee meines am Schreibtisch sitzenden Körpers. Was würde das für die Ideen heißen, die wir haben? Doch nichts anderes, als daß der Postbote über die Ideen jener Affektionen verfügen müßte, die mein Körper erleidet, wenn ich, zur Tür eilend, mich an der Tischkante stoße, während ich davon nichts merken würde.

Ein solches Szenario ist absurd, doch was wichtiger ist: Es widerspricht unserer Erfahrung, ist kontraintuitiv. In seiner Argumentation von 2p13dem macht Spinoza denn auch diese Intuition geltend, wenn er – das einzige Mal in der ganzen *Ethica* – auf 2ax4 verweist, welches besagt, daß wir „einen gewissen Körper auf mannigfaltige Weise affiziert fühlen".[5] Dieses Axiom drückt im Grunde genommen nichts anderes aus als die phänomenologische Tatsache, daß wir oft spüren, wenn mit unserem Körper etwas passiert. Mindestens würde das Gegenteil, daß wir von nichts, was uns tangiert, eine Ahnung hätten, ganz erheblich gegen die alltägliche Erfahrung verstoßen.

---

5 Im Lateinischen steht hier ein schwer übersetzbarer AcI, dessen Struktur ich oben im Deutschen übernommen habe: Nos corpus quoddam multis modis affici sentimus.

2p13 setzt also voraus, daß wir wissen, wann unser Körper von einer Affektion betroffen ist. Man kann annehmen, daß es Spinoza bei der Identifikation des menschlichen Geistes mit der Idee des Körpers, wie vorgeschlagen, nicht um die abstrakte ontologische Identität von Körper und Geist, sondern um eine Art Selbstwissen geht, das immer dort am Werk ist, wo wir einen bestimmten Körper intuitiv als unseren eigenen wahrnehmen. Der menschliche Geist besteht somit in einer Art Kenntnis des eigenen Körpers.

An dieser Stelle ist ein letzter Punkt zu klären. Weshalb spricht Spinoza, wenn es in 2p13 tatsächlich um ein Selbstwissen geht, weder in 2p13 selbst noch in 2ax4 von „unserem Körper"? In der Tat wären die Schwierigkeiten, die sich durch den Wegfall des Artikels im Lateinischen ergeben, vom Tisch, wenn Spinoza in 2p13 statt nur von „corpus" von „corpus noster" oder eben, wie er es später tun wird, von „corpus humanus" sprechen würde. Die Frage ist, ob es Gründe für diese Vagheit gibt. Wir wissen natürlich nicht, ob das von Spinoza bewußt so gehandhabt wurde oder nicht. Es spricht jedoch einiges dafür, daß die sprachliche Vagheit an der Stelle System hat. Auffällig ist nämlich, daß Spinoza später – genauer: ab 2p13s – ohne Scheu von „unserem Körper" spricht.

Man kann vermuten, daß dies mit 2p13 selbst zu tun hat. Indem in 2p13 noch nicht explizit wird, daß es sich um unseren Körper handelt, bekommt dieser Lehrsatz eine doppelte Funktion. Er bestimmt nicht nur, *welches* das Objekt der Idee ist, die unseren Geist ausmacht, sondern stipuliert auch gleichzeitig, daß genau das *unser Körper* ist, was in dieser Idee objektiv enthalten ist. Das hat erhebliche anthropologische und erkenntnistheoretische Konsequenzen. Es wird dadurch grundsätzlich denkbar, daß zwar nicht bei der Antwort auf die Frage, *mit welchem Körper* wir uns identifizieren (niemand, der bei gesundem Verstand ist, wird sich mit dem Körper seines Postboten identifizieren), wohl aber bei der Wahrnehmung der *individuellen Grenzen* unseres Körpers in Abhebung von anderen mehrere Varianten möglich sind. Es muß sich also beim Konzept des eigenen Körpers um eine veränderbare Größe handeln.

Das ist in sachlicher Hinsicht durchaus sinnvoll, denken wir beispielsweise an ein Kind, das unwillkürlich schreit, wenn jemand auf seine Puppe tritt, oder an einen geübten Chirurgen, der die Werkzeuge in seiner Hand wie Verlängerungen seiner Glieder zu fühlen scheint. Sie beide haben ein anderes implizites Wissen von den Grenzen ihres eigenen Körpers als der erwachsene Durchschnittseuropäer. Die Größe und die phänomenologische Dichte des als „eigen" wahrgenommenen Körpers sind offenbar von diversen externen – d.h. biographischen, biologischen, sozialen oder auch wissenschaftsgeschichtlichen – Faktoren abhängig (vgl. dazu auch Polanyi 1985, 21, sowie derselbe 1974, 58f.).

Ob Spinoza mit der Vagheit von 2p13 tatsächlich in diese Richtung gehen und quasi das Konzept des eigenen Körpers für Historisierungen offen halten will, muß hier unbeantwortet bleiben. Es spricht aber einiges dafür. Rein historisch betrachtet, kann man davon ausgehen, daß ihm das Phänomen als solches vertraut ist, denn mit den bei Descartes diskutierten Phantom-Schmerz-Beispielen hatte er mindestens einen vergleichbaren Fall vor Augen. Auch kann man feststellen, daß die Lehrsätze, die auf den physikalischen Exkurs folgen, es nahelegen, daß das Konzept des eigenen Körpers für Spinoza keine fixe, gegebene Größe ist.

Wir dürfen daher annehmen, daß er implizit zwischen zwei Problemen unterscheidet. Es ist eines zu fragen, *ob* wir unseren Körper identifizieren können, ein anderes aber, als *was* und *wie beschaffen* wir ihn de facto wahrnehmen. 2p13 nimmt zu diesen beiden Fragen sehr unterschiedlich Stellung. Während der Lehrsatz im Blick auf die erste Frage auf unsere phänomenologischen Gewißheiten verweist, läßt er es gleichzeitig offen, daß unsere Selbstwahrnehmung im Blick auf die zweite Frage von empirischen Faktoren abhängig ist.

6.5 2p13s: Universale Beseeltheit und die Vorzüglichkeit von Geistern

Im vorangegangenen Kapitel wurde gezeigt, daß die Bestimmung der mens humana in 2p13 nicht die *spezifische* Differenz des menschlichen Geistes im Unterschied zum Geist oder der Seele anderer Wesen, sondern die *numerische* Differenz zwischen Subjekten fokussiert. Wie steht es mit dem anderen Problem – wie antwortet Spinoza auf die Frage nach der *spezifischen* Differenz des menschlichen Geistes zum Geist von anderen Wesen, zum Beispiel von Tieren?

Zweierlei ist hier denkbar: Entweder Spinoza vertritt im Anschluß an 2p11 einen Panpsychismus, wonach alle partikulären Ideen Geister sein müssen. Es hätten demnach nicht nur Menschen und Tiere, sondern auch Pflanzen, Steine, Berge, Tische und Atome einen Geist, und man müßte auch die Ideen von einzelnen Dreiecken und bestimmten Staaten sowie die Aussagen über deren Eigenschaften, etwa über die Idee der Fläche eines bestimmten Dreiecks, als Geister ansehen. Oder aber man sagt mit 2p13, daß nur solche Dinge einen Geist haben, die über Selbstwissen verfügen, demzufolge sie sich mit einem ganz bestimmten Körpern identisch wissen, so daß sie problemlos merken, ob bestimmte Ereignisse diesen Körper betreffen oder nicht. Da es sich dabei um eine rudimentäre Vorstellung von Selbstwissen handelt, könnte man, abgesehen vom Menschen, auch Tieren und vielleicht Pflanzen, nicht aber Steinen, Bergen oder Dreiecken einen Geist zuschreiben.

Es ist nicht auf Anhieb klar, welcher dieser Möglichkeiten Spinoza folgt. Prima facie scheint er eher dem ersten Szenario zuzuneigen, zumindest deutet darauf die in 2p13s vertretene These hin, daß alle Dinge beseelt, „animata", seien. Auf der anderen Seite ist diese Option, wenn man sie nicht nur auf Steine und Berge, sondern auch auf die Fläche von Dreiecken und Staaten ausdehnt, so abwegig, daß man sich mindestens fragen muß, ob Spinoza mit der Annahme einer universalen Beseeltheit nicht etwas anderes im Sinne hatte.

Dafür gibt es einige Hinweise. So ist aufschlußreich, wie Spinoza mit dem traditionellen pneumatologischen Vokabular operiert. Grundsätzlich benennen Termini wie „intellectus", „voluntas" oder „mens" bei ihm nie ein Seelenvermögen in einem psychologischen Sinne des Wortes. Weder, wo er sie Gott zuschreibt, noch wo er sie im Blick auf den Menschen verwendet, sind damit Fähigkeiten gemeint. Statt dessen werden diese Größen mit bestimmten Ideen identifiziert: So besteht die voluntas in den Ideen von gewollten Dingen (2p48 und 2p49), die mens humana in der Idee des Körpers (2p13) und der intellectus infinitus in der Idee der Essenz Gottes und all dessen, was daraus folgt (2p3).

Spinoza nimmt also keine kategoriale Differenz zwischen Geist, Intellekt und Willen an. Dennoch braucht er die Ausdrücke nicht einfach promiscue, sondern er verwendet sie so, als wollte er sie je für bestimmte Zusammenhänge reservieren. So wird der Ausdruck „mens" nur dort verwendet, wo entweder fraglos vom *menschlichen* Denken die Rede ist oder wo anderen Dingen – z.B. Staaten – *in Analogie zum Menschen* Geist zugesprochen wird. Es gehört zur Semantik des Terminus „mens", daß es hier um etwas geht, was dem Menschen entweder eigentümlich oder mindestens ähnlich ist. Das ist bei den anderen Ausdrücken nicht der Fall. Der Terminus „intellectus" wird sowohl für den infiniten Intellekt als auch für die vernünftige menschliche Erkenntnisordnung verwendet, und ebenso wird, wo thetisch und nicht vergleichsweise von der Beseeltheit anderer Dinge die Rede ist, der Ausdruck „anima" oder die Wendung „animata esse" herangezogen. Auch wenn sich also mens, anima und intellectus von ihrem ontologischen Status her wenig voneinander unterscheiden – sie alle sind nur Ideen –, hat Spinoza offenbar doch verschiedene Aspekte im Blick. Man kann vermuten, daß er mit der Annahme, alle

Dinge seien beseelt, nicht behaupten will, daß alle Dinge einen Geist haben (vgl. auch Matheron 2003, 135, und Jaquet 2004, 140f.).

Diese Vermutung läßt sich erhärten, wenn man die Begründung, die Spinoza in 2p13s für die Annahme eines universalen Beseeltseins abgibt, mit der Begründung von 2p11 vergleicht. 2p13s rekurriert implizit auf 2p3, welchem Lehrsatz zufolge die Natur inklusive all ihrer Teile und der sich in ihr ereignenden Geschehnisse einsehbar ist, was heißt, daß es von allem eine Idee geben muß, die besagt, warum es sich mit ihnen so und nicht anders verhält. Die Beseeltheits-These von 2p13s basiert auf dieser rationalistischen Annahme einer universalen und notwendigen Intelligibilität alles Seienden. Für 2p11 sind hingegen andere Voraussetzungen von Belang: Wie gezeigt wurde, stellt dieser Lehrsatz u.a. maßgeblich die mit 2ax3 evozierte Praxis der Zuschreibung von mentalen Prädikaten zu bestimmten historischen Subjekten in Rechnung. Wenn man dieser Praxis theoretisch Rechnung tragen will, dann muß man annehmen, genau jene Dinge hätten einen Geist, denen wir zutrauen, daß es nicht nur Ideen von ihnen gibt, sondern daß sie auch Ideen haben können. Das ist nach 2p12 genau bei solchem Seienden sinnvoll, das sich so verhält, als würde es zwischen für es relevanten und für es irrelevanten Ereignissen unterscheiden. Solche impliziten Unterscheidungen werden wir nicht-menschlichen Lebewesen problemlos zugestehen, nicht aber Steinen, Atomen oder Dreiecken.

Die These „Alle Dinge sind beseelt" ist daher nicht gleichbedeutend mit der These „Alle Dinge haben einen Geist". Die erste These besagt nur, daß es von allen Dingen eine adäquate Idee geben muß, welche diese Dinge in ihrer Essenz verstehbar machen. Diese These ist für die *Ethica* fundamental, und man kann durchaus annehmen, daß es das ist, was Spinoza tatsächlich behaupten will (vgl. zu dieser Position auch Bouveresse 1992). Die zweite These hingegen würde darüber hinaus auch das Zugeständnis machen, daß alle Dinge in gewisser Weise *selbst Ideen haben*. Diese zweite These hat Spinoza an keiner Stelle wirklich behauptet, und er muß sie auch nicht für wahr halten, damit seine weiteren Argumente funktionieren. Er macht von dieser These denn auch einzig in hypothetischer Weise Gebrauch, wie z.B. in seinem ersten Brief an Schuller aus dem Jahre 1675, wo er im Rahmen eines Gedankenexperiments zeigt, daß sich auch ein Stein für frei halten würde, wenn er sich selbst dabei wahrnähme, wie er eine von außen angestoßene Bewegung weiterführt (G IV, 266).

Wir können festhalten, daß Spinoza einen Mittelweg derart einschlägt, daß er zwar die kognitiven Leistungen, die üblicherweise nur der mens humana attestiert werden, nicht als ein absolutes Privileg des Menschen ansieht, daß er aber dennoch nicht einfach allen Dingen einen Geist zuschreibt. Die Klärung der Frage nach der spezifischen Differenz des Menschen tritt im Grunde genommen zugunsten der Postulierung einer konzeptuellen Kontinuität zwischen menschlichem und nicht-menschlichem Geist zurück.

Die im Kern Aristotelische Auffassung, daß es in der Natur mehrere Typen von Lebewesen gibt, denen verschiedene Formen der Selbsterhaltung entsprechen, läßt er deswegen allerdings nicht einfach fallen. Das zeigt sich, sobald man seine Physik genauer betrachtet. Spinoza geht davon aus, daß es verschiedene Formen der Individuation gibt (2 lem.4, vgl. dazu Zourabichvili 2002, 26f.). Diese dienen zwar nicht wie bei Aristoteles der Erhaltung der Art, doch sie legen fest, daß die Erhaltung von Individuen auf artspezifische Weise erfolgt. Für sein philosophisches Projekt ist das deshalb wichtig, weil es die Möglichkeit von Metamorphosen ausschließt und damit jeglichen philosophischen Anthropozentrismus inklusive eines theologischen Anthropomorphismus unterminiert (vgl. dazu Moreau 1994, 32). Spinoza unterscheidet wie Aristoteles spezifische Typen von Lebewesen. Anders als bei Aristoteles ist aber der Formbegriff für ihn kein metaphysischer Grundbegriff, und dementsprechend fungiert er auch nicht als Explanans, sondern als Explanandum der Naturphilosophie. Die Physik, wie sie im Exkurs nach 2p13s skizziert wird, beabsichtigt u.a., die Aristotelische Annahme spezifischer Differenzen zwischen verschiedenen Typen von Lebewesen und Lebensweisen mit den Mitteln der modernen Physik beschreibbar zu machen.

2p13s zufolge ist der physikalische Exkurs inmitten einer Theorie des Geistes allerdings auch anders motiviert: Spinoza will, was v.a. auch für die hinteren Bücher der *Ethica* wichtig sein wird, Geister nicht nur nach Arten, sondern auch nach *Graden der Vorzüglichkeit*, „praestantia", unterscheiden können. Dabei hängt der Grad der Vorzüglichkeit eines Geistes konkret von zwei Faktoren ab: Ein Geist ist erstens dann vorzüglicher als ein anderer, wenn er zu komplexeren Gedankengängen imstande ist, und zweitens nimmt seine Vorzüglichkeit in dem Maße zu, in dem er auch zu autonomem Handeln imstande ist.

Diese Faktoren, nach denen sich der Grad der Vorzüglichkeit von Geistern bestimmt, sind dieselben, die auch zur Erklärung der spezifisch menschlichen kognitiven Leistungen herangezogen werden. Man kann annehmen, daß die kognitive Organisation des Denkens beim Menschen um einiges komplexer ausfallen dürfte als bei den meisten, wenn nicht bei allen Tieren. Auch sind Menschen aufgrund kultureller Errungenschaften weniger abhängig von Umweltbedingungen als die meisten Tiere.

Gleichzeitig läßt sich die Unterscheidung nach Graden der Vorzüglichkeit aber auch auf den Vergleich zwischen verschiedenen Menschen, zwischen verschiedenen Kulturen oder zwischen historischen Epochen anwenden. Menschen können unterschiedlich differenziert denken und sind zu unterschiedlich komplexen Verhaltensweisen imstande. Das kann an den begrifflichen Schemata liegen, die sie von ihrer Tradition her zur Verfügung haben, an der je individuellen Differenziertheit ihrer Wahrnehmung oder auch an noch ganz anderen Umständen. Die Annahme verschiedener Grade der Vorzüglichkeit erlaubt somit nicht nur eine Unterscheidung von verschiedenen Typen von Lebewesen, sondern sie ist auch die naturphilosophische Basis für die später vorgenommene Evaluation menschlicher Lebensweisen.

Inwiefern diese letztlich biologisch bestimmte Vorzüglichkeit auch in einem moralischen Sinne besser sein sollte, ist damit natürlich noch nicht gesagt. Diese Frage wird erst im vierten Buch der *Ethica* diskutiert werden. Es wird aber hier bereits deutlich, wie sehr Spinoza bemüht ist, zwischen der Frage nach der angemessenen Konzeption des menschlichen Geistes und der Erkenntnistheorie einerseits, der Erkenntnistheorie und Tugendlehre andererseits einen durchgehenden argumentativen Zusammenhang zu schaffen.

6.6 Fazit

Die minutiöse Analyse der Lehrsätze 2p11 bis 2p13s hat gezeigt, wie Spinoza im Zuge der Herleitung seines Begriffs des menschlichen Geistes all jenen heiklen Einwänden begegnet, die man gegen seinen Ansatz vorbringen könnte, wenn man ausgehend von, grob gesprochen, aristotelischen oder cartesischen Vorgaben auf seine eigene Erfahrungen reflektiert. Ausgehend von der Zurückweisung jener Modelle, die den Geist als unsichtbaren, von seinen Eigenschaften kategorial unterschiedenen Träger ansehen, wird Schritt für Schritt wie in einem impliziten Dialog mit seinen potentiellen Gesprächspartnern vorgeführt, inwiefern man trotzdem an bestimmten, unser alltägliches Denken und Handeln leitenden Intuitionen festhalten kann. Dabei zeigte sich u.a., daß ein zentrales Augenmerk ausgerechnet auf jene Annahme gerichtet ist, deren Preisgabe Spinoza von seiten seiner Kritiker immer wieder vorgehalten wurde: die Annahme einer numerischen Differenz zwischen verschiedenen Subjekten.

Man kann Spinoza sicher einiges vorwerfen. So kann man sich fragen, ob sich der kognitivistische Ansatz, der seiner Identifikation des Geistes mit einer Idee zugrunde liegt, wirklich durchhalten läßt. Kommen wir in der Beschreibung psychischer Phänomene tatsächlich ohne die Annahme von psychischen Fähigkeiten aus? Oder man kann sich von heutigen Debatten ausgehend fragen, ob sein Konzept von Selbstwissens nicht schon voraussetzt, was es zu beweisen versucht, nämlich daß wir uns nicht mit den Körpern unserer Postboten identifizieren. Dem Einwand allerdings, der im Zuge der sehr polemischen Rezeptionsgeschichte immer wieder gegen seinen Ansatz gemacht wurde, nämlich daß er das individuelle Subjekt zum Verschwinden bringe, kann Spinoza sehr viel mehr entgegenhalten, als meist bedacht wird. Wir dürfen daher, wenn uns unsere alten Schulfreunde wieder einmal euphorisch von schönen Bergtouren erzählen und uns das schmerzlich berührt, getrost davon ausgehen, daß ihre Erfahrung eine andere ist als die unsrige.

Literatur

Bouveresse, Renée 1992: Spinoza et Leibniz. L'idée d'animisme universel. Paris.
Hallett, Harold Foster 1972: On a Reputed Equivoque in the Philosophy of Spinoza. In: Kashap, 168–188.
Hartbecke, Karin 2006: Zur Geschichte des Modusbegriffs. Suárez – Descartes – Spinoza – Holbach. Erscheint in: Studia Spinozana 17: Spinoza and Late Scholasticism.
Hegel, Georg Wilhelm Friedrich 1986: Wissenschaft der Logik. Werke Bd. 5. Hrsg. von Eva Moldenhauer und Karl Markus Michel. Frankfurt/M.
Jaquet, Chantal 2004: L'union du corps et de l'esprit. Affects, actions et passions chez Spinoza. Paris.
Lévy, Lia 2000: L'automate spirituel. La naissance de la subjectivité moderne d'après l'Ethique de Spinoza. Assen.
Malebranche, Nicolas 1992/1688: Œuvres, Bd. 2. Hrsg. von Geneviève Rodis-Lewis. Paris
Matheron, Alexandre 2003: L'état, selon Spinoza, est-il un individu au sens de Spinoza? In: Czelinski u.a. (Hrsg.), 127–145.
Moreau, Pierre-François 1994: The Metaphysics of Substance and the Metaphysics of Forms. In: Yovel (Hrsg.), 27–36.
Odegard, Douglas 1975: The Body Identical with the Human Mind: A Problem in Spinoza's Philosophy. In: Maurice Mandelbaum und Eugene Freeman (Hrsg.): Spinoza. Essays in Interpretation. LaSalle/Illinois, 60–83.
Polanyi, Michael 1974: Personal Knowledge. Towards a Post-Critical Philosophy, Chicago.
– 1985: Implizites Wissen. Übersetzt von Horst Brühlmann, Frankfurt/M.
Renz, Ursula 2007: Connaître le corps humain. Sur quelques distinctions constitutives à la philosophie de l'esprit de Spinoza. Erscheint in: Revue de Morale et de Métaphysique.
Rousset, Bernard 1996: Spinoza. Lecteur des Objections faites aux Méditations de Descartes et de ses Réponses. Paris.
Schnepf, Robert 1999: Die eine Substanz als Grund von Subjektivität und menschlicher Freiheit. In: Lothar Kreimendahl: Philosophen des 17. Jahrhunderts. Darmstadt, 134–156.
Zourabichvili, François 2002: Spinoza. Une physique de la pensée. Paris.

Stephen Gaukroger

7. Spinoza's Physics

In the course of accounting in more detail for the claim of Proposition 13 of Book II of the *Ethics*, that "the object of the idea constituting the human Mind is the Body, or a certain mode of Extension which actually exists, and nothing else", Spinoza offers a brief exposition of the fundamentals of natural philosophy, which is of particular significance since in effect it acts for him as a model for enquiry generally. That natural philosophy should play such a role is alien to traditional Aristotelian and Platonist systems, but it a conception that we find in Renaissance naturalists such as Telesio and Bruno, and above all in Descartes and the Cartesian tradition. And it is of course Cartesian natural philosophy that Spinoza sets out in the Lemmata to Proposition 13.

The first thing we need to understand is how Cartesian natural philosophy can act as a model for knowledge generally. Descartes had originally set out a physical system which included a theory of matter and a cosmology, in the posthumously-published *Le Monde*, which was started around 1629 and abandoned in 1633, when Descartes heard of the condemnation of Galileo. *Le Monde* had started from a number of first principles – Cartesian matter theory, centrifugal force, and a principle of rectilinear inertia – and from these Descartes had deduced that in a rotating system such as our solar system, assuming that system is a plenum, heavy bodies will be projected towards the periphery displacing lighter matter which will be forced inwards towards the centre. The heavy bodies in question are planets, and these are kept in stable orbits because they eventually reach a region in which their motion is exactly balanced by the heavy more slowly-moving matter on their solar side, and the lighter faster-moving matter on the side of periphery of the solar system. This then forms the basis not only for the treatment of tides, planetary satellites and comets, but also for Descartes' physical optics, in which a physical basis is provided for the generation, transmission, and refraction and reflection of light (see Gaukroger 1995, chapter 7).

The basic physical conceptions that Descartes deploys in *Le Monde* derive primarily from his work in hydrostatics in the early 1620s (see Gaukroger/Schuster 2002). The stability of planetary orbits, for example, is thought of in terms of equilibrium, and his advocacy of a plenum arises in large part from the fact that his analytical concepts are developed in the context of a theory about how the behaviour of bodies is shaped by the fluids in which they are immersed. Notions of force (*vis*) derived from hydrostatics play a crucial role both in thinking through and formulating his physical theory, and it is equilibrium between forces that shapes his basic conceptual vocabulary. In the wake of the condemnation of Galileo, however, Descartes' strategy changes. To meet the Inquisition's charge that purely natural-philosophical arguments alone cannot decide issues of the earth's motion, Descartes sets out to ground his natural philosophy at a more fundamental level, in terms his notion of clarity and distinctness. His claim was that when we present an idea to ourselves clearly and distinctly, then we should be able to determine its truth or falsity simply by reflecting upon it, as in the cases of mathematical propositions, my own existence, and God's existence. In the *Meditationes*, for example, Descartes makes it clear that we cannot even ask about the existence of something until we grasp, in terms of clear and distinct ideas, what it is that we are asking for the existence of. He applies this strategy in the case of God, the aim being to make sure that what we are asking about the existence of is something quite orthodox, and the ontological argument (ironically, in the light of the use to which Spinoza puts this argument) provides him with the required orthodox conception. It might seem that the application of the procedure to the physical world is different, because, unlike the case of God, there is no dispute about what exactly we are asking for the existence of. But in fact Descartes does dispute this, believing that people have seriously misconceived the nature of the physical world, with the result that one needs to start again from basics, that is, from clear and distinct ideas. Descartes claims that the only way he (and by implication anyone else) can conceive of the physical world clearly and distinctly is in geometrical terms, and in this connection he introduces his theory of material extension. The world we end up with in Mediation VI, a geometrically and mechanistically conceived world, is radically different from the common sense world of Meditation I.

In more subtle respects, it is also different from the physical world of *Le Monde*, even though its physical principles are the same. The difference lies in the way in which these physical principles are presented in *Principia Philosophiae*, which follows up the natural-philosophical consequences of his foundational principles. To provide it with the kind of foundational legitimacy that meets the requirements raised in the condemnation of Galileo, namely that something more secure than natural philosophy is needed to establish the truth of cosmological arguments (as opposed to their merely saving the appearances or providing the best arguments relative to physical assumptions), Descartes reformulates what is essentially the natural philosophy of *Le Monde* in clear and distinct terms. The basic principles have still been thought through in terms of dynamic terms derived from hydrostatics, but the reformulation translates these into terms that depend to a far lesser degree on dynamic notions. The result of this is that physical theory, at the most basic level, becomes largely a combination of matter theory and kinematics, that is, motion treated without reference to forces. Unlike traditional forms of corpuscularianism, which rely on the shape, and particularly surface texture, of atoms to account for their physical properties, Descartes' physical theory relies to a much greater extent on the size, speed, and direction of motion of corpuscles, and his matter theory is accommodated to this conception from the start, so that its integration into a kinematic presentation is straightforward.

It is this "clear and distinct" kinematic presentation of physical theory that a number of Descartes' seventeenth-century successors take as their starting point not just as a model for physical theory but as a model for knowledge more generally. Huygens and Spinoza, who produced two of the most distinctive variants on Cartesianism, both share this understanding of what is at stake in natural philosophy, but they go about realising what they see as its potential in very different ways. Huygens, realising that Cartesian physical theory as its stands in the *Principia* harbours a number of anomalies, strips it down to basic kinematics. It is striking that, even though he is obliged to think through some problems in dynamical terms, once he has come to a solution he reformulates it, removing dynamic ingredients so that he can present the issues purely in kinematic terms (see Westfall 1971) for this is the only way in which they can be made clear and distinct on Huygens' conception. The procedure mirrors that employed by seventeenth-century mathematicians, who used a variety of advanced problem-solving techniques in dealing with a range of difficulties, but almost always insisted on presenting their results in axiomatic, synthetic form (See, for example, Guicciardini 1999).

Spinoza's axiomatic reconstruction of the first two Books of Descartes' *Principia* is very much in this genre, except that the reconstruction is not carried out with an eye to developing physical theory in a more fruitful direction. Huygens' view of what part of natural philosophy can be pursued clearly and distinctly is very constricted, and certainly much narrower than what Descartes had hoped for. His strategy is to keep a core physical theory pure, at it were, to try to do as much natural philosophy as possible within the narrow confines of kinematics. Spinoza's strategy is the opposite of this: he attempts to extrapolate from what he considers to be a properly formulated physical theory to the whole of natural philosophy, and indeed ultimately to anything purporting to be knowledge. What we can grasp in this way was certainly narrower than on many prevailing conceptions of knowledge, but it is genuinely universal in that it provided a comprehensive picture of the world and our place in it, and anything that falls outside this model of knowledge cannot be knowledge at all on Spinoza's conception. The central contrast that Spinoza wants to draw, especially in the most contentious area, politico-theology, is that between belief on the basis of authority and genuine knowledge.[1] Genuine knowledge is knowledge in which we understand phenomena when we grasp them as effects deduced from their causes. The model for such a causal understanding is provided in the Lemmata to Proposition 13.

The discussion begins with two axioms, stating that all bodies either move or are at rest, and that there are degrees of speed. These appear uncontentious, but in Cartesian mechanics there is in fact a disparity between two alternative formulations. The claim of the first is that motion and rest are different states and that motions differ in degrees of speed. The claim of the second, which is implicit rather than explicit, is that there is no essential difference between rest and motion, rest just being that degree of speed which has the value of zero. A good deal of Descartes' kinematics seems to assume the latter, but he is committed to a doctrine of the ontological equivalence of motion and rest, in part at last because he is concerned to deny the Aristotelian doctrine that rest is just the outcome of motion, and not on a par with motion. Descartes' statement of this equivalence has often been seen as an important move in the direction of a proper understanding of the principle of inertia, as a step on the road from seeing rest simply as a privation of motion, to treating rest and uniform rectilinear motion as being dynamically on the

---

[1] See the discussion in Verbeek 2003.

same footing, as being states that require no force for their maintenance. But in fact for Descartes, the principle of the ontological equivalence of motion and rest means that what holds for rest holds for motion. Statics tells us about the behaviour of bodies at rest: perhaps it can be built upon to deal with bodies in motion, if motion can somehow be seen to be a variation on rest (a departure from an equilibrium state). This has direct consequences for our understanding of collision. Descartes' view is that a smaller moving body can never alter the state of a larger stationary one, because a body in motion cannot, for that reason alone, have more force than one at rest; nor can greater speed confer greater force upon it. Either of these would undermine the ontological equivalence of rest and motion. This means that speed is irrelevant to the outcome: only the bulk/size/mass of the bodies is relevant, and Descartes construes this in terms of statics (see McLaughlin 2001). On a beam balance, a larger weight will displace a smaller one, no matter how slight the difference in weight, and extrapolation to the case of collision dictates that the smaller body cannot move the larger one, but must rebound leaving the larger stationary body unaffected.

The question here is whether Spinoza is accepting the ontological distinction between motion and rest. In the axioms that follow Lemma 3, he tells us that "when a body in motion strikes against another which is at rest and cannot give way, then it is reflected, so that it continues to move" in such a way that the angle of incidence equals the angle of reflection. This is Descartes' principle of reflection, and the equality of the angle of incidence and reflection when a light ray strikes a reflecting surface is what in large part motivates his doctrine that a smaller moving body cannot move a larger one, for if the light ray nudged the reflecting surface slightly then it would transfer some of its motion to the surface, in which case the angle of reflection would not equal the angle of incidence: a violation of a basic principle of optics. When Spinoza tells us that the larger body "cannot give way", he must have in mind that larger stationary bodies cannot be moved by lighter ones, no matter what their speed. For the idea that some heavier bodies can give way but others are so large that they cannot give way can only come down to a matter of degree: some bodies are so large that they are moved only imperceptibly. Either smaller moving bodies can transfer motion to larger stationary bodies or they cannot, and if they can then they do must so in every case.

An issue arises here as to whether this understanding of motion as having different dynamic effects is consistent with Spinoza's principle of the relativity of motion and rest. Like Descartes, Spinoza holds a very strong version of the relativity of motion, set out in Lemma 3:

> "A body which moves or is at rest must be determined to motion or rest by another body, which has also be determined to motion or rest by another, and that again by another, and so on, to infinity."

The traditional Aristotelian view of motion is that motion, a species of the change that a substance undergoes (it changes its "place"), must be thought of in terms of the substance that moves, for motion is one of the qualities of a substance and it cannot even be identified – e.g. as being between a process whose *termini* are contraries, or contradictories – without specifying its causes. Natural terrestrial motion occurs because the body realises a goal, namely being in its natural place. The form it takes, namely rectilinear motion verically downwards, is determined by the kind of thing that causes it. Descartes, by contrast, offered an extensive discussion of motion before introducing causes, on the grounds that we will only understand "the diverse modes of extension or those pertaining to extension, such as all figures, and situation and movements of parts, if we regard them only as modes of the things in which they are" (*Principia Philosophiae*, Book I, art. 65). The importance of this is that, when we seek to understand motion – when we seek to grasp it in clear and distinct terms – we need to consider it simply as a mode of a substance, without considering the causes responsible for motion. Spinoza's understanding of modes is of course different from Descartes', but the principle advocated is not only the same, it is advocated on the same grounds. To understand motion clearly and distinctly, what is need for clarity and distinctness is a geometrically-specifiable description of change in spatial coordinates, something completely determinable and uncontentious. But if motion is specified not as the result of some internal tendency or force, how do we determine whether a body is moving and at what rate it is moving. There is no absolute measure of this, either internally nor externally, for the absolute space associated with Aristotelianism has been abandoned in the Cartesian tradition. Following Descartes, Spinoza makes motion and speed relative to an arbitrarily chosen reference frame, namely what adjacent bodies we take to be at rest or moving with a specifiable speed, and Spinoza adds that these bodies themselves will be determined as having a particular speed only with respect to bodies adjacent to them, and so on.

However, if motion is specified in this way, then the kind of dynamical difference between motion and rest to which Descartes and Spinoza adhere is impossible. Since it is taken as given that in the former case the heavy body moves the smaller one, and since the former case can be transformed into the latter straightforwardly just by choosing a different reference body by which to judge motion, there should be symmetry between the case of a moving heavy body colliding with a stationary smaller one and the case of a moving smaller body colliding with a stationary heavy one. But in this case, Spinoza's statement of the principle of reflection cannot hold. In other words, it cannot hold on the assumption of the relativity of motion. It is worth noting that it cannot hold even on the much weaker Galilean principle of relativity: as Huygens showed, not only does such an assumption invalidate Descartes' rules of collision, his principle of the conservation of the total quantity of motion (conceived as a scalar quantity) must also be abandoned. The principle that the quantity of motion in the universe is constant – it is just distributed differently from instant to instant – plays a crucial role in Spinoza's metaphysics, for the laws governing the distribution of motion, such as the laws of collision, are eternally true. The constant quantity of motion in the universe is a mode of the attribute of extension. It is an eternal mode, like the attribute itself, and it is an infinite mode since it signifies an element of immutability in that aspect of the universe taken as a whole. In other words, while there is change at the individual level, at the total level there is no change, since the quantity of motion is unchanging. So the one substance that exists, considered in terms of its attribute of extension, has an eternal and infinite mode, namely: fixed quantity of motion. But if conservation of quantity of motion, as Spinoza conceives it, is not viable, and indeed if it is inconsistent with other key natural-philosophical principles, then it cannot play the metaphysical role that he imposes on it.

Spinoza does not follow through the principles of mechanics that he takes over from Cartesianism, analyzing their consequences and exploring whether they are consistent with one another. He is not interested in them from the point of view of someone trying to develop mechanics, or even to provide a viable mechanical basis for natural philosophy more generally. Nevertheless, the fact that this is exactly what he needs to do is evident from his closing remark to Proposition 13:

> "If it had been my intention to deal expressly with body, I ought to have explained and demonstrated these things more fully. But I have already said that I intended something else, and brought these things forward only because I can easily deduce from them the things I have decided to demonstrate."

Spinoza's commitment to the basic principles of Cartesian natural philosophy is not something egregious on his part. It is worth noting that Huygens, one of Descartes' greatest critics on a whole range of questions in mechanics, effectively takes over a Galilean programme in kinematics rather than a Cartesian one, and his principle of relativity is adopted from Galileo not from Descartes, yet he is concerned throughout his work to defend something that looks like a Cartesian programme. The reason for this lies, I suggest, in part in the view that, by contrast with the Cartesian programme, the kind of projects that Galileo pursued could not produce a systematic understanding of nature. As far as Huygens was concerned, the Cartesian system, no matter how flawed, provided a set of legitimate guides and constraints within which to pursue a systematic understanding of natural philosophy, something which provided genuine micro-mechanical foundations for natural philosophy: this is, after all, why the study of collision was so important, because collision, at a microscopic level, was what determined the behaviour of all macroscopic physical processes.

Spinoza certainly has a commitment at this level, as had many natural philosophers in the third quarter of the seventeenth century. But it is one thing to say that the *kind* of natural-philosophical system that Descartes set out in the *Principia Philosophiae* was the right kind of approach, and quite another to adopt the foundational principles of Cartesian mechanics as beyond reproach. And this is where Spinoza's project begins to look very odd. It is not that he treats these basic principles as if they were conceptual truths, for Huygens to some extent does that also (as will the eighteenth-century tradition of "rational mechanics"), but rather that the conceptual truths in question are so secure that it is as if there could be no question of their not being mutually consistent. For Spinoza, we grasp their truth so clearly and distinctly that we know we could not be mistaken. But it turns out that we are in fact mistaken after all in this case, and this must put in doubt the idea that simple reflection (as opposed to exploring consequences – empirical as well as conceptual – in detail) is inadequate to establish truth. It might be thought that a geometrical model has misled Spinoza here, but *reductio ad contradictionem* was a standard demonstrative device in geometry, and axioms were not immune from assessment in terms of their consequences. Moreover, the problem is not just that the mechanical principles from which Spinoza wants to extrapolate are flawed, but that these act as a model for the deductive structure of the Spinozean system. Deduction is treated as an essentially one-way process, with no mechanism for identifying mistaken principles in terms of their consequences.

At the end of the second Axiom after Lemma 3, Spinoza states that the discussion up to that point "is sufficient concerning the simplest bodies, which are distinguished from one another only by motion and rest, speed and slowness" and he now proposes to "move up to composite bodies". This is not just a move of scale however, but, more importantly, a move from mechanics to matter theory, and in particular to the question of what is responsible for the cohesion and solidity of macroscopic bodies. He offers the following definition:

> "When a number of bodies, whether of the same or of different size, are so constrained by other bodies that they lie upon one another, or of they so move, whether with the same degree or different degrees of speed, that they communicate their motions to each other in a certain fixed manner, we shall say that those bodies are united with one another and that they all together compose one body or Individual, which is distinguished from the others by this union of bodies."

The crucial difference between mechanics and matter theory is that, while one can pursue the former in conceptual terms, matter theory engages resolutely empirical and quantitative questions. The move from the mechanical characterisation of the atoms or corpuscles making up macroscopic bodies to the physical states of such bodies, such as hardness, solidity and fluidity, is in difficult in the extreme.[2] Spinoza offers little more than a wholly speculative extrapolation from intuitions about how layers in macroscopic bodies might determine their physical behaviour. So, for example, he tells us that "the parts of a composite body lie over one another so that they can be forced to change position with more or less difficulty". If such parts cover one another over large areas the body is hard, if over small areas the body is soft, if the parts are moving then the body is fluid. Having decided these features, he then turns to how the parts constitute a single body.

Lemma 4 states that bodies can have their parts replaced by new ones "of the same nature" without losing their individuality, and Lemmata 5 to 7 state that the body also retains its physical identity when it moves as a whole. The fact that Spinoza stresses the idea that "bodies are not distinguished with respect to substance" provides some indication of what

---

2 The first remotely plausible attempt comes in Euler's *Mechanica sive motus scientia analytice exposita* (1736), in: *Leonhardi Euleri opera omnia*, series 2, vols. i, ii, Leipzig/Berlin: Teubner 1912.

he has in mind. It is simply the material constituents of the body that provide it with its physical identity. Nevertheless, the resources he employs – some combination of hard, soft and fluid matter seem to exhaust the possibilities – are far too minimal to account for physical entities, especially once we leave the realm of the inorganic. Later in the *Ethics*, Spinoza introduces the idea of *conatus*, by which a body strives to retain its identity, to account in a different way for the individuation of bodies. To what extent this notion can be accommodated to the mechanist principles set out in the present section is, however, an open question.

Bibliography

Descartes, René 1974–86: Principia Philosophiae. Volume 8A of Charles Adam and Paul Tannery. Oeuvres de Descartes. Paris.
Leonhardi Euleri 1912: Opera omnia. Series 2, vols i, ii. Ed. F. Rudio et al. Leipzig/Berlin.
Gaukroger, Stephen 1995: Descartes, An Intellectual Biography, Oxford.
Gaukroger, Stephen and Schuster, John 2002: The Hydrostatic Paradox and the Origins of Cartesian Dynamics. In: Studies in History and Philosophy of Science. Vol. 33, 535–572.
Guicciardini, Niccolò 1999: Reading the Principia. Cambridge.
McLaughlin, Peter 2001: Contraries and Counterweights: Descartes' Statical Theory of Impact. In: The Monist 84, 562–581.
Verbeek, Theo 2003: Spinoza's Theologico-Political Treatise. Aldershot.
Westfall, Richard S. 1971: Force in Newton's Physics, London.

Christof Ellsiepen

8. Die Erkenntnisarten (2p38–2p47)

Der Stellenwert der Theorie der Erkenntnis für den Gesamtentwurf von Spinozas *Ethik* kann im Grunde nicht hoch genug eingeschätzt werden. Spinozas ethischer Impetus zielt auf eine Transformation des gesamten Lebensverständnisses des Menschen durch Erkenntnis. Spinoza bringt dies auf die Formel eines „Lebens unter der Leitung der Vernunft" (4p24), ja er steigert es gar zu der Aussage, die eigentliche Tugend und Essenz des Menschen bestehe im Erkennen (intelligere), und erst eine Erfüllung dieses Erkennens bringe dem Menschen im eigentlichen Sinne Glück (4p26. 28; 5p40c und s; 5p42). Es ist von daher bedeutsam für das Ganze der Spinozanischen *Ethik*, sich über den Begriff des Erkennens und die in jenem rationalistischen Imperativ vorausgesetzte epistemologische Differenzierung Klarheit zu verschaffen.

Spinoza unterscheidet in der *Ethik* (2p40s2) drei Erkenntnisarten (genera cognitionis): die erste ist Meinung/Einbildung (opinio/imaginatio), die zweite Vernunft (ratio) und die dritte und höchste nennt er intuitive Erkenntnis (scientia/cognitio intuitiva).[1] Die beiden letzteren unterscheiden sich von der ersten durch das Merkmal der „Adäquatheit", wodurch zugleich festgestellt sein soll, daß die erste Erkenntnisart allein Ursache der Falschheit, die beiden höheren aber notwendig wahr seien (2p41d). Wahrheit wird von Spinoza im Sinne der klassischen Korrespondenztheorie als Zusammenstimmung von Idee und Gegenstand (1a6) gefaßt,

---

[1] Zum Verhältnis der drei *genera cognitionis* der Ethik zu den vier *modi percipiendi* in TIE 18–29 vgl. Gueroult 1974, 593–608; Schneider 1981; Matheron 1988. Gueroult konstatiert, daß Spinoza in der *Ethik* gegenüber den frühen Traktaten über eine bloß deskriptive Differenzierung hinaus zu einer erkenntnisgenetischen findet.

wohingegen Adäquatheit in Abweichung etwa vom thomistischen Sprachgebrauch ein kohärenztheoretisches, d.h. auf den intrinsischen Zusammenhang im Denken selbst bezogenes Wahrheitskriterium darstellt (2d4). Spinozas erkenntnistheoretischer Blickwinkel zeigt sich hier darin, daß er aus der Adäquatheit einer Vorstellung zurückschließt auf deren Wahrheit (2p34). Wahrheit ist zwar ontologisch immer vorauszusetzen, aber aus der Perspektive des Subjekts nur als Adäquatheit gewiß zu machen. Die ontotheologisch problematische Annahme des Descartes, Gott könne uns als höchster Betrüger trotz unserer Gewißheit die Übereinstimmung unserer mentalen Repräsentationen mit ihren realen Gegenständen nur vortäuschen, unterläuft Spinoza durch die monistische Grundlegung des Wahrheitsbegriffs. Die Übereinstimmung von Idee und Ideatum ist durch die in der Attributenlehre ausgedrückte psychophysische und innermentale Strukturisomorphie („Parallelismus", 2p7 und c) verbürgt.

Es bleibt jedoch die Gewißheitsproblematik. Gerade hierfür steht der Begriff der Adäquatheit (vgl. Bartuschat 1993, 109, 115). In Anlehnung an den frühen Cartesischen Intuitusbegriff der *Regulae* (vgl. Ellsiepen 2006) mißt Spinoza einer adäquaten Idee Gewißheit als selbstevidentes Wissen um Wahrheit zu (2p43d). Dem methodischen *regressus ad infinitum* auf der Suche nach Wahrheit (vgl. TIE 30) begegnet er durch das Argument der manifesten Wahrheitsgewißheit in der adäquaten Idee, welche dem Menschen in der Folge eine sukzessive Selbstaufklärung (vgl. A. Garrett 2003) ermöglicht: „Sane sicut lux seipsam, et tenebras manifestat, sic veritas norma sui, et falsi est" (2p43s, vgl. TIE 35; Ep. 76, G IV, 320). Gegenüber der evidenten Wahrheit als eines Positiven kann Falschheit nur als ein Mangel erscheinen (2p33. 35).

In den Merkmalen der adäquaten Idee, durch die sie von falschen, weil inadäquaten Ideen abgegrenzt werden kann, nimmt Spinoza wiederum die geläufige cartesianische Terminologie auf: Die adäquate Idee ist klar und deutlich (clara et distincta, 2p36. 38c; 3d1; 5p28d u.ö.). Der Sinn dieser Bestimmungen wird aber gegenüber der Descartesschen Definition (*Principia Philosophiae* I, 45) variiert. Nach TIE 63 ist eine Idee *klar* als von anderen Ideen bewußt abgegrenzte und *deutlich* durch die interne Differenzierung nach Teilmerkmalen. In beiden Fällen ist entscheidend für die Gewißheit, daß die jeweilige Differenzierung nicht nur (ontologisch) besteht, sondern als solche dem epistemischen Subjekt bewußt ist (idea ideae, 2p22d, cognitio reflexiva, TIE 38). Der Mangel inadäquater Ideen kann so zum einen in einer unzureichenden Abgrenzung bestehen (= Unklarheit der Idee): Mit der Idee meint man sich dann auf eine Sache als auf ein Ganzes zu beziehen, sie gibt ihr Ideatum aber tatsächlich nur teilweise (ex parte, 2p11c) oder „verstümmelt" (idea mutilata, 2p29c. 35) wieder. Zum anderen ist eine Idee auch dann inadäquat, wenn sie klar abgrenzbar von anderen Ideen ist, aber keine klare Binnendifferenzierung ihrer Merkmale aufweist (= Undeutlichkeit). Solche „verworrenen" Ideen repräsentieren ein Ganzes, ohne die Teile des Ganzen differenziert aufzufassen (idea confusa, 2p29c).[2]

Die Stufung der menschlichen Erkenntnisarten erklärt sich nun aus einer Beurteilung der möglichen Ideen des menschlichen Geistes anhand der beiden Adäquatheitsmerkmale.

8.1 Imaginatio als Vorstellungskraft und als abstrahierende und assoziative Verknüpfung von Ideen

Die Bestimmung der Imaginatio in 2p40s2 ist eine doppelte: Einerseits hat sie die Funktion sinnlicher Repräsentation, hierin bezeichnet Spinoza sie als unbestimmte Erfahrung (experientia vaga); andererseits ist für sie die Verknüpfung von Vorstellungen charakteristisch, wobei sie sich (sprachlicher) Zeichen bedient (percipere ex signis).

In beiden Funktionen ermangelt die Imaginatio der Klarheit und Deutlichkeit und stellt so die Sphäre inadäquater Vorstellung dar. Was zunächst die Funktion sinnlich-vermittelter Repräsentation betrifft, so ergibt sich deren Inadäquatheit aus der Fassung des menschlichen Geistes als mentaler Repräsentation des Leibes (idea corporis humani actu existentis, 2p13). Die kausale Wechselbestimmtheit des Körpers mit äußeren Körpern spiegelt sich im menschlichen Geist ideell wieder. Das bedeutet zum einen: Was wir als ein Ganzes zu erfassen meinen, hat seine Ursache zum Teil in äußeren, uns affizierenden Körpern (2p16). Unsere Vorstellungen sind von daher „verstümmelt" oder unklar (2p29c; 2p40s2). Zum anderen sind auch die Teilbestimmungen weder des eigenen Körpers (2p24) noch äußerer Körper (2p25) differenziert voneinander in einer Vorstellung der Imaginatio repräsentiert und also undeutlich. Denn in der sinnlichen Repräsentation des menschlichen Geistes findet sich nur die den menschlichen Körper konstituierende Relation der Teilkörper (vgl. Gaukroger, oben 123ff.), nicht aber jeder Teilkörper nach Maßgabe *aller* ihn ausmachenden Bestimmungen. Auch die Teilkörper äußerer Körper werden nicht in allen ihren Bestimmungen, sondern nur in gerade dem

---

[2] „Verworren" verwendet Spinoza jedoch ebenso als Oberbegriff für unklare und undeutliche Ideen. Vgl. 2p28; TIE 63.

den Leib affizierenden Aspekt repräsentiert. Kurz: Sinnliche Repräsentationen sind weder klar noch deutlich und daher inadäquat.

Was nun zweitens die Verknüpfung von Vorstellungen durch die Imaginatio betrifft, so setzt Spinoza in der Definition in 2p40s2 hinzu, daß sie Einzeldinge „ohne Ordnung für den Intellekt" repräsentiere. Der Rückverweis auf 2p29c stellt klar, daß die Imaginatio damit aber nicht gänzlich ohne Ordnung ist, sondern daß hier vielmehr zwei Arten des *ordo* unterschieden werden sollen. Die sinnlichen Repräsentationen folgen einer eigenen „Logik". Es ist zwar die „gemeinsame Ordnung der Natur" (communis ordo naturae), die jede Vorstellung bedingt, aber hier in der Weise, daß das Eingebundensein des *Körpers* in diese Ordnung den *Geist* zur mentalen Repräsentation von Dingen veranlaßt. Der menschliche Geist folgt so der „Ordnung und Verkettung der Affektionen des menschlichen Körpers" (2p18s) – eine, wie Spinoza betont, dem Geist bloß äußerliche Bestimmung (externe determinatur, 2p29s). Die Vorstellungskraft unterliegt dabei dem Gesetz der Ideenassoziation: Was einmal zugleich vorgestellt wurde, wird künftig wieder in dieser Kombination erinnert; zu einer gegenwärtigen Repräsentation wird die in der Vergangenheit mit ihr zugleich aufgetretene assoziiert (2p18s).

Das Kommen und Gehen seiner Vorstellungen muß dem Menschen so als ein völlig kontingentes Geschehen vorkommen (2p44c1), weil er die dahinterstehende Ordnung der Natur aus der engen Perspektive der Wahrnehmung nur seines eigenen Körpers nicht durchschauen kann (vgl. Bartuschat 1992, 106). Deshalb nimmt er Zuflucht bei Hilfsvorstellungen, die ihm die unübersichtliche Mannigfaltigkeit der Vorstellungen handhabbar macht.

Solche *auxilia imaginationis* sind Zeit, Maß und Zahl (Ep. 12, G IV, 57). Mit ihrer Hilfe werden Ablaufschemata vorgestellt (Zeit, 2p44s) und Dinge nach quantitativen Gesichtspunkten zusammengefaßt (vgl. 1p15s). Das wichtigste Resultat dieser „Hilfskonstruktionen" ist die Bildung von abstrakten Allgemeinbegriffen. Hier stellt sich Spinoza auf die Seite der nominalistischen Universalienkritik (vgl. Walther 1971, 86ff., 99). Gattungsbegriffe wie Mensch, Pferd, Hund etc. sind Abstraktionen aus den für den Menschen viel zu bestimmungsreichen Individualvorstellungen von Dingen. Die geringfügigen Unterschiede werden vernachlässigt und nur die öfter in die Sinne fallenden Merkmale zu Begriffen zusammengesetzt. Die Einzeldinge werden so zählbar.

Auf einer noch gesteigerten Ebene der Abstraktion gilt dies für die traditionellen Transzendentalien „Ens, Res, aliquid" (2p40s1). Sie sind für Spinoza gleichsam besinnungslose Befreiungsschläge der menschlichen Einbildungskraft, um der ungeordneten und nicht mehr aufnehmbaren Fülle von Vorstellungen kategorial Herr zu werden.

Auf dem Gebiet der Ethik zeitigt die Dominanz von Hilfsvorstellungen ein besonders tiefgreifendes Problem. Wertvorstellungen wie „gut – schlecht", „vollkommen – unvollkommen" werden aus der empirischen Perspektive von Erinnerung und Gewohnheit gefüllt. Indem Spinoza die Ungegründetheit und Vorurteilsbeladenheit solcher Begriffsbildungen betont, unterzieht er das gemeine teleologische Denken einer grundlegenden Kritik. Solche Begriffe sind insofern Figmente oder *entia imaginationis* als sie nicht die Beschaffenheit der Dinge wiedergeben, sondern nur den Zustand und die Veränderungen der Einbildungskraft des Menschen (1app.)

Insgesamt fällt die Imaginatio so für Spinoza einer grundlegenden Kritik anheim. Der menschliche Geist entwirft sich eine Ordnung seiner Vorstellungen, indem er sich frei wähnt, ohne aber die wahren Gründe seines Entwerfens und Fingierens zu erkennen, weil er an der Naturordnung zwar äußerlich teilnimmt, aber aus seiner begrenzten Perspektive sie nicht selbst zu durchschauen vermag. Die abstrahierende und assoziative Ordnung der Einbildungskraft steht einem *vernünftigen* Leben, einer inneren (interne determinatur, 2p29s) Ordnung des Verstandes (2p18s4), entgegen. „Vernunft" (ratio, intellectus) ist hier nicht nur als terminus technicus für die zweite Erkenntnisart, sondern als Gegenmodell gegen die fingierte Ordnung der Imaginatio im Sinne von adäquatem Erkennen überhaupt zu verstehen, sei es unter der zweiten oder dritten Art (so etwa in 2p44 mit c2; 4p24. 26).

Gleichwohl fungiert die Imaginatio bei Spinoza nicht nur als Negativfolie für das vernünftige, adäquate Erkennen. Die so verstandene „Einbildung" hat nämlich durchaus eine konstitutive Funktion auch für die höheren Erkenntnisarten. Denn sie stellt, in welcher unklaren und undeutlichen „Ordnung" auch immer, die Vorstellungsinhalte menschlichen Denkens bereit. Hier zeigt sich ein erkenntniskritischer Zug von Spinozas Rationalismus. So sehr die höheren Erkenntnisarten gegenüber der Imaginatio zu schätzen sind, so sind sie doch nicht in der Lage, an den Inhalten derselben vorbei eigene Gegenstände zu erkennen. Ratio und Scientia Intuitiva erweisen sich nicht als Vermögen einer vom empirischen Geist abgelösten rationalen Ideenschau.[3] Vielmehr bleibt ihre ko-

---

[3] Bereits Friedrich Heinrich Jacobi hat in seinen die Spinoza-Renaissance im späten 18. Jahrhundert anregenden Spinozabriefen von 1785 geurteilt, daß jene (von ihm ungeschickterweise so genannte) „zweite Seele" des Verstandes neben der ersten Seele der

gnitive Leistung auf die ihnen vorgegebene individuelle Bestimmtheit des jeweiligen konkreten menschlichen Geistes restringiert, wie er sich durch das Vorstellungs-Agglomerat der Imaginatio präsentiert. Die vernünftig-intellektuellen „Augen des Geistes" (5p23s) sehen zwar *anders* als die Sinne, aber *nicht Anderes*. Der menschliche Geist kann als *idea corporis actu existentis* auch durch Intellektion auf keine höhere Quelle nicht-empirischer Vorstellungen zurückgreifen, sondern bleibt an die mentalen Repräsentationen seines individuellen Leibes gebunden (vgl. Gilead 1994; Alquié 1991, 223ff., 244).

8.2 Die humane Möglichkeit adäquaten Erkennens

Unter diesen Bedingungen ist es natürlich die Frage, wie dem Menschen eine adäquate Erkenntnis überhaupt möglich sein kann. Sofern der menschliche Geist an die Repräsentation seines Körpers gebunden ist, scheint er in seinen Ideen zwangsläufig an die für ihn undurchschaubare kausale Ordnung körperlicher Bestimmtheit gebunden zu sein. Genau in jenem Rahmen wird nun aber von Spinoza die Möglichkeit adäquater Erkenntnis erklärt. Gesetzt nämlich, es gäbe einen Sachverhalt, der allen (beteiligten) Dingen – und d.h. zunächst allen Körpern[4] – gemeinsam wäre und „gleichermaßen im Teil wie im Ganzen", dann würde dieser Sachverhalt vom Geist repräsentiert werden können, ohne dem Verdikt der Inadäquatheit zu verfallen (2p38; vgl. Wilson 1996, 111). Denn ein solcher Sachverhalt wäre nicht anders als *klar* zu erfassen, weil er als gemeinsames Merkmal auch in der Mischrepräsentation des durch äußere Körper affizierten Leibes stets vollständig repräsentiert wäre. Er wäre außerdem *deutlich*, d.h. in allen Teilbestimmungen erfaßbar, weil nämlich ein Merkmal, das für Teil und Ganzes gleichermaßen zutrifft, in Teilbestimmungen nicht anders als im Ganzen erfaßbar ist. Die doppelte Bedingung, gemeinsam *und* gleichermaßen im Teil wie im Ganzen zu sein (2p38), deckt also gerade die Möglichkeit einer klaren *und* deutlichen Erkenntnis für einen individuell bestimmten humanen Geist auf.

Imaginatio für Spinoza gleichwohl „nur vermittels dieses Körpers" auf das „Ganze" bezogen sei. Vgl. Jacobi 1998, 22 mit Anm.
4 2p38 ist so formuliert, daß er sowohl für Körper im Attribut Extensio als auch für Ideen im Attribut Cogitatio gültig ist: „Illa, quae *omnibus* communia, quaeque aeque in parte, ac in toto sunt, non possunt concipi, nisi adaequate" (Hervorhebung C. E.). Beweis und Folgesatz beschränken sich dann aber auf die Diskussion gemeinsamer Merkmale von Körpern.

Diese *objektlogischen* Bedingungen für Adäquatheit erfüllen Ideata menschlicher Vorstellungen nach Spinozas metaphysischer Grundlegung in vier Fällen. Das gemeinsame Merkmal kann bestehen a) in dem jeweiligen Attribut selbst (2p13lem2; 2p45), b) im unendlichen Modus des jeweiligen Attributs, d.h. in einer allen endlichen Modi eines Attributs zukommenden Wesenseigenschaft (2p13lem2; 2p38), c) in einer spezifischen Gemeinsamkeit der in einer körperlichen Affektion beteiligten Körper (2p39) und d) in Merkmalen, die aus den in a)–c) genannten jeweils unmittelbar folgen (2p40).

Spinozas Unterscheidung von Ratio und Scientia Intuitiva ergibt sich nun daraus, daß sich letztere auf das Attribut bezieht (a) und erstere auf die gemeinsamen Eigenschaften (b und c). Die Art der in beiden *genera cognitionis* relevanten Folgerungen (d) gibt die terminologische Unterscheidung: Die Ratio folgert in einer diskursiven Weise, wohingegen in der dritten Erkenntnisart die Folge zugleich unmittelbar oder intuitiv ist.

Dies alles ist in der Spinozaforschung Gegenstand einer anhaltenden, kontroversen Diskussion[5] und hier deshalb erläuterungsbedürftig. Bevor aber die Differenzierung der Vernunfteinsicht nach ihrer Gegenstandsseite weiter entfaltet wird, soll hier zunächst auf die *subjektlogische* Bedingung adäquaten Erkennens aufmerksam gemacht werden. Angesichts der sich von selbst einstellenden abstrahierenden und assoziativen Verfestigung von Vorstellungsverknüpfungen in der Imaginatio ist es nicht selbstverständlich, daß der menschliche Geist solche Gemeinsamkeiten, die in adäquaten Ideen gewußt werden, aufspüren kann. Daß er dennoch dazu in der Lage ist, verdankt sich nach Spinoza einer Fähigkeit des menschlichen Geistes, sich mental gleichsam in Distanz zu den intentionalen Gegenständen zu setzen (2p29s; vgl. Bartuschat 1992, 108; ders. 1994, 207) und sich des Denkens dieser Gegenstände *als Denken* bewußt zu sein. Terminologisch gefaßt ist dieser Vorgang als „cognitio reflexiva" (TIE 38) oder „idea ideae" (2p22d), was aber bei Spinoza nicht als objektivierende Selbstwahrnehmung zu denken ist, sondern vielmehr als ein den mentalen Repräsentationen selbst zukommendes intra-mentales Bewußtsein. Von Spinozas Geistmetaphysik her ist dies daraus erklärlich, daß jede Idee nicht nur eine Repräsentation von etwas ist, sondern als Modus des Attributs Cogitatio selbst eine *res* darstellt (dazu Schnepf 1996). So ist ihr in der Strukturisomorphie von Idee und Ideatum (2p7c) nicht nur ihr Gegenstand zugeordnet, sondern, sofern sie *res* ist, entspricht

---

[5] Gesamtdarstellungen von Spinozas Erkenntnistheorie in Parkinson 1954; Gueroult 1974; Bartuschat 1992 und 1994; Wilson 1996; Amann 2000.

ihr selbst wiederum eine Idee, deren Ideatum sie ist. Gueroult spricht passend von einem „parallélisme intra-cogitatif" (1974, 68). Die auf eine Idee bezogene Idee erfaßt jene als *Denkakt*. Daher gründet sich auf dieses intra-mentale Bewußtsein die Gewißheit der Wahrheit einer Idee, viel basaler aber überhaupt die Möglichkeit eines mentalen Umgangs mit eigenen Vorstellungen, ohne welche jegliche kognitive Umorientierung aus der passiven und als kontingent erfahrenen „Knechtschaft" (servitus, vgl. E4) der sinnlich-imaginativen Vorstellungsordnung undenkbar wäre. Gäbe es diese Möglichkeit inner-mentaler Distanzierung nicht, wäre der menschliche Geist bloß ein den Assoziationsgesetzen unterworfenes geistig-kausalmechanisches Repräsentationsorgan ohne selbsttätige Denkkraft. Spinozas Anliegen ist es hingegen zu zeigen, daß der Mensch in geistigen Dingen eine „Ordnung des Verstandes" zu etablieren vermag, die ihn deshalb zur Freiheit bringt, weil sie nicht nur den Gesetzen der Natur folgt, sondern darin auch vom menschlichen Geist begriffen werden kann (vgl. Ellsiepen 2005).

8.3 Ratio als adäquate Erkenntnis gemeinsamer Eigenschaften

Kehren wir nun aber zurück zur Unterscheidung der zweiten und dritten Erkenntnisart, die sich zunächst an deren kognitiven Bezugsgegenständen orientiert. Welche Gegenstandsklassen kommen demnach als Ideata der Ratio in Betracht? Die Definition derselben in 2p40s2 ist so lapidar wie diffizil: Es ist „offensichtlich, daß wir [...] Begriffe bilden, die allgemein sind (notiones universales) [...] endlich daraus, daß wir Gemeinbegriffe (notiones communes) und adäquate Ideen der Eigenschaften von Dingen (rerumque proprietatum ideas adaequatas) haben (siehe Folgesatz zu Lehrsatz 38, Lehrsatz 39 mit Folgesatz und Lehrsatz 40 dieses Teils); diese Weise der Betrachtung (modus contemplandi) werde ich Vernunft (ratio) oder Erkenntnis der zweiten Gattung nennen" (Übers. Bartuschat 1999). Drei Bemerkungen hierzu: Erstens sind *notiones universales* hier in der Tat im weiten Sinne als allgemeine Begriffe zu verstehen. Dazu gehören im Fall der Imaginatio die (inadäquaten) empirischen Gattungsbegriffe, im Falle der Ratio die (adäquaten) Gemeinbegriffe und adäquaten Ideen von Proprietäten. Zweitens expliziert Spinoza den Begriff der *notiones communes* durch den der *rerum proprietatum ideae adaequatae*. Die Rückverweise – das ist der dritte und wichtigste Punkt – zielen jeweils auf unterschiedliche Aspekte der Ratio (vgl. Wilson 1996, 117).

Und zwar verweist Spinoza a) mit 2p38c auf Begriffe mit strenger, auf die ganze Menschheit bezogener Allgemeinheit (notiones omnibus hominibus communes), b) mit 2p39 et c auf Ideen spezifischer Gemeinsamkeiten (commune et proprium) und c) mit 2p40 auf deren jeweilige adäquate Konsequenzenmenge.

ad a) Die Gemeinsamkeit der notiones communes unter allen Menschen rührt daher, daß die darin erfaßten Merkmale innerhalb einer Attributssphäre (dem „unendlichen Modus") streng allgemein, d.h. gemeinsam und im Teil gleichermaßen wie im Ganzen, sind. In Spinozas Augen gilt dies für die körperliche Sphäre von dem Merkmal, in Ruhe oder Bewegung zu sein (2p38c in Verweis auf 2p13lem2).[6] Die allen Menschen gemeinsamen *notiones communes* sind so die mentalen Repräsentanten von innerhalb einer Attributssphäre gemeinsamen Eigenschaften von Dingen, man könnte sagen: von *proprietates communes*. Könnte die Ratio nur diese *allen* Körpern bzw. *allen* Ideen gemeinsamen Merkmale auffassen, so wäre ihr Umfang jedoch sehr beschränkt und ihr Anwendungsgebiet für den Menschen im Grunde relativ belanglos.

ad b) Weitaus wichtiger sind da die spezifischen Gemeinsamkeiten (vgl. Bartuschat 1992, 115f.), welche der jeweils affizierte menschliche Körper nur mit den ihn affizierenden äußeren Körpern gemeinsam hat (commune et proprium 2p39). Ohne die Möglichkeit einer adäquaten Erkenntnis solcher gemeinsamer Eigenschaften wäre das Projekt einer rationalen „Therapie" passiver Affekte (vgl. Bennett 1984, 329ff.; Amann 2000, 267ff.) nicht denkbar. Denn bei den Affekten handelt es sich nicht um Proprietäten aller körperlichen Dinge überhaupt, sondern um spezifische psychophysische Gemeinsamkeiten zwischenmenschlicher Interaktion. Der Umfang solcher spezifischer Gemeinsamkeiten entscheidet dabei über die Reichweite rationaler Erkenntnis (2p39c, vgl. 4p35; 4app. cap 7. 9; 5p39; dazu Gueroult 1974, 339f.; Deleuze 1993, 243ff.).

ad c) Es ist schwierig zu sagen, welche Ideen oder Begriffe (2d3) gemeint sind mit jenen „Ideen, die im [menschlichen] Geist aus Ideen folgen (sequuntur), die in ihm adäquat sind", und von denen in 2p40 behauptet wird, daß sie ebenfalls adäquat seien. Die wichtigste, schon angedeutete Beobachtung scheint mir zu sein, daß dieser Lehrsatz sich sowohl auf die zweite als auch auf die dritte Erkenntnisart bezieht. Bezüglich der Scientia

---

[6] Systemlogisch müßte es entsprechend auch in der Sphäre des Denkens Merkmale geben, die von strenger Allgemeinheit sind und von daher von allen Menschen in gleicher Weise, nämlich adäquat aufgefaßt werden können. Man könnte hier etwa an die Repräsentationsfunktion als an die gemeinsame Eigenschaft aller Ideen denken, etwas zum Gegenstand zu haben. Vgl. dazu Bartuschat 1992, 37–43. 82.

Intuitiva ist dem Aspekt der adäquaten Folge ein guter Sinn abzugewinnen. Aber was bedeutet 2p40 für mögliche Gegenstände der Ratio? Die *notiones communes*, die als Begriffe gemeinsamer (allgemeiner und spezifischer) Proprietäten expliziert worden sind, gelten Spinoza als Grundlagen der rationalen Folgerung (fundamenta ratiocinii, 2p40s1). Aber was läßt sich aus ihnen folgern? *Gueroult* (1974, 388–390) schlägt vor, die Folgerung sei eine subsumierende Applikation eines Allgemeinbegriffs auf einen Einzelfall. Dies überzeugt deshalb nicht, weil *notiones communes* nie unabhängig von der Perzeption eines Einzelnen gedacht werden können – das unterscheidet sie von abstrakten empirischen Gattungsbegriffen. *Bartuschat* denkt an den Zusammenhang von genereller und spezifischer Allgemeinheit (1992, 115), wogegen spricht, daß 2p40 ebensogut auf Ideen spezifischer Gemeinsamkeiten Anwendung finden kann und Spinoza keineswegs behauptet, aus den allgemeinen spezifische Gemeinsamkeiten abzuleiten.[7] *Deleuze* schließlich vermutet das Folgeverhältnis in der Relation von Idee und Affekt (1993, 194. 252). Daß zwischen Idee und Affekt nach Spinoza ein Bedingungsverhältnis besteht, ist nicht zu bestreiten (2a3; 2p11d; 2p49d; vgl. Ellsiepen 2006), aber ob das *ratiocinium* darin aufgeht bzw. überhaupt darin besteht, einen Affekt aus einer Idee folgen zu lassen, ist fraglich.

Mir scheint an dieser Stelle ein Verweis auf Spinozas Verfahren rationaler Begriffsarbeit in der *Ethica* selbst angebracht. Der *ordo geometricus* ist wohl mißverstanden, wenn man ihn als das Verfahren eines einzigen lückenlosen Beweisgangs interpretiert, in welchem aus einer Ursprungsdefinition, der Idee Gottes, alles Folgende entwickelt wird.[8] Vielmehr gehen mit neuerlichen Definitionen, Axiomen und Postulaten neue Prämissen und Fragestellungen in den Deduktionsgang ein (vgl. Schnepf 1996, 104–134).

Gerade aber wenn man den *ordo geometricus* von der Beweislast eines einsinnigen Deduktionsverfahrens entlastet, kann der rationalen Folgerung ein größeres Gewicht darin zugesprochen werden. Die Ratio hätte so eine doppelte Aufgabe. Zum einen käme es ihr zu, *notiones communes* als allgemeingültige Begriffe und als Begriffe spezifischer Eigenschaften zu

---

7 Damit hätte er die Beweislast übernommen, aus unendlichen Modi endliche Modi abzuleiten, was er bekanntermaßen ablehnt (1p21–23, vgl. Bartuschat 1999, XIV).
8 Diese strukturalistische Interpretation vertritt Gueroult, der allerdings das Erfassen der Prämissen als Leistung der Scientia Intuitiva versteht. Nur deren Explikation wäre dann Aufgabe der Ratio. Eine Variante dieser Deutung mit der selbstaufklärerischen Pointe, es gehe dem *ordo geometricus* darum, Folgerungen aus der in uns zwar verdeckten, aber vorhandenen Idee Gottes zu entwickeln, vertritt neuerdings Aaron Garett (2003).

konzipieren. Und zum anderen würde sie die jeweils in einem Begriff liegenden Implikationen als dessen Folgerungen entwickeln. Beide Funktionen zusammen ergäben dann die Möglichkeit, Begriffe so in eine Anordnung zu bringen, daß die Konsequenzen eines jeden Begriffs im jeweiligen Kontext und damit auch nachvollziehbare Zusammenhänge zwischen Begriffen *ordine geometrico* zur Darstellung gebracht werden können.

8.4 Scientia Intuitiva

Die Definition der dritten und höchsten Erkenntnisart, die Spinoza als „scientia intuitiva" (2p40s2) bzw. „cognitio intuitiva" (4app. caput 4; 5p36s) bezeichnet, lautet: „Hoc cognoscendi genus procedit ab adaequata idea essentiae formalis quorundam Dei attributorum ad adaequatam cognitionem essentiae rerum" (2p40s2; vgl. 5p25d). Hiermit verbinden sich eine Reihe von Interpretationsproblemen:[9] a) Die dritte Erkenntnisart wird als eine *adäquate* Einsicht beschrieben, die einen Zusammenhang von jeweiligem Attribut und der Essenz von Einzelnem einzusehen in der Lage ist. Wie kann Spinoza plausibel machen, daß eine solche Einsicht dem menschlichen Geist möglich ist? b) In der obigen Definition spricht Spinoza von einem „procedere" als dem für die dritte Erkenntnisart charakteristischen Erkenntnisvollzug. Dem entsprechen Formulierungen, die gleichfalls ein *diskursives* Moment andeuten (deducere 2p47s, 4p36s; consequi 5p31d; concludere 5p36s). Andererseits greift er auf die Metaphorik des Sehens (intueri) zurück, die gerade auf ein nicht-diskursives, *intuitives* Moment hinweist (2p40s2). Die Ambivalenz in dieser Frage scheint geradezu ein Proprium der höchsten Erkenntnisgattung zu sein und bedarf einer Erklärung. c) Welchen Umfang hat die dritte Erkenntnisart? Spinoza spricht von der „Essenz von Dingen", die adäquat erkannt werden können. Welche Dinge sind es, die der menschliche Geist auf diese Weise erfassen kann? Und kann es eine Erweiterung des Gegenstandsbereichs der Scientia Intuitiva für den Menschen geben, obwohl diese doch Dinge in Relation zur ewigen, unveränderlichen Essenz göttlicher Attribute und in diesem Sinne *sub specie aeternitatis* erkennt? Schließlich: Welche Relevanz hat die Scientia Intuitiva für den Menschen? Wie

---

[9] Unter den wichtigsten Arbeiten zur Scientia Intuitiva vgl. Parkinson 1954, 181–190; Gueroult 1974, 417–487; Röd 1977; Hubbeling 1986; de Dijn 1991; Bartuschat 1992, 119–123, 326ff.; Wilson 1992 und 1996. Vgl. auch meine Darstellung in Ellsiepen 2006, 10–144.

ist eine Erkenntnis einzuschätzen, die eine Ewigkeitsdimension an Zeitlich-Dauerndem ausmacht und sich mit einem affektiven Moment, dem *Amor Dei intellectualis* verbindet?

ad a) Mit der humanen Möglichkeit adäquater Intuition befassen sich die Lehrsätze 2p45–47. Das Grundargument läßt sich in syllogistischer Form darstellen: *Major*: Die in jeder Idee eines wirklich existierenden Dinges implizierte Essenz Gottes (2p45) ist nur adäquat erkennbar (2p46). *Minor*: Der menschliche Geist hat Ideen wirklich existierender Dinge (2p47d). *Conclusio*: Die Essenz Gottes ist dem Menschen adäquat erkennbar (2p47). *Folgerung*: Der menschliche Geist hat auch die Möglichkeit, Essenzen der Dinge als das aus der Essenz Gottes Folgende adäquat zu erkennen (2p47s) und so die Dinge unter der dritten Erkenntnisart zu betrachten.

Die komplexeste Voraussetzung dieses Gedankengangs ist die Theorie der immanenten Kausalität Gottes, die Spinoza in 2p45 in Anspruch nimmt. Denn jede Idee eines wirklich existierenden Dinges (idea rei actu existentis) impliziert (involvit, 1a4; vgl. dazu Wilson 1991) nur insofern eine Referenz auf Gottes Wesen, als es selbst als Existierendes Wirkung göttlicher Kausalität ist. In 2p45s weist Spinoza ausdrücklich darauf hin, daß er hier genau dasjenige Moment eines existierenden Dinges betrachten will, durch welches dessen inneres Konstituiertsein, dessen Kraft, in der Existenz zu beharren (vis qua in existendo perseverat), ausgedrückt wird. Dieses Moment eines existierenden Dinges ist aber seine aktuale Essenz (3p7) und diese ist nichts anderes als Wirkung und bestimmte Manifestation des Wesens Gottes als immanenter Kausalität (dazu Ellsiepen 2006, 17–49). Die Erklärung der Möglichkeit intuitiver Erkenntnis greift so in grundlegender Weise auf die ontologische Kategorie der kausalen Immanenz Gottes in den Dingen zurück (1p15.16.18).

Außerdem bedient sich Spinoza des oben genannten Adäquatheitskriteriums. Die Essenz Gottes – unter dem jeweiligen Attribut betrachtet – erfüllt unter Voraussetzung der immanenten göttlichen Allkausalität die Bedingung, in den Modi jedes Attributes „gleichermaßen im Teil wie im Ganzen" (2p38) zu sein. Nach der Theorie der Strukturisomorphie von Idee und Ideatum (1a4; 2p7c) enthält dann auch jede Idee eines jeden solchen Modus den Verweis auf Gottes Essenz in sich. Also ist die Essenz Gottes als gegeben in einer Idee nur adäquat erfaßbar (2p46). Daß der menschliche Geist Ideen von existierenden Dingen hat, nimmt Spinoza als eine Erfahrungstatsache an (2a4. 5). In 2p47d zeigen die Rückverweise erneut, daß für ihn die Vorstellungen körperlicher Affektionen und deren geistige Selbstbetrachtung unabdingbare Voraussetzung auch der höchsten Erkenntnisart sind. Hier wird deutlich, warum Spinoza von den *genera cognitionis* auch als von *modi res contemplandi* sprechen kann (2p40s2): Auch die höchste Erkenntnisgattung ist nichts als eine Art und Weise (modus)[10], die unserem Geist in ideellen Repräsentationen gegebenen körperlichen und geistigen Dinge zu betrachten.

ad b) Welche Vollzugsform kommt nun der Scientia Intuitiva zu, wenn in ihr eine Wesenseinsicht göttlicher Attribute mit einer Erkenntnis der Essenz von Dingen verbunden ist? Gueroult hat in seiner klassischen Interpretation Ausgangspunkt, Zielpunkt und Prozeß der intuitiven Erkenntnis unterschieden (Gueroult 1974, 446ff.). Seine Bestimmung des intuitiven und des prozeduralen Aspekts der dritten Erkenntnisart legt eine große Kontinuität Spinozas zum Cartesischen Begriff von Intuitus als unmittelbar gewisser Einsicht nahe, wie ihn Descartes in den *Regulae ad directionem ingenii* entwickelt hat. So sei bei Spinoza nicht nur die Erkenntnis der Essenz Gottes als Ausgangspunkt intuitiv und unmittelbar gewiß, sondern ebenso die einzelnen daraus folgenden Ableitungsschritte sowie schließlich, als Zielpunkt, die Erkenntnis der Essenz von Einzelnem (1974, 446–466). Gueroult versteht daher den *ordo geometricus* insgesamt als einen Vollzug intuitiver Erkenntnis (467ff.). Ich halte diese Interpretation für problematisch, weil sie *alle* adäquaten Ideen letztlich als intuitiv ansehen muß und auf diese Weise die Differenz der beiden höheren Genera verwischt. Plausibler scheint mir, daß die Descartes' Intuitusbegriff aufnehmende Gewißheit unmittelbarer Einsicht bei Spinoza in die Theorie der Adäquatheit transformiert worden ist. Der Spinozanische Intuitus stellt als adäquate Wesenseinsicht *eine* und zwar die höchste Form adäquaten Erkennens dar.

Bleibend ist jedoch Gueroults Hinweis auf die Ambivalenz der Spinozanischen Intuition hinsichtlich ihrer internen Vollzugsstruktur. „Intuitiv" und „deduktiv" sind hier nicht als sich ausschließende Gegensätze zu verstehen, sondern bezeichnen jeweils einen konstitutiven Aspekt dieser Art von Erkenntnis (vgl. Schmidt 1975). Beides wird m.E. verständlich aus der besonderen Relation, die Spinoza als Gegenstand jener dritten Erkenntnisart vorschwebte, nämlich aus der essentiellen Relation von *Deus* und *res particulares*. Die Scientia Intuitiva ist nichts anderes als eine Einsicht in jenen Zusammenhang, der in der Wesensrelation von Gott und Einzeldingen seine beiden Pole hat.

---

10 Der Modusbegriff wird in der *Ethik* nicht durchgängig als terminus technicus im Sinne von 1d5 verstanden.

Weil Spinoza darin einen Grenzbegriff von Kausalität (causa sui) mit dem Begriff einer Ursache und Wirkung differenzierenden Kausalrelation (causa rerum) verschränkt (1p25s), weist jene „Relation" neben dem – die Transzendenz Gottes markierenden – Differenzmoment zugleich ein Identitätsmoment auf. Das Wesen eines Einzeldinges ist in diesem Sinne ein Modus (1d5,1p25c) göttlichen Wesens, insofern es dessen Manifestation (exprimere) in endlicher Bestimmtheit darstellt. Epistemologisch kommt jene Doppelheit von Identität und Differenz in der Scientia Intuitiva als Verschränkung von deduktivem und intuitivem Moment ihres Vollzugs zum Austrag. Sofern die Idee Gottes als Grund für die aus ihr folgenden Ideen der Ding-Essenzen fungiert, kann von einem Ableitungsprozeß die Rede sein. Sofern die Erkenntnis der Ding-Essenzen aber nichts anderes darstellt als die Erkenntnis des identischen Wesens Gottes in bestimmter Modifikation, spiegelt sich die reelle Identität der Ideata in der ideellen Identität der entsprechenden Ideen. Das Identische in der Differenz, die göttliche Kraft der Eigenwirksamkeit in den Dingen, wird als identisches Zusammenfallen von Ideen mental repräsentiert und kann daher unmittelbar und intuitiv, mit einem Blick (uno intuito, 2p40s2) des geistigen Auges erfaßt werden.

Das von Spinoza als Illustration der Erkenntnisarten herangezogene arithmetische Beispiel der vierten Proportionalzahl (2p40s2, vgl. TIE 23f.) gewinnt so einen guten Sinn (vgl. Matheron 1986; Ellsiepen 2006, 102, 112–114). Die Genese der Erkenntnis in den einzelnen Genera wird hier durch die Analogie mit dem rechnerischen Vorgehen eines Kaufmanns veranschaulicht. Der Imaginatio entspricht eine dem Gedächtnis bzw. der eigenen Erfahrung entlehnte Regelanwendung. Dem folgernden Verfahren der Ratio hingegen ist erst ein formeller Beweis der Regel aus der allgemeinen Eigenschaft von Proportionalität (ex communi proprietate) vergleichbar, wie ihn etwa Euklid vorgetragen hat. Die Analogie zum Vollzug der Scientia Intuitiva sieht Spinoza im Vorgehen bei folgenden einfachsten Zahlen (1/2 = 3/x). Wie die Relation der ersten beiden Zahlen (1/2) als Prinzip ihrer selbst sowie der gesuchten zweiten Relation (3/6) fungiert und auf einen Blick erfaßt wird,[11] so fungiert die Essenz Gottes als Prinzip ihrer selbst (causa sui) und als Prinzip der Dinge (causa rerum). Die auch in der Modifikation der Ding-Essenzen

---

11 Vgl. den Zusatz der niederländischen Übersetzung: „und dies desto deutlicher, da wir nur an das besondere Verhältnis der zwei ersten Zahlen und nicht an die allgemeine Eigenschaft der Proportionalzahlen zu denken brauchen" (Übers. ed. Konrad Blumenstock, Darmstadt 1964, 561).

identische Essenz Gottes ist auf ähnliche Weise uno intuito erfaßbar, wie die 1/2 in der Relation 3/6. Zu beachten ist, daß dieses „Sehen" der Zahlen trotz der Analogie keinen *Fall von* intuitiver Erkenntnis darstellt, sondern diese nur veranschaulichen soll. Denn Zahlen sind nach Spinoza nichts als Hilfsmittel der Einbildungskraft. Die Vorstellung arithmetischer Verhältnisse ist in seinen Augen alles andere als Einsicht in das Wesen realer Dinge.

ad c) Einsicht in die „essentiae rerum", das ist definitionsgemäß die Aufgabe der Scientia Intuitiva. Mit der Formulierung „rerum" setzt Spinoza aber – wie ich meine: bewußt – eine Unbestimmtheit in deren Gegenstandsbereich. Am Ende der *Ethik*, im fünften Teil, wird eine Näherbestimmung geliefert. Hier wird klar, warum Spinoza den Umfang dieser Erkenntnisform in der Definition weit formuliert hat. Denn zur Scientia Intuitiva gehört ein Bewußtsein, das dreierlei, den menschlichen Geist selbst, Gott und die Dinge, in sich fassen kann (sui, et Dei, et rerum conscius, 5p42s, vgl. 5p31s, 39s). Unter der Formulierung „cognitio essentiae rerum" in 2p40s2 kann Spinoza so neben der intuitiven[12] *Selbst*erkenntnis des menschlichen Geistes auch die intuitive Erkenntnis von *Dingen*, die vom menschlichen Geist verschieden sind, fassen. In 5p31 vertritt er dabei die These, die Wesenserkenntnis äußerer Dinge[13] hänge von der essentiellen Selbsterkenntnis des menschlichen Geistes ab. Die epistemische Priorität der Selbsterkenntnis ergibt sich daraus, daß uns die Essenzen äußerer Dinge nur in der Affektion der Essenz unseres Leibes mental zugänglich sind. Eine adäquate Einsicht in das Wesen äußerer Dinge kann nach der Adäquatheitsregel aus 2p38 nur dasjenige an diesem Wesen erfassen, was dieses mit dem Wesen des eigenen Körpers gemeinsam hat und gleichermaßen im Teil wie im Ganzen ist. Daraus folgt zweierlei. a) Ohne eine essentielle Selbsterkenntnis kann es keine essentielle Erkenntnis von Dingen geben. b) Von der Erfassung der *individuellen* Essenz eines Einzeldings kann keine Rede sein, sehr wohl aber von der Erkenntnis der Essenz *eines Individuums*, nämlich in deren Konstituiertsein durch die göttliche Essenz (vgl. dazu Gueroult 1974, 459–463; Ellsiepen 2006, 46–50, 116–122). Intuitiv-essentielles *Selbst*bewußtsein begleitet also notwendig jede intuitiv-essentielle *Sach*erkenntnis; in beidem

---

[12] „Intuitiv" gebrauche ich hier streng im Spinozanischen Sinn, nicht wie in der heutigen Debatte üblich als „vorreflexiv" oder „dem gesunden Menschenverstand nach".
[13] So die gegenüber dem Leitsatz 5p31 genauere Formulierung des Beweisziels von 5p21–31 in 5p31d: „Die Dinge in der dritten Erkenntnisart zu erkennen hängt vom menschlichen Geist als ewigem ab (*res* tertio cognitionis genere cognoscendum […] Mens […] causa est adaequata)".

aber ist ein *Gottes*bewußtsein impliziert, in welchem sich der Mensch Gottes als des innersten Grundes von Eigenaktivität in dessen Manifestation an einem Einzelnen bewußt wird. Das Einzelding, sei es der eigene Geist oder ihm äußere Dinge, wird durch den Bezug auf die unzeitliche Existenz Gottes unter einem Aspekt von Ewigkeit betrachtet. Die berühmte, von Spinoza selbst geprägte (Jaquet 1997, 11) Formel *sub specie aeternitatis concipere*[14] verwendet er zwar ebenso für den Vollzug der Ratio, weil diese bestimmte Eigenschaften der Dinge so zu erkennen vermag, wie sie in den Dingen tatsächlich sind und also wie sie mit Notwendigkeit in der Naturordnung gesetzt sind (2p44c2). Aber für die Scientia Intuitiva hat sie doch besonderes Gewicht. Denn hier geht es nicht nur um die Übereinstimmung von Begriffen mit der göttlichen Notwendigkeit der Naturordnung, sondern um die mentale Repräsentation jener Ewigkeit selbst (1d8) – in deren Manifestation am Einzelding (5p30).

Ein Fortschritt oder eine graduelle Verbesserung in dieser intuitiven Einsicht *sub specie aeternitatis* ist nur quantitativ, in Hinsicht auf die Ausdehnung dieser Betrachtungshinsicht auf immer weitere Gegenstände durch den betrachtenden menschlichen Geist denkbar, nicht aber hinsichtlich der Qualität des Einsehens jenes Ewigkeitsmomentes. Immer mehr Einzeldinge in ihrer Essentialität zu erkennen heißt daher, eine größere Erkenntnis Gottes zu haben (5p24). Es bedeutet zugleich eine Verminderung der an Zeit und Raum (vgl. TIE 108) orientierten Betrachtungsweise *sub duratione* (5p23s) wie umgekehrt eine Steigerung der intellektuellen Kraft des Geistes, der allein aus eigener Potenz heraus, sich selbst und ihm äußere Dinge in ihrem letzten, konstituierenden Grund, in der Ewigkeitsdimension ihrer Essenz zu erfassen vermag. Deshalb verbindet sich nach Spinoza mit dieser höchsten Erkenntnisart ein solcher intellektueller Affekt, der das Bewußtsein der Entfaltung eigener mentaler Aktivität als ungegenständliche Liebe Gottes sich verstehen läßt. Der *Amor Dei intellectualis* spiegelt als die affektive Seite der Scientia Intuitiva deren kognitive Struktur der Manifestation des inneren göttlichen Grundes am Orte des menschlichen Bewußtseins in einer geistig-affektiven Partizipation am Ewigen. (Zum Amor Dei intellectualis s. ausführlich Kisser, unten 283ff.). Von daher eignet der Scientia Intuitiva eine Affinität zur religiösen Einstellung (vgl. Ellsiepen 2005).

---

14 Zur Variation der Formel als *sub quadam specie aeternitatis* vgl. Gueroult 1974, 609–615; Jaquet 1997, 109–123.

Abschließend seien die Charakteristika der Spinozanischen Erkenntnisarten noch einmal zusammengefaßt.

Die *Imaginatio* liefert als basale Vorstellungskraft jene mentalen Repräsentationen (Ideen) unseres Körpers, die unseren menschlichen Geist ausmachen. In der Verknüpfung von Ideen bleibt sie aber an die durch die körperlichen Affektionen bedingte Assoziation gebunden und entwickelt abstrahierende Hilfsvorstellungen, die das Festhalten an ihrer inadäquaten Ideenordnung noch verstärken.

Die *Ratio* entwickelt aus dem Gehalt der dem menschlichen Geist verfügbaren Ideen Gemeinbegriffe (notiones communes) als adäquate Ideen universal bzw. spezifisch gemeinsamer Eigenschaften. Diese bilden den Grund des rationalen Folgerns, das Zusammenhänge von Begriffen darlegen kann, ohne indes einen vollständigen Systemanspruch voraussetzen zu müssen.

Die *Scientia Intuitiva* als höchste Erkenntnisart erfaßt die Gegenstände von Ideen des menschlichen Geistes in deren Essenz, indem sie die Eigenwirksamkeit der Dinge als innersten Grund ihrer Existenz und bestimmte Manifestation göttlicher Allkausalität erkennt. Ihr intuitiv-deduktiver Doppelcharakter verdankt sich ihrem Bezug auf die Identität und Differenz verschränkende Relation immanenter Kausalität Gottes in den Dingen. Sie impliziert stets eine Erkenntnis des Wesens des eigenen Geistes und vereinigt auf diese Weise adäquates Selbstbewußtsein mit wesentlicher Sacherkenntnis; beides als Wissen *sub specie aeternitatis* verbunden mit der Einsicht, im Wesen von Selbst und Dingen zugleich der Ewigkeit Gottes am Ort des Endlichen gewahr zu sein.

Literatur

Bartuschat, Wolfgang 1994: The Infinite Intellect and Human Knowledge. In: Yovel (Hrsg.), 187–208.
de Dijn, Herman 1991: Metaphysics as Ethics. In: Yovel (Hrsg.), 119–131.
Ellsiepen, Christof 2005: Immanenz und Freiheit. Spinozas Beitrag zur Religionsphilosophie. In: Arnulf von Scheliha, Claus-Dieter Osthövener, Roderick Barth (Hrsg.): Protestantismus zwischen Aufklärung und Moderne. FS für Ulrich Barth, Frankfurt/M., 3–15.
– 2006: Anschauung des Universums und Scientia Intuitiva. Die spinozistischen Grundlagen von Schleiermachers früher Religionstheorie. Berlin/New York (im Erscheinen).
Garrett, Aaron V. 2003: Meaning in Spinoza's Method, Cambridge.
Gilead, Amihud 1994: The Indespensability of the First Kind of Knowledge. In: Yovel (Hrsg.), 209–221.
Hubbeling, Hubertus Gesinus 1986: The third way of knowledge (intuition) in Spinoza. In: Studia Spinozana 2, 219–231.
Jaquet, Chantal 1997: Sub specie aeternitatis. Etude des concepts de temps, durée et éternité chez Spinoza. Paris.

Matheron, Alexandre 1986: Spinoza and Euclidean Arithmetic. The example of the fourth proportional. In: Grene/Nails (Hrsg.), 125–150.
- 1988: Les modes de connaissance du „Traité de la Réforme de l'Entendement" et les genres de connaissance de „l'Ethique". In: Renée Bouveresse (Hrsg.): Spinoza, Science et Religion. Paris, 97–108.

Röd, Wolfgang 1977: Spinozas Idee der scientia intuitiva und die spinozanische Wissenschaftskonzeption. In: Zeitschrift für philosophische Forschung 31, 497–510.

Schmidt, Wolfgang 1975: Intuition und Deduktion. Untersuchungen zur Grundlegung der Philosophie bei Spinoza. In: Klaus Peters, Wolfgang Schmidt, Hans Heinz Holz (Hrsg.): Erkenntnisgewißheit und Deduktion. Zum Aufbau der philosophischen Systeme bei Descartes, Spinoza, Leibniz. Darmstadt/Neuwied, 57–128.

Schneider, Ulrich Johannes 1981: Definitionslehre und Methodenideal in der Philosophie Spinozas. In: Studia Leibnitiana 13, 212–241.

Wilson, Margaret D. 1991: Spinoza's causal axiom (Ethics I, Axiom 4). In: Yovel (Hrsg.), 133–160.
- 1992: Infinite Understanding, Scientia Intuitiva, and Ethics I.16. In: Chappell (Hrsg.), 397–408.
- 1996: Spinoza's theory of knowledge. In: Garrett (Hrsg.), 89–141.

Thomas Cook

9. Der Conatus: Dreh- und Angelpunkt der *Ethik*

Das Bemerkenswerte an der *Ethik* ist ihr umfassender philosophischer Anspruch. In nur einem Buch stellt Spinoza sich den zentralen Fragen der Metaphysik, Theologie, Epistemologie, Physik, Philosophie des Geistes, Psychologie und Ethik. Diese Fragen werden aber nicht einzeln der Reihe nach thematisiert, als beträfen sie voneinander isolierte Gegenstände; vielmehr bietet Spinoza eine erstaunlich systematische Theorie der gesamten Wirklichkeit, in der jedes Untersuchungsgebiet seinen ihm zukommenden Platz hat und doch in einer solchen Weise mit allen anderen im Zusammenhang steht, daß der integrale Charakter des Systems zum Ausdruck kommt.

Bis zum Ende des zweiten Teils hat Spinoza die zentralen Begriffe der Metaphysik gesichert und die verschiedenen Weisen erläutert, in denen die Dinge notwendig aus der unendlichen und ewigen göttlichen Substanz folgen. Die grundlegenden Prinzipien der Physik und die Natur des Geistes sind dargelegt, zusammen mit einer Erklärung dafür, daß der Mensch zwar zu erkennen vermag, aber auch irren kann. Der freie Wille ist als nicht existent entlarvt worden, als weder in Gott noch im Menschen gegenwärtig, als eine bloße Illusion, die wir aufgrund unseres Unwissens notwendig entwickeln.

Im dritten Teil geht Spinoza dann daran, den Titel des ganzen Werkes zu rechtfertigen, denn er beginnt, die zentralen Fragen der Ethik anzusprechen. Wie für viele ältere Denker besteht für ihn das Ziel einer ethischen Untersuchung darin festzustellen, welche Art zu leben für die Menschen am besten sei, und auszumachen, wie wir die Hindernisse zu einem solchen Leben ausräumen könnten. Er geht von der plausiblen Annahme aus, daß ein Leben voller Freude besser ist als ein Leben voller

Traurigkeit. Freude und Trauer sind aber affektive Zustände. Daher muß sich die ethische Untersuchung auf unser affektives Leben richten. Zum einen ist das gute Leben durch positive Affekte wie z.B. Freude definiert. Zum anderen hindern uns gewisse fehlgeleitete und übermäßige Affekte, nicht-rationale Leidenschaften, daran, das gute Leben zu erlangen und zu genießen. Wenn wir eine Strategie entwerfen wollen, um uns von den zerstörenden negativen Leidenschaften zu befreien und in Freiheit die positiven Affekte der Freude genießen zu können, müssen wir verstehen, was die Affekte sind, wie sie zustande kommen und wie sie wirken. Der 3. Teil der *Ethik*, „Von dem Ursprung und der Natur der Affekte", widmet sich genau dieser Aufgabe.

Bevor er seine Analyse in Angriff nimmt, hält Spinoza inne, um den Leser daran zu erinnern, daß er, obwohl er sich mit den Affekten einem neuen Gegenstand zuwendet, keine neue, andere Methode anwenden wird. Die menschlichen Affekte sind vielmehr wie alle anderen Dinge und Ereignisse natürliche Phänomene. Sie entstehen gemäß den Naturgesetzen und müssen entsprechend erforscht und verstanden werden:

> „[…] die Gesetze und Regeln der Natur, nach denen alles geschieht und aus einer Form in eine andere sich verändert, sind überall und immer dieselben. Mithin muß auch die Weise ein und dieselbe sein, in der die Natur eines jeden Dinges, von welcher Art es auch sein mag, zu begreifen ist, nämlich durch die allgemeinen Gesetze und Regeln der Natur." (3praef.)

In einem vielzitierten Satz, der ebenso an Galileis methodologischen Aufbruch zur neuen Wissenschaft der Mechanik wie an seine eigene geometrische Methode erinnert, schließt Spinoza das Vorwort mit den folgenden Worten: „Ich werde menschliche Handlungen und Triebe geradeso betrachten, als ginge es um Linien, Flächen und Körper." (3praef.)

In gewissem Sinne bleibt Spinoza diesen Worten treu; in der Tat wendet er im dritten Teil seine bekannte geometrische Beweismethode an, wenn er die menschlichen Handlungen und Triebe erörtert. Andererseits kann er aber diese Dinge nicht so behandeln, „als ginge es um Linien, Flächen und Körper", aus dem einfachen Grund, daß menschliche Handlungen und Triebe keine Linien, Flächen und Körper sind. Zwar sind sie wirklich rein natürliche Dinge, aber sie treten in einem Wesen auf, dessen Komplexität es oftmals erfordert, daß wir Begriffe zur Beschreibung und Erklärung gebrauchen, die über die der Geometrie oder Physik (Linien, Flächen und Körper) hinausgehen. Natürlich ist sich Spinoza dessen bewußt und weiß, daß er zusätzliche begriffliche Mittel einführen muß, um eine vollständige Theorie der menschlichen Handlungen und Affekte zu entwickeln. Um z.B. menschliche Handlungen und Begierden zu erklären, wendet man natürlich intentionale und auf Zwecke gerichtete Erklärungsmuster an. Außerdem muß Spinoza, wenn er menschliche Handlungen ansprechen will, eine Erklärung des Menschen als Ort und Quelle der Aktivität geben. Die dazu notwendigen begrifflichen Mittel hat er am Anfang des dritten Teils noch nicht entwickelt. Spinoza muß also seine begriffliche „Werkzeugkiste" erweitern; er muß etwas Neues einbringen, aber so, daß nicht der Eindruck erweckt werden kann, es habe ein ontologischer Bruch stattgefunden.

Spinoza löst dieses Problem dadurch, daß er im 6. Lehrsatz des 3. Teils der *Ethik* das Conatusprinzip einführt: „Jedes Ding strebt (conatur) gemäß der ihm eigenen Natur (quantum in se est), in seinem Sein zu verharren." Das Conatusprinzip wird ganz unspektakulär eingebracht und derart bewiesen, daß die Kontinuität mit der vorhergehenden metaphysischen Diskussion betont wird. In seiner Darstellung scheint es also keine ernsthafte begriffliche Neuerung zu sein. 3p6 (das Conatusprinzip) wird sich jedoch zuletzt als einer der wichtigsten Lehrsätze der ganzen *Ethik* erweisen.

Die Lehre von einem allgemeinen Streben nach Selbsterhaltung (3p6) eröffnet den begrifflichen Raum für Spinozas affektive Psychologie, seine ethische Lehre und sogar für seine politische Theorie.[1] Dieses Streben erweist sich als die Basis für alles Begehren (3p9s); und die grundlegenden Affekte der Freude und der Trauer, auf denen die ganze komplexe Theorie der Affekte ruht, sind ein direktes Ergebnis der Befriedigung oder Nichterfüllung dieses Begehrens. Da die Tugend eines Individuums das Resultat des Vermögens seines Strebens ist (4d8), bietet die Conatuslehre eine Basis für moralische Normen. Und da Spinoza davon ausgeht, daß das Naturrecht eines Individuums und dessen Vermögen zu streben umfangsgleich sind, ist das Streben zugleich ein begrifflicher Ausgangspunkt für seine politische Lehre.

Wegen seiner Schlüsselrolle bedarf das Conatusprinzip (3p6) einer sorgfältigen und kritischen Untersuchung. Die folgenden Fragen werden die Struktur unserer kritischen Interpretation bilden:

1) Welche wichtigen Vorläufer könnten Spinoza in seiner Annahme eines Conatusprinzips beeinflußt haben?
2) Was genau heißt es zu behaupten, daß jedes Ding „in seinem Sein zu verharren strebt"?

---

[1] Don Garrett gibt eine sehr gute Zusammenfassung der zentralen Momente der Conatuslehre (vgl. Garrett 2002, 127).

3) Wie wird das Conatusprinzip hergeleitet? Ist diese Deduktion gerechtfertigt?
4) Läßt sich die Lehre gegen naheliegende Einwürfe und Gegenbeispiele verteidigen?

Diese Fragen werden wir bei unserem Versuch, diese zentrale Stelle in einem klassischen Text auszulegen, im Auge behalten.[2]

9.1 Historische Vorläufer der Conatuslehre

Jeder flüchtige Beobachter könnte feststellen, daß Tiere (einschließlich der Menschen) sich im allgemeinen so verhalten, daß sie ihre Existenz verlängern und den Tod vermeiden. Sie essen, trinken, suchen Schutz und fliehen vor Raubtieren. Diese allgemeine Beobachtung des Verhaltens ist von einigen Philosophen auf die hohe Ebene einer universellen Wahrheit über die menschliche und tierische Natur erhoben worden, beispielsweise von den Stoikern. So behauptet Cicero:

> „Sobald ein Lebewesen geboren wird, spürt es für sich selbst eine Sympathie und eine Neigung, sich und seinen Zustand zu erhalten und die Dinge zu lieben, die zu dieser Erhaltung beitragen, während es seiner Zerstörung und denjenigen Dingen, die zu seiner Zerstörung zu führen scheinen, abgeneigt ist." (*De Finibus* III, V)[3]

Spinoza ist natürlich von den Stoikern beeinflußt worden (Leibniz hat ihn sogar beschuldigt, den Neustoikern anzugehören); es wäre also keine Überraschung, wenn die Annahme dieses Prinzips durch die Stoiker Spinozas Aufmerksamkeit gefunden hätte.

In Spinozas 17. Jahrhundert sehen wir Hobbes die Bedeutung des menschlichen Selbsterhaltungstriebs in seiner politischen Theorie unterstreichen. Ihm zufolge erstreben Menschen zwar auch angenehme Lebensbedingungen, aber das, was unser Verhalten am stärksten motiviere, sei unsere Abneigung gegen den Tod. In der Tat vermeiden wir den Tod „infolge einer natürlichen Notwendigkeit, nicht geringer als die, durch welche ein Stein zur Erde fällt" (*De Cive* I, 7). In Hobbes' politischer

---

[2] In der Sekundärliteratur werden diese und andere Fragen sehr ausführlich und kontrovers diskutiert. Hier sollen nur einige wichtige Quellen erwähnt werden (vor allem in den Fußnoten), ohne jedoch Partei zu ergreifen.

[3] Diese Stelle wird bei Curley zitiert (1988, 114). Als Beispiel für die stoischen Vorgänger des Conatusprinzips führt Pollock Diogenes Laertius an (1899, 109).

Theorie dient die Annahme einer natürlichen Notwendigkeit, aufgrund der wir den Tod vermeiden, als Basis für (1) das „Naturrecht" (demzufolge wir frei sind, unser Vermögen zu gebrauchen, um unser Leben zu erhalten) und (2) das „Gesetz der Natur" (demzufolge es uns verboten ist, etwas zu tun, was unser Leben zerstört). Der Selbsterhaltungstrieb ist also für Hobbes zentral, und diese seine Sicht hat in der Tat einen erheblichen Einfluß auf Spinoza ausgeübt.

Wir finden also Vorgänger Spinozas, die in ihren Theorien der menschlichen Natur von dem Streben nach Selbsterhaltung und dem Streben, den Tod zu vermeiden, ausgegangen sind.[4] Und zweifellos fand Spinoza in diesen weitverbreiteten Ansichten Impulse für seine eigene Conatuslehre. Jedoch ist seine Position weitergehend, denn er macht das Streben, in seinem Sein zu verharren, zu einem wesentlichen Zug nicht nur des Menschen und anderer Lebewesen, sondern jedes existierenden Dings überhaupt. Für Spinoza ist das Conatusprinzip ein allgemeines Prinzip. Daß er die Allgemeingültigkeit dieses Strebens behauptet, macht es um so bedeutsamer – aber auch um so rätselhafter.

9.2 3p6 – Was behauptet der Satz?

Wenn wir an etwas denken, das nach Selbsterhaltung strebt, denken wir zunächst an lebendige Organismen und ihren Selbsterhaltungstrieb. Tatsächlich soll das Conatusprinzip nach Spinoza diese Art eines Überlebensinstinkts bei Tieren begründen. Aber wie bereits erwähnt, enthält sein Satz eine weitaus allgemeinere These. Er behauptet, daß jedes Ding (unaquaeque res) danach strebt, in seinem Sein zu beharren. Wenn wir diese Formulierung festhalten und daran erinnern, daß dieses Prinzip dazu bestimmt ist, die Lücke zwischen einerseits „Linien, Flächen und Körpern" und andererseits dem affektiven Leben von Menschen auszufüllen, wird es klar, daß wir einen breiteren Zugang brauchen, wenn wir Spinozas Auffassung richtig verstehen wollen.

Das Wort „conatur" – hier als „strebt" übersetzt – bedeutet normalerweise, daß jemand „danach strebt" oder „versucht", etwas zu tun. Dies

---

4 In seiner unvergleichlich detaillierten Darstellung der historischen Quellen und der Entwicklung von Spinozas Denken zitiert Wolfson Stellen aus Augustinus, Thomas von Aquin, Duns Scotus, Dante, Telesio und von Spinozas Lehrer Rabbi Saul Morteira. Eine sehr interessante und weitreichende Erörterung der Zentralität des Selbsterhaltungsbegriffs in der frühen Neuzeit findet man bei Blumenberg.

wiederum legt nahe, daß das Individuum eine Idee von dem hat, was es zu erreichen sucht (Curley 1988, 107). Wenn aber das Conatusprinzip so ausgelegt würde, würde das zu der sehr unplausiblen Behauptung führen, daß jedes Ding eine Idee von seiner Selbsterhaltung hat und entsprechend versucht, diese zu verwirklichen. Das wäre vielleicht eine sinnvolle Behauptung in bezug auf die Menschen und womöglich auf andere empfindende Wesen. Sie wäre aber absurd, wenn sie allgemein auf „jedes Ding" angewandt würde.[5]

Glücklicherweise gibt es Textstellen, die eine andere Auslegung des Terminus „conatur" erlauben, eine Auslegung, die Spinoza das ermöglicht, was er braucht, ohne etwa den Steinen unplausiblerweise komplexe Gedanken zuzuschreiben.[6] Spinozas erstes veröffentlichtes Werk war eine geometrische Darstellung von Descartes' *Prinzipien der Philosophie*. Im Kontext dieses Werks gebraucht Spinoza die Termini „conatus" oder „conatur", wenn er schlicht von der natürlichen Tendenz eines Körpers spricht, sich in einer gewissen Weise zu bewegen. So erfahren wir z.B. in PPC 2p17: „Jeder im Kreise bewegte Körper strebt danach, sich von dem Mittelpunkt des Kreises, den er beschreibt, zu entfernen." Dieses Prinzip, das wir Zentrifugalkraft nennen würden, verlangt vermutlich nicht, daß der Körper eine Idee von der Richtung hat, in die er strebt, noch daß er sich in irgendeiner Weise „anstrengt". In Gegenteil, zu sagen, der Körper strebe danach, sich in eine gewisse Richtung zu bewegen, heißt vielmehr, daß er natürlicherweise dahin tendiert, d.h. daß er sich so bewegen wird, wenn er nicht irgendwie von außen gezwungen wird. In den Definitionen am Anfang des dritten Teils der PPC drückt sich Spinoza in diesem Punkt sehr deutlich aus: „Unter dem Streben zur Bewegung (conatus ad motum) verstehe ich keine Art des Denkens, sondern nur, daß ein Stoffteil so gelegen und zur Bewegung geneigt (incitata) ist, daß er wirklich sich wohin bewegen würde, wenn ihn nicht eine andere Ursache daran verhinderte." (Def. III)

Eine weitere Stelle in diesem frühen Werk ist unmittelbar relevant für unsere Überlegungen hinsichtlich 3p6. Am Schluß seiner Darlegung des cartesischen Systems hat Spinoza einige eigene „Metaphysische Gedanken"

---

[5] Ich sage das trotz Spinozas notorischer Behauptung, daß alle Individuen in verschiedenen Graden „beseelt" (*animata*) seien (2p13s). Denn ungeachtet dieser Behauptung scheint Spinoza nicht zu meinen, daß alle Individuen (einschließlich Steinen, Kreisen und Kerzen) dazu fähig sind, Ideen von ihrer zukünftigen Existenz zu bilden.
[6] Pollock (1899, 109) und Della Rocca (1996, 196) berufen sich beide auf diese Stellen in der PPC, wenn sie die Spinozistische Bedeutung von „conatus" diskutieren.

9. Der Conatus: Dreh- und Angelpunkt der *Ethik*

(*Cogitata Metaphysica*) angefügt. Gegen Ende des 1. Teils dieser „Gedanken" diskutiert er jene fehlgeleiteten Denker, die irrtümlich zwischen einem Ding und dem Streben des Dings unterscheiden, in seinem Sein zu verharren:

> „Man unterscheidet zwischen der Sache selbst und dem in jeder Sache enthaltenen Bestreben, ihr Dasein zu erhalten, obgleich man nicht weiß, was man unter ‚Bestreben' versteht. Beide Begriffe sind zwar im Denken oder vielmehr den Worten nach verschieden, was hauptsächlich irregeführt hat, aber keineswegs der Sache nach." (PPC, 125; G I, 248)

Es ist klar, daß Spinoza schon an dieser Stelle seines Frühwerkes vom Conatusprinzip spricht und daß er das Streben eines Dings, im Sein zu verharren, mit diesem selbst identifiziert. Er fügt das folgende Beispiel hinzu, das trotz seiner typischen Abstraktheit die Sache recht gut erläutert:

> „Um dies klar zu machen, will ich das Beispiel einer höchst einfachen Sache hier vorführen. Die Bewegung hat die Kraft, in ihrem Zustande zu beharren; aber diese Kraft ist in Wahrheit nur die Bewegung selbst, d.h. die Bewegung ist von Natur so beschaffen. Wenn ich nämlich sage, daß in diesem Körper A nur eine gewisse Menge von Bewegung enthalten ist, so folgt klar, daß so lange ich auf diesen Körper achtgebe, ich immer sagen muß, daß er sich bewegt. Denn wenn ich sage, er verliere seine Kraft, sich zu bewegen, aus sich selbst, so erteile ich ihm notwendig etwas Weiteres zu dem in der Voraussetzung Angenommenen, und dadurch verliert er seine Natur." (G I, 248)

Spinoza macht also keinen Unterschied zwischen dem Streben eines Dings, in seinem Sein zu verharren, und der Tendenz eines Körpers, in Bewegung zu bleiben. Das heißt, wir sind berechtigt, das Streben, im Sein zu verharren, im Sinne des Trägheitsprinzips zu verstehen. Wir müssen dem Ding nicht irgendeine Idee von sich selbst oder von seiner Zukunft zuschreiben, um ihm eine Tendenz (einen Conatus), in seinem Sein zu beharren, beizulegen. Des weiteren meint Spinoza, wie aus diesen Passagen klar wird, daß das Streben eines Dings, in seinem Sein zu verharren, nichts anderes ist als das Ding selbst. So wie es in der Natur der Bewegung liege, sich ihrer Trägheit gemäß fortzusetzen, falls keine entgegenwirkenden Kräfte vorhanden sind, liege es in der Natur eines existierenden Dings, in seinem Sein zu verharren, wenn es keine entgegenwirkenden Faktoren gibt.

9.3 Wie wird das Conatusprinzip abgeleitet?

Diese Stellen in Spinozas Frühwerk helfen uns bei dem Versuch festzustellen, was in 3p6 behauptet (und was nicht behauptet) wird. In ihrem Licht betrachtet, kann dieser Lehrsatz uns auch helfen zu verstehen, wie Spinoza zu dieser Auffassung gelangt sein könnte. Mir scheint, daß es zwei verschiedene (aber auch komplementäre) Wege gibt, denen wir folgen können, um den Gedankengang zurückzuverfolgen, der Spinoza zu 3p6 führte. Der eine besteht tatsächlich in der Analogie zur Bewegung und deren Trägheitstendenz. Spinoza fand eine Möglichkeit, eine Art Trägheitsprinzip auf die Zusammensetzung komplexer Modi der Ausdehnung anzuwenden. Dies kann leicht zu der Auffassung führen, alle zusammengesetzten Körper hätten eine natürliche homöostatische Tendenz, ihre physische Integrität (und dadurch ihre weitere Existenz) zu erhalten.

Ich vermute, daß Spinoza diesen Schluß unwiderstehlich fand und daß es dieser Gedankengang war, der den größten Einfluß auf seinen Weg zu 3p6 ausübte. Wir werden diesen Weg (unten in (a)) zuerst untersuchen. Dieser ist aber nicht die offizielle, in der *Ethik* dargebotene Ableitung des Lehrsatzes. Im Gegenteil, ohne die Trägheit oder überhaupt die Bewegung zu erwähnen, bietet Spinoza einen Beweis von 3p6, der auf sehr abstrakten und allgemeinen metaphysischen Prinzipien aus dem 1. Teil und auf zwei unmittelbar vorausgehenden Lehrsätzen beruht. Wir werden auch diese Ableitung einigermaßen detailliert untersuchen (weiter unten in (b)) und alsdann die Beziehung zwischen den beiden Wegen diskutieren, die Spinoza zum Conatusprinzip führten.

a) Trägheit, Homöostasis und Conatus

Unmittelbar nach 2p13 der *Ethik* unterbricht Spinoza seine Erläuterung des menschlichen Geistes, um eine kurze Erklärung der Natur der physikalischen Körper zu liefern. Der allererste Hilfssatz (Lemma 1) erklärt, daß Körper sich aufgrund von Ruhe und Bewegung voneinander unterscheiden, nicht aber in Hinsicht auf ihre Substanz. Dann lernen wir, in einer Anwendung von 1p28, daß jeder bewegte oder ruhende Körper von einem anderen Körper zu Ruhe und Bewegung bestimmt werden mußte, und dieser wiederum von einem anderen und so weiter ins Unendliche. Spinoza führt als Folgesatz dazu sein Trägheitsprinzip an: „[...] daß ein bewegter Körper so lange in Bewegung bleibt, bis er von einem anderen Körper bestimmt wird zu ruhen, und daß ebenso ein ruhender Körper so lange in Ruhe verbleibt, bis er von einem anderen bestimmt wird sich zu bewegen." (Lemma 3c) Spinoza bietet die folgende Rechtfertigung dafür (eine Rechtfertigung, die fast wortwörtlich die oben zitierte Stelle aus den *Cogitata Metaphysica* wiedergibt und den Beweis von 3p4 andeutet):

> „Dies versteht sich ja auch von selbst. Denn nehme ich an, daß Körper A beispielsweise ruht, ohne auf andere Körper zu achten, werde ich von Körper A nichts weiter sagen können, als daß er ruht. Tritt später ein, daß Körper A sich bewegt, kann dies gewiß nicht daher gekommen sein, daß er ruhte, konnte doch daraus weiter nichts folgen, als daß Körper A in Ruhe verbleibt. Nimmt man andererseits an, daß Körper A sich bewegt, wird man, solange man nur auf A achtet, nichts anderes über ihn aussagen können, als daß er sich bewegt." (Lemma 3c)

In Spinozas erstem Beispiel ruht A, und das Ruhen definiert A. Solange man nur auf A achtet (und auf nichts außerhalb seiner), wird man nichts anderes finden als das, was für A definierend ist, d.h., daß es ruht. Ebenso aber auch mutatis mutandis, wenn A sich bewegt.

Spinoza argumentiert, als wäre dies ein rein logischer Punkt – solange man nur auf das achte, was für A definierend ist, könne nichts anderes gefolgert werden. Nichts, was im Gegensatz zu P steht, läßt sich allein aus Aussage P ableiten. Der Schritt von diesem logischen Argument zu einem Schluß über die Gesetze der Physik scheint uns etwas seltsam, ist aber für den kausalen Rationalisten Spinoza gerechtfertigt.

Diese Darstellung der trägen Kraft der ruhenden oder sich bewegenden Körper kann bei der Ableitung von 3p6 aber nur dann helfen, wenn sie sich auf andere Dinge ausdehnen läßt, die interessanter sind als „Körper in Bewegung". Spinoza geht diesen Schritt in seiner Definition eines „zusammengesetzten Körpers":

> „Wenn mehrere Körper, von derselben Größe oder auch von verschiedener Größe, von anderen Körpern so zusammengedrängt werden, daß sie aneinanderliegen, oder wenn sie, mit demselben Grad oder auch mit verschiedenen Graden von Geschwindigkeit, sich so bewegen, daß sie ihre Bewegungen nach einer bestimmten Regel untereinander verknüpfen (motus suos invicem certa quadam ratione communicent), dann sollen wir sagen, daß diese Körper miteinander vereinigt sind und daß sie alle zusammen einen einzigen Körper oder ein Individuum bilden, das sich von den anderen durch die beschriebene Vereinigung der Körper unterscheidet."

In einer Reihe von Hilfssätzen erklärt Spinoza, daß auch wenn dieser zusammengesetzte Körper größer oder kleiner wird oder sich von einem Ort zum anderen bewegt, oder wenn einige seiner Teile durch andere ersetzt werden, er doch derselbe Körper bleibe, solange seine Teile „die Regel (ratio) von Bewegung und Ruhe" (Lemma 5) untereinander beibehalten.[7] Es ist viel darüber spekuliert worden, was Spinoza mit der Formulierung einer „Regel von Bewegung und Ruhe" gemeint habe. Wir können aber mehr oder weniger zuversichtlich sagen, daß sie sich auf die relativen Positionen und Bewegungen der Teile des zusammengesetzten Körpers untereinander bezieht – Positionen und Bewegungen, die definierend und konstitutiv für die Form des zusammengesetzten Körpers sind und die mehr oder weniger gleich bleiben müssen, wenn der Körper derjenige Körper bleiben soll, der er ist. In der Tat – und hierauf kommt es an – ist die Konstanz des zusammengesetzten Körpers, des Körpers, der er ist, nichts anderes als das Beibehalten dieser Beständigkeit der „Regel von Bewegung und Ruhe" zwischen den Teilen, während sie aufeinander wirken und während der ganze Körper auf unterschiedliche Weisen mit der Umwelt interagiert.

Es mag hier von Nutzen sein, wenn wir eine modernere naturwissenschaftliche Ansicht heranziehen. Heutzutage wissen wir recht viel über die biochemischen Prozesse, die die organische Einheit und Beständigkeit einer Pflanze oder eines Tieres bedingen. Diese Prozesse folgen selbstverständlich den Naturgesetzen, und sie machen das Überleben und die zeitliche Kontinuität des Organismus aus. So könnten wir etwa sagen, daß ein Tier eine natürliche Tendenz hat, Nahrung zu sich zu nehmen, Sauerstoff aufzunehmen, Exkremente auszustoßen, Gewebeverletzungen zu reparieren, seine Körpertemperatur zu regeln usw. Gleichwohl ist die Formulierung, daß ein Tier „eine Tendenz habe", dies alles zu tun, irreführend. Zutreffender wäre eine Redeweise, wonach die natürliche Tendenz dieser miteinander koordinierten Prozesse, so zu geschehen, wie sie geschehen, die homöostatische Aufrechterhaltung der organischen Einheit ausmacht, die dieses Tier ist. Diese Prozesse sind das Tier. Die natürliche Tendenz dieser Prozesse, so zu geschehen, wie sie geschehen, ist auf seiten des Tiers seine natürliche Tendenz zu überleben, in seinem Sein zu verharren.

---

7 Obwohl Spinoza das Wort selbst nicht verwendet, hat er hier eine durchaus raffinierte Theorie des Organismus entworfen, die bei Hans Jonas auf interessante Weise reflektiert wird (Jonas 1965). Obwohl Spinoza natürlich nichts von der Evolution gewußt hat, gibt es bemerkenswerte Übereinstimmungen zwischen seiner Theorie und gewissen funktionellen und adaptationsbezogenen Erklärungsansätzen der heutigen Biologie.

Gemäß den biochemischen Gesetzen lassen diese Prozesse sich, einmal in Gang gesetzt, erst dann stoppen, wenn die Bedingungen sich ändern oder etwas den Ablauf unterbricht. Die Naturgesetze sagen nichts über die Zeit oder die Dauer aus. Diese natürliche Tendenz erhält die organische Einheit aufrecht, die das Tier ausmacht, ebenso wie die natürliche Trägheit eines sich bewegenden Objekts dieses Objekt in Bewegung hält. Nachdem Spinoza die Identität eines zusammengesetzten Körpers einmal durch die Beständigkeit des Verhältnisses von Ruhe und Bewegung zwischen den Teilen des Körpers definiert hat, nachdem einmal klar ist, daß die Teile auf natürliche Weise so interagieren, daß sie dieses Verhältnis aufrechterhalten, fällt es Spinoza leicht, die Parallele zwischen der Trägheit eines bewegten Körpers, in Bewegung zu bleiben, und der Tendenz eines zusammengesetzten Körpers, in seinem Sein zu verharren, aufzugreifen.

Spinoza hält die Trägheit eines bewegten Körpers, in Bewegung zu bleiben, für eine Kraft.[8] In derselben Weise sieht er die Tendenz eines zusammengesetzten Körpers, in seinem Sein zu verharren, als eine Kraft an. Das scheint mir die beste Interpretation der folgenden interessanten Stelle aus der Anmerkung zu 2p45 zu sein: „Denn wenn auch ein jedes von einem anderen Einzelding bestimmt wird, in einer bestimmten Weise zu existieren, folgt doch die Kraft, mit der ein jedes im Existieren verharrt, aus der ewigen Notwendigkeit der Natur Gottes." Ich verstehe das so, daß sich die ewige Notwendigkeit der Natur mittels der Naturgesetze durchsetzt, der zeitlosen regelmäßigen Wirkensweise der göttlichen Aktivität. Die Kraft, durch die ein Ding in seinem Sein verharrt, folgt aus den Naturgesetzen und ihrer zeitlosen und unveränderlichen Beständigkeit. Entsprechend diesen Gesetzen interagieren die Teile des zusammengesetzten Körpers so, daß sie ein gewisses Verhältnis von Ruhe und Bewegung untereinander beibehalten.[9]

Spinoza kann schließlich zuversichtlich sein, daß nichts innerhalb des zusammengesetzten Körpers selbst jenen Körper zerstören wird, denn der Körper ist ja durch das Aufrechterhalten einer bestimmten Beziehung unter seinen Teilen (gemäß der oben erwähnten „Regel (ratio) von Ruhe und Bewegung") definiert. Ein mutmaßlich innerer Teil des zusammen-

---

8 Vgl. die oben zitierte Passage aus den *Cogitata Metaphysica* (I, 248): „Die Bewegung hat die Kraft, in ihrem Zustande zu beharren; aber diese Kraft ist in Wahrheit nur die Bewegung selbst, d.h. die Bewegung ist von Natur so beschaffen."
9 Es gibt eine reichhaltige Sekundärliteratur darüber, wo genau die Naturgesetze (die Regelmäßigkeiten des göttlichen Wirkens) im Spinozistischen System zu finden sind (Yovel 1991 und Curley 1969). Ich habe eine plausible Darstellung dieses Themas zu liefern versucht (Cook 1986).

gesetzten Körpers, der das sie definierende Verhältnis zerstörte, stünde eo ipso nicht in der erforderlichen Beziehung zu den anderen Teilen und wäre also nicht ein Teil des Körpers. Etwas, was den Körper zerstören könnte, müßte also irgend etwas anderes sein als ein Teil des Körpers, d.h. es müßte außerhalb des Körpers sein.

Dies scheint mir ein plausibler begrifflicher Pfad zu sein, auf dem Spinoza zu dem Schluß hätte kommen können, daß alle Modi der Ausdehnung auf natürliche Weise dazu neigen, in ihrem Sein zu verharren, unabhängig davon, ob sie einfachere, durch ihre Bewegung definierte Modi sind oder zusammengesetzte Modi, die durch ein gewisses „Verhältnis von Ruhe und Bewegung" definiert sind. Lebewesen stellen das offensichtlichste Beispiel dieser Tendenz dar. Für Spinoza unterscheiden sich aber lebende Organismen von anorganischen Dingen allein durch den höheren Grad ihrer Komplexität und durch die Fähigkeit, mit der Umwelt auf verschiedene Weisen zu interagieren, ohne das konstituierende Verhältnis von Ruhe und Bewegung unter den Teilen zu verlieren. Spinoza ist der Auffassung, daß es ein kontinuierliches Spektrum wachsender Komplexität gibt, welches von der Ruhe und Bewegung eines einfachen Körpers bis zum Verhältnis von Ruhe und Bewegung eines komplexeren Organismus reicht. Das Conatusprinzip betrifft sie aber alle gleichermaßen.

b) Die Ableitung des Prinzips im 3. Teil der *Ethik*

Die begrifflichen Ähnlichkeiten zwischen dem Trägheitsprinzip und der Conatuslehre liegen auf der Hand, und sie sind häufig von Kommentatoren erwähnt worden. Ich habe diese Ähnlichkeiten hier deswegen etwas ausführlicher ausgearbeitet, weil ich meine, daß sie Spinozas Gedankengang beeinflußt haben. Die Parallelen können uns auch helfen, die Conatuslehre in ihrer vollen Allgemeinheit zu verstehen. In der *Ethik* aber entwickelt Spinoza diese Parallele nicht ausdrücklich. Im Gegenteil, die Ableitung der Conatuslehre (d.h. der Beweis von 3p6) ist auf einer höheren Abstraktionsebene angesiedelt, und zwar auf der Ebene von allgemeinen metaphysischen Prinzipien, die per se nichts über Bewegung, Trägheit, Organismen oder ausgedehnte Dinge überhaupt aussagen. Dieser Beweis ist schwierig, aber interessant, und angesichts der Bedeutung der Conatuslehre für das Spinozistische System verdient er unsere Aufmerksamkeit.[10]

---

10 Der Beweis von 3p6 hat in jüngerer Zeit eine vielfältige und fruchtbare Behandlung in der Sekundärliteratur erfahren. Bennett weist auf einige Schwächen des Arguments hin (1984,

9. DER CONATUS: DREH- UND ANGELPUNKT DER *Ethik*

Der Beweis von 3p6 in der *Ethik* wird schon in 3p4 vorbereitet. Dieser Lehrsatz lautet: „Kein Ding kann anders als von einer äußeren Ursache zerstört werden." Spinoza sagt zunächst, daß eigentlich kein Beweis nötig sei, da dieser Lehrsatz „durch sich selbst einleuchtet (per se patet)". Das ist interessant. Wenn er tatsächlich „durch sich selbst" evident wäre, hätte er den Status eines Axioms. Wenn er jedoch als ein solches eingeführt worden wäre, hätte dies unsere Aufmerksamkeit auf die Tatsache gelenkt, daß dieser Satz von keinem vorangehenden Lehrsatz abgeleitet wird. Und das könnte uns darauf stoßen, daß hier etwas Neues – eine begriffliche Neuigkeit – in Gang kommt.[11]

Spinoza insistiert aber nicht auf der Selbstevidenz des Lehrsatzes. Im Gegenteil – kaum hat er dem Leser erklärt, daß der Lehrsatz durch sich selbst evident sei, reicht er schon das folgende Argument zur Unterstützung nach:

„[...] die Definition eines jeden Dinges bejaht nämlich die Essenz des Dinges, verneint sie aber nicht; anders formuliert, sie setzt die Essenz des Dinges, hebt sie aber nicht auf. Solange wir demnach nur auf das Ding selbst und nicht auf äußere Ursachen achten, werden wir in ihm nichts finden können, das es zerstören könnte." (3p4dem)

Die Idee scheint die zu sein, daß die Definition eines Dinges seine Essenz bejaht und daß diese Definition uns auch mitteilt, was in „dem Ding selbst" eingeschlossen ist. Ich schaue auf die Definition eines Dinges, um zu sehen, was in dem Ding selbst liegt, und wenn ich auf die Definition schaue, finde ich, daß die Essenz des Dinges bejaht oder gesetzt (und nicht verneint oder aufgehoben) wird. Da ich also in der Definition nichts finden kann, was die Essenz aufhebt, kann nichts in „dem Ding selbst" das Ding zerstören. Folglich kann nur eine äußere Ursache das Ding zerstören.

Spinoza nimmt an, daß die Definition eines Dinges dessen Essenz nicht „verneinen" oder „aufheben" kann.[12] Was will er damit sagen? Ich glaube, wir können noch einmal die *Cogitata Metaphysica* zu Rate ziehen. Hier

---

240–246); Della Rocca (1996, 202–206) erwähnt weitere Probleme. Don Garrett (2002) verteidigt den Gedankengang, wobei er sich auf den interessanten Begriff der „Inhärenz" beruft. Ich finde auch die Diskussion bei Bartuschat (1992, 135–137) weiterführend.

11 3p4 ist, worauf Bennett hinweist, „[...] the only proposition in the *Ethics* that is demonstrated without help from previously declared doctrines". Bartuschats Diskussion des unabhängigen Status von 3p4 ist inhaltsreicher und äußerst hilfreich in bezug auf diese Frage.

12 Spinoza hat eine offizielle Definition der „Essenz" (2d2), aber sie scheint mir hier nicht weiterzuhelfen. An unsere frühere Diskussion anknüpfend, könnten wir seine „Regel von

diskutiert Spinoza Notwendigkeit und Unmöglichkeit und sagt: „Auf zwei Weisen heißt eine Sache notwendig und unmöglich: entweder in Bezug auf ihr Wesen oder in Bezug auf ihre Ursache". In bezug auf ihre Essenz sind, so erklärt er, solche Dinge unmöglich, deren Definitionen Widersprüche in sich selbst enthalten. Diese unmöglichen Dinge heißen „Chimären", und Spinozas Lieblingsbeispiel ist ein viereckiger Kreis. Man schaut auf die Definition eines viereckigen Kreises und sieht, daß ein viereckiger Kreis unmöglich ist, da die Definition die Kreisförmigkeit setzt und sie zugleich „verneint" oder „aufhebt". Zwei logisch widersprüchliche (und dadurch sich gegenseitig ausschließende) Prädikate, wie viereckig und kreisförmig, können unmöglich in einer oder als eine einzige Essenz koexistieren, denn sie würden sich gegenseitig „aufheben".

Also existiert nichts, was eine in sich widersprüchliche Definition (und eine selbstnegierende Essenz) hätte. Spinoza kann deshalb davon ausgehen, daß wir, solange wir auf die Definition und die Essenz eines Dinges achten, nichts darin finden werden, was die Essenz „verneinen" oder „aufheben" könnte. Im letzten Satz des Beweises argumentiert er aber, daß eine derartige Logik nicht nur auf die Essenz des Dinges bezogen werden kann, sondern auf „das Ding selbst".[13] Wenn wir also auf das Ding selbst achten, werden wir keine widersprüchliche Definition oder selbstaufhebende Essenz finden. Und wir werden also nichts innerhalb des Dinges selbst finden, das es zerstören kann.

Einen Widerspruch innerhalb der Essenz zu haben scheint uns eine seltsame Art, an die Zerstörung von etwas zu denken. Spinoza stimmt dem zu, würde aber die Seltsamkeit damit erklären, daß es hier um eine Unmöglichkeit geht. Dennoch würde er darauf bestehen, daß dies die einzige Weise wäre, in der ein Ding ohne äußere Ursache zerstört werden könnte. Und da dies schlechthin unmöglich ist, kann kein Ding anders als von einer äußeren Ursache zerstört werden (QED). Warum aber nimmt Spinoza an, daß dies die einzige Weise sei, in der etwas anders als von einer äußeren Ursache zerstört werden könnte? Ich vermute, daß er deshalb so gedacht hat, weil er die Essenz als das, was in dem Ding ist, betrachtet. Da

---

Ruhe und Bewegung" als die Essenz eines zusammengesetzten Modus betrachten, die für den Modus definitiv ist. Die Essenz ist auch (wie oben erwähnt) eine Kraft, die dazu tendiert, sich aufrechtzuerhalten. Die in der Definition eines Körpers bestimmte Essenz verweist auf die Grenzen des Inneren und Äußeren des Körpers.

13 Meinem Eindruck nach werden in dieser Argumentation bei Spinoza die folgenden Begriffe mehr oder weniger gleichgesetzt: „das Ding selbst"; „die Essenz des Dinges"; „das, was die Definition artikuliert"; „das Ding *quantum in se est*".

die Essenz (so werden wir wiederholt belehrt, z.B. 4praef., 3p8) nichts mit einer spezifischen Dauer zu tun hat, kommt es Spinoza unmöglich vor, daß etwas innerhalb des Dinges (in der Essenz des Dinges) der Dauer des Dinges ein Ende setzen könnte.[14] Die einzige Weise, in der etwas innerhalb der Essenz sie „aufheben" könnte, wäre die durch logischen Widerspruch. Das ist aber natürlich unmöglich (chimärisch). Also können nur äußere Faktoren die Zerstörung des Dinges zur Folge haben.

In 3p5 macht Spinoza einen weiteren Schritt in dieser Argumentationsrichtung.[15] Da nichts durch etwas in sich selbst zerstört werden kann, wären Dinge, die sich zerstören könnten, „von entgegengesetzter Natur, d.h. sie könn[t]en nicht in demselben Subjekt sein". Es geht aus diesem Lehrsatz allein nicht hervor, was Spinoza hier unter „Dinge" versteht, noch ist klar, worauf die Behauptung, daß diese Dinge „von entgegengesetzter Natur" sind und „nicht in demselben Subjekt sein können", hinausläuft. Aber die Bedeutung dieser Behauptungen zeigt sich, wie wir sehen werden, in Spinozas Versuch, diesen Lehrsatz im Beweis von 3p6 anzuwenden.

Spinoza hat festgestellt, 1) daß nichts zerstört werden kann außer durch eine äußere Ursache; und 2) daß Dinge, die einander zerstören können, von entgegengesetzter Natur sind und nicht in demselben Subjekt sein können. Diese Behauptungen sind beide negativ in der Form; sie sagen, was nicht geschehen und was nicht der Fall sein kann. Daher ist es einigermaßen überraschend, daß der nächste Lehrsatz, der so wichtige 3p6, uns positiv mitteilt, was jedes Ding zu tun strebt. „Jedes Ding strebt gemäß der ihm eigenen Natur, in seinem Sein zu verharren." Spinoza kann diese positive Behauptung über das, was Dinge tun, offensichtlich nicht direkt und allein aus den vorhergehenden negativen Lehrsätzen über das, was nicht der Fall ist, ableiten.

Der Beweis von 3p6 fängt damit an, daß er den Leser an einige sehr wichtige Grundprinzipien der Spinozistischen Metaphysik erinnert, etwa daß Einzeldinge Modi sind, „die die Macht Gottes, durch die Gott ist und handelt, auf bestimmte und geregelte Weise ausdrücken". Es ist nicht klar, was die direkte Relevanz dieser Prinzipien ausmachen soll, aber sie erinnern uns daran, daß etwas zu sein heißt, Macht auszudrücken, d.h. aktiv zu sein. Wenn etwas aktiv ist, sich selbst gegenüber aber nicht destruktiv sein

---

14 Wenn ich ihn richtig verstanden habe, hält auch Bennett dies für die korrekte Interpretation des Lehrsatzes (Bennett 1984, 235).

15 „Dinge sind von entgegengesetzter Natur, d.h. können nicht in demselben Subjekt sein, insoweit das eine das andere zerstören kann."

kann (nach 3p4), dann muß seine Aktivität von einer nicht-selbstzerstörerischen Art sein. Das beweist aber noch nicht 3p6, denn die Aktivität eines Dinges könnte nicht-selbstzerstörerisch sein, ohne deshalb notwendigerweise nach Verharren im Sein zu streben. Spinoza versucht, den fehlenden Schritt im Argument dadurch nachzuholen, daß er sich auf den vorausgehenden Lehrsatz beruft. Er behauptet, daß 3p5 zeige, daß ein Ding „allem, was seine Existenz aufheben kann, entgegensteht". Der Leser wird also gewissermaßen eingeladen, sich ein Ding vorzustellen, das allen seine Existenz bedrohenden anderen Dingen aktiv „entgegenstehe", und daraus den Schluß zu ziehen, daß das Ding danach strebe, sich zu erhalten. Aber das einzige, das in 3p5 bewiesen worden ist, ist, daß Dinge, die einander zerstören könnten, von einer entgegengesetzten Natur sind und nicht in demselben Subjekt sein können. Das erfordert aber nicht, daß das Ding sich jenen anderen Dingen, die es zerstören könnten, in dem Sinne widersetzt, der nötig wäre, um 3p6 als Ergebnis zu liefern, selbst wenn das in 3p6 erwähnte „Streben" in der oben dargelegten begrenzten, trägheitsbezogenen Weise interpretiert wird.

Ich glaube nicht, daß der Beweis von 3p6, so wie er formuliert ist, zum Ziel führt. Aber die Erläuterung der Individuation von zusammengesetzten Modi, die wir oben in (a) entwickelt haben, kann die erforderliche Ergänzung liefern, um die Schlußfolgerung zu erleichtern. Jeder zusammengesetzte Körper ist durch die Beständigkeit eines gewissen Verhältnisses von Ruhe und Bewegung unter seinen Bestandteilen definiert. Eine Sache kann als ein Einzelding angesehen werden und als solches fortdauern nur so lange, wie dieses Verhältnis aufrechterhalten wird. Ist diese Auffassung darüber gegeben, was es heißt, ein zusammengesetzter Körper zu sein, dann ist klar, daß eine solche Tendenz, das Verhältnis aufrechtzuerhalten, für jeden so beschaffenen Körper konstitutiv ist. Dies ist, in gewissem Sinne, eine analytische Wahrheit (was natürlich auch im Einklang steht mit der wiederholten Betonung dessen, was klar ist, wenn wir nur auf die Definition der Sache achten). Der Schluß von der Definition einer Sache auf ihre aktive Tendenz der Selbsterhaltung steht im Falle eines zusammengesetzten Körpers bereits fest, wenn der Körper im Sinne der Definition eines zusammengesetzten Körpers in Teil 2 der *Ethik* verstanden wird. Spinoza scheint anzunehmen, daß derselbe Schluß auch auf einer abstrakten metaphysischen Ebene in 3p6 zur Verfügung stehe.

9.4 Einwände und Gegenbeispiele

Wir haben uns bemüht zu verstehen, wie Spinoza sein Conatusprinzip zu Beginn des 3. Teils der *Ethik* gewinnt. Der Leser mag selbst beurteilen, inwieweit Spinozas Argument trägt. Viele haben aber behauptet, die Argumentation sei fehlerhaft, da sie auf einen offensichtlich falschen Schluß führe. Spinozas Annahme, wonach jedes Ding danach strebt, im Sein zu verharren, und nicht anders als durch eine äußere Ursache zerstört werden kann, scheint durch Beispiele leicht zu widerlegen zu sein. Selbstmörder sind naheliegende Beispiele der Selbstzerstörung. Auch Zeitbomben und sogar die Sonne (deren Schicksal es ist, sich selbst zu verbrennen) sind als offensichtliche Gegenbeispiele zu Spinozas These angeführt worden.

Spinoza wußte natürlich nichts von Zeitbomben, und er hat in diesem Kontext auch nichts zum Thema der Sonne zu sagen. Er ist sich aber durchaus bewußt, daß Selbstmörder ein Problem für seine Theorie darstellen, so sehr, daß er diese Frage an drei verschiedenen Stellen der *Ethik* anspricht. In der ersten Passage (2p49s) ordnet er die Selbstmörder derselben Kategorie wie „Kinder, Narren und Verrückte" zu, und gibt zu, daß er nicht weiß, was er von solchen Geschöpfen denken soll. In 4p18s, wo er erläutert, was die Vernunft von uns verlangt, sagt er, daß „diejenigen, die sich selbst das Leben nehmen, ohnmächtigen Gemüts sind und völlig überwältigt [...] von äußeren Ursachen, die ihrer eigenen Natur entgegengesetzt sind". Diese seine Erwiderung ist geradezu zwingend, denn nur wenn er die Ursache der Zerstörung innerhalb des Individuums leugnet, kann er den unerfreulichen Schluß vermeiden, daß das Individuum von sich selbst (oder von etwas in sich) zerstört wurde. An dieser Stelle ist aber nicht klar, wie man die Trennlinie zwischen dem Inneren und dem Äußeren des Individuums ziehen kann. Etwas mehr Aufschluß erhalten wir darüber in dem folgenden Beispiel in 4p20: „Einer mag sich selbst töten, weil er von einem anderen dazu gezwungen wird, der ihm die rechte Hand, die zufällig ein Schwert hält, umdreht, und ihn zwingt, die Spitze gegen das eigene Herz zu richten; ein anderer, weil er, wie Seneca, auf Befehl eines Tyrannen gezwungen wird, sich die Adern zu öffnen [...]; ein dritter schließlich, weil verborgene äußere Ursachen seine Vorstellungskraft so disponieren und seinen Körper so affizieren, daß dieser eine andere Natur annimmt, die der früheren entgegengesetzt ist". In den beiden ersten Fällen könnte man plausiblerweise sagen, daß die Person nicht von sich selbst, sondern von äußeren Ursachen zerstört wurde. Der dritte Fall ist interessanter, aber auch schwieriger. Spinoza erkennt an, daß die Vorstellungskraft und der Körper eines Menschen so sehr von „verborgenen äußeren Ursachen" geändert werden könnten, daß der Mensch „eine andere Natur annimmt, die der früheren entgegensetzt ist". Es ist natürlich problematisch zu sagen, daß ein Mensch „eine andere Natur annehmen" könnte, denn es erweckt den Anschein, als ob es ein gleichbleibendes zugrundeliegendes Individuum gäbe, das verschiedene Naturen haben könnte – eine Theorie der Identität des Individuums, die Spinoza ablehnt. Das, was er behaupten muß, ist, daß der Einzelne wegen der „verborgenen äußeren Ursachen" zu etwas anderem geworden ist, als er früher war.[16] Wenn aber der Mensch zu einem anderen Wesen geworden ist, hat er dadurch aufgehört zu existieren und kann insofern nicht mehr von der Hand des Individuums mit der neuen Natur getötet werden. Wenn jedoch das Individuum mit der neuen Natur sich selbst zerstört, taucht dasselbe Problem wieder auf – wie kann Spinoza einen Selbstzerstörer erklären?

Spinoza spricht das Problem des Selbstmörders wiederholt an, aber er versucht letztlich nicht, die Selbstzerstörung zu erklären. Im Gegenteil sucht er die Selbstzerstörung als irreführenden Schein „wegzuerklären". Für Spinoza gehören Selbstzerstörer zu der gleichen Kategorie wie viereckige Kreise – sie sind ein chimärisches Nichts mit einer widersprüchlichen Essenz. Selbstmörder können nicht als Gegenbeispiele gegen seine Theorie dienen, denn es gibt keinen wirklichen Selbstmörder. Und für den Fall, daß der Leser immer noch daran zweifelt, schließt Spinoza seine Betrachtung dieser Frage mit den folgenden Worten ab:

„Daß aber ein Mensch aus der Notwendigkeit seiner eigenen Natur danach strebte, nicht zu existieren oder sich in eine andere Gestalt zu verwandeln, ist so unmöglich, wie daß etwas aus nichts kommen könnte, wie jeder mit nur geringem Nachdenken sehen kann."

9.5 Schlußbetrachtungen über die Zentralität der Conatuslehre

Es läßt sich bezweifeln, ob das Conatusprinzip wahr und die Argumentation, die es unterstützen soll, stichhaltig ist. Es besteht aber gar keine Frage hinsichtlich der Zentralität dieser Lehre für die *Ethik*. Der Begriff des Conatus erleichtert den Übergang von der frühen Diskussion der Trägheit einfacher Körper (in den Grundprinzipien der Physik) zur ausgereiften Affekten- und Motivierungspsychologie der späteren Teile des

---

[16] Eine erhellende Erörterung dieser Fragen findet sich bei Wallace Matson (Matson 1977).

Werkes. Spinozas ausgefeilte Theorie der Affekte beginnt mit drei Grundaffekten – Begehren, Freude und Trauer. Es stellt sich heraus, daß das Begehren nichts anders ist als das Streben des Einzelnen, im Sein zu verharren, soweit dieses Begehren auf Objekte gerichtet ist, die seine Selbsterhaltung fördern (3p9s).[17] Freude und Trauer werden hinsichtlich des Übergehens des Individuums „bald zu einer größeren, bald zu einer geringeren Vollkommenheit" (3p11s) verstanden, wobei „Vollkommenheit" auf die Kraft des Individuums verweist (auf die Kraft zu handeln, affiziert zu werden und im Sein zu verharren). Diese drei Grundaffekte muß man hinsichtlich des Conatus verstehen, und alle anderen menschlichen Emotionen lassen sich letztlich aus diesen dreien ableiten. Nicht nur unser emotionales Leben hat seine Wurzel im Conatus, sondern alles menschliche Handeln entspringt dem Grundstreben nach Selbsterhaltung. Alles, was ich aktiv tue – atmen, essen, musizieren, philosophieren –, ist eine Manifestation des Conatus, der meine Essenz ausmacht. 3p12 liefert ein Beispiel der Erklärung einer menschlichen Handlung, die von dieser Lehre ermöglicht wird: „Der Geist strebt, soviel er kann, sich das vorzustellen, was die Wirkungsmacht des Körpers vermehrt oder fördert." Als eine natürliche Folge seines Selbsterhaltungsstrebens will der Mensch, daß sein Körper mit jenen Dingen interagiert, die die Kraft seines Körpers stärken. Wenn der Körper mit einem Objekt interagiert, stellt sich der Geist das Objekt vor. Das Streben, körperlich mit einem machtstärkenden Ding zu interagieren, wie z.B. beim Essen, und das Streben des Geistes, sich das Ding vorzustellen, sind eine und dieselbe Manifestation des menschlichen Grundstrebens nach Selbsterhaltung, begriffen je durch die zwei Attribute der Ausdehnung und des Denkens.

In 3p28 lesen wir: „All das, von dem wir uns vorstellen, daß es zur Freude beiträgt, streben wir herbeizuführen; all das aber, von dem wir uns vorstellen, daß es ihr widerstreitet, also zur Trauer beiträgt, streben wir zu beseitigen oder zu zerstören." Diese Anwendung der Conatuslehre erlaubt es Spinoza, ein breites Spektrum von menschlichen Handlungen dadurch zu erläutern und vorauszusagen, daß man auf die (wirklichen oder scheinbaren) Selbsterhaltungstendenzen dieser Handlungen achtet. Und trotz des Verbots einer die Attribute überschreitenden Kausalität kann Spinoza die ganze Psychologie des Glaubens und Wünschens bedienen, um menschliche Handlungen zu erklären. Begierden lassen sich

---

17 In Wirklichkeit verhält es sich etwas komplizierter, denn Spinoza unterscheidet zwischen einem Trieb als solchem und einem Trieb, sofern wir uns seiner bewußt sind. Das Wort „Begierde" bezieht sich technisch nur auf den letzteren Ausdruck.

dabei von einem Streben nach Selbsterhaltung ableiten, während Glauben hinsichtlich der „Ideen" verstanden wird, die im zweiten Teil erläutert sind. Dies öffnet den begrifflichen Raum für alle möglichen intentionalen Erklärungen, die auf menschliche Ziele und Zwecke gerichtet sind, solange diese Ziele und Zwecke plausiblerweise als Manifestationen des essentiellen Strebens des Individuums, im Sein zu verharren, betrachtet werden können.[18] Und der Unterschied zwischen dem, was wir als der Selbsterhaltung förderlich ansehen, und dem, was die Selbsterhaltung tatsächlich fördert (sozusagen zwischen dem wirklichen und dem scheinbaren Guten), liefert einen wichtigen Baustein zum ethischen Fortschritt, den Spinoza in den späteren Teilen der *Ethik* ausführlich erkunden wird.

Literatur

Bennett, Jonathan 1983: Teleology and Spinoza's Conatus. In: Midwest Studies in Philosophy 8: Contemporary Perspectives on the History of Philosophy, 143–160.
- 1990: Spinoza and Teleology: A Reply to Curley. In: Curley/Moreau (Hrsg.), 53–57.
Blumenberg, Hans 1996: Selbsterhaltung und Beharrung. Zur Konstitution der neuzeitlichen Rationalität. In: H. Ebeling (Hrsg.): Subjektivität und Selbsterhaltung: Beiträge zur Diagnose der Moderne. Frankfurt/M., 144–207.
Cook, J. Thomas 1986: Self-Knowledge as Self-Preservation? In: Grene/Nails (Hrsg.), 191–210.
Curley, Edwin 1990: On Bennett's Spinoza: The Issue of Teleology. In: Curley/Moreau (Hrsg.), 39–52.
Della Rocca, Michael 1996: Spinoza's Metaphysical Psychology. In: Garrett (Hrsg.), 192–266.
Jonas, Hans 1965: Spinoza and the Theory of Organism. In: Journal of the History of Philosophy 3/1, 43–58.
Kisser, Thomas 2002: Affektenlehre als Ethik. Spinozas Begriff des conatus und die Konzeption menschlichen Handelns. In: Engstler/Schnepf (Hrsg.), 215–245.
Matson, Wallace 1977: Death and Destruction in Spinoza's Ethics. In: Inquiry 20, 403–417.
Rice, Lee C. 1985: Spinoza, Bennett and Teleology. In: The Southern Journal of Philosophy 23/2, 241–251.

---

18 In letzter Zeit sind (besonders im englischsprachigen Raum) zahlreiche Kommentare erschienen, die den Status der teleologischen Erklärungen im Spinozistischen System erörtern. Es kommt natürlich sehr darauf an, wie man das Wort „Teleologie" definiert, aber die Debatte ist deswegen wichtig, weil sie uns an die Bedeutung der Frage nach dem Status der Finalursachen in der Zeit Spinozas (sowie auch in unserer eigenen Zeit) erinnert. Siehe Bennett (1983, 1984 und 1990), Curley (1990), Rice (1985) und Garrett (1999).

Francis Amann

10. Liebe und Haß (3p13–21): Intentionalität, Repräsentation und Bewußtsein

Was sind Affekte? In Spinozas Psychologie werden Affekte technisch definiert, um sowohl ihre physische als auch ihre mentale Dimension, deren Beziehungen und außerdem ihren systematischen Ort innerhalb des Systems der Spinozistischen Metaphysik zu erfassen. Diese Perspektive entspricht jedoch nicht derjenigen, die einnimmt, wer Affekte selbst erlebt. Aus der Perspektive des Teilnehmers drücken Gefühle etwas aus. Das, was sie ausdrücken, definiert Spinoza aus der Beobachterperspektive als eine Vermehrung oder Verminderung der *potentia agendi* desjenigen, der diese Gefühle hat. Affekte sind solche Affektionen des Körpers, welche die Wirkmacht des Körpers vermehren oder vermindern und außerdem Ideen dieser Macht verändernden Affektionen (3def3).

10.1 Intentionalität

Ein Affekt erschöpft sich nicht im Selbstbezug des Subjekts in diesem Affekt, sondern drückt auch eine emotionale Beziehung des Subjekts zu Personen oder Dingen in seiner Umgebung aus. Affekte stellen eine Form der subjektiven Bewertung von Personen und Dingen dar. Die meisten Gefühle – exemplarisch dafür sind Liebe und Haß – sind auf etwas gerichtet, das nicht identisch ist mit dem Fühlenden selbst. Die Gerichtetheit von Affekten, Ideen und anderen geistigen Akten heißt Intentionalität (mehr dazu in Searle 2004, 104). Eine Idee ist intentional, wenn sie auf etwas gerichtet ist, entweder ein Ding oder eine Person, die sie auf eine bestimmte Weise repräsentiert.

Affekte werden begleitet von Imaginationen über das Objekt, das den Affekt hervorruft oder auf den er gerichtet ist. Imaginationen entstehen aus Ideen von Affektionen. Der Geist erkennt seinen Körper nur durch Ideen von Affektionen, die von äußeren Gegenständen hervorgerufen werden, wenn sie mit dem Körper zusammentreffen. Imaginationen machen Affekte zu intentionalen Akten.[1]

Kennzeichen einer Idee ist, daß sie etwas, einen Sachverhalt, repräsentiert. Spinoza bezeichnet dies als die *objektive Realität* der Idee, eine Eigenschaft, die Körpern nicht zukommt.[2] Eine einzelne Idee des Geistes, beispielsweise eine Wahrnehmung oder ein Affekt, repräsentiert einen einzelnen Vorgang in diesem Körper, der sowohl Informationen über den eigenen als auch äußere, affizierende Körper enthält. Der Fremdbezug des Affektes definiert ihn als eine Leidenschaft (*passio*), die auf Reize (Affektionen) von außen angewiesen ist. Erkenntnistheoretisch ist eine Leidenschaft eine inadäquate Idee, die nur zum Teil vom Geist verursacht wird, im Unterschied zu einer adäquaten Idee, die vollständig aus dem Geist als Ursache folgt (3p1).[3]

Je nach der raumzeitlichen Perspektive und Empfindlichkeit des betroffenen Körpers fallen Affektionen eines einzelnen Modus sehr unter-

---

1 Die Intentionalität der Imaginationen, also das Problem, daß Ideen von Affektionen sowohl äußere Körper als auch einen eigenen körperlichen Zustand repräsentieren, und daran anschließend die Frage, wodurch sich diese unterscheiden, wurden in der Literatur ausgiebig diskutiert (vgl. Radner 1971, Wilson 1980, Bennett 1984, 153–159, und Della Rocca 1996, 44–68). Ich meine, daß man hier nicht zwischen der Repräsentation des eigenen Körpers und derjenigen externer Gegenstände, sondern zwischen zwei verschiedenen Vorgängen differenzieren muß. Ich bezeichne diese fortan als ‚repräsentieren' im Unterschied zu ‚bewußt sein'. In der Erkenntnistheorie werden Repräsentationsstrukturen beschrieben. Der Begriff Bewußtsein fällt hingegen bei Spinoza erst in der Psychologie im Zusammenhang mit dem Begehren (*cupiditas*) und ist im Gegensatz zur Repräsentation keine Struktur, sondern aktuell, ereignishaft und psychologisch motiviert (ausführlich dazu Amann 2000, 90–128). So gesehen erweist sich die Frage, wie eine Idee zugleich einen äußeren Gegenstand und den körperlichen Zustand repräsentieren kann, als falsch gestellt.
2 Intentionalität gilt auch noch Brentano (1973) als das Mentales vom Physischen unterscheidende Kriterium.
3 Radner (1971, 356f.) unterscheidet sehr präzis zwischen einer adäquaten Ursache und einer adäquaten Idee: Eine *Idee* ist adäquat, wenn sie die internen Kennzeichen einer wahren Idee hat. Ein Ding ist hingegen dann die adäquate *Ursache* eines anderen Dings, wenn dieses allein aus diesem als Ursache folgt. Der Geist hat keine adäquaten Ideen der körperlichen Affektionen, weil er nicht adäquate Ursache ist (2p28d). Das zugrundeliegende Prinzip heißt: Wenn der Geist adäquate Ideen hat, dann ist er adäquate Ursache dieser Ideen. Aber Spinoza zeigt in 3d1 nur, daß wenn eine Idee im Geist adäquat ist, der Geist adäquate Ursache dessen ist, was aus der Idee folgt. Der Geist kann adäquate Ideen haben und doch nicht deren adäquate Ursache sein.

schiedlich aus. Dieser affektive Kontakt mit der Umwelt ist aber nur imaginär, weil die Repräsentationen, welche Affekte begleiten, die Dinge und Personen, auf die der Affekt gerichtet ist, nicht in ihrer Essenz darstellen, sondern in der aktuell wahrgenommenen zeitlichen Existenz und einer räumlichen Perspektive.

Intentionalität als Existenzbedingung eines Affekts gilt selbst für die Grundstimmung des Strebens, die uns nur als etwas Bestimmtes, als bestimmtes Begehren bewußt werden kann. Nur bewußt sind Gefühle *unsere* Gefühle in dem Sinn, daß wir sie haben und über sie sprechen, Ideen von ihnen bilden können. Die Grundaffekte *cupiditas* (Begehren), *laetitia* (Lust (physisch) bzw. Freude (mental)) und *tristitia* (Unlust (physisch) oder Trauer (mental)) werden zwar als unbezügliche Affekte eingeführt und definiert, bewußt werden aber können sie dem Geist nur dann, wenn es eine begleitende Dingwahrnehmung gibt, die der Affekt färben und die als Wahrnehmung von *etwas* repräsentiert werden kann. Weil Affekte mit Imaginationen zu einer komplexen Idee zusammengesetzt sind, gelten die Regeln der *imaginatio* auch für Affekte und das mit einem Affekt zusammenhängende Imaginationenbündel.

10.2 Affektive Objektbeziehung

Exemplarisch für objektrelative Affekte sind Liebe (*amor*) und Haß (*odio*), deren Definition den Bezug auf einen Gegenstand enthält. Aber wie kommt der Bezug des Affekts auf sein Objekt zustande?

Liebe oder Haß sind Freude oder Trauer, begleitet von der Idee einer äußeren Ursache (der Freude oder Trauer) („amor [...] est laetitia concomitante idea causae externae; et odium [...] tristitia concomitante idea causae externae" (E3p13s)).

Mit der den (mentalen Teil des) Affekt(s) begleitenden Idee einer äußeren Ursache ist die Idee des Objekts gemeint, das geliebt oder gehaßt wird und das aus der Perspektive des in Gefühle verstrickten Teilnehmers als äußere Ursache im Sinn eines Auslösers der mit der Liebe verbundenen Freude oder der mit dem Haß verbundenen Trauer zählt. Dasjenige, auf das sich Liebe oder Haß richten, betrachtet das Subjekt als Ursache dieser Gefühle und deshalb, um diesen Zustand zu verlängern bzw. zu verkürzen, auch als ihr Ziel, d.h. ihr Objekt.

Mit dieser Analyse aus der Beobachterperspektive konfrontiert Spinoza eine Phänomenbeschreibung aus der Teilnehmerperspektive: Der Liebende „strebt notwendig das, was er liebt, gegenwärtig zu haben und zu erhalten" ("necessario conatur rem, quam amat, praesentem habere et conservare") und der Hassende „strebt, das Ding, das er haßt, zu beseitigen und zu zerstören" („rem, quam odio habet, amovere et destruere conatur" (3p13s)).

Diese Sicht der Ursächlichkeit des intentionalen Objekts der Affektidee stellt Spinoza, aus der Perspektive des Beobachters, jedoch durch zwei das affektive Geschehen dynamisierende Regeln in Frage: Erstens ereignet sich das affektive Geschehen von Ereignis zu Ereignis in der Gegenwart (mit den Horizonten von Vergangenheit und Zukunft). Die Ereignistemporalität unterliegt zweitens einer Präferenzregel: Das Individuum vermeidet, sich etwas vorzustellen, was die Wirkungsmacht reduziert (3p13), und sucht das, was die Wirkungsmacht erhöht (3p12).

Diese beiden Regeln stellen die Notwendigkeit der Beziehung zwischen Objekt und Affekt in Frage. Die Präferenz des Geistes hin zur Freude und weg von der Trauer vor dem Hintergrund einer Ereigniskausalität erzeugt jene Eigendynamik der Affekte, welche die Verhältnisse umdreht: Da die Existenz des menschlichen Individuums nicht anders realisiert werden kann als durch sein Strebenbegehren, das sich in singulären, affektiven Ereignissen stets von neuem zu reproduzieren hat, die dem Geist in der Form von Ideen von Affektionen bewußt werden, entwickelt sich die affektive Existenz des Geistes aus entsprechenden imaginären und affektiven Ereignissen, die Zeit in Anspruch nehmen. Die Repräsentationen der Ereignisse bilden einen zeitlichen Verweisungszusammenhang von Vergangenheit, Gegenwart und Zukunft. Nur Macht steigernde, positive Affektereignisse gewährleisten eine Fortsetzung des Strebens. Negative, Macht reduzierende Affektereignisse wirken kontraproduktiv und langfristig verhindern sie die Fortsetzung des Strebens.

Wie kommt es zur Verbindung von Affekt und Ding bzw. Imagination? Der Affekt ereignet sich im Kontext einer Affektion, in der sowohl die Natur des äußeren affizierenden als auch die Natur des affizierten Körpers enthalten sind. Ein Affekt ist jene(r Bestandteil einer) Affektion, welche die Macht des Affizierten vermehrt oder vermindert (3def1). In der gleichzeitigen (parallelen) *Idee* eines Affekts (Idee einer Affektion) wird außer dem Affekt selbst (Vermehrung oder Verminderung von Macht aus der Sicht des Beobachters, Liebe oder Haß in der Perspektive des Teilnehmers) auch der Gegenstand imaginiert, der am Affizieren beteiligt war. Wenn es sich um einen positiven Affekt handelt, wird die Imagination dieses Gegenstandes befördert (3p12), der Gegenstand wird solange als gegenwärtig angesehen, wie die Affektion dauert und seine Natur in der Affektion enthalten ist. Entsprechend hält auch die Vermehrung der

Macht (der positive Affekt) an (3p12d). Diese Begleitung des positiven Affekts der Freude von der Imagination eines den Affekt verursachenden Objekts heißt Liebe. Das Zusammentreffen des Affekts mit dem Gegenstand resultiert aus der Affektion, aber da die Affektion sowohl die eigene Natur als auch die Natur des Objekts (und aller anderen an der Affektion beteiligten Gegenstände) enthält, kann die Natur des einen nicht von der des (und der anderen) diskriminiert werden. Aus der Teilnehmerperspektive ist der die Affektion begleitende Gegenstand Ursache nicht nur der Affektion, sondern auch des Affekts. Spinoza begründet diese seine Beobachtung aus der Perspektive des Erkenntnistheoretikers mit den Gesetzmäßigkeiten der *imaginatio*, der die Kombinationen, die Affekt/Gegenstand eingehen, unterliegen. Notwendigkeit kommt nicht einer bestimmten Beziehung Affekt/Gegenstand zu, sondern der Weise, wie diese Kombinationen durch die *imaginatio* bestimmt werden. Affekt/Gegenstand werden beispielsweise aufgrund von zufälligem zeitlichen Aufeinandertreffen in Beziehung gesetzt (3p15): Weil beim ersten Mal ein Affekt mit einer Affektion, die keine Machtveränderung bewirkte, zusammen auftrat (zwei Affektionen sich gleichzeitig ereigneten), wird auch beim nächsten Mal die Idee der Affektion mit der Idee des Affekts kombiniert und ein Gegenstand für eine Machtveränderung verantwortlich gemacht, bei der er zwar gegenwärtig war, die er aber gar nicht auslöste. Eine andere Kombination eines Affekts mit einem Gegenstand ist auf Ähnlichkeiten von Gegenständen mit jenen, die positive Affekte begleitet haben, zurückzuführen(3p16). Die Ähnlichkeit muß sich nicht auf das am Gegenstand beziehen, was an der Machtveränderung beteiligt war. Es genügt das Vorliegen irgendeiner Ähnlichkeit. Eine dritte Kombination ist den Assoziationen der Erinnerung zu verdanken (3p14).

Aber was ist aus der Sicht des Beobachters die wirkliche Ursache einer Machtveränderung? Aus der Sicht des Beobachters ist das intentionale Objekt nicht Ursache, sondern Wirkung von Liebe und Haß. Die Imagination des geliebten oder gehaßten Objekts ist eine Wirkung der Idee einer Affektion des Körpers, in der das Objekt zusammen mit dem Affekt enthalten ist. Die Idee der Affektion ist Ursache sowohl der Imagination des Objekts als auch der affektiven Besetzung des Objekts. Nicht der externe, affizierende Körper ist Ursache der affektiven Besetzung des Objekts, sondern die Imagination. Die Imagination des Objekts, auf das der Affekt der Liebe oder des Hasses gerichtet wird, wird wiederum affektive Begleiterscheinungen mit sich bringen, wenn sich weitere Ereignisse anschließen – die Gegenwart ist unendlich –, aus denen Imaginationen entstehen. Vergangene Einzelheiten dieser Ereigniskette können durch Erinnerung ihres affektiven Gehalts wieder kraftvoll in die affektive Gegenwart hineinwirken (3p18). Auch Imaginationen in die Zukunft besitzen Einfluß auf die affektive Gegenwart (3p18). Sie machen aus Liebe Hoffnung (*spes*), Zuversicht (*securitas*) oder Verzweiflung (*desperatio*) (3p17s2).

Liebe (*amor*) und Haß (*odium*) sind Derviate von Lust bzw. Freude und Unlust bzw. Trauer. Sie unterscheiden sich von den Grundaffekten *laetitia* und *tristitia* darin, daß sie ausdrücklich durch den Bezug auf ein Objekt definiert sind, und besitzen darin Modellcharakter für viele zusammengesetzte Affekte (vgl. Macherey 1995, 132). Einige der Affekte, die durch ein äußeres Ding als Ursache definiert sind, sind schematisch betrachtet Variationen von Liebe und Haß. Die Variation entsteht durch zusätzlich hinzutretende Aspekte wie Zeitbezüge, etwa Zukünftigkeit bei Hoffnung (*spes*) und Furcht (*ira*), Zuversicht (*securitas*) und Verzweiflung (*desperatio*) oder Vergangenheit bei Fröhlichkeit (*gaudium*) und Gewissensbiß (*morsus conscientiae*). Mitgefühl (*misericordia*) ist eine Form der Liebe, Neid (*individia*) eine Form des Hasses. Wenn der Aspekt des Begehrens zu Liebe oder Haß hinzukommt, wird aus Liebe Dankbarkeit (*gratia*), Wohlwollen (*benevolentia*) oder Grausamkeit (*crudelitas*), aus Haß Zorn (*ira*) oder Rache (*vindicta*).

Affekte, die ein inneres Ding als Ursache haben, werden mit Imaginationen über das eigene Selbst verknüpft (wie *superbia, objectio, gloria, pudor*). Diese Affekte sind immer noch Leidenschaften, von aktiven Affekten zu unterscheiden (wie *animositas, temperantia, sobrietas, generositas* u.a.). Der Unterschied zwischen Leidenschaften und Aktivitäten besteht darin, daß Leidenschaften Ohnmacht des Geistes, Aktivitäten Macht des Geistes ausdrücken. Spinozas Untersuchung der Affekte hat zum Ziel „die Einsicht in die gemeinsamen Eigenschaften der Affekte und des Geistes", um Affekte mit der Macht des Geistes kontrollieren zu können (3p56s).

Die Position von Liebe und Haß und ihren Variationen im Rahmen der von Spinoza beschriebenen Affekte ist abzulesen aus der am Ende des dritten Teils der *Ethica* unter dem Titel *Affectuum Definitiones* geleisteten Einteilung der Affekte (vgl. Fig. 1). Aus drei Grundaffekten setzen sich alle anderen Affekte zusammen (3p11s).

Fig. 1: Definitionen der Affekte (E3def.aff.1–48):

Drei Grundaffekte:
Begehren (*cupiditas*) in den Formen:
Streben (*conatus*), Antrieb (*impetus*), Trieb (*appetitus*) und Wollen (*volitiones*)
Freude (*laetitia*) und Trauer (*tristitia*)

10. Liebe und Hass

äußeres Ding als Ursache:
Liebe (*amor*) und Haß (*odium*)
Zuneigung (*propensio*) und Abneigung (*aversio*)
Verehrung (*devotio*) und Spott (*irrisio*)
Hoffnung (*spes*) und Furcht (*metus*)
Zuversicht (*securitas*) und Verzweiflung (*desperatio*)
Fröhlichkeit (*gaudium*) und Gewissensbiß (*conscientiae morsus*)
Mitleid (*commiseratio*) und Neid (*invidia*)
Gunst (*favor*) und Entrüstung (*indignatio*)
Überschätzung (*existimatio*) und Unterschätzung (*despectus*)
Mitgefühl (*misericordia*)

inneres Ding als Ursache:
Selbstzufriedenheit (*acquiescentia in se ipso*) und Demut (*humilitas*)
Reue (*poenitentia*)
Hochmut (*suberbia*) und Kleinmut (*abjectio*)
Ruhm (*gloria*) und Scham (*pudor*)

Derivate von Begehren:
Sehnsucht (*desiderium*)
Wetteifer (*aemulatio*)
Dank oder Dankbarkeit (*gratia seu gratitudo*)
Wohlwollen (*benevolentia*)
Zorn (*ira*) und Rache (*vindicta*)
Grausamkeit oder Roheit (*crudelitas seu saevitita*)
(im Gegensatz zur Mildtätigkeit (*clementia*), die eine Macht des Geistes, nicht eine Leidenschaft ist)
Ängstlichkeit (*timor*) und Kühnheit (*audacia*)
Feigheit (*pusillanimitas*) und Bestürzung (*consternatio*)
Menschenfreundlichkeit oder Gefälligkeit (*humanitas seu modestia*)
Ehrgeiz (*ambitio*)
(Zu den Charakterstärken, die Macht des Geistes ausdrücken, nicht Leidenschaften, zählen:
Selbstvertrauen (*animositas*): Selbstbeherrschung (*temperantia*), Nüchternheit (*sobrietas*), Geistesgegenwart in Gefahren (*animi in periculis praesentia*); und Edelmut (*generositas*): Gefälligkeit (*modestia*), Mildtätigkeit (*clementia*).)

Composita von Begehren plus Liebe:
Schwelgerei (*luxuria*) (Konsumsucht) und Trunksucht (*ebrietas*) (Alkoholismus)
Habgier (*avaritia*) und Lüsternheit (*libido*)

Die Teilnahme an affektiven Ereignissen ist von einem Bewußtsein der Betroffenheit, das sich vom Haben adäquater Ideen unterscheidet, gekennzeichnet. Die Instabilität der Ereignisse wird durch das Bewußtsein, das der Geist von seinen Affekten hat, nicht aufgehoben, aber Bewußtsein macht das einzelne imaginäre Ereignis als Idee anschlußfähig und beliebig abrufbar. Die *imaginatio* verfügt neben dem Schema der chronologischen Ordnung noch über andere Strukturen wie Erinnerung, Assoziationsmechanismen und andere imaginär sich entwickelnde Hinsichten, um aus dem Imaginationenbündel von sich stets ablösenden und neu aufbauenden Ereignissen eine imaginäre Ordnung und Reihenfolge herzustellen.

Solange der Geist Macht hat, übt er sie in der Form des Reproduzierens von Ideen aus und diese Macht wird durch positive Affekte vermehrt, durch negative Affekte reduziert. Solange der Körper Macht hat, übt er seine Macht aus, indem er sich affizieren läßt und dieses Geschehen fortsetzt.

Affektive Zustände werden als *eigene* Machtzustände erlebt. Darin besteht das Bewußtsein, das Affektivität über das Bewußtsein des Begehrens begleitet. In objektrelativen Affekten entwickelt sich Bewußtsein in Hinsicht auf ein bestimmtes affektives Objekt: Aus der Liebe zu einem Ding entspringt Begehren dieses Dings, und sowohl Liebe als auch Begehren werden als eigene bewußt, weil sie affektiv sind. Das Bewußtsein, das Begehren und über es alle übrigen Affekte begleitet, ist *mein* Bewußtsein *meines* Begehrens.

10.3 Die Kraft der Affekte und die Macht des Individuums[4]

Das geliebte Objekt, auf das eine Liebe gerichtet ist, gibt aufgrund der mit ihm verbundenen Imaginationen dieser Liebe ihre unverwechselbare Farbe: Es gibt so viele Lieben, wie es Arten von Objekten gibt (3p56). So wie in einer Leidenschaft die Natur des affizierenden Objekts und die Natur des affizierten Körpers über die begleitende Imagination enthalten ist: „[...] hoc est (vid. Schol. Prop. 40. p. 2.), eatenus tantum necessario patimur, quatenus imaginamur, sive (vid. Prop. 17. p. 2. cum ejus schol.) quatenus afficimur affectu, qui naturam nostri corporis et naturam corporis externi involvit"[5], so stammt auch die Kraft einer Liebe nicht bloß aus dem externen Gegenstand. Wie in der Idee der Affektion sowohl der

---

4 Vgl. dazu Bartuschat 1992, 161. Auch die Unterscheidung zwischen *vis* und *potentia* ebd.: Der Affekt hat Kraft (*vis*), der Mensch aber verfügt über Macht (*potentia*).
5 Tatsächlich schreibt Spinoza 2p17, wo noch lange nicht von Affekten die Rede ist, „*afficiatur* affectu" und nicht *affectione*.

Fremd- als auch der Selbstbezug enthalten ist, so entsteht auch die Kraft aus beider Zusammentreffen. Das Begehren, das die aktuelle Essenz des Menschen ausdrückt (seine Existenz, d.h. seine (endliche) Weise zu existieren) ist in jedem Menschen verschieden, bestimmt von dessen jeweiligen Zustand, in Abhängigkeit von seinen Affekten (3p56d). Gleichzeitig mit dem Objekt affirmiert das Begehren des Liebenden seine eigene aktuelle Existenzmacht (Haß hingegen reduziert sie), denn da eine Imagination gleichzeitig mit der Natur des Affizierenden auch die Natur des Affizierten enthält, drückt sie auch eine Affirmation seiner Existenz aus. Aus der Natur eines aktuell existierenden Modus folgt eine Wirkung, mit der er auf eine bestimmte Weise Macht (*potentia*) ausdrückt (1p36). *Laetitia* und *tristitia* versehen das Begehren mit einer Richtungsangabe „lieber dieses Ding als das da"[6]. Die beiden unbezüglichen Grundaffekte *laetitia* und *tristita* sind Idealtypen für analytische Zwecke. In der Realität treten sie intentional, also verbunden mit Imaginationen auf. Dieses Ereignis einer Liebe wird durch ein anderes Ereignis abgelöst, eine neue Affektion des Körpers, auf die dieser wieder mit einer Vermehrung oder Verminderung seiner Macht oder neutral reagiert.

Da nun allerdings der Körper komplex ist und die Affektionen seiner Teile auf ganz verschiedene intentionale Objekte hinlenken können, kann es vorkommen, daß in ein und demselben Subjekt aus derselben Affektion einander entgegengesetzte Affekte entstehen (3p17s). Widersprüchliche Affekte können sich auch noch später als Folge dessen entwickeln, daß die Veränderung, die ein affektives Ereignis mit sich bringt, von einem anderen affektiven Ereignis abgelöst wird, das im Gegensatz zur ersten Veränderung steht (3p18s1). Denn Liebe oder Haß richten sich auf ihre Objekte aus imaginären Gründen, denen keine intrinsische Notwendigkeit im Objekt selber entspricht. So geraten Imaginationen von Objekten in Widersprüche zueinander, obwohl es dafür keine Begründung in den Gegenständen selbst gibt. Diese Situation erzeugt Unbehagen, aber der Grund ist aus der Teilnehmerperspektive nicht ersichtlich.

Für einen rationalen Beobachter stellt sich Affektivität so dar, daß eine adäquate eigene (innere) Macht des Modus einer inadäquaten Imagination des Äußeren gegenübersteht. Da eine adäquate Imagination bei Spinoza ein Selbstwiderspruch ist, denn eine Imagination handelt von raumzeitlichen Ereignissen, die nur perspektivisch wahrgenommen werden können und deren Erkenntnis darum kontingent ist, liegt die Lösung des Problems der Unbeständigkeit, Widersprüchlichkeit und Beliebigkeit

---

[6] Darauf verweist die Formulierung des *conari* in 3p12; vgl. dazu Macherey 1995, 133.

des in seiner Affektivität befangenen Menschen nicht auf der Ebene der *imaginatio*. Der Beobachter erkennt den Ausweg in der Entwicklung der Unabhängigkeit von kontingenten äußeren Einflüssen und im Einsatz der auf der Rationalität des Verstandes beruhenden eigenen Macht, um Kontrolle über seine Affekte zu erlangen.

In der Situation des Teilnehmers jedoch, in der die Macht des Verstandes eingesetzt werden soll, mangelt es dem Verstand an Motivation. Für den Teilnehmer auf der imaginären Ebene stellt die affektive Gegenwart unmittelbar die Wirklichkeit dar, weil sie als Affirmation seiner eigenen Existenz und der des Gegenstands, dessen Imagination ihn mit der äußeren Welt verbindet, sein Bewußtsein und sein imaginäres Selbstbewußtsein ausmacht. In dieser Gegenwart zählt die Vermehrung seiner imaginären Macht als Kriterium seines sich in der Welt der Dinge abspielenden Verhaltens. Wirklich ist für ihn dieser oder jener Affekt, den er als von den Dingen hervorgerufen empfindet und sich bewußt macht und den er deshalb für ein den Dingen entsprechendes Verhalten hält. Er kann versuchen, mehr positive Affekte zu entwickeln, indem er sich eher Dingen zuwendet, die ihn positiv verändern. Dies geschieht mit den Mitteln der *imaginatio*, Erinnerung abwesender Dinge, Assoziation aufgrund von Ähnlichkeiten örtlicher, räumlicher, zeitlicher Art, der Form, Farbe etc. oder auch von Bezugspunkten, Phantasien (indem etwas, das gehaßt wird, selbst als mit Trauer affiziert vorgestellt wird, erzeugt das Freude (3p23)) und andere imaginäre Hinsichten. Alle diese Bemühungen haben zum Ziel, die Gegenwart von Objekten, welche mit Macht vermehrenden Affekten verbunden sind, zu verlängern. Da aber auf der imaginären Ebene die Objekte als Urheber von Freude, Liebe oder Trauer, Haß etc. gelten, ist es schließlich die imaginäre Objektbezogenheit der Affekte, die ihre Unkontrollierbarkeit ausmacht.

Aber Leidenschaften eines Individuums richten sich nur imaginär auf Dinge. Es ist nicht die Kraft der Dinge, sondern die Kraft seiner Leidenschaften, die der eigenen Macht des Individuums überlegen ist, wenn ihr nicht mit der Macht des Geistes begegnet wird. Spinoza verlegt die Auseinandersetzung des Menschen mit den Dingen in das Innere des Menschen als Auseinandersetzung der Rationalität des Geistes mit den Leidenschaften. Dieser Widerstreit zwischen Ideen beruht darauf, daß sowohl Affekte als auch rationale, psychologische Beobachtungen die Form von Ideen haben.

Solange Affekte passiv sind, und dies sind nicht nur Macht reduzierende, sondern auch Macht steigernde Affekte, weil sie von Imaginationen begleitet sind, entsprechen die aus ihnen folgenden Handlungen nicht einer auf adäquaten Ideen beruhenden Orientierung in der Welt. Für Spinoza kann jedoch nur eine rationale Einstellung wirklich eigene Macht vermehren, weil sie den affektiven Machtgewinn zusätzlich danach filtert, ob die ihn begleitenden Ideen adäquat sind und vollständig vom Subjekt begriffen werden können. Die Beziehung der Adäquatheit zwischen dem Subjekt und seinen Ideen entspricht einer Abstraktionsleistung des Subjekts von wechselhaften Einwirkungen seiner Umwelt, weil adäquate Ideen nicht äußere Gegenstände als raumzeitliche Dinge zum Objekt haben, sondern notwendige Beziehungen der Dinge (wie das, was allen gemeinsam ist (2p39)). Adäquate Ideen sind nicht nur in Hinsicht auf das Subjekt bestimmt, als Ideen, die vollständig aus adäquaten Ideen des Geistes folgen, sondern außerdem in Hinsicht auf die Welt: Adäquate Ideen sind immer schon wahre Ideen, die mit der Notwendigkeit der Welt, die sie zum Objekt haben, übereinstimmen (2p43, 1ax6 und 1p16; vgl. dazu Amann 2000, 312). Deshalb sind aus adäquaten Ideen folgende Handlungen dieser Welt angemessen, im Unterschied zu inadäquaten Ideen, die Widersprüche und Inkohärenzen mit sich bringen und das Subjekt desorientieren. Aber bei einem Wettbewerb zwischen adäquaten Ideen und affektiven Ideen wird sich nicht die adäquate Idee durchsetzen, sondern diejenige Idee, die mehr Kraft hat, die affektive Idee.

10.4 Trennung von Affekt und intentionalem Objekt

Für den Teilnehmer sind Affekte gegenwärtig und wirklich und ihre Wirkung findet einen körperlichen und mentalen Ausdruck, der nicht falsch ist, insofern er sich auf den Modus bezieht, aber inadäquat in Relation zum imaginären Objekt. Aus der Beobachtung, daß die Objektrelativität der Affekte auf der *imaginatio* beruht, entwickelt Spinoza eine Strategie, mit der die affektive Kraft aus der Objektrelation abgezogen und in eine Macht des Geistes verwandelt wird, so daß diese affektiv besetzt wird. Die den Affekt begleitende Imagination wird vom Affekt getrennt und der Affekt bzw. seine Energie wird mit einer adäquaten Idee verbunden.

Mit Liebe oder Haß entsteht ein Bewußtsein des Affekts oder des aus ihm sich entwickelnden Begehrens, und dieses Bewußtsein kann in einer reflexiven Idee thematisiert (reflektiert) werden als Idee eines Affekts, unbezüglich auf das Objekt (5p2). Daraus entsteht ein Bewußtsein des affektiven Zustands als eines eigenen Zustands. Obwohl der ursprüngliche Affekt der Liebe oder des Hasses an die Repräsentation eines äußeren Gegenstands gebunden ist, kann dieses Bewußtsein die Form einer Selbstbeobachtung annehmen. Liebe oder Haß können auf etwas anderes bezogen werden, auf eine innere Ursache oder auf einen anderen Affekt. Damit wird die *imaginatio* für einen Moment ausgesetzt, um eine Form der Selbstbeobachtung einzuführen, die eine Zerstörung der Bedeutung des imaginären Objekts für den Affekt bewirken kann. Da Selbsterhaltung jedoch in der Zeit, d.h. in der Gegenwart unentwegt stattfindet, und deren raumzeitliche Ereignisse mit der *imaginatio* bewältigt werden, muß diese Abstraktionsleistung der Selbstbeobachtung immer wieder von neuem erbracht werden, wenn eine Distanz zum imaginären Objekt der Affekte hergestellt werden soll.

Wenn ein positiver Affekt wie Liebe keinen Zusammenhang mehr mit der *imaginatio*, sondern nur noch eine innere Ursache hat und deshalb vollständig aus dem Geist folgt, verwandelt der Affekt sich von einer Leidenschaft in eine Aktivität. Aber auch ein negativer Affekt der Trauer kann zu einer Machtvermehrung umgewandelt werden, weil die selbstreflexive Beobachtung einer Affektidee einer Macht des Geistes entspricht und einen positiven, aktiven Affekt der Freude hervorruft. Eine Aktivität ist, sofern sie etwas Mentales ist, eine adäquate Idee. Eine adäquate Idee, die gleichzeitig affektiv ist, verfügt über mehr Kraft als eine adäquate Idee ohne begleitenden Affekt. Eine inadäquate Affektidee wird nicht von einer adäquaten Idee korrigiert, sondern von einer stärkeren Affektidee beiseite geschoben. Deshalb zeigt Spinoza nicht, wie man sich von Affekten überhaupt befreien kann, sondern wie Passionen in affektive Aktivitäten umgewandelt werden können. Die Befreiung von der Idee einer äußeren Ursache macht aus dem ursprünglich mit einer Imagination verbundenen Affekt der Liebe oder des Hasses einen reinen Affekt der Freude oder Trauer, der dem Subjekt nicht äußerlich ist und damit (aus der Perspektive des endlichen Individuums) nicht vom Zufall und der Zeitlichkeit der Ereignisse bestimmt wird wird, sondern von der eigenen Macht.

Literatur

Amann, Francis 2005: Perspektivität, Selbstbewusstsein und Selbsterkenntnis in der Psychologie Spinozas. In: Werner Röhr (Hrsg.): Spinoza im Osten. Berlin, 45–62.
Brentano, Franz 1973: Psychologie vom empirischen Standpunkt. Ed. v. Otto Kraus. Hamburg (1874/1911).
Radner, Daisie 1971: Spinoza's Theory of Ideas. In: The Philosophical Review 80/3, 338–359.
Searle, John 2004: Geist, Sprache und Gesellschaft. Frankfurt/M.
Wilson, Margaret D. 1980: Objects, Ideas and Mind. Comment on Spinozas Theory of Mind. In: Kennington (Hrsg.), 103–120.

Pierre-François Moreau

11. Imitation der Affekte und zwischenmenschliche Beziehungen

11.1 Imitation der Affekte (3p31–32)

In der zweiten Hälfte des dritten Teils der *Ethik* dominiert das Thema der Kombination der beiden Weisen der Affekterzeugung: der direkten Erzeugung aus den drei primären Affekten und des Mechanismus der Imitation mitsamt seinen Folgen. Die Rolle jedes dieser beiden Systeme gilt es zu ermessen. Der dritte Teil der *Ethik* ist ausdrücklich der Natur und dem Ursprung der Affekte gewidmet. Es gibt zwei Arten von Affekten: Handlungen und Leidenschaften. Die Leidenschaften empfinden wir als Hilflosigkeit und Zerrissenheit – wohl die grundsätzliche Erfahrung dessen, was Spinoza Knechtschaft nennt. Das Erstreben der Freiheit besteht also darin, Hilfsmittel gegen die Leidenschaften aufzusuchen und einen Zugang zur Macht der Vernunft zu finden. Wir wissen, daß Spinoza den von Descartes vertretenen Gegensatz, wonach den Leiden des Körpers Handlungen der Seele entsprechen und umgekehrt, nicht übernimmt. Mehr noch: Infolge des Prinzips, das von den Kommentatoren fälschlich Parallelismus genannt wird, tatsächlich aber in der Einheit der Attribute, also auch jener von Seele und Körper besteht, entspricht jede Steigerung der Wirkungsmacht des Körpers einer Steigerung der Wirkungsmacht der Seele: Wenn die Seele und der Körper eine adäquate Ursache ausmachen, handeln sie zusammen, und wenn sie eine inadäquate Ursache ausmachen, leiden sie zusammen. Der Übergang zur Tätigkeit setzt daher ein Wissen über das Leben der Affekte voraus, und an diesem Punkt schließt sich Spinoza der im 17. Jahrhundert weitverbreiteten Diskussion über die Leidenschaften an. Das bedeutet keineswegs, daß er diese allgemeine Diskussion in der Form aufnimmt, in der sie von aller Welt geführt wurde.

Der Autor der *Ethik* beschreibt die Leidenschaften, vor allem aber versucht er, ihre Genese zu rekonstruieren. Das impliziert nicht nur, daß er sie nach einer rationalen Ordnung gliedert, sondern auch und vor allem, daß diese Ordnung die ihrer Produktion ist. Mit anderen Worten: Bevor er etwas über diese oder jene Leidenschaft aussagt, geht es ihm darum, die Mechanismen ihrer Produktion an den Tag zu legen. Es gilt also zuerst zu zeigen, welches die grundlegenden Leidenschaften sind, und danach aufzuzeigen, aufgrund welcher Phänomene sie diversifiziert, assoziiert und transformiert werden.

Die drei primären Leidenschaften – die ersten Erscheinungsformen des Bestrebens, in seinem Sein zu verharren, und der Veränderung des Tätigkeitsvermögens – sind die Begierde, die Freude und die Traurigkeit. Die Begierde ist das Bestreben, in seinem Sein zu verharren, die Freude ist die Vermehrung unseres Tätigkeitsvermögens, die Traurigkeit die Verminderung desselben. Die Transformationen, die diese primären Leidenschaften erfahren, teilen sich in zwei Kategorien. Man könnte sagen, daß das menschliche Leben sich letztendlich um zwei Arten von Leidenschaften herum organisiert: die einen basieren auf der Verknüpfung der Objekte und die anderen auf der Gleichartigkeit, welche den Anlaß gibt zur Imitation der Affekte. Eine erste Reihe von Lehrsätzen erklärt die Entstehung des Mechanismus der Objektivierung (3p12, 3p13 und 3p13s): Aus Freude und Traurigkeit lassen sich Liebe und Haß ableiten, womit die primären Leidenschaften mit Objekten versehen werden. Anschließend werden die Mechanismen der Assoziierung (3p14–3p17) und der Verzeitlichung (3p18 über die Hoffnung und die Angst sowie ergänzend dazu 3p50 über das Auffassen von Dingen als negative oder positive Vorzeichen von zukünftigen Ereignissen) analysiert. Schließlich werden die Mechanismen der Identifikation erörtert (3p19 bis 3p24: wir lieben diejenigen, die das Ding, das wir lieben, lieben, und wir hassen diejenigen, die es hassen; ab 3p22 bezieht sich die Argumentation auf ein sonst unbestimmtes Drittes).

Von 3p27 bis 3p31 taucht ein ganz anderes Universum der Leidenschaften auf, und so sehr Spinoza in seiner Behandlung der Beziehungen unter den Objekten klassisch vorging (außer daß er sie in seinem Bestreben, die ganze Breite des menschlichen Verhaltens aus einer kleinen Anzahl von Tendenzen zu erklären, vereinte und neu verknüpfte, und außer daß er gewisse traditionelle Beziehungen umkehrte oder neu erklärte), so sehr ist sein Vorgehen ab diesem Punkt revolutionär. Es handelt sich jetzt darum, einen beträchtlichen Teil des Verhaltens auf der Basis eines einzigen, fundamentalen Vorgangs, der nichts mit einem Objekt zu tun hat, zu rekonstruieren: der Imitation der Affekte. Spinoza beschreibt nun Leidenschaften, die nicht aufgrund irgendeines äußeren Objektes, sondern aufgrund des Verhaltens eines Dinges oder vielmehr einer Person zu diesem Objekt in uns entstehen. Die Entstehung solcher Leidenschaften hat ihren Grund in der Tatsache, daß diese Person oder dieses Ding uns ähnelt. Es handelt sich also um eine zweite Reihe von Leidenschaften, die so etwas wie ein Wirkungsfeld der Gleichartigkeit beschreibt und begründet. Im Lehrsatz 27 wird die Redeweise von einem „uns ähnlichen Ding" eingeführt, die im weiteren von grundsätzlicher Bedeutung sein wird; und auf einmal fällt uns auf, daß es in den ganzen vorangegangenen Lehrsätzen keinen ausdrücklichen Bezug auf den Menschen gegeben hat. Die Objekte unserer Leidenschaften, etwa unsere Rivalen oder unsere Komplizen, sind allgemein als „Dinge" angesprochen worden, ohne Erwähnung ihrer menschlichen Qualität. Es hätten leblose Wesen, Tiere oder auch die Macht oder die Ehre sein können. Bei den intervenierenden Dritten hätte es sich um Gruppen oder Tiere handeln können. Die einen wie die anderen hätten natürlich auch Menschen sein können, aber diese Qualität war nicht ausschlaggebend. Hier ist sie es dagegen wohl. Und Spinoza, der nie eine Definition des Menschen vorlegt, nimmt an, daß wir spontan erkennen, was es bedeutet, daß „ein Ding uns ähnlich" ist.

3p27 lautet: „Wenn wir uns ein uns ähnliches Ding, mit dem wir nicht affektiv verbunden gewesen sind, als mit irgendeinem Affekt affiziert vorstellen, werden wir allein dadurch mit einem ähnlichen Affekt affiziert." Die Hauptsache ist hier offensichtlich, daß nichts den Affekt vorherbestimmt. Es folgt eine Reihe von Lehrsätzen über die logischen Folgen dieser Wirksamkeit der Ähnlichkeit. Insbesondere im Lehrsatz 31 geht es um den Effekt der Verstärkung oder Abschwächung der Gefühle: Wenn wir uns vorstellen, daß jemand das liebt, was wir selber lieben, oder das haßt, was wir selber hassen, so verstärken sich allein schon durch diese Tatsache unsere Liebe oder unser Haß. Auch hier handelt es sich wiederum weder um ein rationales Kalkül (das Denken, einschließlich des affektiven Denkens, ist umfangreicher als das Bewußtsein) noch um irgendwelche Assoziationen, wie jene, die in den Lehrsätzen 14ff. behandelt wurden. Die einfache Tatsache, daß ein Ding, das uns ähnlich ist, ein Gefühl empfindet (oder besser: daß es in unserer Vorstellung ein Gefühl empfindet), genügt, um dieses Gefühl in uns selbst hervorzubringen oder, falls es schon vorhanden war, zu verstärken, da die von der Ähnlichkeit herrührende Gefühlsstärke zu der ursprünglich schon vorhandenen hinzukommt. Umgekehrt entsteht, wenn wir uns vorstellen, daß jemand das, was wir lieben, verschmäht, ein Widerstreit zwischen dem ursprünglich vorhandenen Gefühl und dem aufgrund der Ähnlichkeit hinzukommenden: Insofern alles andere gleich bleibt, reicht keiner der beiden Affekte aus, den anderen zu unterdrücken; wir befinden uns also in einem Zustand der *fluctuatio animi*.

In 3p31c und 3p31s zeigt Spinoza, wie wir infolgedessen danach streben, die Beständigkeit unsrer Gefühle zu bewahren: Da wir durch die Gefühle der anderen oder durch die Meinung, die wir darüber haben, so beeinflußbar sind, wäre es sicher am besten, wenn die anderen von Anfang an dieselben Gefühle hätten wie wir, und wenn das nicht der Fall ist, werden wir unser Bestes tun, eine solche Lage herbeizuführen. Die für die spinozanische Moral und Politik (insbesondere bezüglich der Religion) so entscheidende Tendenz des Menschen, zu verlangen, andere sollen nach seinem Sinn leben, hat ihre Wurzel in dieser „Eigenschaft der menschlichen Natur", der *imitatio affectuum*. 3p32 ist eine Konsequenz aus 3p27, aus der ersichtlich wird, zu welch verhängnisvollen Wirkungen die Psychologie der Ähnlichkeit führen kann. Wenn wir uns vorstellen, daß jemand unsresgleichen sich eines Dinges erfreut, werden wir durch die Imitation seines Affektes dieses Ding sogleich lieben, auch wenn wir es vorher nicht geliebt haben. Wenn es sich aber um ein Ding handelt, das nur einer allein besitzen kann, dann werden wir zugleich danach streben, daß derjenige, nach dessen Vorbild wir es begehren, es nicht erlangt. Daher die Anmerkung: Ein und dieselbe Eigenschaft der menschlichen Natur bewirkt, daß wir diejenigen, denen es schlecht geht, bemitleiden (weil wir spontan ihre Traurigkeit teilen) und die, denen es gut geht, beneiden (weil wir, wie wir soeben gesehen haben, ihre Freude nicht ganz teilen können, solange sie den Gegenstand derselben allein besitzen).

Das als allgemeine Funktionsregel der menschlichen Natur begriffene Prinzip der Ähnlichkeit erweist sich also als ein mächtiger Erklärungsgrund der zwischenmenschlichen Beziehungen. Mit diesem Prinzip treten wir aus einer Welt, in der sich unsere Leidenschaften einfach ihre Gegenstände geben, über in eine Welt, in der sie auch mit unseren Beziehungen zu unsresgleichen zu tun haben. Die Spinozanische Psychologie ist somit von einer zweifachen genetischen Gesetzlichkeit gekennzeichnet: dem Spiel der primären Leidenschaften und der Imitation der Affekte. Während die erste Dimension noch an Descartes und Hobbes erinnert (auch wenn die Aufzählung der Affekte und der Gehalt der primären Leidenschaften sich verändert hat), genügt die zweite Dimension, um Spinoza von den anderen Philosophen seiner Epoche abzusetzen. Man kann seine Originalität an drei Merkmalen erkennen: an seinem kausalen Erklärungsansatz, demzufolge der Gegenstand des Affektes zweitrangig ist gegenüber dessen Kraft (man ist versucht zu sagen: dessen Energie); an der auf Gleichartigkeit basierenden Imitation der Affekte; und schließlich an der Beharrlichkeit, mit der er behauptet, daß der Mechanismus der Affekte für uns undurchsichtig bleibt, auch wenn wir meinen, unsere Handlungen zu beherrschen. Durch diese drei Merkmale rückt die Spinozistische Psychologie in die Nähe dessen, was später als die Vorgehensweise Freuds bekannt werden sollte. Vor allem gewisse Motive Freuds erinnern an die großen Themen der *Ethik*, ohne daß sie diese wiederholen würden: die Vorstellung, daß die Psyche sich nicht auf das Bewußtsein reduzieren läßt, oder die Vorstellung, daß Ereignisse, die sich im psychischen Bereich abspielen, sich im Körper manifestieren. Man täte allerdings Unrecht, diese beiden Projekte miteinander gleichzusetzen: Der Freudsche Begriff des Unbewußten ist der *Ethik* fremd. Trotzdem bleibt wahr, daß beide Denker Mittel bereitstellen, um das, was sich der Vernunft am meisten zu entziehen scheint, rational zu verstehen.

11.2 Das Verlangen nach Gegenseitigkeit

Prima facie könnte man meinen, 3p33 sei von gleicher Struktur wie der vorangehende Lehrsatz. Er beschreibt, mit welchem Bestreben wir auf gewisse, zumindest in unserer Vorstellung existierende Besonderheiten des menschlichen Lebens reagieren. In Wirklichkeit aber führt der Lehrsatz ein ganz neues, für das Verständnis der Bereiche der Religion und der Politik wesentliches Thema ein. 3p32 hatte von einem in der moralischen Tradition doch ziemlich geläufigen Effekt gehandelt: Wenn wir uns vorstellen, daß jemand sich eines Dinges erfreut, das nur einer besitzen kann, so werden wir zu bewirken suchen, daß jener das Ding nicht erlangt – es handelt sich also um ein Bestreben, rein äußerlich auf ihn einzuwirken. 3p33 beschreibt etwas ganz anderes: das Bestreben, die Vorstellungen und die Leidenschaften anderer zu ändern. Wenn wir ein Ding, das uns ähnlich ist, lieben, so suchen wir, soviel wir vermögen, zu bewirken, daß es uns wiederliebt. Diese Reaktion bringen Dinge im allgemeinen nicht hervor: Es reicht uns aus, wenn wir uns an einem Ding erfreuen können, ohne daß wir etwas von seiner Seite erwarten würden. Wenn wir eine Speise lieben, die Macht oder eine Landschaft, verlangen wir nicht, daß diese uns wiederlieben. Im Falle eines Dinges aber, das wir uns als unsresgleichen vorstellen, kommt das Prinzip der Ähnlichkeit ins Spiel und kompliziert den Affekt. (Spinoza verweist hier auf Lehrsatz 29, der seinerseits auf den Lehrsatz 27 zurückverweist.) Sobald wir irgendein Ding lieben, versuchen wir, es uns vorzustellen. Wenn dieses Ding uns aber ähnlich ist, dann sind wir dazu getrieben, in unsrer Vorstellung desselben seine Affekte zu imitieren. Um unsere Freude zu steigern, versuchen wir, es uns als selber von Freude affiziert vorzustellen. Freude aber, verbunden mit der Idee unserer selbst, ist Liebe für uns. Folglich ist unsere Liebe für ein Ding unseresgleichen nur dann wirklich vollendet, wenn sie erwidert wird und wenn wir alles tun, damit sie zu dieser Vollendung gelangt.

Zu dieser These ist dreierlei zu sagen. Erstens: Es mag banal und selbstverständlich erscheinen, daß ein Liebender Gegenliebe erwartet. Aus Spinozas Sicht aber ist das, angesichts des besonderen Weges, den er in seiner Konstruktion der Affekte eingeschlagen hat, nicht der Fall. Er verlangt für diese Tatsache eine kausale Erklärung. Weiterhin könnte man, zum Beispiel durch die Lektüre der libertären Romane des 18. Jahrhunderts, dazu verleitet sein, den Versuch, von einem Anderen geliebt zu werden, vor allem als eine Bedingung dafür anzusehen, um am Anderen Freude zu haben, insofern eine solche Freude die Einwilligung des Anderen verlangt, was im Falle einer Speise oder einer Landschaft nicht der Fall ist. Das ist aber nicht Spinozas Argumentation, denn für ihn ist das Verlangen nach Gegenseitigkeit zuallererst ein interner Effekt und keine äußere Bedingung. Endlich müßte man sich fragen, wer dieser „Andere" ist, den wir uns als uns ähnlich vorstellen. Es handelt sich nicht notwendigerweise immer um menschliche Personen. Die Zärtlichkeit, die Menschen Haustieren gegenüber empfinden, insofern sie diesen näher stehen als zum Beispiel den Tieren, die sie essen, impliziert auch so etwas wie die Erwartung einer Gegenseitigkeit. Und von einem Gott, den ich mir als meinesgleichen vorstelle, erwarte ich auch, daß er die Liebe, die ich ihm entgegenbringe, durch eine gleichartige Liebe erwidert – unabhängig vom Verdienst, den ich mir aufgrund meiner Teilnahme an der seiner Verehrung dienenden Kulthandlung erwarte. (Hier haben wir also eine dritte Quelle des Aberglaubens, neben denen, die im Anhang zum ersten Buch der *Ethik* und im Vorwort zum *Tractatus Theologico-politicus* genannt sind.)

Das, was hier thematisiert wird, ist – über die Frage der Liebe hinaus – zum einen die Forderung, daß andere sich so verhalten mögen, wie ich es selbst tue oder wie ich es erwarte, daß also meine Vorstellungswelt gewissermaßen auf sie abfärbe, und zum anderen die Frustration, die erfolgt, wenn mir das nicht gelingt. Hiermit haben wir, als direkte Folge aus der Imitation der Affekte, einen Beweggrund für die Beziehungen zwischen Individuen an der Hand – ein Beweggrund überdies, der einen beträchtlichen Teil des religiösen und politischen Verhaltens regiert.

Das Gegenstück zu diesem Verlangen nach Gegenseitigkeit ist das in 3p35 genannte Verlangen nach Exklusivität: „Wenn jemand sich vorstellt, daß ein geliebtes Ding sich mit einem anderen freundschaftlich so eng wie er oder noch enger als er, der es bislang allein besaß, verbindet, wird er mit Haß auf das geliebte Ding affiziert werden und den anderen beneiden." Die Imitation der Affekte führt also keineswegs zu einer universellen Eintracht. Im Gegenteil: Sie ist die Grundlage der Eifersucht und auch eine der anthropologischen Grundlagen des religiösen Fanatismus. Denn wenn ich mir Gott als einem Menschen ähnlich vorstelle, schreibe ich ihm auch diese Leidenschaft zu, und folglich muß er die von ihm auserwählten Menschen hassen, wenn sie sich von ihm zugunsten eines Idols abwenden oder einfach die Verehrung seiner mit der eines Idols teilen wollen. Weit entfernt davon, daß die Empfindung der Gleichartigkeit und die *imitatio affectuum* in der Lage wären, eine spontane Sozialität und harmonische Eintracht unter den Menschen zu begründen, stellen sie zunächst eine mögliche Quelle von Eifersucht, Rivalität, Intoleranz und Fanatismus dar. Affektive Antriebe führen erst über einen langen und schwierigen Weg zu jener Sozialität, die Spinoza im *Tractatus Theologo-politicus* als Abkommen und im *Tractatus Politicus* als Gleichgewicht der Interessen und der Leidenschaften beschreibt.

11.3 Die aktiven Affekte

Bestünde unsere menschliche Lebenswelt nur aus Leidenschaften, so kämen wir nie zur Vernunft: Es bedürfte eines – unmöglichen – Sprungs, um von einem Register ins andere zu kommen. Es stellt sich hier eine analoge Frage wie beim Übergang von der ersten zur zweiten Gattung der Erkenntnis: Wie gelangen wir, da wir in der Imagination versunken sind, in die Domäne rationalen Erkennens? Die Antworten auf diese beiden Fragen gehen in die gleiche Richtung. Die Begegnungen, denen unser Körper ausgesetzt ist, halten uns in der Erkenntnis der ersten Gattung fest. Gleichzeitig aber bieten sie die Gelegenheit, zu Erkenntnissen der zweiten Gattung zu gelangen. Doch durch eben diesen Vorgang gelangen wir auch zur Erkenntnis der zweiten Gattung. Denn der Körper begegnet auch den Eigenschaften, die ihm und den äußeren Körpern gemeinsam sind und die stets adäquate Ideen als Korrelat haben. Das sind die Gemeinbegriffe, aus denen die notwendige Kette der rationalen Erkenntnis hervorgeht. In ähnlicher Weise kann derselbe Mechanismus, der passive Freude erzeugt, auch aktive Freude erzeugen. Die letzten beiden Lehrsätze des dritten Teils der *Ethik* sind der Erklärung dieses Vorgangs gewidmet. Wenn der Geist sein Tätigkeitsvermögen begreift, empfindet er Freude. Er begreift es aber jedes Mal, wenn er eine adäquate Idee hervorbringt – und daß er solche in der Tat hervorbringt, wissen wir aufgrund von 2p40 und 2p40s, welche von den verschiedenen Gattungen der Erkenntnis handeln. Signifikanterweise bezieht sich 3p58, der den Begriff des aktiven Affektes einführt, gerade auf diesen Lehrsatz des vorangehenden Teils, in dem die rationale Erkenntnis eingeführt wurde. Es besteht also tatsächlich eine logische Verbindung zwischen dem Erlangen der Erkenntnis und dem Aktivwerden der Affekte.

Worin dieses Aktivwerden von Affekten besteht, wird hier auf sehr elliptische Weise behandelt (nur zwei Lehrsätze von insgesamt mehr als sechzig sind den aktiven Affekten gewidmet!). Allerdings entspricht dieses Verhältnis statistisch ja auch der Realität, wenn man das so sagen darf: Die Mehrzahl der Menschen ist mehr leidenschaftlich als rational, und die wenigen, die rational sind, waren es nicht von Anfang an, sondern haben sehr viel Zeit investiert, um es zu werden ... Vor allem werden diese aktiven Affekte erst in den folgenden Teilen wirklich verständlich: im vierten, wo man verfolgen kann, wie sich allmählich, entweder individuell oder kollektiv, ein vernunftmäßiges Verhalten aufbaut (durch die Andeutung etlicher Grundsätze, die in den Traktaten entwickelt werden), und im fünften, wo gezeigt wird, inwiefern ein solches Verhalten in der Tat realisierbar ist. Vorläufig beschränkt sich Spinoza (in 3p59s) darauf, die Handlungen, die aus Affekten folgen und sich auf den erkennenden Geist beziehen, in zwei Gruppen zu unterteilen: solche, die das Individuum selbst angehen (wie z.B. Mäßigkeit, Nüchternheit oder Geistesgegenwart in Gefahren), und solche, die sich auf andere Menschen beziehen (wie z.B. Milde, Bescheidenheit oder Großzügigkeit). Man findet hier also ein seit den allerersten Schriften unumgängliches Thema von Spinozas Philosophie wieder: Am Horizont jeder Verhaltensanalyse und jeder an den Einzelnen gerichteten Verhaltensvorschrift stehen die zwischenmenschlichen Beziehungen. (Das eine geht nicht ohne das andere, denn in einem System, in dem „die Vernunft nichts gegen die Natur verlangt", darf die Vorschrift der Analyse nicht widersprechen.) Die Erklärung der Affekte bereitet der Seligkeit den Boden: Man erlöst sich nicht alleine. Diese aus dem Prinzip der Imitation der Affekte zu ziehende Konsequenz wendet der Philosoph denn auch selber an: Indem er Philosophie unterrichtet, versucht er, andere dazu zu bringen, sich so zu verhalten wie er und seine Vernunft zu teilen, so wie der leidenschaftliche Mensch versucht, seine Leidenschaft zu teilen.

11.4 Die abschließenden Definitionen der Affekte

Am Schluß des dritten Teils der *Ethik* unterbricht Spinoza seine geometrische Darstellung durch einen erläuternden Text, der den Titel „Definitionen der Affekte" trägt und vierzig Definitionen enthält. Im großen und ganzen werden hier die im Laufe der vorangegangenen Ausführungen gegebenen Definitionen wieder aufgegriffen. Hier und da werden sie mit zusätzlichen Erklärungen versehen oder auch modifiziert. Das Ganze endet mit einer „Allgemeinen Definition der Affekte". Der Status dieses letzten Textabschnittes ist unklar. Anders als der Anhang zum ersten Teil der *Ethik* dient er nicht dazu, Vorurteile, die dem Verständnis der vorausgegangenen Beweise hinderlich sein könnten, zu widerlegen. Auch schreibt er keine Verhaltensmaximen vor, wie es der Anhang zum vierten Teil der *Ethik* tut. Die Sprache, in der er formuliert ist, stimmt mit der der restlichen *Ethik* nicht ganz überein, was zur Vermutung Anlaß gibt, daß ihm ein chronologisch früherer Text zugrundeliegen könnte. In einem gewissen Sinne ist das unerheblich: Die Tatsache, daß Spinoza sich dazu entschlossen hat, ihn in der *Ethik* an dieser Stelle einzufügen, besagt, daß er ihm in bezug auf das Werk im Ganzen eine Rolle zuspricht. Er paßt hier übrigens um so besser hinein, als er Hinweise auf die vorangehenden Lehrsätze und ihre Beweise enthält. Drei Hauptpunkte lassen sich in dieser erläuternden Ausführung hervorheben: die Klarstellung über die Liebe, die Klarstellung über Reue und Niedergeschlagenheit und die allgemeine Definition mitsamt ihrer Erklärung. Die Erklärung über die Liebe (Definition 6) ist eine der wichtigsten. Spinoza bemüht sich hier, eine andere, geläufigere Definition zu widerlegen, nach welcher die Liebe der Wille des Liebenden ist, sich mit dem geliebten Gegenstand zu verbinden: Denn bei diesem Willen handelt es sich seiner Meinung nach um eine Eigenschaft und nicht um das Definiens – und selbst die Annahme einer solchen Eigenschaft ist nur zulässig unter der Bedingung, daß „Wille" nicht als freier Entschluß verstanden wird. Die Bedeutung dieser These hängt vor allem damit zusammen, daß die Mehrzahl der Schriftsteller des klassischen Zeitalters die Liebe als eine grundlegende (wenn nicht als die zentrale) Leidenschaft betrachten. Man könnte sogar behaupten, daß dies die klassische Theorie der Leidenschaften von der antiken Theorie unterscheidet, in welcher der Zorn als Paradigma der Affekte gilt. Spinoza streitet der Liebe diesen Rang (den er ihr in der *Korte Verhandeling* noch einräumt) ab, und die Definition, die er von ihr gibt, zeigt das zur Genüge, denn sie schließt die Freude in der Definition der Liebe ein und zeigt somit die abgeleitete Natur derselben an.

Die Erklärungen der Definitionen 27 und 29 ziehen die Bilanz über die Einstellung der *Ethik* zu den traurigen Leidenschaften. Die Erklärung der Definition 27 (über die Reue) stellt fest, daß überhaupt auf alle Taten, die man gewöhnlich „unrecht" nennt, im allgemeinen Traurigkeit folgt, während auf solche, die man „recht" nennt, Freude folgt. Ein traditioneller Moralist würde darin den Beweis dafür sehen, daß es Gutes an sich und Schlechtes an sich gibt und daß etwas in uns (ein innerer moralischer Sinn) beides erkennt. Gegen eine solche Teleologie skizziert Spinoza eine sehr moderne Erklärung der Entstehung der Gefühle durch Erziehung: „Die Eltern, die die erstgenannten Handlungen [jene, die man unrecht nennt – P.-F. M.] tadeln und ihre Kinder derentwegen oft schelten und die andererseits die zweitgenannten Handlungen empfehlen und loben, haben natürlich dafür gesorgt, daß sich mit den einen Regungen von Trauer und mit den anderen Regungen von Freude verbunden haben." Anders gesagt: Dort, wo wir die Hand der Natur zu sehen meinen, gilt es die Spuren der Gewohnheit aufzudecken. Da die Billigung und Mißbilligung der Eltern von den Werten der Gesellschaft, in der sie leben, abhängt, muß man schließen, daß im Geist des einzelnen im Laufe seiner Geschichte, infolge eines Verfahrens, das wir heute mit Hilfe der Psychologie oder der Soziologie erklären würden, Spuren gesellschaftlicher Entscheidungen abgelagert worden sind.

Auch die vermeintlich spontansten Affekte sind somit von zwischenmenschlichen Beziehungen geprägt. Die Erklärung der Definition 29 handelt von der Demut und der Mißachtung seiner selbst, wobei diese nicht als Tugenden, sondern als Formen der Traurigkeit bestimmt werden. Spinoza unterstreicht deren Seltenheit: Diejenigen, die glauben, davon erfüllt zu sein, sind in Wirklichkeit meist von Neid und Ehrgeiz erfüllt. Anders gesagt, diese Affekte täuschen sogar diejenigen, die von ihnen affiziert sind. Sie verwechseln die verschiedenen Formen der Traurigkeit und halten die, die man verpönt, für solche, die man gewöhnlich lobt. Dadurch erfährt das von Spinoza im Vorwort zum *Tractatus theologico-politicus* genannte Prinzip eine zusätzliche Bestätigung: Keiner kennt sich selbst. Die Spinozistische Affektenlehre scheint somit in erster Linie eine Lehre der Undurchsichtigkeit zu sein. Während die barocke Lehre über die Leidenschaften oft von der Täuschung oder der Enthüllung der Täuschung handelte, geht es in der von Spinoza zunächst um die Undurchsichtigkeit sich selbst gegenüber.

Die allgemeine Definition der Affekte, deren Erklärung den Abschluß des Buches bildet, lautet folgendermaßen: „Ein Affekt, der eine Leidenschaft des Gemüts genannt wird, ist eine verworrene Idee, mit der der

Geist von seinem Körper oder irgendeinem seiner Teile eine größere oder geringere Kraft des Existierens als vorher bejaht, und von der, wenn sie gegeben ist, der Geist bestimmt wird, eher an dieses als an jenes zu denken." Es ist erhellend, diese Aussage mit 3def zu Beginn des dritten Buches – gleichfalls eine allgemeine Definition der Affekte – zu vergleichen. Ein erster Unterschied besteht darin, daß die erste Definition allgemeiner ist, da sie sowohl die Affekte, die man erleidet, als auch diejenigen, die als Handlungen zu verstehen sind, berücksichtigt, während die Definition am Schluß ausdrücklich darauf hinweist, daß sie sich nur auf die Leidenschaften bezieht. In der ersten Definition und dem anschließenden kurzen Kommentar wird dementsprechend der Gegensatz zwischen Vergrößerung und Verringerung des Tätigkeitsvermögens ergänzt durch einen anderen, der mit dem ersten nicht zusammenfällt: den zwischen einer adäquaten oder inadäquaten Ursache – was die doppelte Entgegensetzung zwischen Freude und Traurigkeit einerseits und aktiver und passiver Freude (sowie zwischen aktiver und passiver Begierde) andererseits erklärt. Logischerweise werden die aktiven Affekte, die in 3p58 und 3p59 analysiert wurden, in der Reihe der Definitionen, die das dritte Buch der *Ethik* abschließen, nicht wieder aufgenommen. Deswegen wird der Affekt dort eine verworrene Idee genannt.

Der zweite Unterschied zwischen den beiden Definitionen der Affekte, der – insofern er den zurückgelegten Weg reflektiert – noch bedeutender ist als der erste, betrifft den Gesichtspunkt, von dem her die Definition ausgesprochen wird. Während die Definition am Anfang des dritten Buches vom Körper ausgeht, um anschließend das genannte Prinzip der Variation auf den Geist auszudehnen („Unter Affekt verstehe ich die Affektionen des Körpers, [...] und zugleich auch die Ideen dieser Affektionen"), bezieht sich die Definition am Schluß des Buches direkt auf den Geist und betrachtet den Affekt als eine Idee, zwar als eine Idee des Körpers, aber so, daß er weniger als Objekt der Idee und mehr als das Anliegen einer Behauptungskraft, die einen Teil des internen Mechanismus des Geistes ausmacht, reflektiert wird. Wohlgemerkt: Die Idee eines Objekts zu sein oder etwas über dieses Objekt zu behaupten kommt im Problemzusammenhang von Spinozas Philosophie auf das gleiche hinaus. Dennoch ist es gar nicht gleichgültig, ob die eine oder die andere dieser beiden Ausdrucksweisen verwendet wird, denn sie verweisen auf zwei verschiedene Vorgehensweisen der Analyse. Der Übergang von der anfänglichen Definition, wonach der Seele gleichzeitig zu dem, was im Körper geschieht, etwas widerfährt, zur abschließenden Definition, in welcher der Mechanismus der Geistesvorgänge im Vordergrund steht, ist bezeichnend für den Weg, den das ganze dritte Buch der *Ethik* zurückgelegt hat. Man war ausgegangen von dem, was der Leser aufgrund der Erkenntnis der zweiten Gattung (die Leidenschaften als körperliche Erscheinungen) und zweifellos auch aufgrund des Cartesianischen Erbes (die Leidenschaften der Seele haben eine Beziehung zum Körper) kannte. (Die Frage, ob diese Beziehung eine der Ursächlichkeit – die These Descartes' – oder eine der gleichzeitigen Entwicklung – die These Spinozas – ist, sei hier beiseite gelassen.) Nach der konkreten Analyse des doppelten Vorganges der Erzeugung der Affekte ist der Leser nun dazu gebracht worden, nicht nur Descartes' Auslegung des Leib-Seele-Verhältnisses als Interaktion zu verwerfen, sondern auch und vor allem die kausalen Wirkungen, durch welche die Leidenschaften im Geist hervorgebracht werden, von innen heraus zu lesen. Man ist also gewissermaßen von einer Erkenntnis der zweiten Gattung zu einer Erkenntnis der dritten Gattung dieses Objekts, der Leidenschaft des Geistes, übergegangen. Somit kann man die alte Wahrheit, daß die Leidenschaften sich im Körper manifestieren, gelten lassen, aber es handelt sich nun um eine Eigenschaft, die aus der Definition höheren Grades folgt, in der die Leidenschaften in Zusammenhang mit der Behauptungsmacht des Geistes gedacht werden (und das erklärt zweifellos das geringe Interesse Spinozas für die äußerlichen Anzeichen der Leidenschaften, während es für Descartes sehr wichtig war zu wissen, was Lachen, Weinen, Erbleichen oder Erröten bedeuten).

Die Erklärung der allgemeinen Definition bezieht sich auf alle drei Momente derselben, wobei das zweite am ausführlichsten behandelt wird. Die Leidenschaft ist eine verworrene Idee: In der Tat hatte Spinoza im 3. Lehrsatz des dritten Buches festgestellt, daß der Geist nur insofern passiv ist, als er inadäquate oder verworrene Ideen hat. Anders gesagt: Die Leidenschaften drücken die Tatsache aus, daß wir nicht die vollständige Ursache unserer Handlungen sind und daß andere Ursachen, außerhalb von uns selbst, sie bestimmen. *Der Geist bejaht eine Existenzkraft seines Körpers*: Somit haben sogar die verworrenen Ideen eine gewisse Positivität. Sie drücken eine gewisse Existenzkraft aus, die dem Körper eigen ist und mehr seinen aktuellen Zustand als die Natur des äußeren Körpers, auf den der Affekt sich bezieht, anzeigt – im Gegensatz zur adäquaten Idee, die, nachdem sie gewissermaßen den Beitrag des Körpers zur Idee „neutralisiert" hat, durch den Rückgriff auf die Gemeinbegriffe die Natur des äußeren Körpers sehr wohl wiedergibt. Die Angst, die derjenige, der eine Verbrennung erlitten hat, vor einer Flamme empfindet, sagt uns nichts über die chemische Zusammensetzung des Feuers. Sie entspricht der Veränderung, die der Körper im Augenblick der Verbrennung erlitten hat. Die adäquate Idee dagegen, die die Wissenschaft der Chemie erzeugt, läßt uns das Wesen des Phänomens wirklich erkennen. Diese Wahrnehmung des körperlichen Zustandes weist darauf hin, daß die Existenzkraft *größer oder geringer ist als zuvor*: Spinoza präzisiert, daß es sich keineswegs um einen bewußten und reflektierten Vergleich handelt, den der Geist durchführt, sondern: Der Teil des Geistes, der die Idee der Veränderung des Körpers ausmacht, impliziert wirklich mehr oder weniger Realität als zuvor. Noch einmal: Das Feld des Denkens ist ausgedehnter und ursprünglicher als das Feld des Bewußtseins. Letztlich wäre es falsch, zu denken, daß diese Veränderung in der Bejahung des Körpers dem Geist gegenüber gleichgültig wäre. Da der Geist die Idee des wirklich existierenden Körpers ist, bedeutet die Tatsache, daß er vom Körper eine größere oder kleinere Existenzkraft bejaht, den Übergang zu einer größeren oder geringeren Vollkommenheit.

Es ist bemerkenswert, daß Spinoza in dieser Erklärung auf die Lehrsätze 11 und 13 des zweiten Teils verweist, die als Definition des (menschlichen oder nichtmenschlichen) Geistes fungieren, daß er sie aber umformuliert, und zwar genau in dem Sinne, den wir soeben aufgezeigt haben. 2p11 lautete: „Das erste, was das wirkliche Sein des menschlichen Geistes ausmacht, ist nichts anderes als die Idee eines wirklich existierenden Einzeldinges", und 2p13: „Das Objekt der Idee, die den menschlichen Geist ausmacht, ist der Körper, d.h. ein bestimmter wirklich existierender Modus der Ausdehnung und nichts anderes." Diese beiden Lehrsätze werden in der Erläuterung der allgemeinen Definition des Affekts im Anhang des dritten Buchs dahingehend zusammengefaßt, daß, „die Essenz des Geistes darin besteht, die wirkliche Existenz seines Körpers zu bejahen". Der Text ist also von einer statischen, objektbezogenen Formulierung übergegangen zu einer Formulierung, in der die Macht des Geistes im Vordergrund steht. Somit erscheint diese abschließende Definition nicht wie eine einfache Wiederholung dessen, was im Laufe des dritten Teils gesagt worden ist. Sie konstituiert vielmehr, indem sie die Macht des menschlichen Geistes hervorhebt, eine neue Etappe auf dem Weg zur Seligkeit.

Jean-Claude Wolf

12. Menschliche Unfreiheit und Desillusionierung (4praef–4p18)

Der Titel des vierten Teiles lautet: „Von der menschlichen Knechtschaft oder von der Macht der Affekte". Knechtschaft bezieht sich auf das Verhältnis des Menschen zur Substanz, zu seinen Affekten und zu anderen Individuen. Es geht also um eine Unfreiheit, die bedrohlich ist, im Unterschied zu jener Unfreiheit, die aus der Leugnung des liber arbitrium folgt (1p32). Die bedrohliche Unfreiheit spiegelt den Sachverhalt, daß nur die Substanz frei ist (1def7) und daß der Mensch keine Substanz ist. Die in diesem Teil gemeinte Knechtschaft ist eine im menschlichen Wesen und im Wesen seiner Interaktion mit der übrigen Welt angelegte Form der Entfremdung von seinem Wesen.

Spinoza übersetzt den Jargon des Wesens in jenen der Macht (1p34). Der Mensch wird unter dem Aspekt seiner Zunahme und Abnahme von Macht betrachtet. Knechtschaft ist Ohnmacht, verstanden als Oppositionsbegriff zu Stärke, fortitudo (4 praef. und 4p17s). Das menschliche Wesen ist unter dem Aspekt seiner Begrenzung und Fixierung auf die im dritten Teil beschriebenen Automatismen der Affekte zu verstehen. Die Erfahrung von Ohnmacht antizipiert die berühmte These von Sigmund Freud, die besagt: „Die dritte und empfindlichste Kränkung aber soll die menschliche Größensucht durch die heutige psychologische Forschung erfahren, welche dem Ich nachweisen will, daß es nicht einmal Herr ist im eigenen Hause, sondern auf kärgliche Nachrichten angewiesen bleibt von dem, was unbewußt in seinem Seelenleben vorgeht." (Freud 1969, 284) Wie Freud wird jedoch auch Spinoza eine Möglichkeit des moralischen Fortschritts darin sehen, die Automatismen der Affekte besser zu verstehen und zu kontrollieren (vgl. Malinowski-Charles 2004).

Ein tieferes Verständnis der Knechtschaft ist paradoxerweise eine Voraussetzung für die im fünften Teil der Ethik angekündigte Macht der Vernunft bzw. Freiheit des Menschen. Dieses Paradox kann leicht aufgelöst werden. Wir lernen im vierten Teil einen durchgängigen Gradualismus der Ohnmacht und der Unfreiheit von Individuen kennen. Weil die Ohnmacht und die Passivität von Menschen, so lange sie leben, nie absolut ist, weil selbst in ihrer Ohnmacht und Passivität der eine und gleiche conatus am Werk ist, bleibt Raum für eine relative Macht und eine relative Freiheit. Diese relative Macht und relative Freiheit des Menschen, die ihn von einem Wesen ohne conatus und ohne philosophischen Intellekt unterscheidet, gilt es zu verbessern.

12.1 Ursachen der Knechtschaft

Als Ursache der Knechtschaft kommen mindestens sechs Faktoren in Betracht:

1) Die Knechtschaft hat mit dem ontologischen Status von Personen zu tun, die keine Substanzen, sondern nur Modi sind und deshalb teilweise fremdverursacht sind. Es gibt also eine radikale ontologische Abhängigkeit der Individuen von der einen Substanz. Die folgenden Faktoren der Knechtschaft stehen in einem engen Zusammenhang mit diesem ersten, ontologischen Faktor.

2) Menschliche Knechtschaft hängt auch mit der Neigung zur Illusion zusammen, selber erster und unabhängiger Verursacher von Handlungen zu sein. Diese Illusion entsteht aus einem falschen Stolz (ich halte mich für einen Gott) oder aus Unwissenheit (ich kenne die Ursachen meiner Affekte und Entschlüsse nicht). Die Illusion einer absoluten Souveränität des Ichs im eigenen Seelenhaushalt suggeriert, daß wir im Sinne von Descartes denkende Substanzen seien und als rationale Agenten unsere Affekte aus bloßer Vernunft kontrollieren könnten. Dem steht jedoch die Überzeugung entgegen, daß wir Affekte nicht aus bloßer Vernunft korrigieren können. Abstrakte Einsicht ohne affektive Einbettung ist nicht stark genug, um Affekte zu leiten oder zu neutralisieren. Ein Affekt kann nur gehemmt werden durch einen stärkeren Gegenaffekt (4p7). Zwar spricht Spinoza von der Macht der Seele (3p56s und 3APdef38 s). Damit kann jedoch nicht die Macht eines von Affekten unabhängigen Geistes gemeint sein. Die Seele kann nach Spinozas eigener Theorie keine kausale Macht auf der Ebene der Affekte sein, ohne ihrerseits Gegenaffekten zu mobilisieren (4p49; 4p14).

3) Die Knechtschaft hat weiter zu tun mit der Tatsache, daß die Handlungsmacht von Individuen variiert und schwächer werden kann. Dies folgt aus der Tatsache, daß wir nicht völlig selbstverursacht, sondern teilweise fremdverursacht sind. Wir sind sozusagen nicht immer auf der Höhe unserer Fähigkeiten. Bleibt die Energie im Universum konstant, so befindet sich der Machtzustand der Individuen beständig im Wandel. Salopp gesagt unterliegen die Menschen Stimmungsschwankungen; ihre Chancen, die Affekte zu kontrollieren, sind also begrenzt.

4) Die Knechtschaft hat damit zu tun, daß Affekte ein Balancieren zwischen aktiv und passiv involvieren. Meine Handlungsmacht kann schwächer werden, wenn die aktiven Affekte von passiven verdrängt werden (z.B. durch Krankheit oder Alter); meine Affekte können aber auch unabhängig von Krankheit und Alter jederzeit von aktiv in passiv umschlagen. Dieses Phänomen ist eng verwandt mit den bereits genannten Stimmungsschwankungen.

5) Eine weitere Quelle der Knechtschaft der Menschen liegt darin, daß die Affekte spontan eher der Imagination als einer korrigierten Vorstellung der Welt folgen. Dieser verbreitete Umweg über die Imagination bleibt uns nicht erspart, und er zeigt sich vor allem in der Versuchung dessen, was wir als gegenwärtig imaginieren. Die Versuchung des Präsentischen übt einen starken Zauber aus. Die Knechtschaft des Menschen ist eine Abweichung von der Rationalität, die Inhalte von Vorstellungen auch unabhängig vom Zeitfaktor beurteilt. Der Gewinn einer Million hat caeteris paribus den gleichen Nutzen, ob er gestern stattfand oder heute oder morgen stattfindet. Eine Million ist ceteris paribus auch als Resultat von zähem Sparen in zehn Jahren eine Million – sie ist keine halbe Million, nur weil sie noch nicht präsent ist. Der common sense wertet jedoch Vergangenheit und Zukunft ab und neigt dazu, das Aktuelle und Momentane überzubewerten. Was in der Klausel caeteris paribus von der bloßen Zeitdimension unterschieden wird, vermischt der common sense mit dem Zeitfaktor. Gemeint ist die Eventualität sich verändernder Bedingungen – z.B. die mögliche Tatsache, daß ich in zehn Jahren vielleicht nicht mehr leben werde oder daß in zehn Jahren eine extreme Inflation herrschen könnte, so daß die Million in zehn Jahren keinen oder einen viel geringeren Wert hat. Die relative Freiheit des Menschen und die relative Macht des Verstandes beweist sich auch darin, ob und in welchem Maße er die irrationale Zeitdiskontierung zu korrigieren vermag. Das Beispiel der Gleichgültigkeit für eine ersparte Million in zehn Jahren ist ein Beispiel für Zukunftsdiskontierung. Undankbarkeit gegenüber einem Wohltäter, dessen Wohltat lange zurückliegt, ist ein Beispiel für irrationale Vergangenheitsdiskontierung. Ein interessanter Grenzfall

(von rationaler oder irrationaler Zeitdiskontierung?) wäre die vom Strafrecht vorgesehene Verjährung gewisser Straftaten.

6) Die äußeren Ursachen bilden ein derartiges Übergewicht über die Macht eines Individuums, daß es seine Einschränkung und sogar seinen Untergang an der Übermacht von Fremdeinwirkungen findet. Dieser Einsicht in den letzten Faktor menschlicher Knechtschaft verleiht Spinoza sogar den Rang eines Axioms – des einzigen Axioms, das dem vierten Teil vorangestellt ist und das besagt, daß es kein Individuum gibt, das nicht irgendwann noch einem stärkeren Individuum begegnen wird, das es zerstören kann. Dies ist das Los aller partikulären Dinge, zu denen ontologisch betrachtet auch das menschliche Individuum gehört. Die Unfreiheit hat also auch eine Wurzel in der konfliktuellen Koexistenz von Individuen, die besonders ausgeprägt und sichtbar ist in einem Naturzustand, in dem keine höchste Autorität positive Gesetze durchsetzt. Das Axiom könnte auch eine Erinnerung sein an die Kommentare von Thomas Hobbes zum Naturzustand, in dem alle Menschen ungefähr gleich sind und deshalb alle in Furcht davor leben müssen, aufgrund ungefähr gleicher und wechselnder Verwundbarkeiten und Abhängigkeiten in einer schwachen Stunde getötet zu werden.

Das Axiom gilt unabhängig davon, ob Menschen in einem natürlichen oder bürgerlichen Zustand leben. Wie der Weltmeister im Boxen eines Tages auf einen überlegenen Boxer treffen wird, so muß jedes Individuum damit rechnen, eines Tages von Fremdeinwirkungen übertroffen oder gar vernichtet zu werden. Dieses Los aller partikulären Dinge wird bekräftigt von der These, der Mensch sei ein Teil der Natur. Teil der Natur zu sein besagt, der Einwirkung anderer Teile exponiert zu sein, im Zustand einer permanenten Konkurrenz zu sein, die sich früher oder später zu einem Kampf auf Leben und Tod zuspitzt. Das Leben ist ein Kampf (agon), dessen Ende ein Todeskampf (Agonie).

Von einem Axiom spricht Spinoza vielleicht deshalb, weil es um die Konstatierung eines Faktums geht, dem sich kaum die Form einer Definition verleihen ließe (vgl. Macherey 1997, 51). Das Axiom porträtiert den Menschen nicht als isoliertes Wesen, sondern als Wesen in der kausalen Interaktion mit anderen Wesen. Ein Axiom braucht insofern keine rein konzeptuelle Erkenntnis zu formulieren, sondern es kann, wie auch in diesem Fall, so etwas wie ein generalisierter Beobachtungssatz sein. Das Axiom macht deutlich, warum der Mensch der Vernichtung ausgeliefert ist, obwohl er doch von seinem conatus auf endlose Dauer programmiert ist. Deckt sich das nicht mit der Beobachtung, daß niemand an sein eigenes Ende glaubt, obwohl jeder damit rechnen muß?

Es wäre allerdings sinnvoll, dieses Axiom nicht nur auf die Begegnung des Individuums mit einem stärkeren Individuum zu beschränken, sondern es auszuweiten auf die Begegnung des Menschen mit allen möglichen äußeren Ursachen. Die seltsame Behauptung, daß es immer noch ein stärkeres Individuum geben *müsse*, das mich vernichten könne, würde damit ersetzt durch die weniger prätentiöse These, daß ich verwundbar bin und durch Handlungen, Unterlassungen oder Arrangements anderer Menschen oder durch andere Fremdeinwirkungen sterben werde. Das wäre die vollständige Formulierung des Axioms. Sterbe ich z.B., weil in meinem Land – durch Vorsatz, Nachlässigkeit oder mangelnde Ressourcen der Regierung – die Versorgung mit Trinkwasser nicht gewährleistet ist, dann sterbe ich allerdings, weil andere Individuen oder Umstände „stärker" sind. Um die menschliche Endlichkeit zu verstehen, brauche ich nicht Spinozas befremdliche Formulierung des Axioms anzunehmen, die zu sehr an einen letzten und tödlichen Zweikampf denken läßt.

12.2 Desillusionierung und ethische Universalisierung

Wie wir bereits eingangs sagten, liegt das Scharnier zwischen dem vierten und fünften Teil der Ethik im durchgängigen Gradualismus der Freiheit und Macht des Menschen als eines gemischten Wesens, „weil es nötig ist, außer der Macht ebenso sehr die Ohnmacht unserer Natur zu kennen" („quia necesse est, nostrae naturae tam potentiam, quam impotentiam noscere, ut determinare possimus, quid ratio in moderandis affectibus posset, & quid non possit", 4p17s; vgl. 3p9). Wenn es eine Freiheit des Menschen gibt, dann kann die Knechtschaft des Menschen keine absolute Unfreiheit sein. Es muß Mittel geben, durch die ich die Knechtschaft verringern kann. Ich kann z.B. der Unfreiheit des Naturzustandes entgehen, wenn ich mich einem Staat anschließe und dessen Gesetze achte. Dem prekären Schwanken meiner Affekte kann ich jedoch ebenso wenig entgehen wie der radikalen Abhängigkeit von der einen Substanz. Gleichwohl scheint auch hier noch ein gewisser Spielraum zu bestehen, den ich als „kognitiven Spielraum" bezeichne (vgl. Wolf 2001) und der die Möglichkeit betrifft, inadäquate Ideen zu eliminieren und durch adäquate Ideen zu ersetzen. Strikt parallel zum kognitiven Spielraum gibt es den affektiven Spielraum innerhalb der Polarität von Aktiv und Passiv (vgl. Macherey 1997, 76).

Der kognitive Spielraum zur Revision inadäquater Ideen betrifft insbesondere den alltäglichen Wahn, selber eine Substanz zu sein. Hier kann ich eine „kognitive Therapie" durchlaufen, die dazu führt, mich vom Wahn bezüglich meiner Stellung im Universum zu befreien. Ich kann mich von dem Wahn der Autarkie und der Separation heilen, indem ich mich als Teil der Natur verstehe, sowohl als Teil unter Teilen (der natura naturata) als auch als Teilnehmer an der aktiven Natur (der natura naturans) (4p45s).

Alles, was ich tue, folgt, sofern ich nicht zu sehr von äußeren Ursachen gehemmt werde, aus meinem Wesen, das Streben nach Selbsterhaltung ist. So gesehen erfülle ich mit meinem kleinen Egoismus eine größere Mission, ich führe nämlich das Programm meines eigenen Wesens aus und anerkenne damit, daß mein Wesen unveränderlich, aber nicht außergewöhnlich ist. Dieses Programm ist auf eine unbestimmte Zeit angelegt. Jeder Mensch möchte unendlich viele Projekte beginnen, um sein Leben auf unbestimmte Zeit zu verlängern. Alle Menschen werden früher oder später gewaltsam aus ihren laufenden Lebensprojekten herausgerissen. Die Einsicht in unser Wesen, und was notwendig daraus folgt, befreit uns 1) vom Wahn, selber Substanzen zu sein, und 2) vom Irrsinn naturwidriger Projekte, also z.B. vom Versuch, mein Leben selber gewaltsam zu beenden, so als wäre ich nicht auf den Appetit nach Mehr-Leben und Länger-Leben programmiert. Die Einsicht in unser Wesen befreit uns schließlich 3) vom special pleading, d.h. von der Illusion, etwas Außergewöhnliches und Ungewöhnliches zu sein – ein adliger, „substantieller" Mensch unter lauter Sklaven.

Der Suizid (sofern er nicht wie Senecas Suizid als die Vermeidung des geringeren Übels von zwei Übeln erörtert wird, vgl. 4p20s) macht keinen Sinn und ist genau besehen nicht das Resultat einer freien Entscheidung, sondern Untat (im doppelten Sinne von Passivität und Laster) der Verzweiflung, die uns durch Zwang oder äußere Umstände auferlegt wird. Nach Spinoza gibt es keinen rationalen Suizid (mit der besagten Ausnahme). Besser gesagt: Ein vermeintlich rationaler Bilanzsuizid kann keine rationale Antwort auf die conditio humana sein, auch wenn der Tod des Individuums unvermeidlich ist. Der Titel des fünften Teils kündet eine Verherrlichung der Freiheit *und des philosophischen Lebens* an. Die wahre oder edelste Freiheit des Menschen besteht mit Sicherheit nicht in einer vermeintlichen Freiheit, sich das Leben zu nehmen oder seinen imaginären Zielen zu folgen, sondern in der Freiheit zu philosophieren. Es ist jene Freiheit zu philosophieren, die sich Sokrates vor dem Tribunal, trotz allem Respekt vor den Gesetzen Athens, nicht nehmen lassen will, nicht nehmen lassen kann und die Spinoza im Schlußkapitel seines *Tractatus theologico-politicus* einfordert. Was hätte es für Sokrates noch für einen

Sinn, weiter zu leben, ohne zu philosophieren? Diese Frage suggeriert, daß das Philosophieren (nach Spinoza die Elimination inadäquater Ideen) zum Musterbild des Menschen gehört, und zwar noch mehr als die zwar fundamentalere, aber auch banalere Bestrebung, am Leben zu bleiben. Die Irrationalität des Suizids widerspricht nicht der höheren Vernunft eines Lebensopfers für die Freiheit zu philosophieren.

Wir sind Teile, Elemente der Natur und dadurch der Fremdeinwirkung ausgesetzt. Dies erhöht die Wahrscheinlichkeit der demütigenden Abhängigkeit von anderen, der Entfremdung vom Ganzen und der Illusion, nicht nur „gewöhnliche" Teile, gleichsam Zahnräder einer großen Maschine zu sein. Wir wollen mehr sein als Zahnräder und bilden uns deshalb ein, Ausnahme und Krone der Schöpfung zu sein. Dies ist die Wurzel aller naiv-anthropomorphen Teleologie, die einer Selbstanbetung der Menschen, einem willkürlichen „species bias" gleichkommt.

Die Tatsache, Teil der Natur zu sein, unterliegt verschiedenen Wertungen und Interpretationen. Sie kann auch als Ausgangspunkt einer realistischen und nüchternen Einschätzung des Status der Menschen dienen. Weil wir Teile eines Ganzen sind, können wir uns als Mischwesen (vgl. Wolf 2001, §§ 13–15) verstehen, welche sowohl durch die Differenz zum Ganzen (unsere „Ohnmacht") als auch durch die Teilnahme oder Teilhabe am Ganzen (unsere „Macht") charakterisiert sind. Freiheit und Macht der Menschen bestehen in einer aktiven und komplexen Adaptation an ihr Wesen und ihre Stellung im Kosmos. „Spinoza traces a necessary connection between complexity and adaptability, and between both of them, taken together, and power and freedom." (Hampshire 2005, X)

Wir verstehen uns zum einen als Wesen aus der inneren Ursache, dem conatus nach Erhaltung, Verlängerung und Erweiterung des Lebens, der Ausrichtung auf Freuden und Nutzen für uns selber und für andere, sofern wir uns als freie und selbstmächtige Wesen anderen überhaupt erst als nützlich erweisen können.

Wir erleben uns zum anderen aufgrund von Widerfahrnissen und Enttäuschungen in unserer Ohnmacht, ausgesetzt dem permanenten Beschuß von Atomen der Außenwelt und der kumulativen und übermächtigen Wirkung äußerer Ursachen, die uns bremsen, leiden machen und schließlich – als Individuen mit eigenem Willen – auslöschen. In diesem Sinne verkörpern wir nicht objektive oder „höhere" Zwecke mit Aussicht auf individuelle Unsterblichkeit.

Spinozas Ethik ist eine Meditation über das Mischwesen Mensch, dessen dynamische Balance zwischen adäquaten und inadäquaten Ideen (vgl. 3p9s), Heteronomie und Autonomie, Passivität und Aktivität, Kontrollverlust und Kontrolle. Obwohl der Mensch unter den partikulären Dingen keine Ausnahme ist, vermag er sich doch in seiner ontologischen Verfassung vermutlich besser zu verstehen als alle übrigen Lebewesen, und deshalb vermag er zumindest approximativ unter dem Regime der Vernunft zu leben. Individuen und Gemeinschaften werden sich jedoch immer auch gegen seine Absichten und Pläne verändern. Der Philosoph befindet sich als relativ Freier unter relativ Unfreien, die anfälliger sind für die neusten Moden und andere kollektive Torheiten.

Diese Meditation über das gemischte Wesen, das zwischen Macht und Ohnmacht oszilliert, ist deshalb originell, weil es für uns keine Alternative gibt zum affektiven Leben – wir können nicht ohne Affekte oder unabhängig von den Affekten leben. Ein solches Leben hätte keinen Sinn und kein Interesse. Wir können nur einen gewissen Grad von Kontrolle über die Automatismen der Affekte und den Aufprall äußerer Einwirkungen erlangen. Dieser Gradualismus verurteilt das Gerede von absoluter Freiheit für den Menschen zur hohlen Rhetorik. Wir müssen auch nicht Verantwortung für unser Wesen übernehmen. Spinoza heilt die Philosophie vom Wahnsinn des Glaubens an eine absolute Freiheit und eine grenzenlose Verantwortung, die uns Schuld für unser Dasein und Sosein aufbürdet, von der uns dann nur ein gnädiger Gott zu erlösen vermöchte. Der therapeutische Effekt der Philosophie nimmt uns ein Stück Erlösungsbedürfnis ab. Wir werden teilweise vom metaphysischen Bedürfnis und insbesondere von der trügerischen Hoffnung auf individuelle Unsterblichkeit geheilt. An die Stelle exzessiver Vorstellungen von Freiheit und Schuld tritt die Lehre einer relativen Freiheit und einer relativen Verantwortung.

Wissen kann weh tun und traurig machen (vgl. 4p17 „Wer Wissen mehrt, mehrt Schmerz." Zitiert nach Salomo 1, 18); relevantes Wissen sollte jedoch ent-täuschen, d.h. desillusionieren. So gesehen wirkt relevante Erkenntnis reinigend. Wer sich als zwiespältiges Mischwesen durchschaut, ist dem Haß und Neid weniger ausgeliefert und richtet in der Welt weniger Schaden an, als wer seinen „Schatten" nicht zu sehen vermag. Neid und Haß entspringen inadäquaten Ideen. Anders gesagt: Wer nicht das bloß Imaginäre, das Widernatürliche will, wird auch nicht an dessen Unerreichbarkeit verzweifeln. „Cum ratio nihil contra naturam postulet" (4p18s).

Glück und Selbsterhaltung scheinen nach Spinoza alles in allem zu konvergieren, sofern nicht Unwissenheit oder Imagination als verzerrende Faktoren Glück vorgaukeln. Wer dem Lockruf passiver Freuden verfällt, wird an Macht und Tugend einbüßen. Gebote der Vernunft werden als *rationis dictamina* oder Imperative der Vernunft charakterisiert, offenbar um ihre rationale und normative Verbindlichkeit gegenüber Unwissenheit und Imagination zu bekräftigen.

Die Lebensform des Philosophen ist untrennbar verknüpft mit einer Reihe von teilweise schmerzhaften Desillusionierungen; sie ist eine Praxis mit Auswirkungen auf unsere affektiven Einstellungen. Der freie und paradigmatische Mensch bleibt ein schöner Grenzbegriff von gelassener Einsicht, die besagt: Ich bin (außer in meinen Träumen und Phantasien) keine Ausnahme. Nach einem philosophischen Leben der Freude und Einsicht kehre ich zurück ins Ganze, wo es keine Auszeichnung und Abgrenzung mehr gibt. In der restitutio in integrum müssen wir nicht mehr nach Verdiensten belohnt und nach Sünden bestraft werden.

Hier liegt auch die Inspirationsquelle der ethischen Universalisierung (vgl. 4p18s; 4p37 und 4p72s), trotz des scheinbar egoistischen Ausgangspunktes. Jedes special pleading, jeder Versuch, sich als Individuum oder als Gattung über andere zu erheben, erweist sich als grundlos. Dies unterscheidet Spinozas auf dem Überlebensinteresse begründete Ethik von einem romantischen Egoismus, der auf grundloser Selbstbevorzugung basiert und sich der Idee der Universalisierbarkeit im Kern widersetzt (vgl. Wolf 2004). Der romantische Egoismus ist zwar verbreitet und entspricht einer häufigen Tendenz zum Plädoyer in eigener Sache. Spinoza erliegt nicht dem heimlichen Charme des romantischen Egoismus, in dem sich ein Mensch selber wie seinen liebsten Freund bevorzugt. Vielmehr vertritt er eine Theorie des aufgeklärten Eigeninteresses, dessen Ziel mit dem Guten für alle Menschen konvergiert (vgl. Della Rocca 2004).

Die kritische Einschätzung des Stolzes und anderer Überlegenheitsgefühle trifft auch die klassische Philosophie, sofern diese die Superiorität des Menschen in einer rein geistigen Seele begründet, die sie den Tieren abspricht und die sich angeblich vom Körper und seinen Affekten trennen kann. Bei aller Nähe zur Stoa, die oft genug hervorgehoben wurde: Spinoza schließt die Affekte und das Begehren nicht aus; sie bleiben ein integraler und unentbehrlicher Bestandteil des Lebens nach der Leitung der Vernunft. Wie könnte ein Wesen, dessen Grundzug und Wesensnatur Drang und Streben ist, ohne Affekte auskommen? Was sind Affekte anderes als Symptome des gehemmten oder stimulierten Drangs zum Leben? Wohl kritisiert er die Macht der passiven Affekte, aber er versucht sich nicht dem Bereich der Affekte völlig zu entziehen (vgl. Lloyd 1996, 81).

Das Ideal des (neu-)platonischen oder stoischen Philosophen, der meint, sich über seine Affekte erheben zu müssen, wird von Spinoza nicht in Betracht gezogen. Es ist kein lebbares Ideal (vgl. Damasio 2003; Hastedt 2005, Kapitel 8) und kein Thema des freien Menschen, sofern dieser über das Leben nachdenkt und nicht über den Tod (vgl. 4p67). Seine Vollendung findet das Leben aus der Vernunft im aktivsten Affekt, der intellektuellen Liebe zu Gott. Im Monismus, der Geist und Körper gleichsam als zwei Beschreibungen der selben Sache auffaßt, kann der Geist nicht über die Affekte triumphieren. Die dualistische Philosophie, welche die Befreiung vom Körper und den Affekten als Ziel anstrebt, erweist sich am Maßstab des philosophischen Monismus als wahnhaftes und morbides Projekt.

12.3 Objektive Zwecke

Im Vorwort zum vierten Teil heißt es: Gott oder die Natur handelt zwecklos. Wie die Natur um keines Zweckes willen existiert, so handelt sie auch um keines Zweckes willen. Zweckursachen, mit denen wir Vollkommenheit und Unvollkommenheit einer Sache bezeichnen, sind Modi des Denkens. Die Rede von „Fehlern der Natur" ist nichts anderes als ein kurzsichtiges Nörgeln. Spinoza selber verwendet drei Begriffe von Vollkommenheit: einen polemischen, der auf anthropomorpher Kurzsichtigkeit beruht, einen normativen, der allerdings nur Sinn macht aufgrund der Konstruktion oder Fiktion moralischer Termini, und einen ontologischen Begriff. Vollkommenheit wird sogar definitorisch eingeführt als ein mit Realität austauschbarer Begriff (vgl. 2def6). So betrachtet kann es gar nichts geben, was nicht vollkommen und „zweckmäßig" wäre. Auf diese Definition greift das Vorwort zum vierten Teil zurück (vgl. auch 5p33s). Diese Definition wird nur scheinbar relativiert durch die Rede von verschiedenen Graden der Realität, da diese nicht die Dinge selber betrifft, sondern lediglich die Dinge, wie sie uns affizieren.

Teleologische Deutungen sind so beliebt, „quia homines suorum appetituum causas communiter ignorant" (4praef.). Es sind die uns unbekannten oder „unbewußten" Ursachen unserer Triebe, die uns zur Erfindung von Zwecken oder Absichten verführen. Zweckursachen werden für das eingesetzt, was wir nicht als notwendig zu erklären vermögen, was uns gleichwohl als mehr als zufällig oder als Wunder erscheint. Sie sind das ignorantiae asylum, von dem bereits im Anhang zum ersten Teil die Rede war. Anders gesagt: Wo wir keine kausalen Erklärungen haben, flüchten wir uns in teleologische Erklärungen, die aber gar keine sein können, weil Zwecke, im Unterschied zu Ursachen, nicht real sind, sondern lediglich vorgestellt, ausgedacht, intendierte „ends-in-view", wie sich John Dewey ausdrückt (Dewey 1939, 25–50), aber keine fertigen Zustände, die das Gegenwärtige gleichsam aus der Zukunft heraus anzögen. Die Inversion der Zeit (etwas Zukünftiges verursacht angeblich etwas Gegenwärtiges) wird als Standardargument gegen teleologische Erklärungen betrachtet. Die Bezugnahme auf Zwecke – wo es nicht lediglich die provisorischen Endpunkte von Wünschen oder Absichten sind – erklärt nichts. Zwecke lassen sich nur erklären durch das auf sie bezogene Streben (appetitus, vgl. 4def.7). Von Zwecken trifft das zu, was Spinoza von ‚gut' sagt: X ist gut, weil es gewünscht wird, und nicht umgekehrt. Teleologische Erklärungen sind, sofern sie vermeintlich objektive Zwecke geltend machen, Pseudoerklärungen, die bisher verborgene Ursachen von Wünschen voraussetzen. Wenn wir keine (hinreichenden) kausalen Erklärungen haben, nehmen wir aus Bequemlichkeit oder Aberglaube Vorlieb mit dem falschen Glanz von schlechten, aber vertraut klingenden Erklärungen, die hinter allem und jedem eine verborgene Absicht oder einen geheimen Zweck annehmen. Man könnte auch von einer Zweckparanoia sprechen, welche z.B. moderne Anhänger der Auffassung von „intelligent design" beherrscht und unter anderem die Kehrseite einer Unkenntnis oder Unterschätzung der Leistungen komplexer Selbstorganisation ist (vgl. Dembski/Ruse 2004).

Nach Spinoza gibt es keine objektiven Zwecke in der Natur; was uns objektiv erscheint, ist nur das Resultat unserer eigenen Fiktionen von vollkommenen Exemplaren, die wir in die Natur projizieren. Zwecke sind (wie vollkommen, gut und schlecht) abhängig von Absichten und Wünschen. Sie können nicht unabhängig von mentalen Zuständen wie Absichten und Wünschen vorkommen. Absichten und Wünsche habe jedoch nur endliche Wesen, denen etwas fehlt. Der Natur selber (oder Gott) fehlt nichts. Also kommen die Zwecke nicht in der Natur selber vor; sie entstehen nicht aus Absichten oder Wünschen Gottes. Was wir für ein Exemplar halten, ist „gut in seiner Art", z.B. das Exemplar eines Pferdes. Dieses Pferd kann sich weder in ein Insekt noch in einen Menschen verwandeln, ohne durch einen solchen Wandel des Wesens zerstört zu werden.

Spinozas Kritik an der Naturteleologie wurde nicht immer als stichhaltig empfunden. Man hat darin auch eine Reduktion der Naturteleologie auf den Zweck der menschlichen Selbsterhaltung gesehen. „Hinter der antiteleologischen Wendung des späten Mittelalters und der führen Neuzeit steht die Depotenzierung der Natur zum bloßen Material menschlicher Herrschaft" (Spaemann/Löw 1981, 110). Diese Kritik ist unter anderem deshalb verfehlt, weil Spinoza vom conatus aller partikulären Wesen spricht – nicht nur vom menschlichen. Daß er die Tiere als niedrigere Lebewesen dem Nutzendenken der Menschen unterordnet, folgt keineswegs logisch aus seiner Kritik der Naturteleologie als einer anthropomorphen Fiktion. Die Unterwerfung und Nutzung der Tiere zu Nahrungszwecken hat kein ontologisches Fundament. Menschen und Tiere sind Modi und damit auf ein und demselben ontologischen Niveau. Mit Spinozas Betrachtungsweise ist der Gedanke vereinbar, daß z.B. primitive „Waldmenschen" im Vergleich zu stärkeren Raubtieren aus der Sicht dieser Raubtiere als niedrigere Lebewesen betrachtet werden müssen, ihnen erscheinen (im Sinne der perspektivischen Wertung) die „Waldmenschen" als nützliches Futter. Es würde sich ohnehin nur um jene Unvollkommenheit handeln, die aus dem Blickwinkel des appetitus und dem Vergleich nützlicher Dinge entspringt.

In der neueren englischsprachigen Diskussion gibt es eine Debatte über die Rolle teleologischer Erklärungen bei Spinoza. Diese Debatte bezieht sich aber auf die teleologische Erklärung menschlicher Handlungen, d.h. die Frage, ob mentale Inhalte nach Spinozas eigenen Analysen überhaupt eine kausale Rolle spielen können (vgl. Bennett 1984; Curley 1990; Manning 2002). Die Frage, ob sich das Verhalten von nicht-bewußten Organismen teleologisch erklären lasse, ist für die genannten Autoren offenbar uninteressant. Sie sehen darin nur einen illegitimen Versuch, mentale Strukturen wie Wünsche, Absichten und Meinungen auf nicht-mentale Wesen zu übertragen.

Noch in der zweiten Hälfte des 19. Jahrhunderts war die Frage nach Zwecken in der Natur jedoch noch heftig umstritten. Ein besonders entschiedener und schon fast anachronistisch anmutender Verteidiger der Annahme objektiver Zwecke in der Natur ist Eduard von Hartmann (1842–1906). Er glaubt, daß eine teleologische Deutung der Natur sehr wohl vom naiven Anthropomorphismus oder Mentalismus gereinigt werden kann. Die von Hartmann angenommene objektive Zweckmäßigkeit in der Natur, die mit einer kausalen und evolutionistischen Deutung vereinbar sei (sofern diese nicht ausschließlich auf Zufall und natürliche Selektion abstelle), muß nicht als Wunschprojektion verstanden werden und kann durchaus in der Vernichtung der Welt kulminieren. Individuellem Glücks- oder Freiheitsstreben kommt sie jedenfalls nicht entgegen. Weil Spinoza im Einflußbereich von Descartes nicht bereit war, unbewußte Ideen anzunehmen, war er – so die Argumentation von Hartmann – auch nicht in der Lage, eine unbewußte Finalität in der Natur anzuerkennen (vgl. Hartmann 1899, 389–419; 1907, 52–73). Obwohl Hartmann eine Neigung zum Neovitalismus und Panpsychismus hat, der sogar ein

„Atombewußtsein" postuliert, macht er sein Argument für die Finalität in der Natur nicht von der anthropomorphismusverdächtigen Annahme eines primitiven Bewußtseins in allen Dingen abhängig. Vielmehr will Hartmann zeigen, daß die Annahme von Kausalität ohne eine parallele unbewußte Finalität unverständlich oder sinnlos bliebe. Hartmanns Apologie der objektiven Zwecke mag unhaltbar sein, doch sie wird von Spinozas Vorwurf des naiv anthropomorphen Wunschdenkens nicht getroffen (vgl. Wolf 2006, Kapitel 7).

Neuere Konzeptionen der Tier- und Umweltethik verstehen die Zweckmäßigkeit als natürlichen Anhaltspunkt für den Respekt vor der Selbstzwecklichkeit aller Organismen (vgl. Regan 1983, 235–250; Taylor 1986); diese ist ebenfalls nicht naiv anthropomorph konzipiert, sondern vielmehr als Korrektiv der verbreiteten anthropozentrischen und speziesistischen Bewertung nicht-menschlicher Lebewesen. Der Zweck eines jeden Organismus liegt so betrachtet im Organismus (Selbsterhaltung) und indirekt betrachtet in der Spezies selber und umfaßt neben der Selbsterhaltung das Gedeihen und das Wohl und Wehe der Organismen und die Arterhaltung. So kann das gleiche Streben aller Organismen nach Selbstrealisierung zum Ausgangspunkt einer tiefenökologischen Ethik werden (vgl. Jonge 2004). In Spinozas Lehre der unendlichen Attribute Gottes sieht der norwegische Philosoph Arne Naess sogar eine Anregung zur Beachtung der Artenvielfalt (vgl. Rothenberg 1993, 11).

Spinoza bestreitet den objektiven Status von Formen oder Essenzen; sie sind weder separate Ideen noch Gedanken in Gott, sondern lediglich von Menschen erdachte Fiktionen. Man kann sich fragen, ob seine Auffassung von den unendlichen Attributen in Gott einer neuplatonischen Auffassung von Ideen nahe kommt. Wie dem auch sei: Seine Kritik objektiver Zweckursachen signalisiert den bereits von Hobbes vollzogenen Bruch mit der aristotelischen Naturauffassung und kann als Vorwegnahme einer Betrachtungsweise verstanden werden, welche die Annahme natürlicher Hierarchien von Zwecken und Werten als bloße Fiktionen und Projektionen demaskiert. Spinoza als Umwelt- und Tierethiker avant la lettre in Anspruch zu nehmen ist eine wohl eher problematische Sache, wenn man etwa die unzimperlichen Bemerkungen Spinozas zu Tieren als niederen Lebewesen und zur Tötung von Tieren zu Nahrungszwecken bedenkt (vgl. Indexeintrag „Tier" in der *Ethik*, Ausgabe Bartuschat, 610, sowie insbesondere 4p37s1). Spinoza als Denker zu würdigen, der zu neuen ethischen Visionen der Wirklichkeit anregt, ist dagegen eine andere Sache. Von seiner Kritik der Zweckursachen ist es nicht mehr weit zur Annahme einer unterschiedslosen Ehrfurcht vor allen Lebensformen, wie sie Denker wie Albert Schweitzer und Arne Naess gefordert haben – letzter mit expliziter Bezugnahme auf Spinoza (vgl. Naess 1989).

12.4 Werturteile

Ein und dasselbe Ding kann zur selben Zeit gut und schlecht und auch indifferent sein, so z.B. Musik (vgl. 4praef.; 4p59dem). Gut und Schlecht bezeichnen wie Zwecke nichts in den Dingen an sich; es sind Modi des Denkens oder Begriffe, die drei Formen von Relativität involvieren können: Perspektivische Abhängigkeit vom Bewertenden (was mehr einschließen kann als sog. „Sprecherrelativität"), Abhängigkeit der Dinge untereinander und Abhängigkeit von einem Modell oder Exemplar. Alle Formen der Relativität lassen sich in das Schema einer fünfstelligen Prädikation bringen: „x ist besser als y für den Akteur z zur Zeit t zur Erreichung von Ziel g" (Jarrett 2002, 174).

Das moralische Vokabular ist wegen dieser Relativität nicht diskreditiert. Spinoza stellt die Nützlichkeit des moralischen Vokabulars nicht in Abrede, sondern entlarvt es als quasirealistisch. Es handelt sich um unverzichtbare, weil nützliche Fiktionen zur Annäherung ans exemplar humanae naturae. Nach Spinoza gibt es kein Gut oder Schlecht ohne Wünsche oder Projektionen. Werturteile können nur verstanden werden durch Bezugnahme auf den appetitus. Der letzte Standard für Gut und Schlecht scheint demnach das zu sein, was eine Person wünscht oder ablehnt. Werturteile sind subjektiv. Doch ist das schon die ganze Wahrheit?

Werturteile können unzutreffend oder schlecht begründet sein. Verschiedene Möglichkeiten von Irrtümern oder Fehlurteilen können sich dadurch ergeben, daß Menschen Wünsche haben, welche die Folge inadäquater Ideen sind. Wenn z.B. jemand wünscht, Gott zu sein, dann hat er keine adäquate Idee von Gott und/oder von sich selber. Wenn Werturteile radikal subjektiv wären, dann wäre alles gut, was eine Person wünscht bzw. was ihre Wünsche erfüllt. Dann wäre die Gleichung von Perry für den Wertsubjektivismus korrekt: „x ist valuable = interest is taken in x." (Perry 1926, 116) Im Geiste von Spinozas Ausführungen müßte man jedoch unterscheiden zwischen dem prima facie Guten (das der Formel von Perry entspricht) und dem Guten im definitiven Sinne. ‚Gut im definitiven Sinn' heißt nicht ‚objektiv gut', ‚gut losgelöst von allen Wünschen oder Interessen', sondern ‚was im Lichte adäquater Ideen gewünscht wird'. Da beispielsweise mein Wunsch, Gott zu sein, unerfüllbar ist, gibt es nur imaginäre Erfüllungen dieses Wunsches. Imaginäre Wunscherfüllung ist jedoch weniger gut als Desillusionierung, auch wenn diese kurzfristig schmerzhaft ist. So betrachtet ist die radikal subjektive Theorie des Guten falsch oder zumindest irreführend. Gut ist nicht, was beliebige Wünsche einer Person erfüllt; gut ist allenfalls, was jene Wünsche erfüllt, die im Lichte adäquater Ideen gebildet oder geprüft wurden. Man könnte auch sagen, daß Spinoza eine Werttheorie skizziert, welche die Extreme einer rein subjektivistischen Theorie und einer Theorie objektiver Listen von Werten vermeidet. Sie bewahrt sowohl den Zusammenhang zwischen Werten und Präferenzen als auch die Dimension einer Kritik von Präferenzen.

Der angedeuteten Modifikation der reinen Interessentheorie trägt bereits die erste Definition Rechnung. Gut ist das, von dem wir sicher wissen, daß es uns nützlich ist. Hier wird eine epistemische Komponente in die Definition eingebaut, ähnlich wie in der Theorie der sogenannten informierten oder aufgeklärten Wünsche. Die epistemische Komponente betrifft richtige oder wohlbegründete Meinungen und dient der Korrektur bestimmter Fehlerquellen, z.B. der Zeitdiskontierung (vgl. 4p9c) und ihrer Auswirkung auf die Affekte (vgl. 4def 6).

Spinoza wird im vierten und fünften Teil allerdings noch viel weiter gehen. Es geht nicht nur um punktuelle und relativ banale Korrekturen von Wünschen, sondern um eine umfassende Revision aller Wünsche im Lichte einer Revision unseres gesamten alltäglichen Weltbildes. (Im Alltag sind wir kaum Anhänger eines Substanzmonismus.) Damit wird die Theorie informierter Präferenzen verdrängt durch eine Theorie des rationalen Willens. „According to this view ‚my ultimate good' is ‚what I should desire if my desires were in harmony with reason" (Perry 1926, 108). Das Leben nach Wünschen wird transformiert in ein Leben gemäß der Vernunft, und das heißt in Übereinstimmung mit Gott als dem einzigen uneingeschränkt Guten. Es geht also um den Aufstieg von einem ordinären menschlichen Leben zu einem philosophischen Leben. Widerfährt Spinozas Werttheorie schließlich doch ein Rückfall in den umstrittenen Wertplatonismus? (Vgl. Perry 1926, 49)

12.5 Nutzenorientierte Ethik und moralische Schwäche

Die wohl verblüffendste Pointe von Spinozas Ethik liegt darin, daß er Tugend als die Macht des Akteurs (vgl. 4def 8) und das Gute als Nutzen und Freude des Akteurs (vgl. 4p8) definiert. Damit wird der moralische common sense gleich zweimal brüskiert: Wie kann etwas so Erhabenes wie Tugend in Macht und etwas so Erhabenes wie das sittlich Gute in Nutzen liegen? Schlimmer noch: Wie kann Moral in dem egoistisch verstandenen Guten bestehen? Nach Spinoza besteht die Ethik nicht darin, Nutzenerwägungen zu übersteigen zu einem höheren Ideal (z.B. einer Vollkommenheit, die sich nicht mehr in Nutzenbegriffen ausdrükken ließe) und das Eigeninteresse zu übersteigen zu einer altruistischen Grundnorm. Dieser doppelte Transzendierungsverzicht macht Spinozas Ethik zu einer konsequent immanenten Ethik, welche das Heil der Menschen nicht in einem überirdischen Wert oder in einer altruistischen Selbstverleugnung ansetzt. Der Weg zur Ethik geht weder über transzendente Offenbarung noch über asketische Selbstverleugnung, sondern nur über die angemessene Selbstaffirmation. Wir müssen uns selber verstehen als Wesen, die zwischen Macht und Ohnmacht oszillieren und es nur zu einer relativen Beruhigung in vorübergehenden Gleichgewichtszuständen zwischen Aktiv und Passiv bringen.

Vom egoistischen Ausgangspunkt in der Selbstbejahung bleibt allerdings wenig übrig, wenn man Spinozas Expansion der Theorie informierter Präferenzen zu einer Theorie des rationalen Wollens in Betracht zieht. Eine Ethik, die in selbstloser Liebe zu Gott kulminiert, kann nicht mehr plausibel als ‚egoistisch' klassifiziert werden. Vielmehr besteht der Verdacht, daß vom egoistischen Ansatz nichts übrig bleibt, sieht man einmal ab von der Tatsache, daß ein Gott, der nur sich selber liebt, als Paradigma eines „heiligen Egoisten" gelten könnte.

Auf Spinozas Metaethik soll hier nicht weiter eingegangen werden – das würde den Rahmen der Lehrsätze 1–18 sprengen. Hier nur so viel: Spinoza definiert den Affekt als Idee einer Körperbewegung (vgl. 4p7dem). Anschließend wird Erkenntnis des Guten charakterisiert als Affekt der Freude, sofern wir uns seiner bewußt sind. „Cognitio boni et mali [...] affectus. (4p8) Vera boni, & mali cognitio, quatenus vera, nullum affectum coercere potest, sed tantum, quatenus ut affectus consideratur" (4p14). Hier scheint Spinoza in Abweichung von 4p8 einen ethischen Kognitivismus und Externalismus zu vertreten. Wie läßt sich dieser vermeintliche Widerspruch auflösen? Affekte sind nach Spinoza kognitiv (oder repräsentativ), moralische Urteile affektiv. Insofern sind auch ethische Urteile zweiteilig, nämlich kognitiv und affektiv. Eine simple Klassifikation nach ethischem Kognitivismus oder Nonkognitivismus erscheint angesichts solcher Definitionen als aussichtslos. Es braucht eine gewundene Argumentation, um Spinoza auf einen ethischen Nonkognitivismus festzulegen (vgl. Frankena 1977).

Der wichtigste Punkt scheint mir die Beobachtung, daß Werturteile nicht dadurch, daß sie wahr (oder wohl begründet) sind, auch wirksam sein müssen (vgl. 4p14). Der „Beweis", der von Spinoza angeführt ist, führt in das Labyrinth der Affektenlehre zurück, die im dritten Teil entwickelt wurde. Der Lehrsatz 14 läßt sich aber auch ohne diese spezifische Argumentation und aus dem hier entwickelten Zusammenhang verstehen. Die menschliche Knechtschaft und auch die moralische Schwäche erklären sich daraus, daß der Mensch generell zu schwach, zu vielen äußeren Wirkungen, widrigen Affekten und Versuchungen des Präsentischen ausgesetzt ist, um immer das zu tun, was er für das Beste hält. So wie niemand auf die Länge dem Tod widerstehen kann, so kann sich niemand immer der moralischen Schwäche entziehen. Die Kluft zwischen Pflicht und Neigung wird gesteigert durch die schleichende Ersetzung des Modells informierter Präferenzen durch eine Theorie des rationalen Wollens und der Verfolgung der Tugend um ihrer selbst willen. Kurz und bündig: Gott selber ist wohl nicht gut, weil er geliebt wird, sondern Gott ist nach Spinoza das einzige in sich Liebenswerte. Hat Spinoza damit nicht die Verbindung zwischen Werturteil und Wünschen, Egoismus und Moral unterbrochen und die pragmatische Notwendigkeit eines Kompromisses zwischen beiden vergessen?

Literatur

Bennett, Jonathan 1990: Spinoza and Teleology: A Reply to Curley. In: Curley/Moreau (Hrsg.), 53–57.
Curley, Edwin 1990: On Bennett's Spinoza: The Issue of Teleology. In: Curley/Moreau (Hrsg.), 39–52.
Della Rocca, Michael 2004: Egoism and the Imitation of Affects in Spinoza. In: Yovel/Segal 2004, 123–147.
Dembski, William A./Ruse, Michael 2004 (Hrsg.): Debating Design. From Darwin to DNA. Cambridge.
Dewey, John 1939: Theory of Valuation (Foundations of the Unity of Science II, 4). Neudruck 1972 Chicago/London.
Frankena, William K. 1977: Spinoza on the Knowledge of Good and Evil, in: *Philosophia* 7, 15–44. Wieder abgedruckt in Segal/Yovel 2002.
Freud, Sigmund 1969: Vorlesungen zur Einführung in die Psychoanalyse. EA 1916. Studienausgabe. Bd. 1. Frankfurt/M.
Hartmann, Eduard von 1899: Geschichte der Metaphysik, 2 Bände, Leipzig.
Hastedt, Heiner 2005: Gefühle. Philosophische Bemerkungen. Stuttgart.
Jarrett, Charles 2002: Spinoza on the Relativity of Good and Evil. In: Koistinen/Biro 2002: 159–181.

Jonge, Eccy de 2004: Spinoza and Deep Ecology. Challenging Traditional Approaches to Environmentalism. Aldershot/Burlington.

Malinowski-Charles, Syliane 2004: Affects et conscience chez Spinoza. L'automatisme dans le progrès éthique. Hildesheim u.a.

Manning, Richard N. 2002: Spinoza, Thoughtful Teleology, and the Causal Significance of Content. In: Koistinen/Biro (Hrsg.), 182–209.

Naess, Arne 1989: Ecology, community and lifestyle. Translated by David Rothenberg. Cambridge.

Perry, Ralph Barton 1950: General Theory of Value. Its meaning and basic principles construed in Terms of Interest. Cambridge/M.

Regan, Tom 1983: The Case for Animal Rights. London u.a.

Spaemann, Robert/Löw, Reinhard 1981: Die Frage Wozu? Geschichte und Wiederentdeckung des teleologischen Denkens. München.

Taylor, Paul W. 1986: Respect for Nature. A Theory of Environmental Ethics (Studies in Moral, Political, and Legal Philosophy). Princeton.

Wolf, Jean-Claude 2001: Ethik ohne Ressentiment? In: Senn/Walther (Hrsg.), 59–85.

Wolf, Jean-Claude 2004: Ethischer Egoismus. Hauptartikel, Einwände und Repliken. In: Erwägen, Wissen, Ethik (vormals Ethik und Sozialwissenschaften. Streitforum für Erwägungskultur) 15, 4, 513–590.

Wolf, Jean-Claude 2006: Eduard von Hartmann. Ein Philosoph der Gründerzeit. Würzburg.

Yovel, Yirmiyahu/Segal, Gideon (Hrsg.) 2004: Spinoza on Reason and the „Free Man". Ethica 4, New York.

Manfred Walther

13. Grundzüge der politischen Philosophie Spinozas (4p37s2)[1]

Ziel der *Ethica* ist, dem in eine zunächst übermächtige (Um-)Welt hineingestellten Menschen einen Weg aufzuzeigen, auf dem er sich aus seiner anfänglichen Stellung in der Welt, d.h. seiner Knechtschaft in seiner Unterworfenheit unter Leidenschaften, zu einem freien, also selbstbestimmten und insofern tugendhaften Leben heraus- und voranarbeiten kann. Nachdem Spinoza im 3. Teil eine Sozialpsychologie ausgearbeitet hat, wird im 4. Teil der Umgang des einzelnen mit sich selbst, der eigenen Affektivität und den durch die Interaktion mit anderen Menschen hervorgerufenen Affekten erörtert. Das Zentrum dieser Erörterung bilden die Lehrsätze 4p29–4p37, die in die These münden, daß der von der Vernunft geleitete, d.h. tugendhafte Mensch dasjenige Gut, das er für sich „verlangt", auch für andere „begehrt", und zwar „um so mehr, je größer seine Erkenntnis Gottes ist". Dieses Gut ist Erkenntnis (*intelligere*). Der Grund für dieses Verlangen ist, wie Spinoza unter Rückgriff auf 4p35S1 ausführt, die Einsicht, daß von Vernunft geleitete Menschen einander am nützlichsten sind, so daß es im je eigenen Interesse liegt, andere Menschen ebenfalls zu einem der Erkenntnis gewidmeten Leben zu motivieren. Dabei geht es nicht um irgendeine Erkenntnis, sondern um die – Selbsterkenntnis einschließende – Erkenntnis Gottes, welche de facto eine Erkenntnis des Zusammenhanges ist, in dem wir mit dem Ganzen der Wirklichkeit stehen. Da wir so unsere eigene Natur im höchsten Maße verwirklichen, intensiviert sich zugleich unsere Begierde, andere daran teilhaben zu lassen. Denn kraft des Mechanismus der Affektnachahmung – der Affekt,

---

[1] Nicht behandelt wird aus Platzgründen durchgehend die politische Funktion der Religion. Vgl. dazu ausführlich Walther 1996, 38–46

den wir an einem anderen wahrnehmen, „mit dem wir nicht affektiv verbunden gewesen sind", springt auf uns selbst über (3p27) – wird die Liebe zu einem Gut, „nach dem ein Mensch für sich selbst verlangt", wie der 2. Beweis ausführt, gefestigt, wenn er andere eben dasselbe Gut lieben sieht.

13.1 Soziale und politisch-rechtliche Bedingungen selbstbestimmter Lebensführung

In den beiden Anmerkungen zu Lehrsatz 37 skizziert Spinoza zum einen Folgerungen, die sich aus dieser Konstellation für das soziale und politische Engagement des freien Menschen ergeben (4p37s1), zum anderen die Grundzüge seiner politischen Philosophie (4p37s2; vgl. Macherey 1997, 221). Dabei ist die Perspektive auf Freiheit – die ethische und, als für diese günstige Voraussetzungen schaffend, die politische (vgl. Matheron 2000; Walther 2001) – durchweg leitend.

a) Die Ausrichtung unseres Strebens auf *Erkenntnis* hat, wie Anmerkung 1 ausführt, zur Folge, daß unser Überzeugungsdrang, d.h. der Drang danach, andere von der Qualität des von uns erstrebten Gutes zu überzeugen und alle anderen nach unserem eigenen Sinne leben zu sehen, nicht zum Gegenteil von Harmonie führt, nämlich zu Abwehrreaktionen der anderen und zu wechselseitiger Konkurrenz. Denn (1) kraft des basalen Mechanismus der Affektnachahmung (s.o.) überträgt sich (2) die Wertschätzung einer Sache, die ich bei einem anderen wahrnehme, auf mich. Wenn ich nun (3) bereits etwas als Gut schätze, so strebe ich, um meine Freude am Besitz dieses Gutes zu steigern, danach, andere von der Qualität dieses meines Gutes zu überzeugen, d.h. ich strebe danach, daß „andere lieben, was [ich] selbst lieb[e]", und daß andere „nach [meinem] Sinne leben sollten". Dies ist die Ursache des Überzeugungs- und Konformitätsdranges. Wenn das Gut, nach dem ich selber strebe oder über dessen Besitz ich mich freue, nun aber (4) ein mit Leidenschaft begehrtes, d.h. ein ganz und gar kontingentes Gut ist, so werden andere, die andere Güter schätzen, sich meinem Überzeugungsdrang widersetzen, mich hassen; oder sie werden, wenn es sich um ein Gut handelt, „das nur einer ganz besitzen kann", kraft des Mechanismus der Affektimation dasselbe Gut begehren, d.h. in Konkurrenz zu mir treten. Wer andere von der besonderen Qualität der von ihm begehrten oder besessenen Dinge zu überzeugen sucht, wird daher, wenn es sich um ein knappes Gut handelt, zugleich „fürchten […], daß man [ihm] glaubt" (4p37s1, 441). Wer jedoch nach Erkenntnis strebt, d.h. danach, „nach der Leitung der Vernunft" zu leben, wird nicht, wie bei knappen Gütern, in eine Situation affektiver Dissonanz geraten, da dieses Gut nicht (nur) exklusiv besessen werden kann, sondern „allen gemeinsam ist". Vielmehr wird seine Freude daran sich intensivieren, und zwar um so mehr, als er sich selber als Ursache der Freude der anderen erkennt. Es liegt also in seinem eigenen Interesse, auch andere von der Abhängigkeit von äußeren, kontingenten Gütern, also einem Leben in Ohnmacht, abzubringen, sie zu einem Leben zu motivieren, in dem jeder mehr und mehr von dem bestimmt wird, „was seine eigene Natur, in sich alleine betrachtet, fordert". Mit anderen Worten: Er wird sich für den ‚Ausgang' aller aus ihrer – nicht selbst verschuldeten, sondern anfänglich gegeben – ‚Unmündigkeit' engagieren und sich, wie Spinoza in 4app. cap. 19, ausführt (vgl. Macherey 1997, 223 Fn. 1), für eine dementsprechende Erziehung einsetzen.

b) Wenn Spinoza anschließend die Grundzüge seiner Philosophie von Gesellschaft, Staat und Recht skizziert, so erwartet der an der Tradition geschulte Leser Ausführungen über die Unentbehrlichkeit von Tugend, insbesondere derjenigen des Herrschers, als Bedingung einer guten staatlichen Ordnung. Diese Erwartung wird jedoch enttäuscht.

Zum Problem der Gesellschafts- und Staatsbildung hatte Spinoza schon in der Anmerkung zu Lehrsatz 18, die einen Überblick über den Argumentationsgang der Lehrsätze 19–37 gibt, ausgeführt, daß wir „zur Erhaltung unseres Seins" auf einen „Austausch (*commercium*) mit Dingen außer uns" angewiesen sind (4p18s, 411), so daß es „viele Dinge außer uns" gibt, die „nützlich für uns sind und deshalb aufgesucht werden sollten", und daß unter diesen Dingen „[d]em Menschen nichts nützlicher" ist „als der Mensch". Es ist ja auch ein allgemeiner Erfahrungssatz, „daß sie [d.h. die Menschen – MW] sich in wechselseitiger Hilfe die Dinge, die sie brauchen, viel leichter verschaffen und die überall drohenden Gefahren nur mit vereinten Kräften vermeiden können", daß also „die gesellschaftliche Gemeinschaft der Menschen mehr Vorteile als Nachteile mit sich bringt" (4p35s).

Die Quintessenz seiner Affektenlehre, wie sie im 3. Teil und zu Beginn des 4. Teils entwickelt wurde, ist nun aber, daß Menschen zunächst und zumeist durch ihre Leidenschaften zum Agieren bestimmt werden, daß ihre Abwägung zwischen „gut" und „schlecht", ihre Präferenzbildung also, unter dem ‚Gesetz der Nähe' steht (4p9–4p13), und daß „die Menschen, [...], insofern [sie] von Affekten, die Leidenschaften sind, bedrängt werden, [...] einander entgegengesetzt sein [können]" (4p34). Daraus folgt die *Instabilität jeder einmal eingegangenen Kooperationsbeziehung*.

Daher beschreibt Spinoza die Bedingungen dafür, daß Menschen dauerhaft friedlich und vertrauensvoll zusammenleben können, aus der Beobachter-Perspektive dessen, der weiß, daß die Vernunft keine den Menschen jederzeit verfügbare Quelle und Motivation des Umgangs miteinander ist, d.h. aus einer ‚transzendentalen' Perspektive, indem er angibt, welches die Bedingungen sind, unter denen *den Affekten* (Leidenschaften) *unterworfene*, keinesfalls also: tugendhafte *Menschen* dauerhaft friedlich und vertrauensvoll zusammenleben können. Politische Philosophie würde deshalb eine *petitio principii* begehen, wenn sie politische Theorie als Strategie der Implementation von Moral oder Tugend in Gesellschaft ansetzte und, wie etwa Rousseau, auf die Figur eines weisen Gesetzgebers als *deus ex machina* zurückgriffe. Spinoza geht vielmehr, indem er von der anfänglichen Verfaßtheit der Individuen ausgeht, vom Naturzustand aus, wie ihn Hobbes bereits seiner politischen Philosophie zu Grunde gelegt hat.

Der Exkurs über Grundlagen der politischen Philosophie in Anmerkung 2 ist deshalb an dieser Stelle plaziert, weil „die *Möglichkeit, anderen bei der Entwicklung ihres Erkennens zu helfen*, davon abhängt, ein allgemeines Klima der Eintracht auf allen Ebenen zu schaffen (Lehrsatz 40)" (Matheron 2000, 319). Als Anknüpfungspunkt seiner Darlegung der notwendigen und zureichenden Bedingungen für ein friedliches und vertrauensvolles Zusammenleben der Menschen wählt Spinoza ein Problem, das er in seiner Kritik und Theorie der Genese universeller Teleologie im Anhang zu *Ethik* I offen gelassen hatte. Dort hatte er ausgeführt, daß alle Wertprädikate, mit denen wir die Dinge belegen, nicht Eigenschaften dieser Dinge sind, sondern lediglich Relationsbestimmungen, welche deren – von mir vermeinte – Nützlichkeit für mich bezeichnen. Dort hatte er das zwar bereits für Wertprädikate wie „schön" und „häßlich" ausgeführt, für andere derartige Prädikate jedoch auf spätere Ausführungen verwiesen (1app., 93). Für „gut" und „schlecht" wird das in 4p48 unter Rückgriff auf 3p11s geleistet: Der Mensch strebt danach, seine Wirkungsmacht zu erhöhen, und wenn er Erfolg hat, dann erfüllt ihn der Affekt der Freude, im umgekehrten Fall empfindet er Trauer. Und „[d]ie Erkenntnis des Guten und Schlechten ist nichts anderes als ein Affekt der Freude und Trauer, insofern wir uns seiner bewußt sind". Für die Wertprädikate „gerecht" und „ungerecht" holt er das nun in unserem Text nach.

Als Teil der Natur und insofern als bestimmter Ausdruck der Macht (*potentia*) Gottes und als ihren Gesetzen unterworfen existiert jeder „mit dem höchsten Recht der Natur" und tut folglich diesem Recht gemäß das, „was aus der Notwendigkeit seiner eigenen Natur folgt", wozu sein Selbsterhaltungsstreben in Reaktion auf das Einwirken der ihn umgebenden Dinge ihn veranlaßt. Auch sein Urteil über „gut" und „schlecht" ist Ausdruck dieser situativen Bestimmtheit, und jeder hat dabei „seinen eigenen Nutzen nach eigener Sinnesart", wie er ihn imaginiert, im Blick und reagiert auf die Dinge der Umwelt gemäß den Gesetzen des leidenschaftsbestimmten Selbsterhaltungsstrebens: Er „vergilt mit eigener Hand erlittenen Schaden [...] und strebt zu erhalten, was er liebt, und zu zerstören, was er haßt". Er übt also sein natürliches Recht nicht „nach der Leitung der Vernunft" aus, denn dann würde er auch das Recht der anderen berücksichtigen, also ihnen nicht schaden (443), und die Staatsbildung wäre überflüssig (vgl. TTP 5, 84). Das *bloße Faktum der Existenz von Staaten* dokumentiert daher die Schwäche der Vernunft (Matheron 1969, 287). Da die Macht der Affekte „die [wahrhaft – MW] menschliche Macht und damit die menschliche Tugend weit" übertrifft und die Menschen in einander entgegensetzte Richtungen treibt, stehen sie in Opposition zueinander, „während sie doch wechselseitiger Hilfe bedürfen". Kant wird dies später die „ungesellige Geselligkeit" des Menschen nennen. Erforderlich für friedliches und vertrauensvolles Zusammenleben ist also, daß Menschen „ihr natürliches Recht [auf je eigensinnige Bestimmung der tauglichen Mittel der Selbsterhaltung, MW] aufgeben und einander sicherstellen, künftig nichts zu tun, was den anderen schädigen könnte".

Die Lösung des Problems kann nur darin bestehen, ein institutionelles Arrangement zu finden, mit dessen Hilfe Gegenaffekte geweckt werden, welche diese idiosynkratisch gerichteten Affekte in Schach halten (Moreau 2005, 47), genauer: „daß ein jeder sich des Schädigens aus Furcht vor einem größeren Schaden enthält". Wenn also nicht mehr jeder einzelne, sondern „eine Vereinigung von Menschen" das Urteil über „gut und schlecht" fällt und das Recht der dem entsprechenden Sanktionen „für sich [...] in Anspruch" nimmt, „[d]ann hätte [!] sie die Gewalt (*potestatem*), eine allgemeine Lebensregel vorzuschreiben sowie Gesetze zu erlassen und diese nicht durch den Appell an die Vernunft, die Affekte nicht zu hemmen vermag [...], sondern mit Hilfe von Drohungen aufrecht zu erhalten" (445).

Daraus ergibt sich folgende Definition des Staates: „Eine solche Vereinigung (*societas*), gefestigt über erlassene Gesetze und die ihr zukommende Gewalt, sich selbst zu erhalten, heißt Staat", und die durch dieses Recht Geschützten sind Staatsbürger.

Das impliziert, daß es im Naturzustand „nichts gibt, was nach übereinstimmender Ansicht aller gut oder schlecht wäre", da die diesbezüglichen Urteile immer divergieren und es auch keine die Individuen verpflichtenden Normen gibt. „Vergehen" (*peccatum*) kann es also nur da geben, „wo zum einen nach übereinstimmender Ansicht [!] entschieden wird, was gut und schlecht ist, und zum anderen jeder gehalten (*tenetur*) ist, sich dem Staat zu fügen".[2] Da es im Naturzustand kein Eigentum gibt, vielmehr „alle Dinge allen gehören", d.h. denjenigen, die sie sich zu verschaffen wissen, kann es in ihm auch nichts geben, das „gerecht" oder „ungerecht" genannt wird, denn „Gerechtigkeit ist" – so die traditionelle Definition, auf die Spinoza sich bezieht – „der beständige und immerwährende Wille, der jedem sein Recht zukommen läßt" (*Corpus iuris*, Institutionen I.1.1), und setzt voraus, daß etwas bereits als das Seine von jemand nach gemeinsamem Recht festgelegt ist. Gerechtigkeit und Ungerechtigkeit kann es daher nur im staatlichen Zustand geben, „wo nach allgemeiner Übereinstimmung festgelegt wird, was diesem und was jenem Menschen gehört". Diese Wertprädikate und die ihnen entsprechenden von „Vergehen und Verdienst" sind „äußerliche Begriffe", d.h. bloße Relationsbestimmungen, „nicht aber Attribute, die die Natur des Geistes erklären" (447).

13.2 Theorie der naturwüchsigen Entstehung und der Stabilitätsbedingungen staatlichen Rechts (nach TP und TTP)

Die Frage, *wie* es dazu kommen kann, daß Menschen *tatsächlich* das für ihre Selbsterhaltung im sozialen Miteinander Erforderliche ins Werk setzen und ihm Dauer verleihen können, da ihnen doch die Einsicht in den von Spinoza skizzierten Bedingungszusammenhang und erst recht die Bereitschaft, entsprechend zu agieren, fehlt, beantwortet dieser „politische Einschub" nach 4p37 nicht (Indiz dafür ist der Konditionalausdruck „hätte"). Spinoza holt das in der reifsten Gestalt seiner politischen Philosophie, wie sie in dem – 1677 unvollendet hinterlassenen – *Politischen Traktat*[3] vorliegt, nach.

---

2 Spinoza spricht nicht davon, daß im Staat jeder verpflichtet, sondern daß jeder „gehalten" sei. Er wählt keinen normativen Ausdruck, weil dem Gesetzesgehorsam sowohl Leidenschaft, nämlich Furcht vor angedrohtem Schaden oder Liebe zum Sicherheit gewährenden „staatlichen Zustand" (TP 3/8), als auch Einsicht zugrundeliegen kann. Vgl. dazu Rice 2001.
3 Im folgenden zitiert nach Kapitel und Paragraph (z.B. TP 1/5). In der Übersetzung weiche ich hier und da, ohne das jeweils anzugeben, von der Übersetzung Bartuschats ab.
Zur Ergänzung, besonders für die Demokratie, werden die einschlägigen Passagen des *Theologisch-politische Traktats* (TTP) herangezogen (zit. nach Kapitel und Seitenzahl).

13.2.1 Politische Philosophie als Theorie der Praxis (TP 1)

Politische Theorie darf, wenn sie keine „Chimären" oder „Utopien" produzieren will, nicht, wie es „Philosophen" tun, einen zwar erhabenen, aber illusorischen Begriff des Menschen und seiner Fähigkeit zu vernunftbestimmtem Leben zu Grunde legen, sondern muß auf dem aufbauen, was „Politiker", die einen erfahrungsgesättigten Realismus vertreten, „über Angelegenheiten der Politik sehr viel ergiebiger geschrieben [haben] als Philosophen" – was ihnen die Kritik der Theologen eingetragen hat, die meinen, die „Staatgeschäfte" müßten „nach denselben Regeln der Moral" gehandhabt werden, „die für eine Privatperson verbindlich sind" (TP 1/2). Dieser Realismus hat sie über die tauglichen Mittel der Lenkung einer „Menschenmenge" informiert, so daß politische Theorie daran anzuschließen hat, statt „durch bloßes Nachdenken" etwas Neues und gleichwohl mit der Erfahrung Kompatibles erfassen zu wollen. Denn die Menschen können auf Grund ihrer Verfaßtheit „ohne irgendein Recht, das ihnen gemeinsam ist, nicht leben" (TP 1/3). Politische Theorie hat also die Aufgabe, „das, was mit der Praxis am vorzüglichsten übereinstimmt, auf sichere und zweifelsfreie Weise zu beweisen", nämlich „aus der Verfaßtheit der menschlichen Natur, wie sie tatsächlich ist, herzuleiten", und zwar in wertfreier Betrachtung. Eine solche Theorie der Praxis hat von dem Faktum auszugehen, daß „Menschen [...] notwendigerweise Affekten unterworfen" sind, also eher zu Rache als Mitgefühl neigen und danach streben, daß alle anderen dieselben Werturteile fällen wie sie selbst, und zugleich „an vorderster Stelle zu stehen" – wodurch sie notwendigerweise „in Konflikt miteinander geraten" – und sich nach Möglichkeit „gegenseitig zu unterdrücken" suchen (TP 1/5). Das hat für das Erkenntnisinteresse politischer Philosophie eine wichtige Konsequenz: Auch die Regierenden sind Affekten unterworfen, so daß ein stabiler Staat, der die Sicherheit der Bürger gewährleistet, nicht auf die Tugend der Herrschenden bauen darf, sondern *affektneutral* funktionieren muß: „Für die Sicherheit des Staates ist es ohne Belang, welche Gesinnung (*animo*) Menschen veranlaßt, ihre öffentlichen Angelegenheiten richtig zu verwalten, wenn sie nur richtig verwaltet werden." Charakterfestigkeit ist eine „Privattugend" (TP 1/6).

Fazit: Die Ursachen für die Staatsbildung müssen, da Menschen „immer schon irgendeinen staatliche Zustand (*statum civile*) herstellen", „aus der gemeinsamen Natur oder Verfaßtheit der Menschlichen", nicht aber „aus den Lehrsätzen der Vernunft" entwickelt werden.

13.2.2 Die Entstehung von Recht und Staat (Naturzustand und staatlicher Zustand, TP 2)

a) Der Mensch ist, wie in den Teilen 1 und 2 der *Ethik* ausgeführt, wie jedes andere existierende Einzelding nichts anderes als ein je bestimmter Ausdruck der Macht Gottes und strebt als ein solcher Ausdruck danach, sich im Dasein zu erhalten. Da nun, wie alle zugestehen, „Gott ein Recht auf alles hat, und das Recht Gottes nichts anderes als eben Gottes Macht ist, sofern sie als frei angesehen wird" (TP 2/3), ist das Recht der Natur identisch mit dem, was jedem Ding auf Grund der Naturgesetze an Aktionsmacht zukommt. Daraus folgt: „Was ein jeder Mensch nach den Gesetzen seiner Natur tut, das tut er mit dem höchsten Recht der Natur" (TP 4/4), denn es ist notwendiger Ausdruck derjenigen Gestalt seines auf Selbsterhaltung bezogenen Triebes, die dieser Trieb in der Interaktion mit allen anderen natürlichen Selbsterhaltungsmächten annimmt. Der Mensch steht also nicht, als ein „Staat im Staate", außerhalb der Naturordnung, ist nicht spezifischen, nämlich Vernunft-Gesetzen unterworfen, denn es ist ihm nicht gegeben, sich jederzeit nur nach den Gesetzen der Vernunft bestimmen zu können (TP 2/6+7). Was er also als so bestimmter Teil der ganzen Natur tut, tut er „mit dem höchsten Recht der Natur, und er hat auf die Natur so viel Recht, wie weit seine Macht reicht" (TP 2/4). „Nichts ist von dem Recht der Natur her absolut verboten, es sei denn dasjenige, was ohnehin niemand kann" (TP 2/18). In der Natur gibt es keine Normativität, keine deontologische „Schicht" oder Dimension.

Spinoza unterläuft mit dem naturalistischen Ansatz seiner politischen Philosophie bereits jene ‚Zwei-Welten'-Theorie (Kant), die zuerst in der spanischen Spätscholastik ausgearbeitet wurde und zwischen dem Menschen als einem – den Kausalgesetzen unterworfenen – „ens physicum" und als einem freien und damit der Zurechnung fähigen „ens morale" unterscheidet. Damit lädt Spinoza sich freilich das Problem einer Theorie der Genese und des Status von Normativität oder Präskriptivität auf, das er folgendermaßen angeht: Da „alles nach den allgemeinen Naturgesetzen zum Existieren und Wirken bestimmt wird", sind von den allgemeinen Naturgesetzen – Spinoza nennt das des elastischen Stoßes als Beispiel – und den für Menschen spezifischen Naturgesetzen – Spinoza nennt das Assoziationsgesetz als Beispiel – die Gesetze zu unterscheiden, die „vom Belieben der Menschen abhängig", nämlich Ausdruck der spezifisch menschlichen Gestalt der Selbsterhaltungsmacht alles Seienden, d.h. „in erster Linie [...] der Macht seines Geistes" sind. In ihnen formulieren Menschen, weil sie kein vollständiges Wissen von der kausalgesetzlichen Verkettung aller Dinge haben und daher *aus pragmatischen Gründen* „die Dinge als bloß möglich" betrachten, die für die Selbsterhaltung im sozialen Zusammenleben erforderlichen Restriktionen ihrer natürlichen Begehrensstrukturen als *Vorschriften*. So geht die normative Bedeutung von ‚Gesetz' der deskriptiven historisch voraus, d.h. „das Wort Gesetz" wird „auf die natürlichen Dinge anscheinend im übertragenen Sinne angewendet". Da aber die das dauerhaft friedliche Zusammenleben ermöglichende Funktion, welche die Gesetze als Ausdruck der spezifisch menschlichen Natur haben (s. sogl.), „nur wenigen klar ist", „so haben die Gesetzgeber in der Absicht, alle in gleichem Maße zu verpflichten, weislich einen anderen Zweck aufgestellt", indem sie auf höhere Mächte verwiesen, so daß ‚Gesetz' die Bedeutung eines *fremd gesetzten Imperativs* angenommen hat (TTP 4, 64–67).

b) Ist auch alles, was existiert und wirkt, notwendiger Ausdruck der „Gesetze der Natur im ganzen" und daher nicht „schlecht", so ist es doch, auf das Selbsterhaltungsstreben der Menschen bezogen, d.h. „im Hinblick auf die Gesetze bloß unserer Natur", gleichwohl vielfach schlecht (TP 2/8, am Ende).[4] Üben die einzelnen im leidenschaftsbestimmten Auslangen auf die „Dinge" (inkl. anderer Menschen) der Umwelt als dem Ausdruck ihres Strebens nach Selbsterhaltung ihr natürliches Recht aus, so geraten sie notwendig in Konflikt miteinander, sind also „von Natur Feinde" (TP 2/14). Daraus folgt, daß das natürliche Recht der Menschen, als einzelne betrachtet, eine fast leere Menge ist, „eher in der Einbildung als in Wirklichkeit" besteht. Denn unter eigenem Recht (*sui iuris*) steht nur, wer sich aus eigener Macht erhalten kann, d.h. wer „alle Gewalttätigkeit (*vim*) zurückweisen, und einen ihm zugefügten Schaden nach eigenem Gutdünken vergelten" kann, absolut aber, „sofern er nach seiner eigenen Sinnesart (*suum ingenium*) leben kann" (TP 2/9). Das ist jedoch, sofern jeder auf sich allein gestellt ist, gerade (fast) niemals der Fall (TP 2/11; vgl. TTP 9, 299–300).

Nun gibt es aber viele lebensnotwendige Dinge, die sich keiner alleine verschaffen kann, so daß alle Menschen auf gegenseitige Hilfe angewiesen sind.

Dieses *Mißverhältnis* zwischen dem, wonach Menschen je für sich gemäß dem eigenen Urteil streben, und was sie, wenigstens z.T., auch zum Überleben brauchen, einerseits und dem, was sie sich durch eigene Macht

---

4 Spinoza arbeitet mit einem doppelten Naturbegriff: Insofern seine Aussagen auf die „Natur im ganzen" bezogen sind, haben Wertprädikate keinen Sinn. Insofern er hingegen von den „Gesetze[n] bloß unserer Natur" spricht, ist vieles, was sich nach den Naturgesetzen im allgemeinen vollzieht, schlecht.

verschaffen können, andererseits, setzt nun nach Spinoza den Prozeß der Vergesellschaftung und der Rechts- und Staatsbildung in Gang; und da dieses Mißverhältnis mit dem Beginn der Existenz des Menschen zusammenfällt (TP 2/2), leben die Menschen „immer schon" in Gesellschaft. Nur dadurch, daß „zwei auf einmal zusammenkommen" – man beachte die nicht-intentionale Sprache – „und ihre Kräfte verbinden", also nur durch Kooperation, können Menschen ihre Selbsterhaltungsmacht steigern, d.h. mehr Recht haben, und zwar um so mehr, je mehr „so ihre Kräfte zusammengeschlossen haben". Daraus ergibt sich, „daß von einem Recht der Natur, das dem Menschengeschlecht eigen ist" – d.h. kraft dessen die „Menschen [...] ihr Leben auszuhalten und ihren Geist auszubilden" vermögen –, nur gesprochen werden kann, „wo die Menschen gemeinsame Rechte (*iura communia*) haben, wodurch sie zusammen die Macht haben, [...] sich selbst zu schützen" (TP 2/15). In der *Alternativlosigkeit von Kooperation* bzw. Koordination für die Selbsterhaltung jedes einzelnen besteht also die Wahrheit der scholastischen Rede vom Menschen als *animal sociale*, nicht in einem ihm eingestifteten Trieb zur Gesellschaftsbildung (TP 2/15).

Daraus ergibt sich jene Definition des Staates, die, als genetische Definition, die Ursache des definierten Sachverhalts angibt: „Dieses Recht, das durch die Macht der Menge definiert wird, nennt man [...] gewöhnlich Staatsgewalt (*imperium*)" (TP 2/17).

Während die Handlungsmacht (*potentia*) immer an den einzelnen gebunden ist, ist die Direktionsgewalt (*potestas*), also die Fähigkeit, andere zur Befolgung von Handlungsvorgaben zu bewegen, eine Sozialbeziehung. Und es ist somit klar, daß die Staatsgewalt (*imperium*) oder Souveränität (*summa potestas*) nur darin und solange bestehen kann, daß und wie deren Inhaber die Art und Weise, wie die einzelnen ihre Handlungsmacht betätigen, beeinflussen können. Hugo Preuß konnte diese „Weisheit Spinozas" daher ebenso zutreffend wie lapidar zusammenfassen: „Daß er Gehorsam findet, das macht den Herrscher aus" (Preuß 1921, 16 u.ö.).

Wenn also (1) die Macht der Menge als einer zusammengeschlossenen Aktionsmacht den Staat und dessen Recht konstituiert und (2) dauerhafte Einheit nur in dem Maße möglich ist, in dem das staatlich-rechtliche Handeln der Regierenden den gemeinsamen und langfristigen Nutzen aller befördert, was (3) wiederum nur dann der Fall ist, wenn die Menge Rechte/Gesetze (*iura*) hat, „die der Vorschrift der Vernunft *gemäß*" – das muß nicht heißen: *aus* Vernunft! – „erlassen sind" (TP 2/21), dann folgt ferner, daß „dasjenige Gemeinwesen am mächtigsten ist und am meisten unter eigenem Recht steht, das auf der Vernunft gegründet ist" (TP 3/7).

Nach der Zahl, genauer: nach dem *Rekrutierungsmodus* (s. 5.2.c) der Inhaber der Staatsgewalt werden die Regierungsformen der Demokratie, der Aristokratie und der Monarchie unterschieden, und zwar in dieser Reihenfolge, denn die genetische Staatsdefinition enthält ja bereits das Kriterium für das Ausmaß, in dem Staatsmacht und damit gemeinsames Recht akkumuliert werden kann!

b) Wie sich gemäß den Gesetzen der menschlichen Affektivität kleinere oder größere zusammenwirkende Gruppen bilden, hat Spinoza nicht systematisch entwickelt (vgl. jedoch Matheron 1992). Die verstreuten Hinweise (z.B. TP 3/9, 6/1) lassen jedoch erkennen, daß es die Grundaffekte von Furcht vor Schaden und Hoffnung auf Güter sind, welche die Menschen zur Kooperation bestimmen. Anlaß von Furcht können ebenso Naturmächte wie andere Menschen sein, Anlaß von Hoffnung die Aussicht, sich gemeinsam etwas verschaffen zu können, das die Kräfte des einzelnen überschreitet. Hinzu kommt, kraft des Mechanismus der Affektnachahmung, daß das Mitleid, wenn jemand einen ihm Ähnlichen leiden sieht, den einzelnen dazu motiviert, diesem zu helfen, sowie das Streben, alle nach dem eigenen Sinn leben zu sehen. Dieser spezifische Ausdruck des Strebens nach Anerkennung äußert sich u.a. in dem – im Erfolgsfalle einen politischen Führer hervorbringenden – Versuch, in einer derartigen Situation durch „Ausbeutung" der gemeinsamen Gefühlslage Handlungsvorgaben für die sich gerade formierende Gruppe zu machen, also Regeln und Institutionen einzuführen bzw., wenn sie sich „spontan" herausgebildet haben, authentisch zu formulieren bzw. zu interpretieren (vgl. Den Uyl 1983).

Deshalb kann Spinoza angesichts der *condition humaine* auch formulieren, daß „eine Menge nicht kraft der Leitung der Vernunft, sondern aus irgendeinem gemeinsamen Affekt *natürlicherweise* übereinstimmt und wie von einem Geist geleitet werden will"" (TP 6/1; vgl. 2/15). Freilich bleibt diese Bereitschaft nur bestehen, solange der Grund für Furcht oder Hoffnung bestehen bleibt, und da „jeder lieber herrschen als gehorchen will" (TP 7/5), sind solche Institutionen immer gefährdet.

13.2.3 Recht und Grenzen der Souveränität (TP 3–4)

a) Wenn „das Recht des Staates oder der höchsten Gewalt (*summarum potestatum*) nichts anderes ist als das Recht der Natur, das durch die Macht, nun nicht mehr jedes einzelnen, sondern der wie von einem Geist (*una veluti mente*) geleiteten Menge bestimmt wird" (TP 3/1), so „hat jeder Bürger" – d.i. die Menschen, sofern sie „alle Vorteile des Gemeinwesens genießen" – „oder Untertan" – das sind dieselben Menschen, sofern sie „gehalten sind, seinen Einrichtungen oder Gesetzen zu gehorchen" (TP 3/1) – um so weniger Recht, je mehr ihn das Gemeinwesen an Macht übertrifft. Die *Kehrseite* der Machtsteigerung durch Kooperation ist also, daß dort, „wo die Menschen gemeinsame Rechte haben [...], jeder von ihnen um so weniger Recht [hat], je mehr ihn die anderen in ihrer Gesamtheit an Macht übertreffen. Das bedeutet, daß er in Wirklichkeit kein Recht auf die Natur hat außer dem, das das gemeinsame Recht ihm zugesteht. Im übrigen ist er gehalten, alles auszuführen, was ihm aus gemeinsamer Übereinstimmung heraus befohlen wird" (TP 2/16). Dasjenige Recht, das kraft des gemeinsamen Rechts dem einzelnen zugestanden wird, ist das *ius civile privatum*. „Unter dem bürgerlichen [= staatlichen – MW] Privatrecht können wir nichts anderes verstehen als die Freiheit des einzelnen, sich in seinem Zustand zu erhalten, eine Freiheit, die durch die Erlasse der höchsten Gewalt bestimmt und durch ihre Autorität allein geschützt wird", heißt es daher unmißverständlich schon im TTP (16, 241) – wobei zu beachten ist, daß Spinoza den statischen Begriff des Zustandes (*in suo statu*) später, im TP, durch den dynamischen des Seins (*in suo esse*) ersetzen wird.

Damit hat Spinoza zugleich, und zwar im Rahmen einer Theorie der *Macht* (!), die Basis für seine These von der *Überlegenheit der Demokratie* gelegt (s.u. 5.2c): Die einzelnen Bürger werden um so mehr Rechte, d.h. auch Freiheiten haben (können), je größer die gemeinsame Handlungsmacht ist, d.h. je vernünftiger ein Staat eingerichtet ist. Denn je mehr gemeinsame Macht den Inhabern der Staatsgewalt zur Verfügung steht, desto besser sind sie in der Lage, die dem einzelnen zugestandenen subjektiven Rechte auch wirksam zu schützen; je umfangreicher aber diese staatlich geschützten subjektiven Rechte sind, um so größer wird die Bereitschaft der Bürger sein, die korrespondierenden Gesetze zu akzeptieren, ja ihnen zuzustimmen – ein Kreislauf positiver Verstärkung!

Das Souveränitätsrecht – Spinoza nennt, in inhaltlichem Anschluß an die Souveränitätslehre seit Bodin, Gesetzgebung, Gesetzesauslegung, verbindliche Streitentscheidung und Strafe sowie das Recht der Entscheidung über Krieg und Frieden (TP 4/1–2) – hat „derjenige [...] vollkommen in Händen, der aus gemeinsamer Übereinstimmung heraus die Sorge für die Staatsangelegenheiten innehat" (TP 2/17). Jetzt ist „der Wille des Gemeinwesens als der Wille aller anzusehen" (TP 3/5), so daß keiner mehr, wie im Naturzustand, Richter in eigener Sache ist (TP 3/3+4). Politisches Handeln „nach eigenem Ermessen und ohne Wissen der dazu berufenen obersten Versammlung" ist „eine Anmaßung der Staatsgewalt"

(TP 4/3). Man kann daher „keineswegs sagen", „daß ein Gemeinwesen an Gesetze gebunden ist oder sich vergehen kann", sofern man diese Ausdrücke „in ihrem genuinen Sinn", d.h. im Sinne von positiv gesetzten Regeln und Gesetzen, versteht (TP 4/5). Ja selbst wenn die – zu ergänzen: freie (s. Anm. 16) – „Menge" durch einen Einsetzungsvertrag oder entsprechende Gesetze (im Sinne der Herrschaftsvertragslehre) „ihr Recht auf eine Versammlung oder auf einen einzigen überträgt", so müssen sie zweifelsohne „gebrochen werden, sobald es das allgemeine Wohl verlangt"; und auch die Entscheidung darüber, ob ein solcher Fall vorliegt, hat nur, wer die Staatsgewalt innehat. Zudem hat ja kein Privatmann die Macht, also das Recht, diesen Vertrag bzw. dies Gesetze zu schützen, so daß sie „den Inhaber der Staatsgewalt nicht verpflichten" (TP 4/6).

b) Kaum hat Spinoza aus der „Logik" der kollektiven Machtsteigerung durch Kooperation und Koordination die *Absolutheit* der Souveränität in einer an Hobbes erinnernden Radikalität abgeleitet, geht er dazu über, in ebenso radikaler Weise, den Nachweis der *faktischen Begrenztheit* dieser Souveränität zu erbringen:[5] Versteht man unter „Gesetz" und „Vergehen" nicht nur das staatliche Recht, sondern bezieht beides „auf die allen natürlichen Dingen gemeinsamen [Gesetze] und besonders auf die allgemeinen Regeln der Vernunft", d.h. die Gesetze des Denkens (TP 4/3), die der Macht und damit dem Recht des Gemeinwesens Grenzen setzen (TP 3/6), dann ist „das Gemeinwesen" sehr wohl „an Gesetze gebunden" (*legibus adstrictam*) (TP 4/5). Diese Grenzen sind von dreierlei Art:

1) Ist die Macht des Gemeinwesens (1) diejenige der Menge, „die wie von einem Geiste geleitet wird",[6] und ist (2) diese Einheit nur dann verständlich, wenn das Gemeinwesen „in höchstem Maße auf das aus ist, was die gesunde Vernunft als nützlich für alle lehrt", so schwächen sich die Inhaber der Staatsgewalt selber, wenn sie gegen den gemeinen Nutzen agieren.

2) Unerreichbar für die Vorschriften der Staatsgewalt ist, wozu Menschen weder durch Furcht vor Drohungen noch durch Liebe zum Frieden

---

5 Daß die Absolutheit der Staatsgewalt, d.h. die Akkumulation der größtmöglichen gemeinsamen Handlungsmacht, nicht durch personale Herrschaft nach dem Hobbesschen Modell des absolutistischen Monarchen erreichbar ist, sondern nur durch größtmögliche Partizipation und Inklusion der Bürger zustande kommt, führt Spinoza in seinen Vorschlägen zur Institutionenreform der verschiedenen Regierungsformen detailliert aus (siehe 2.5.2).

6 Das „als ob" (*veluti*) bezieht sich zum einen darauf, daß jeder individuelle Geist in sich geschlossen ist, zum anderen darauf, daß auch bei faktischer Verschiedenheit der Intentionen jeder sich der Übermacht aller anderen gegenüber sieht und sich durch Antizipation von deren Erwartungen an diese anpaßt. Auf diese Weise stellt sich die Koordination des Handelns der vielen in Gestalt einer sich selbst instituierenden Fiktion tatsächlich her (Ueno 1991).

und zur Sicherheit, die der staatliche Zustand gewährt, motiviert werden können. So kann z.B. niemand die eigene Urteilskraft aufgeben und, auch wenn es vorgeschrieben wäre, etwas glauben oder tun, das dieser widerspricht (theoretisch z.B. „daß das Ganze nicht größer sei als seine Teile", und praktisch, „den zu lieben, den er haßt, oder den zu hassen, den er liebt"). Generell gilt: Was „der menschlichen Natur so zuwider läuft, daß es als schlimmer gilt als alles Übel" (z.B. Selbstbeschuldigung, Selbstmarter, den Tod nicht fliehen etc.), liegt nicht im der Direktionsgewalt des Staates, jedenfalls nicht, „was die meisten Bürger betrifft" (TP 3/8).[7]

3) Auch was „allgemeine Empörung (*indignatio*) hervorruft", gehört nicht zum Direktionsbereich des Staates. So verspielen die „Inhaber der Staatsgewalt" ihre Würde und damit die Achtung und Befolgungsbereitschaft der Bürger, wenn „sie die selbst erlassenen Gesetze offen verletzen oder mißachten" – auch wenn das kein nach staatlichem Recht ahndungsfähiges Vergehen ist – oder wenn sie morden und plündern. Spinoza nennt hier die typischen Phänomene tyrannischer Herrschaftsausübung, die nach traditioneller Lesart ein Widerstandsrecht begründen. Sieht jemand andere unter einer solchen unwürdigen Behandlung durch die Regierenden leiden, so stellt sich kraft Affektnachahmung Mitleid mit den Leidenden ein, so daß die Achtung der Menschen vor den Regierenden in „Furcht und Empörung" umschlägt (TP 4/4) und sie sich spontan „zusammentun", um das allen zugefügte Leid zu rächen.

Es gibt also „bestimmte Umstände [...], deren Fehlen [...] Furcht und Achtung [gegenüber den Inhabern der Staatsgewalt] zum Verschwinden bringt und in eins damit auch das Gemeinwesen aufhebt" (TP 4/4). Zwar kann es kein staatliches Recht geben, das die Bürger zum Widerstand gegen die Inhaber der Staatsgewalt legitimiert, aber da die Gesetzmäßigkeiten menschlicher Affektivität auch durch die staatliche Gesetzgebung nicht unterlaufen werden können, mithin das natürliche Recht niemals außer Kraft gesetzt, sondern nur in den Formen seiner Ausübung institutionell kanalisiert werden kann, schwächt sich die gegen diese Gesetzmäßigkeiten agierende Staatsgewalt selber, verliert also ihr Recht und löst sich in dem Maße, in dem sie das tut, selber auf.[8] Man kann in

---

7 Dieses Faktum der Unhintergehbarkeit der je individuellen Urteilskraft ist denn auch die Grundlage für Spinozas Begründung der Redefreiheit (siehe 2.5.3).
8 Spinoza zieht aus der Einsicht in die Zirkularität aller Machtkonstellationen, derzufolge der Machtkreislauf zwischen Regierenden und Untertanen niemals stillsteht, weil immer mehr Macht in der Gesellschaft zirkuliert, als institutionell werden kann, die Konsequenz für die Souveränitätslehre, welche das Paradox der Hobbesschen Autorisierungsdoktrin auflöst. Vgl.

demselben Sinne, wie die Ärzte davon sprechen, daß sich jemand gegen die Natur vergeht, sagen, „daß ein Gemeinwesen sich vergeht, wenn es etwas gegen das Gebot der Vernunft ausführt" (TP 4/4). In diesem und nur in diesem Sinne ist jeder Staat an (die Natur-)Gesetze seiner eigenen Stabilität gebunden.

13.2.4 Das Recht der zwischenstaatlichen Beziehungen (TP 3/11–17)

Daß Menschen relativ stabile Formen und Regeln friedlichen Zusammenlebens entwickeln, hat seinen Grund darin, daß es für den einzelnen zum Eingehen sozialer Beziehungen und ihrer Institutionalisierung keine Alternative gibt. Anders liegt der Fall im Verhältnis zweier Staaten zueinander: Nach dem „Recht der Natur [...] verhalten sich zwei Staaten so zueinander wie zwei Menschen im Naturzustand" (TP 3/11): sie sind von Natur Feinde. Da „ein Gemeinwesen" sich aus eigener Kraft im Dasein halten und „vor der Unterdrückung durch ein anderes selbst schützen kann", steht es insofern „unter eigenem Recht" mit der Folge, daß eine „Allianz", die es eingeht, „so lange, wie der Anlaß, sie einzugehen, besteht: Furcht vor Schaden oder Hoffnung auf Profit" (TP 3/14). Alle auf die Zukunft gerichteten zwischenstaatlichen Abmachungen stehen unter der *clausula rebs sic stantibus*, unter der Bedingung, daß die Verhältnisse sich nicht so verändern, daß vom Vertragsbruch mehr Vorteile als Nachteile zu erwarten sind. Da für jeden Staat „das eigene Wohlergehen oberstes Gesetz (*sui imperii salus summa lex*) ist" (TP 3/14), müssen die Inhaber der Staatsgewalt im Interesse ihres Staates geschlossene Verträge brechen, wenn dies mehr Nutzen als Schaden bringt. Ein wirkliches Völkerrecht kann es unter dieser Bedingung nicht geben. Das hat Spinoza den Ruf eines „Leugners des Völkerrechts" eingetragen (Gustaf Adolf Walz).

Zugleich gibt Spinoza aber die Bedingungen einer stabilen Völkerrechtsordnung an: „Je mehr Gemeinwesen zusammen einen Friedensvertrag schließen, um so weniger ist jedes einzelne von den übrigen zu fürchten, um so weniger Gewalt hat es, Kriege gegen andere zu führen." Schließt sich also ein Staat mit einer große Zahl anderer Staaten um der Förderung der eigenen Interessen willen zusammen, dann wird er um so abhängiger von den Bündnispartnern, „um so weniger [steht er also] unter eigenem Recht [...] und [ist] deshalb um so mehr gehalten [...], sich dem

---

dazu Heerich 2000. Zur Zirkularität aller Naturprozesse nach Spinoza, deren einer ‚Anwendungsfall' die Politik ist, vgl. *Spinoza* 1999, Dok. 88.

gemeinsamen Willen der Alliierten zu beugen" (TP 3/16). In dem Maße, in dem die Staaten nicht mehr im geschilderten Sinne *autark* sind, vollzieht sich derselbe Konstitutionsprozeß im zwischenstaatlichen Verhältnis, den Spinoza bezüglich der Verhältnisse von Individuen nachgewiesen hat. Man erkennt darin unschwer die Bedingungen der Bildung des Völkerbundes und der UNO. Und es folgt ebenso, daß es ein beständiges Völkerrecht erst dann geben kann, wenn die wechselseitige Abhängigkeit der Staaten in der Förderung ihres Nutzens und der Abwehr von Schaden so groß ist, folglich kein Einzelstaat mehr so viel Macht hat, daß er nach eigenem Urteil über die Befolgung oder Verletzung der Regeln zwischenstaatlichen Umgangs miteinander entscheiden kann, ohne sich wesentlich zu schaden – auch dies eine Perspektive im Globalisierungsprozeß![9]

13.2.5 Stabilisierung durch Demokratisierung der Staatsverfassung (TP 5–11, TTP 16)

13.2.5.1 Theorie des „besten Staates" (TP 5)

Auch wenn sich die Staatsbildung naturwüchsig mit Notwendigkeit vollzieht, folgt daraus nicht, „daß alles, was zu recht geschieht, auch in bestmöglicher Weise geschieht", und das gilt auch für die Art der Ausübung der Souveränität. Also gilt es, „von der jeweils" – d.h. für jede der drei Staatsformen – „bestmöglichen Staatsverfassung zu handeln" (TP 5/1). Nun ist bereits nachgewiesen: Je vernünftiger ein Staat eingerichtet ist, d.h. je mehr er durch seine rechtlichen und politischen Institutionen Bedingungen dafür schafft, daß jeder sein eigenes Interesse nur in dem Maße verfolgen und fördern kann, als er auch die Interessen der anderen, d.h. das gemeine Wohl fördert; um so weniger werden dann „Zwietracht und Aufruhr [...] zum Ausbruch kommen".[10]

„Es genügt [nun freilich – MW] nicht, wenn man gezeigt hat, *was* geschehen soll; man muß vielmehr vor allem zeigen, *wie* es geschehen

---

[9] Zu Spinozas Völkerrechtslehre und ihren – überraschenden – Konvergenzen mit derjenigen Kants vgl. Cheneval 2001.

[10] Freilich wird selbst in einem solchen Falle nicht die Auflösung des Gemeinwesens eintreten, sondern, da alle auf eine staatlich-rechtliche Ordnung angewiesen sind, nur bewirkt werden, „daß sie [d.i. die Bürger – MW] seine Form in eine andere umwandeln, dann nämlich, wenn sie ihre Streitigkeiten nicht unter Beibehaltung der Gestalt des Gemeinwesens beilegen können" (TP 6/1) – vermutlich die lapidarste je geprägte Formulierung des Revolutionsfalles und zugleich ein Kommentar zur neuesten Geschichte der Niederlande.

kann, daß die Menschen, mögen sie von der Affektivität oder von der Vernunft geleitet sein, verbürgte und unabänderliche Rechte [Bartuschat übersetzt: „Rechtsgesetze"] haben", denn die Vernunft alleine ist unvermögend, „die öffentliche Freiheit" zu gewährleisten (TP 7/2). Wie einer solchen, immer mit Gefahren für den einzelnen verbundenen Krise vorgebeugt werden kann, ergibt sich aus der genetischen Definition des Staates: Je größer nämlich die Zustimmung der Bürger zur jeweiligen Staatsverfassung ist,[11] um so mehr Macht hat der Staat, um so mehr steht er unter eigenem Recht. Es müssen folglich die Bedingungen dafür geschaffen werden, daß der aus der „Konstitutionslogik" des Staates sich ergebende Staatszweck, der „nichts anderes als Frieden und Sicherheit des Lebens" ist (TP 5/2), in größtmöglichem Umfang realisiert wird. In den Kapiteln 6–10 arbeitet Spinoza daher ein Institutionendesign für Monarchie und Aristokratie[12] aus, das „Regierende und Regierte" dazu veranlaßt, „daß alle, sei es spontan oder durch die Not gezwungen", vernunft*gemäß* leben. Es darf also nichts der „Loyalität irgendeines Menschen, wer es auch sei, unbeschränkt anheim gegeben" werden, so daß es im jeweils eigenen Interesse auch der jeweiligen Inhaber der Staatsgewalt liegt, die Gesetze zu befolgen (TP 6/3). Wenn Spinoza ausführt, daß vollkommene Umbrüche der gewohnten Verfassungsstruktur immer Gefahren mit sich bringen, und deshalb auch für die Monarchie und die Aristokratie solche Verfassungsentwürfe ausarbeitet, so dürfte dies der Grund sein, aus dem seine politische Theorie nach der Französischen Revolution auch eine – wenngleich noch wenig erforschte – Wirkungsgeschichte im konservativen Staatsdenken seit Burke und, u.a., bis zu Carl Schmitt hat.

13.2.5.2 Verfassungsentwürfe für die drei Regierungsformen

a) In einer formell absoluten *Monarchie* ist der Monarch von Ratgebern abhängig, so daß es sich de facto um eine Aristokratie handelt, freilich

---

11 Spinoza spricht hier von einer „freie[e] Menge", d.h. einer solchen, die „mehr von Hoffnung als von Furcht [...] geleitet wird" – im Gegensatz zu einer durch Kriegsrecht unterworfenen „Bevölkerung", bei der die Furcht der leitende Affekt ist – auch wenn er, wohl in Anspielung an Hobbes' „commonwealth by acquisition", hinzufügt, daß „kein wesentlicher Unterschied besteht, wenn man nur auf beider Recht im allgemeinen achtet" , auch wenn Zweck und Mittel der Selbsterhaltung des jeweiligen Regimes sich stark voneinander unterscheiden (TP 3/6).
12 Der der Demokratie gewidmete Teil des TP ist, bedingt durch Spinozas Tod, über wenige Paragraphen des 11. Kapitels nicht hinaus gekommen; deshalb werden, von wenigen verstreuten Bemerkungen in vorhergehenden Kapiteln abgesehen, zu dieser Regierungsform die Ausführungen des TTP, vor allem des 16. Kapitels, herangezogen.

eine verdeckte und damit die schlechteste (TP 6/5); und der Inhaber der Staatsgewalt muß immer die Bürger mehr fürchten als äußere Feinde und sich daher mehr um seine Sicherheit vor ihnen als um „deren Interessen" kümmern (TP 6/6) – statt daß beider Interessen konvergieren, wodurch alleine seine Herrschaft stabil wäre (TP 6/8).

Die wichtigsten eine Monarchie stabilisierenden Institutionen sind:
– eine sehr große, vom König unter von den Familienverbänden als politisch informiert vorgeschlagenen Kandidaten ausgewählte Ratsversammlung mit nur kurzer Amtszeit der einzelnen Mitglieder sowie mit regelmäßigen Sitzungsterminen, deren Hauptaufgaben die Verteidigung der Verfassung sowie die Beratung des Königs sind und über die alle Eingaben der Bevölkerung laufen, vor der zudem alle „Staatsdiener [...] Rechenschaft über die Verwaltung des Staates" abzulegen haben und von deren – durch Abstimmung ermittelten – Vorschlägen dem König zunächst derjenige mit den meisten Stimmen, dann die übrigen in absteigender Linie vorgelegt werden (TP 6/15–29);
– eine zweite, für die Justizverwaltung zuständige Versammlung aus Rechtskundigen verschiedener Familienverbände mit kurzer Amtszeit, deren Urteile jedoch „von dem ständigen Ausschuß der großen Ratsversammlung auf Rechtsförmigkeit hin überprüft" und ggf. aufgehoben werden können (TP 6/26–30).

Somit werden (TP 7) alle „Familienverbände" einerseits durch die Aussicht auf Partizipation an diesen Ämtern eingebunden, andererseits durch kurze Amtszeiten von nur eigeninteressiertem Handeln abgehalten; außerdem gibt es immer eine große Zahl politisch und rechtlich gut informierter Bürger, die ein Interesse daran haben, die „öffentliche Freiheit" zu verteidigen, „denn jeder verteidigt [...] die Sache eines anderen nur so weit, wie er damit die eigene zu sichern glaubt" (TP7/8; hier auf die Eigentumsordnung bezogen).

Der König wiederum ist zum einen immer breit über die Probleme der Bevölkerung informiert, zum anderen ist er in seinen Entscheidungen an die ihm nach ausführlicher Beratung und Abstimmung vorgelegten Entscheidungsalternativen gebunden. Auf diese Weise kann „sich die Menge eine weitgefaßte Freiheit unter einem König bewahren", insofern „die Macht des Königs allein durch die Macht eben dieser Menge bewahrt wird" (TP 7/31) und zugleich der König wiederum keine Unruhen und Anschläge fürchten muß.

Kurz gefaßt: In einem so verfaßten monarchische Staat gilt, „daß zwar alles dem Beschluß des Königs gemäß geschieht, d.h. daß alles Recht der erklärte Wille des Königs ist, daß aber nicht jeder Wille des Königs auch

Recht ist" (TP 6/1) – eine knappe und präzise Definition der *konstitutionellen Monarchie*.

b) In ähnlicher Weise entwirft Spinoza für die *Aristokratie*, die sich durch Kooptation jeweils selbst ergänzt, ein kompliziertes System der wechselseitigen Kontrolle und Machtbalance von Institutionen einschließlich einer Art Verfassungsgerichtshof, das ebenfalls so gestaltet ist, daß Eigeninteresse und Förderung des Gemeinwohls weitestgehend koinzidieren (TP 8–10).

c) Um eine *Demokratie* handelt es sich immer dann, wenn allein durch ein Gesetz bestimmt wird, wer Inhaber der Staatsgewalt ist, z.B. „bloß Personen von einer gewissen Altersgrenze ab oder bloß die Erstgeborenen [...] oder diejenigen, die der Republik eine bestimmte Geldsumme entrichten". Daher können das ggf. weniger Menschen sein als in einer Aristokratie. Auf den Einwand, dann würden ja nicht, wie der Name „Aristokratie" suggeriert, die Besten, sondern diejenigen, auf die zufällig die gesetzlich bestimmten Kriterien zutreffen, „zum Regieren bestimmt", antwortet er: „Wäre es mit den Patriziern [...] so bestellt, daß sie, frei von jeglichem Affekt und geleitet allein von der Rücksicht auf das öffentliche Wohl, ihre Kollegen wählten [d.i. kooptierten], dann wäre kein Staat dem aristokratischen gleichzustellen." Daß Spinoza diese Bedingung als contrafaktisch qualifiziert (TP 11/2), beachten diejenigen Interpreten nicht, die Spinoza nach der Ermordung der führenden Regenten im Jahre 1672 eine Abkehr von seiner Option für die Demokratie zuschreiben

Von der *Demokratie* in ihrer „absoluten" Variante, in der alle von Bürgern abstammenden (d.i. das sog. *ius sanguinis*) oder im Lande geborenen (d.i. das sog. *ius soli*) oder um den Staat verdienten Einwohner „einen rechtlichen Anspruch auf das Stimmrecht in der Obersten Versammlung und auf Zugang zu Staatsämtern" haben (TP 11/1), kann Spinoza sagen, daß „sie, wie mir scheint, die natürlichste ist und der Freiheit, welche die Natur jedem einzelnen gewährt, am nächsten kommt" (TTP 16, 240). Der Grund ist, daß in ihr die Abhängigkeit des einzelnen vom Staat, die mit der Staatlichkeit per se gegeben ist, auf ein Mindestmaß verringert ist. Denn Demokratie ist diejenige Regierungsform, in der der Rückkoppelungsprozeß, der zwischen den von den Inhabern der Souveränität gesetzten gesamtgesellschaftlich verbindlichen Regeln incl. der Durchsetzungsmacht auf der einen Seite und den je subjektiven Lebensentwürfen und Präferenzen der Bürger auf der anderen Seite, der *de facto* unter *jeder* Regierungsform stattfindet, zumindest teilweise *rechtlich-institutionell garantiert* – und damit auch kanalisiert – wird. Bei ihr „überträgt niemand sein Recht derart auf einen anderen, daß er fortan nicht mehr zu Rate gezogen wird; vielmehr überträgt er es auf die Mehrheit der gesamten Gesellschaft, von der er selber ein Teil ist" (TTP 16, 240), und diese Partizipation erhöht die Folgebereitschaft. Demokratien oder „Volksstaaten" (*popularia*, TP 7/4) vermögen so, jedenfalls auf Dauer, die größte gemeinsame Handlungsmacht zu entfalten; und „der Vorzug des demokratischen Staates" besteht, im Gegensatz zur Monarchie, „darin, daß sein Wert weit mehr im Frieden als im Krieg zur Geltung kommt" (TP 7/5, 101).

13.2.5.3 Redefreiheit als staatsstabilisierendes Institut

Da die je eigene Überzeugungsbildung bezüglich sowohl spekulativer als auch praktischer Fragen nicht eliminiert werden kann und zudem jeder vom Drang bestimmt ist, andere von seiner Meinung zu überzeugen, bleiben, wie Spinoza im 20. Kapitel des TTP ausführt, Meinungsäußerungen verbietende Gesetze weitgehend ineffektiv, so daß sich die staatliche Direktionsgewalt (*potestas*) selber schwächt. Schlimmer noch: Die schwachen Menschen werden so systematisch in die Heuchelei getrieben, und diese wird rechtlich prämiert, so daß das notwendige Vertrauen im Umgang miteinander zerstört wird; die wenigen aufrechten Gemüter, die unfähig zu heucheln und daher eine Stütze jeder freiheitlichen Rechts- und Staatsordnung sind, werden aber bestraft und zu Märtyrern freier Gesinnung. Das Unterbinden öffentlicher Kritik schwächt zudem die Reaktionsmöglichkeiten der Regierung. Die aus der Freiheit der Rede resultierenden Mißstände sind hinzunehmen, denn der Versuch ihrer Unterdrückung verursacht immer größeren Schaden, führt zu Spaltungen und treibt ein Regime in die Gewalttätigkeit. So kann Spinoza folgern, daß die staatliche Gewährung der öffentlichen Meinungsäußerungsfreiheit eine die Integration der Gesellschaft nicht schwächende, sondern im Gegenteil stärkende Institution ist, wobei die Grenze durch solche Äußerungen gezogen ist, die als Sprachäußerungen zugleich Handlungen sind (Madanes 1994). Nur so wird eines jeden „natürliches Recht zu sein und zu wirken ohne Schaden für sich und andere" im größtmöglichen Maße und damit zugleich der Staatszweck realisiert. Denn es „ist nicht der Zweck (*finis*) des Staates, die Menschen aus vernünftigen Wesen zu Tieren oder Automaten zu machen, sondern vielmehr zu bewirken, daß ihr Geist und ihr Körper ungefährdet seine Kräfte entfalten kann. [...] Der Zweck des Staates ist in Wahrheit die Freiheit" (TTP 20, 301).

13.3 Zusammenfassung

Aus der – rein analytisch – angesetzten Bestimmung des Naturzustandes leitet Spinoza die Alternativlosigkeit der Kooperation der Individuen ab, die daher „immer schon" vergesellschaftet leben, so daß die Figur des Gesellschaftsvertrages entbehrlich ist, die in TTP 16 noch benutzt, im folgenden Kapitel jedoch bereits durch die Bemerkung stark relativiert wird, sie werde dennoch „in vielen Stücken immer reine Theorie bleiben", d.h. dem Realitätstest nicht gewachsen sein (TTP 17, 249). Seine Theorie der naturwüchsigen Genese von Recht und Staat, die diese Genese und Konstitutionslogik ‚auf den Begriff bringt', bietet eine solide Basis für eine Reformstrategie, die darauf hinausläuft, durch demokratisierende, d.h. Partizipation ermöglichende und verstärkende politische Institutionen das Interesse der Regierenden und der Regierten so miteinander zu koppeln, daß sie im Ergebnis – nicht in der Intention – weitgehend konvergieren, so daß Friede, Sicherheit und Freiheit der letzteren und das Interesse der ersteren an der Stabilisierung ihrer Herrschaft sich wechselseitig bedingen wie stärken und auf diese Weise, wie es im Titel des TP programmatisch heißt, „der Frieden und die Freiheit der Bürger unangetastet bleiben". Beides sind notwendige, auf jeden Fall günstige Voraussetzungen nicht nur dafür, daß Menschen sich zu einer selbstbestimmten Lebensführung ‚hinauf'arbeiten und andere dazu motivieren, sondern auch dafür, daß möglichst viele andere ein Leben führen können, welches das Prädikat „menschlich" verdient. Das ist die doppelte ethische Relevanz der Politik nach Spinoza, die deshalb im Gange der Argumentation der *Ethica* nicht ausgespart bleiben kann.

Theoriegeschichtlich betrachtet, ist Spinozas politische Philosophie diejenige Form des frühneuzeitlichen Republikanismus, die sich ergibt, wenn man die Ansätze des sog. „Bürgerhumanismus" (Hans Baron) des 15. Jahrhunderts durch jenen Realismus hindurchführt – und diesen von einem bloßen Erfahrungswissen in die Form wissenschaftlicher Theorie überführt –, der zuerst von Machiavelli ausgearbeitet wurde.[13]

---

13 Vgl. dazu die Ausführungen Spinozas über Machiavelli, der „bekanntlich ein Anhänger der Freiheit war" und dessen *Principe* er als Warnung vor den Folgen liest, die sich ergeben, wenn „eine freie Menge [...] das eigene Wohlergehen vollständig einem einzigen Menschen" anvertraut (TP 5/7).

Literatur

Cheneval, Francis 2001: Spinozas Philosophie der internationalen Beziehungen. In: Senn/Walther (Hrsg.), 195–205.

Den Uyl, Douglas J. 1983: Power, State, and Freedom. An Interpretation of Spinoza's Political Philosophy. Assen.

Heerich, Thomas 2000: Transformation des Politikkonzepts von Hobbes zu Spinoza. Das Problem der Souveränität. Würzburg.

Macherey, Pierre 1997: Intrduction à l'*Éthique* de Spinoza. La quatrième partie: la condition humaine. Paris (zu E4p37 u. s1–2: 216–234).

Madanes, Leiser 1994: Wie man Dinge mit Worten rückgängig macht. Spinozas Kriterium der Begrenzung der Ausdrucksfreiheit. In: Balibar u.a. (Hrsg.), 97–107.

Matheron, Alexandre 1969: Individue et communautè chez Spinoza. Paris (insbes. Troisième Partie: L'unification externe: Société politique et aliénation dirigée. 285–514).

Matheron, Alexandre 1992: Passions et institutions selon Spinoza. In: C. Lazzeri und D. Reynié (Hrsg.): La Raison d'État: Politique et Rationalité. Paris, 141–170.

Matheron, Alexandre 2000: Ethik und Recht bei Spinoza: Bemerkungen über die Funktion der Anmerkung 2 des 37. Lehrsatzes von *Ethik* IV. In: Hammacher u.a. (Hrsg.), 316–327.

Menzel, Adolf 1976 (zuerst 1929): Die Staatslehre Spinozas. In: Ders.: Beiträge zur Geschichte der Staatslehre. Glashütten im Taunus, 264–447.

Moreau, Pierre-François 2005: La place de la politique dans l'*Éthique*. In: Ders.: Spinoza. État et Religion. Lyon, 41–61.

Preuß, Hugo 1921: Vom Obrigkeitsstaat zum Volksstaat. In: Handbuch der Politik, Band III: Die politische Erneuerung. Berlin/Leipzig, 16–25.

Rice, Lee C. 2001: Spinoza's Notion of ‚Tenere' in His Moral and Political Thought. In: Senn/Walther (Hrsg.), 139–146.

Spinoza, Baruch de 1998: Lebensbeschreibungen und Dokumente. Verm. Neuausg. m. Erl. hrsg. v. Manfred Walter. Hamburg.

Ueno, Osamu: Spinoza et le paradoxe du contrat social de Hobbes: ‚le reste'. In: Cahiers Spinoza 6 (Printemps 1991), 269–296.

Walther, Manfred 1985: Die Transformation des Naturrechts in der Rechtsphilosophie Spinozas. Studia Spinozana 1, 73–104.

Walther, Manfred 1996: Die Religion des Bürgers – eine Aporie der politischen Kultur der Neuzeit? Hobbes, Spinoza und Rousseau oder Über die Folgelast des Endes der Politischen Theologie. In: Herfried Münkler (Hrsg.): Bürgerreligion und Bürgertugend. Debatten über die vorpolitischen Grundlagen politischer Ordnung. Baden-Baden, 25–61.

Walther, Manfred 2001: Politische und ethische Freiheit oder Spinozas Dialektik der Freiheit. In: Senn/Walther (Hrsg.), 89–103.

Wolfgang Bartuschat

14. Die Theorie des Guten im 4. Teil der *Ethik**

14.1 Das Gute und menschliches Streben

In dem Werk, das Spinoza *Ethik* nennt, wird die Ethik im engeren Sinne in den Teilen III–V abgehandelt. In den vorangehenden Teilen, der Ontologie des 1. Teils und der Erkenntnistheorie des 2. Teils, hat sie ihre Grundlage. Der Begriff des Guten, das Herzstück einer Ethik, wird in der mittleren Partie der Teile, die der Ethik im engeren Sinne gewidmet sind, abgehandelt, also im 4. Teil. Die 1. Definition dieses Teils ist die Definition dessen, was unter „gut" zu verstehen ist. Die Einführung dieses Begriffs an prominenter Stelle signalisiert, daß der Begriff des Guten für den 4. Teil von zentraler Bedeutung ist. Nun handelt dieser Teil von menschlicher Knechtschaft, so daß die in ihm entwickelte Theorie des Guten ein Moment der Beschreibung der menschlichen Unfreiheit ist. Der 5. Teil, der demgegenüber von menschlicher Freiheit handelt, spricht nicht mehr von dem Guten, offenbar deshalb nicht, weil das Gute keine Bestimmung ist, die ein Ding selbst charakterisiert, sondern ein Begriff, den wir für unsere eigene Orientierung aufgrund eines Vergleichs der Dinge untereinander bilden (vgl. 4praef.). Er ist ein ens rationis ohne ontologische Validität. Freiheit ist aber eine ontologische Bestimmung, mit der die Natur eines Dinges selbst beschrieben wird (vgl. 1d7); menschliche Freiheit muß deshalb im Einklang mit dem, was ist, stehen und darf nicht das Resultat bloß subjektiver Betrachtungsweisen („modi cogitandi") sein, zu denen Spinoza auch den Begriff des Guten zählt.

---

* Durchgesehene und teilweise überarbeitete Fassung eines Aufsatzes, der in Domínguez (Hrsg.) 1992, 331–339, erschienen ist.

Aber auch der 3. Teil enthält keine Theorie des Guten, insofern dort das Gute einfach mit dem Erstrebten identifiziert wird. Diese Identifizierung ist die Konsequenz der in diesem Teil entfalteten Theorie des Strebens („conatus") als der essentiellen Bestimmung eines einzelnen Dinges (3p7). Das anti-teleologische Konzept menschlichen Strebens schließt es aus, daß der Mensch etwas in der Orientierung an einem seinem Streben vorangehenden Guten erstrebte. Das Streben eines Individuums ist seiner Natur nach auf sich selbst gerichtet, nämlich auf die Erhaltung des eigenen Seins („in suo esse perseverare", 3p6). Was jemand erstrebt, steht somit grundsätzlich im Dienst der eigenen Selbsterhaltung und ist darin ein für den Strebenden Gutes im Sinne eines für die eigene Selbsterhaltung Nützlichen. Derjenige, der strebt, hält das Erstrebte allein deshalb für gut, *weil* er es erstrebt (3p9s). Doch führt das Streben nach Selbsterhaltung nicht schon dazu, daß der Strebende sich auch tatsächlich selbst erhält, ein Sachverhalt, den Spinoza im 3. Teil ausführlich demonstriert. Das Erstrebte ist insofern lediglich das, was der Strebende der eigenen Einschätzung nach für gut *hält* („aliquid bonum esse judicare", 3p9s). Als bloß für gut gehalten, ist es nicht wirklich ein Gutes, denn oft führt das von einem Individuum als gut Erstrebte nicht zu dessen Erhaltung, sondern in vielen Fällen zu dessen Ruin. Gut ist es nur in der Perspektive des Strebenden, der über ein das Streben begleitendes Bewußtsein verfügt, das dasjenige gutheißt, was er faktisch tut, das aber nicht um die Bedingungen weiß, die tatsächlich zur Selbsterhaltung des Einzelnen führen. Führt das Erstrebte nicht zur Selbsterhaltung, dann ist es ein nur scheinbar Gutes und nicht ein wahrhaft Gutes. Was das wahrhaft Gute ist, entwickelt Spinoza, im ausdrücklichen Kontrast zu einem bloßen Meinen, erst im 4. Teil.

Die Definition des Guten in diesem Teil (4d1) weicht deshalb von der im 3. Teil exponierten Identität des Guten mit dem Erstrebten ab. Erst so kann eine Theorie des Guten entwickelt werden, die mehr enthält, als demjenigen, was ohnehin jeder tut, einen weiteren Namen zu geben. Die Definition lautet: „Unter gut werde ich das verstehen, wovon wir mit Sicherheit wissen, daß es uns nützlich ist". Ihr zufolge steht die Theorie des Guten unter der Bedingung eines sicheren Wissens, das wir selbst haben („certo scimus"). Das Gute ist nicht das, wovon wir eine Meinung haben, sondern etwas, um das wir wissen. Es ist nicht etwas, das scheinbar nützlich ist, sondern das wahrhaft nützlich ist. Dementsprechend ist nicht dasjenige gut, was wir für unsere Selbsterhaltung erstreben, sondern was sich als tauglich erweist, sie zu erlangen, was also dazu beiträgt, daß wir unser Sein *tatsächlich* erhalten. Allein dasjenige, wovon wir mit Sicherheit wissen, daß es ein Gutes ist, ist auch ein unbestreitbar Gutes (vgl. 4p27).

Wenn das Erstrebte zu einer Vernichtung oder auch nur Minderung des eigenen Seins führt, ist es, obwohl es erstrebt wird, in Wahrheit schlecht, mag es auch in der Perspektive des Strebenden gut sein. Die im 4. Teil entwickelte Theorie des wahrhaft Guten verläßt deshalb die Perspektive des Strebenden und wird aus einer davon verschiedenen Perspektive entwickelt, derjenigen des Theoretikers, der um die Bedingungen weiß, unter denen das, was ein jeder erstrebt, auch gelingt. So wird es möglich, unterschiedliche Formen des Strebens miteinander zu vergleichen und als gut oder schlecht zu beurteilen, je nachdem ob sie die erstrebte Selbsterhaltung erreichen (dann sind sie gut) oder verfehlen (dann sind sie schlecht). In dieser Beurteilung wird das Gute zu etwas, das dem faktischen Vollzug des Strebens transzendent ist. Alles Transzendente ist für Spinoza aber ein ens rationis, das die Wirklichkeit überfliegt; insbesondere widerstreitet es der Struktur des conatus, der das wirkliche Sein („actualis essentia", 3p7) eines einzelnen Dinges ausmacht.

Darin signalisiert Spinozas Theorie des Guten eine eigentümliche Spannung innerhalb seines theoretischen Programms einer Begründung der Ethik. Zunächst, wenn Spinoza im 4. Teil eine Theorie des Guten gibt, die an sicheres Wissen gebunden wird, dann kann ihr Gegenstand, das Gute, nicht die Fiktion eines reinen Gedankendinges sein, das die Wirklichkeit mit bloß subjektiven Orientierungshilfen überformt. Denn sicheres Wissen, das ist ein Grundtheorem Spinozas, kann man nur von Wirklichem haben, von Dingen, wie sie in sich sind („ut in se sunt", 4p44dem.). Das Gute, sofern es Gegenstand sicheren Wissens ist, muß also ein Wirkliches sein. In der Tat behält es auch im 4. Teil durch die Bindung an das Nützliche („utile") den Bezug auf den conatus perseverandi. Das Gute ist das, was zur Selbsterhaltung verhilft, und Selbsterhaltung ist ein dem conatus immanentes Ziel. Doch gibt es, allemal beim Menschen, Formen des Strebens, die dazu nicht verhelfen, was in der Struktur des Strebens selbst begründet ist. Die es kennzeichnende Immanenz einer Selbstbezüglichkeit ist nämlich durch Äußeres nicht zufälligerweise, sondern der Sache nach gefährdet.

Denn Streben, als innere Bestimmung eines Dinges gefaßt, setzt Äußeres voraus, gegen das ein Ding sich zu erhalten strebt. Den Hinblick darauf (3p4.5) stellt Spinoza deshalb der Theorie des conatus (3p6ff.) voran, und daraus zieht er zu Beginn des 4. Teils die Konsequenz: Der menschliche conatus ist von einer begrenzten Macht. Das Verharren im eigenen Existieren, also das, worauf jedes Seiende aus ist, wird nicht durch die Macht definiert, mit der jemand darin zu verharren strebt, sondern durch die Macht einer äußeren Ursache im Vergleich mit der je eigenen Macht („in existendo perseverantia [...] comparata", 4p5). Die mißlingenden Formen des conatus sind genau diejenigen, in denen der Mensch in seiner Macht von äußeren Einflüssen überwältigt wird. Dies geschieht jedoch, unbeschadet der Begrenztheit menschlicher Macht, nicht grundsätzlich, sondern nur dann, wenn der Mensch jene Relation zwischen sich und dem Äußeren nicht sachangemessen erkennt, wenn er also inadäquat erkennt und insofern etwas erstrebt, von dem er nicht weiß, inwiefern es ihm tatsächlich nützt.

Daraus ergibt sich der Bezug auf sicheres Wissen, der in die Definition des Guten eingeht; er stützt sich auf die Einsicht, daß in der Perspektive des inadäquat Erkennenden, d.h. gemäß dem Selbstverständnis eines in dieser Weise Erkennenden, keine angemessene Theorie des Guten gegeben werden kann. Auf der anderen Seite darf sich die einzunehmende Perspektive adäquaten Erkennens nicht über die Struktur des conatus hinwegsetzen, weil sie sich sonst nicht auf das wirkliche Sein eines Individuums, das dessen conatus ist, bezöge und folglich die Grundbedingung adäquaten Erkennens, einen Bezug auf das wirkliche Sein zu haben, nicht erfüllte. Das adäquate Erkennen kann nicht ein Gutes zu seinem Gegenstand haben, das sich von dem menschlichen Streben trennen ließe oder gar ein ihm vorgegebenes Ziel wäre, auf das es sich zu richten hätte.

Das hier sich zeigende Problem, daß Streben, adäquate Erkenntnis und Gutes als zusammengehörig zu denken sind, wird Spinoza so lösen, daß er das adäquate Erkennen selbst als gut bestimmt, worin es nicht ein taugliches Mittel ist, etwas von ihm Verschiedenes zu erreichen. Die Theorie des Guten mündet dann in den Aufweis, daß im höchsten Maße gut die Erkenntnis dessen ist, was die Bedingung allen adäquaten Erkennens ist: „Das höchste Gut des Geistes ist die Erkenntnis Gottes" (4p28), und ein Gut im einzelnen ist all das, was dem Einsehen wirklich dient („quod ad intelligendum revera conducit", 4p27), einem Einsehen, das sich in der Erkenntnis Gottes erfüllt. Darin ist das Gute dem conatus nicht transzendent, sondern einer bestimmten Form des conatus immanent, der Form nämlich, die von der Vernunft („ratio") so geleitet ist, daß sie ihr allein entspringt. Es ist diejenige, in der wir nach Einsicht und nichts anderem streben (4p26). Transzendent ist das so verstandene Gute dann nur denjenigen Formen des conatus, die in der imaginatio als dem Grund inadäquaten Erkennens verankert sind.

Genau der Bezug auf diese Formen ist es aber, durch den die im 4. Teil entfaltete Theorie des Guten ihren Sinn erhält. Denn in diesem Teil handelt Spinoza von den Kräften der Affekte („De affectuum viribus"), im Hinblick worauf die Möglichkeiten erwogen werden, die der Mensch gegenüber einem Eingenommensein durch die Affekte hat. Die Theorie zeigt, was für die individuelle Selbsterhaltung gut ist *angesichts* des Tatbestandes, daß die erstrebte Selbsterhaltung, nicht zuletzt aufgrund eines Fremdbestimmtseins des Menschen durch Affekte, die ihn leiden lassen („passiones"), nicht immer schon gelingt. Es ist eine Theorie im Hinblick auf das inadäquate Erkennen und darin eine Theorie des Guten, die gegen das, wogegen sie sich wendet, ein Ideal (vgl. 4praef.) entwickelt. Orientiert an einem solchen Ideal, formuliert die Vernunft als Prinzip des Guten Gebote („dictamina rationis", 4p18s), die gegenüber dem unvernünftigen Streben eine ihm transzendente Norm sind. Die Vernunft, deren Erkenntnis im Einklang mit dem Sein ist, kann natürlich nichts gegen das Sein fordern („cum ratio nihil contra naturam postulet", 4p18s). Aber sie fordert etwas gegen ein Selbstverständnis des Menschen, von dem Spinoza behaupten muß, daß es nicht im Einklang mit dem Sein ist, weil in ihm der Mensch nicht das realisiert, worauf er von Natur aus gerichtet ist, die Erhaltung des eigenen Seins. Freilich kann er dies nur aus einer Perspektive behaupten, die nicht die Perspektive derer ist, an die eine solche Forderung ergeht, während andererseits in dieser Perspektive befangen zu sein Ausdruck der wirklichen Struktur des menschlichen conatus ist und nicht etwa das Ergebnis bloß subjektiver Disziplinlosigkeit oder gar mangelnder Achtsamkeit auf eine Freiheit des Willens. Genau darin liegt die Schwäche einer Vernunft, die Gebote formuliert, weil Gebote, solange sie dem Streben transzendent sind, dieses in seiner unvernünftigen Form nicht werden aufheben können. Darüber hinaus ist darin aber auch gelegen, daß der Mensch, der das, was seine Vernunft formuliert, als eine ausstehende Idee versteht, an der er sein unvernünftiges Begehren ausrichten soll, in diesem Verständnis gerade dieser Form des Begehrens verhaftet bleibt. Genau das ist der Grund, weshalb die Theorie des Guten in dem Teil der *Ethik* abgehandelt wird, der von menschlicher Knechtschaft handelt.

14.2 Das Gute und Forderungen der Vernunft

Dort hat diese Theorie den ihr angemessenen Ort. Denn hätte der Mensch nur adäquate Ideen, würde er keinen Begriff des Guten haben (4p68), hat doch dieser Begriff nur in der Korrelation zu dem des Schlechten eine Bedeutung. Den Begriff des Schlechten bilden wir aber, weil wir in unserem Selbsterhaltungsstreben die Erfahrung von Trauer machen, d.h. die Erfahrung einer Einschränkung unserer im conatus sich niederschlagenden potentia agendi. Dies zu erfahren ist unausweichlich, weil der Mensch notwendigerweise ein Teil der Natur ist (4p2.4) und deshalb nicht nur solches bewirkt, das aus seiner Natur allein folgt. Er weiß sich als von äußeren Dingen abhängig, die ihn selbst einschränken und gegen die er sich zu erhalten sucht. In der Entfaltung des ihm eigenen Strebens gerät er jedoch, wenn er bloß von seinem Trieb geleitet ist, nur noch mehr in die Abhängigkeit undurchschauter äußerer Zusammenhänge, die sein Sichentfalten hemmen und ihn zwangsläufig eine Trauer erfahren lassen. Einer solchen Abhängigkeit wird er natürlicherweise zu entgehen suchen, wenn auch faktisch ohne viel Erfolg. Dieser Tatbestand wird zunächst im 3. Teil ausführlich beschrieben und im 4. Teil dann beurteilt. Das führt zu der Feststellung, daß alles Einschränken des Sichentfaltens schlecht ist und das Angehen gegen eine solche Einschränkung gut ist, wenn auch nur dann, wenn es das Eingeschränktwerden tatsächlich überwindet. So ist es der Begriff des Schlechten, der den des Guten provoziert.

Der Begriff des Schlechten, bestimmt als eine Folge irrationalen Begehrens, hat allerdings selbst schon Rationalität zur Voraussetzung. Denn er wird erst gebildet aufgrund einer Unterscheidung zwischen dem, was ein Individuum in seinem conatus begehrt, und dem, was dieser conatus seiner Natur nach ist. Zu dieser Unterscheidung ist der Mensch aufgrund seiner ratio befähigt, die nicht Einzelnes erkennt, sondern ein Allgemeines und darin Einzelnes in dessen allgemeiner Struktur (2p38). Der Mensch kann so den *Begriff* des conatus bilden und darin ihn von seinen einzelnen Äußerungen unterscheiden. So wird Trauer zu einem allgemeinen Begriff; sie ist nicht schlecht, weil sie ein aus dem conatus folgender affektiver Vorgang ist, sie ist schlecht, weil in ihr sich eine Beschränkung von Aktivität artikuliert, über die der conatus als solcher definiert ist. Sie ist schlecht allein für denjenigen, der um den internen Zusammenhang von Streben und Aktivität weiß und von ihm her den affektiven Vorgang, in Trauer zu geraten, beurteilt. Der Theoretiker vergleicht eine einzelne Äußerung des conatus mit dessen allgemeinen Begriff und bestimmt kraft eines solchen Vergleichs diese Äußerung als schlecht, insofern sie eine Minderung der dem conatus überhaupt zugesprochenen Aktivität ist.

Eine solche Beurteilung gerät jedoch in Konflikt mit der Wirklichkeit. Denn jede Äußerung des Strebens ist immer die eines je bestimmten conatus, nie die eines conatus überhaupt, und der individuelle conatus erfüllt sich gemäß der ihm eigenen Natur („quantum in se est", 3p6) in seinen jeweiligen Äußerungen, die eben dadurch als solche gerechtfertigt sind. Erst der Vergleich von einem anderen Standpunkt aus ist es, der zu einer bewertenden Beurteilung einzelner Vorgänge führt und deren Bezeichnung mit dem Ausdruck „schlecht" zur Folge hat. Von diesem Standpunkt her können darüber hinaus auch einzelne Vorgänge miteinander verglichen werden und als mehr oder minder schlecht beurteilt werden, je nachdem wieweit sie dem allgemeinen Begriff von conatus nahekommen, relativ worauf sie dann auch als mehr oder minder gut bezeichnet werden können. In der zweiten Hälfte des 4. Teils (p41ff.) hat Spinoza in diesem Sinn eine Katalogisierung der Affekte als „gut", „teils gut, teils schlecht" und „durchweg schlecht" vorgenommen und sich dabei an den Kardinalaffekten der Freude und Trauer in deren generellen Bestimmung, die potentia agendi des Einzelnen zu fördern bzw. zu mindern, orientiert. Als Formen von Förderung und Minderung haben sie ein Gemeinsames in dem Bezug zu dem, das gefördert und gemindert wird, zu der potentia agendi als der gemeinsamen Basis aller Äußerungen, die überhaupt auftreten können. Diese Gemeinsamkeit als Maßstab für die Bezeichnung von Ereignissen als gut oder schlecht trifft aber nicht die Ereignisse selbst. Denn Freude und Trauer sind als Ereignisse etwas an ihnen selbst und darin nur äußerlich miteinander vergleichbar. Sie sind, so hat es Spinoza in einem Brief an Blyenbergh (Ep. 23) formuliert, nicht allein den Graden, sondern auch der Essenz nach verschieden („non solum gradibus, sed et essentia ab invicem differunt", G IV, 149).

Gleichwohl, Spinoza nimmt natürlich an, daß dieser Vergleich, den wir vornehmen, bei aller Äußerlichkeit nicht falsch ist, weil er auf einem sicheren Wissen basiert. Nur bezieht sich das Wissen nicht auf das, was verglichen wird, sondern auf das, woraufhin es verglichen wird. „Haß kann niemals gut sein" (4p45) – das ist eine apodiktische Aussage, die sich allem bloßen Meinen entzieht. Der Mensch kann keine adäquate Erkenntnis des Hasses haben, wohl aber ein adäquate Erkenntnis dessen, daß Haß immer schlecht ist. Sie ist gegründet in einem Wissen darum, was das Wesen des Menschen ist, nämlich eine Macht („potentia"), die in Gestalt des conatus perseverandi eine Aktivität ist. Aktivität ist die wesentliche Bestimmung des Menschen, weil, das steht im Hintergrund aller Überlegungen Spinozas, der Mensch (wie jedes andere Seiende auch) ein Modus Gottes ist, Gott aber wesentlich Macht ist (1p34) und der Mensch deshalb die Essenz Gottes, die Macht ist, nur zum Ausdruck bringt, wenn er selbst wesentlich Macht ist und darin als modifizierte potentia Dei wesentlich Aktivität. Der conatus des Menschen ist dabei, im Unterschied zu dem der anderen Dinge, durch die Eigentümlichkeit gekennzeichnet, von einem Bewußtsein begleitet zu sein (3p9), von dem Spinoza zeigt, daß es den Vollzug des conatus zu spezifischen Formen ausgestaltet und darin zur Artikulation des conatus selbst gehört. In den Formen inadäquaten Wissens, d.h. gestützt auf die imaginatio (3p12ff.), führt das dazu, daß dem Strebenden sein eigenes Wesen verdeckt bleibt, mit der Konsequenz, daß er nicht an das intendierte Ziel der Selbsterhaltung, d.h. zu einem Vollzug von Aktivität, gelangt. Der Sache nach ist dies ein dem Strebenden immanentes Ziel, aber gerade nicht dem je eigenen Selbstverständnis nach, solange sich sein Streben bloß mit der imaginatio verbindet.

Die Theorie des Guten basiert auf dem Tatbestand, daß beim Streben des Menschen An-sich-Sein und Für-ihn-Sein auseinanderfallen. Sie legt dar, daß das Verharren in diesem Zwiespalt für den Menschen schlecht ist, und kann zugleich das Gute nur innerhalb des Zwiespalts bestimmen, den sie damit zementiert. Das zeigt sich insbesondere daran, daß die Theorie, die das Gute kraft der Vernunft aus einem abstrakten An-sich gewinnt, an dem sie die faktischen Äußerungen des individuellen Strebens vergleichend mißt, mit einer Form von Rationalität verbunden ist, die, sofern sie sich auf Einzelnes bezieht, als eine Forderung auftritt. Sie nimmt die Gestalt von *Geboten* der Vernunft („rationis dictamina") an, mit deren Vorstellung (4p18s) Spinoza die Erörterung dessen, was an Affekten gut und was schlecht ist, eröffnet. Die Vernunft fordert etwas, nämlich „daß jedermann streben sollte, sein Sein gemäß der ihm eigenen Natur zu erhalten" (4p18s), also etwas, was jeder ohnehin tut, aber sie fordert es im Hinblick auf etwas, das derjenige, der natürlicherweise sich selbst zu erhalten strebt, nicht im Blick hat. Es ist das eigene Sein („suum esse"), um das derjenige, der strebt, nicht schon weiß, sofern er nur strebt. Er strebt zwar danach, das eigene Sein zu erhalten, aber unwissend erliegt er einem Äußeren, von dem her er sich selbst versteht. Weil er in diesem Verständnis sich gerade nicht erhält, ist das, was er tut, schlecht. Das eigene Sein verfehlend, verfehlt er zugleich, das ist die Grundthese Spinozas, das, was Tugend („virtus") ist, also die Form richtigen Handelns.

Deren Struktur erörtert Spinoza im unmittelbaren Anschluß an die Figur einer Forderung der Vernunft, aber so, daß er das, was Tugend ist, von allen bloßen Forderungen gerade befreit.

Die Forderung der Vernunft, letztlich die Forderung, sich tugendhaft zu verhalten, stützt sich auf die richtige These, daß Tugend zwar an den menschlichen conatus gebunden ist, aber nicht mit dessen faktischer Artikulationsform zusammenfällt. Das Streben nach Selbsterhaltung ist gewiß die Grundlage aller Tugend (4p22), aber das mit Tugend verbundene Glück („felicitas") im Sinne eines gelingenden Lebens besteht nicht darin, daß der Mensch sich zu erhalten strebt, sondern darin, daß er *imstande ist*, sein Sein zu erhalten („quod homo suum esse conservare *potest*", 4p18s). Alles, worauf der Einzelne aus ist, gründet in dessen Macht („potentia"), weil es dem conatus entspringt, der die Macht des Einzelnen ist (3p7). Insofern kann Tugend nicht gegen diese Macht bestimmt werden. In der Definition von Tugend (4d8) identifiziert sie Spinoza sogar mit der Macht des Menschen, aber doch mit einer wesentlichen Einschränkung, nämlich daß dies beim Menschen nur gilt, „insofern es in seiner Gewalt steht (quatenus potestatem habet), etwas zuwege zu bringen, das durch die Gesetze seiner Natur allein eingesehen werden kann". Subjektives Streben als Ausdruck der individuellen Macht („potentia") und Können („potestas") als subjektives Vermögen, diese Macht der eigenen Natur gemäß zu gebrauchen, fallen nicht zusammen. Aus dieser Differenz speist sich das wertende Beurteilen menschlichen Strebens im 4. Teil, das über dessen bloße Beschreibung, welcher der 3. Teil verpflichtet gewesen ist, hinausgeht. Das Streben, obwohl Ausdruck des individuellen conatus und darin als solches gerechtfertigt, kann hinsichtlich von gut und schlecht von einem Standpunkt der Vernunft aus beurteilt werden, die nichts gegen den conatus fordert (das ist unmöglich), die aber, anders als der Unvernünftige es tut, den conatus auf dessen wahres Sein hin betrachtet und ihn darin als eine Aktivität in den Blick bringt. Daraus ergibt sich die generelle Einteilung, daß die Formen schlecht sind, welche die Aktivität mindern, also diejenigen, die an ein inadäquates Erkennen gebunden sind, und gut diejenigen, welche die Aktivität fördern. Darin ist aber zugleich gelegen, und Spinoza entwickelt es im Kontext dessen, was es heißt, unbedingt aus Tugend zu handeln („ex virtute absolute agere", 4p24), daß im höchsten Maße gut dasjenige ist, was Ausdruck reiner Aktivität ist, also das adäquate Erkennen selbst (4p26–28). Zwar handelt jedes Ding, weil es potentia ist und potentia gleich agere ist, aber im strikten Sinne handelt nur derjenige, der adäquate Ideen hat (3p1), weil er darin *aus sich heraus* tätig ist.

Tugend ist demzufolge diejenige Form des Handelns, in welcher der Handelnde nicht mehr an einem ihm fremden Ziel orientiert ist. Dann ist es nur konsequent, wenn Spinoza diese Form nicht mehr als gut bezeichnet. Das adäquate Erkennen wird allein deshalb als gut bezeichnet, weil ein anderes, das inadäquate, schlecht ist, im Hinblick auf das es so genannt wird. Genau deshalb ist der damit verbundene Status einer Forderung der Vernunft, die sich an die Unvernunft richtet, in sich problematisch. Denn die mit der Theorie des Guten verbundene Forderung enthält, daß das vernunftlose Begehren sich an der Vernunft orientieren soll, *damit* die Selbsterhaltung des Einzelnen erreicht werde, während der Sache nach eine solche Forderung das vernunftlose Begehren nicht bestimmen kann, weil sie aus einer Perspektive erhoben wird, die demjenigen, an den sie sich richtet, fremd ist. Ihm ist die Forderung transzendent, weil sie aus einem Vergleich resultiert, der nicht das vernunftlose Begehren als solches erfaßt. Es ist, wie es ist, und darin nicht relativ auf die Vernunft.

Unvernünftig ist das Begehren nur für den Vernünftigen, der, wenn er vergleicht, die Wirklichkeit jenes Begehrens gerade nicht erfaßt. Insofern hat sein Vergleichen keine bestimmende Kraft. Das ist Spinoza gewiß nicht entgangen, denn er betont ausdrücklich die Wirkungslosigkeit einer bloß beurteilenden Vernunft. Nicht sie ist es, sondern ein anderer Affekt, der einen bestehenden Affekte aufzuheben vermag (4p7).

Gleichwohl, auch wenn der Vernünftige die Wirklichkeit unvernünftigen Begehrens nicht erfaßt, die sich gar nicht adäquat erfassen läßt, so gilt doch, daß er in adäquater Weise erfaßt, daß *dieses* Begehren schlecht ist, und zwar schlecht für den Begehrenden. Auch wenn der Standpunkt, den er einnimmt, nicht der des Unvernünftigen ist, muß deshalb gelten, daß er etwas erfaßt, das dem Unvernünftigen nicht äußerlich ist. Gelten kann dies freilich nur, wenn Spinoza unterstellt, daß auch ihm Vernunft zukommt, die er zwar faktisch entbehrt, wenn er unvernünftig agiert, die ihm aber zumindest potentiell zukommt, sofern er ein Mensch ist. Unübersehbar ist, daß dies nachzuweisen für Spinoza ein zentrales Anliegen des 4. Teils ist. Die Vernunft ist nicht das Privileg einiger, sondern eine konstitutive Bestimmung des Menschen, die ihn als Gattungswesen charakterisiert. Die adäquate Erkenntnis Gottes, so formuliert es Spinoza in 4p36s im Rückgriff auf 2p47, gehört zu dem, was die Essenz des menschlichen Geistes ausmacht. In ihr haben die Menschen ein Gemeinsames, das nicht das fiktive Allgemeine eines bloßen Begriffs ist, sondern dasjenige, ohne das, Spinoza sagt es mit Emphase, der Mensch in dem, was er ist, in seiner Essenz also, weder sein noch begriffen werden könnte (4p36s). Deshalb kündigt Spinoza in der Vorrede zum 4. Teil an, daß die Theorie des Guten im Zusammenhang einer Idee des Menschen im Sinne eines Musterbildes („exemplar") der menschlichen Natur zu entwickeln ist. Im Hinblick darauf wird als gut und schlecht bestimmt, wovon wir mit Sicherheit wissen, daß es tauglich bzw. hinderlich ist, diesem Musterbild näher und näher zu kommen („ad exemplar humanae naturae [...] magis magisque accedamus", 4praef.). Dieses Musterbild hat, obwohl es ein die Faktizität transzendierender Entwurf ist, einen Wahrheitsgehalt, der unabhängig davon ist, wieweit es tatsächlich realisiert wird. Denn es enthält ein allen Menschen Gemeinsames, insofern sie von derselben Natur sind („quatenus ejusdem sunt naturae", 4 p36dem.), so daß das, was der Tugendhafte verfolgt, sich einem konkurrierenden Kampf entzieht, weil es etwas ist, an dem sich alle gleichermaßen innerlich erfreuen können („omnes aeque gaudere possunt", 4p36).

Unter diesem Aspekt hat die Theorie des Guten gerade in der Bindung an das Theorem der individuellen Selbsterhaltung ihre eigentliche Bedeutung in der intersubjektiven Sphäre, zu der Spinoza deshalb auch ganz konsequent in dem darauf folgenden Lehrsatz 37 überleitet. Die Annäherung an das Musterbild der menschlichen Natur ist eine unabdingbare Voraussetzung gelingender Selbsterhaltung, weil die individuelle Selbsterhaltung einer Gemeinsamkeit der Menschen bedarf, ohne die sie nicht gelingen kann. Das Äußere, auf das der Mensch in seiner Begrenztheit angewiesen ist, das macht Spinoza im 4. Teil deutlich, sind in erster Linie die anderen Menschen, mit denen er kommuniziert und deren Affektivität für ihn eine Bedrohung darstellt. Einander nützlich und damit gut sind die Menschen, sofern sie miteinander übereinstimmen; und Bedingung hierfür ist jene Gemeinsamkeit, von der her sich das Menschsein definiert und die in den Gedanken einer Idee der menschlichen Natur eingeht. Aber genau hier zeigt sich die interne Spannung zwischen einem Gemeinsamen, das in bloß theoretischer Perspektive erkannt wird, und einem Gemeinsamen, das in praktischer Perspektive realisiert wird. Eine Übereinstimmung der Menschen untereinander ist nicht schon realisiert, wenn deren Gemeinsamkeit sich auf eine bloße Idee des Menschseins stützt, was sie solange tut, wie sie nicht in der Aktivität der Individuen verankert ist. Aus der Perspektive der Individuen ist sie dann eine bloße Möglichkeit, die, solange sie der Verwirklichung harrt, von leerer Abstraktheit ist, die das tatsächliche Handeln der Individuen unbestimmt sein läßt. Eine abstrakte Gemeinsamkeit den Menschen zuzusprechen bedeutet, ihnen etwas zuzusprechen, das sie faktisch entbehren, was wiederum bedeutet, daß sie faktisch nichts Gemeinsames haben, also gerade nicht miteinander übereinstimmen (vgl. 4p32s). Nicht dies, daß Menschen potentiell Vernunft zukommt, läßt sie übereinstimmen, sondern allein dies, daß sie die Vernunft gebrauchen und darin auch tatsächlich von ihr geleitet sind (4p35). Aber gerade diese Tatsächlichkeit entzieht sich jeder Form von Forderung, die formuliert, was der Mensch noch nicht hat und erst erreichen soll. Niemand kann von einem anderen sinnvoll fordern, er solle die Vernunft gebrauchen, weil sie zu gebrauchen ein Akt ist, den jeder aus sich heraus selbst ausüben muß, wofür schon vorausgesetzt ist, was erst gefordert wird.

14.3 Das Gute und der Vollzug adäquaten Erkennens

Als Theorie eines Ideals der menschlichen Natur erlaubt die Theorie des Guten, menschliche Handlungen daraufhin zu *beurteilen*, inwieweit sie für das, was in ihnen intendiert wird, die individuelle Selbsterhaltung, mehr oder minder tauglich sind. Die Theorie, die gegeben wird, ist nicht falsch, insoweit sie eine adäquate Beschreibung dessen gibt, was der Fall ist, daß nämlich der Einzelne in bestimmten Ausformungen seines Strebens nach Selbsterhaltung sich nicht erhält, in anderen aber ja, und dies in einer Skala von Abschattierungen dessen, was hierfür mehr oder minder günstig ist. Insofern wäre das Schlechte nur ein weiterer Name für das Selbsterhaltungswidrige und das Gute für dessen Gegenteil. Doch nimmt Spinoza mehr in Anspruch, nämlich menschliches Verhalten unter einer Perspektive zu beschreiben, die zwar faktisch diesem Verhalten fremd ist, aber doch nicht der Möglichkeit nach, weil sie eine Möglichkeit der menschlichen Natur ist, unter der sich zu betrachten dem Einzelnen in seiner Unvernünftigkeit nur verdeckt bleibt. Unter der Annahme einer solchen Latenz ist Spinozas Theorie nicht nur beschreibend. Ist das Verhalten aus der dem Handelnden eigenen Perspektive durch die Faktizität des Tuns gerechtfertigt und somit wertneutral, so hat die andere Perspektive, die dieses Handeln als schlecht bezeichnet, weil es das Gute verfehlt, etwas im Blick, das derjenige, dessen Verhalten beschrieben wird, nicht im Blick hat. In ihr läge eine Beschreibung gerade *dieses* Verhaltens nur vor, wenn sich von ihm sagen ließe, daß der andere es im Blick haben sollte, das Sollen also zu dessen Sein gehörte. Die Theorie des Guten wäre unter dieser Voraussetzung in Wahrheit normativ, sie enthält eine Vorschrift, im Hinblick auf die eine Orientierung an ihr als gut für den, der sich so orientiert, bestimmt wird. Doch gerade in einem solchen normativen Anspruch kann die Theorie nicht wahr sein, weil sie einer ontologischen Grundbestimmung widerstreitet, nämlich der Struktur des individuellen conatus. Mit dieser Struktur ist zwar die Orientierung an Vorschriften verträglich, insofern mit ihr das inadäquate Erkennen verträglich ist und damit all das, was aus ihm an Verhaltensmustern einschließlich solcher, die durch eine teleologische Ausrichtung gekennzeichnet sind, folgt. Nicht verträglich ist mit ihr aber, daß der Mensch in der Orientierung an Vorschriften das ihm immanente Ziel der individuellen Selbsterhaltung realisieren könnte. Denn dieses Ziel läßt sich nicht trennen von einer Realisierung, die nichts anderes als der als Aktivität verstandene Vollzug der je eigene potentia ist, die nur dann eine Aktivität ist, wenn sie sich nicht von einem ihr vorgegebenen Ziel leiten läßt.

Unbeschadet dessen hat die Theorie des wahrhaft Guten als Korrektiv der je subjektiven Ansicht, das Erstrebte sei als dieses schon das Gute, einen Wahrheitsgehalt, daß sie nämlich das Gute im Sinne dessen, was für die Selbsterhaltung tauglich ist, an eine bestimmte Form bindet, in der sich der conatus artikuliert. Nur das vernunftgeleitete Streben gelangt an das ihm immanente Ziel, ein anders geleitetes tut dies nicht. Da der Mensch nun nicht notwendigerweise von der Vernunft geleitet ist (für die meisten Menschen gilt genau das Gegenteil), muß angesichts dieses Tatbestandes die These, die einen Sachverhalt adäquat beschreibt, lauten: *Wenn* sein Streben von der Vernunft geleitet ist, gelangt der Mensch an sein Ziel. Nicht aber kann sie lauten: Damit der Mensch an sein Ziel gelangt, an das er nicht immer schon gelangt, sofern er nur handelt, *soll* er die Vernunft gebrauchen. In der zweiten Formulierung erhält der Satz eine praktische Bedeutung, die der Mensch, wie Spinoza ihn beschreibt, nicht erfüllen kann: in der Orientierung an einem Ideal gegenüber einem von ihm her als schlecht Bestimmten eine Kraft zu haben, die das Schlechte zu überwinden vermag.

Die Theorie, die in der Verbindung von Vernunft und Streben eine Präferenz gegenüber allem unvernünftigen Begehren sieht und darin aufzeigt, was das wahrhaft Gute angesichts der Erfahrung des Schlechten ist, erhält eine praktische Bedeutung erst, wenn sie sich *nicht* als eine Theorie des Guten aus dem Gegensatz zum Schlechten versteht und folglich, da gut und schlecht zwangsläufig korrelierende Begriff sind, überhaupt nicht mehr als eine Theorie des Guten. Das ist dann der Fall, wenn sie zu einer Theorie wird, die entwickelt, wie das, was hier als Forderung erscheint, vom Individuum selbst realisiert wird und darin nicht mehr eine Forderung ist. Schon in der Beschreibung dessen, was Tugend ist, hat Spinoza im 4. Teil hervorgehoben, daß für den Tugendhaften das Gute nicht das ist, was ihn aus dem Schlechten befreit, sondern allein das, was im Dienst menschlicher Einsicht („intelligere") steht (4p26ff.). Aufgenommen und weiterentwickelt wird diese Überlegung im 5. Teil, in dem Spinoza zeigt, was es bedeutet, daß der Mensch seinen conatus als ein reines Erkennen begreift, das nicht mehr auf ein vom Erkennen Verschiedenes bezogen ist, das durch es zu erreichen wäre.

Die Theorie des Guten bereitet in ihrer Bindung an Erkenntnis die Theorie der Freiheit im 5. Teil vor, zu der sie übergeht, indem sie den Begriff des Guten zurückläßt. Wenn das höchste Gut des Geistes die Erkenntnis Gottes ist und dementsprechend die höchste Form der Tugend, verstanden als ein Merkmal allein des Geistes, darin besteht, Gott zu erkennen, so hatte Spinoza im 4. Teil formuliert (4p28), dann ist das Gute in der Form seiner Erfüllung dem Subjekt, das erkennt, nicht transzendent. In seiner Höchstform ist es vielmehr mit der Tugend identisch, mit einer Tugend, die in nichts anderem als in einem adäquaten Erkennen besteht, in der Tätigkeit also, in der im höchsten Maße zum Ausdruck kommt, was Aktivität des Geistes heißt. Besteht die menschliche Freiheit in ebendieser Aktivität, dann kann sich Spinoza im 5. Teil, der seiner Überschrift nach von menschlicher Freiheit handelt, in Form einer Wiederholung auf das beziehen, was er schon im 4. Teil als höchstes Gut („summum bonum") bestimmt hat. In 5p25 formuliert Spinoza, jetzt bezogen nicht mehr auf die ratio, sondern auf die intuitive Erkenntnis („scientia intuitiva") genau dasselbe wie in 4p28: „Das höchste Streben des Geistes und seine höchste Tugend ist, Dinge in der dritten Erkenntnisgattung einzusehen". Nur spricht er jetzt nicht mehr davon, daß dies das höchste *Gut* des Geistes sei, sondern ersetzt Gut („bonum") durch Streben („conatus"). Spinoza eliminiert die Bestimmung des Guten, weil er jetzt, im 5. Teil, eine Theorie adäquaten Erkennens entwickelt, die nicht mehr mit anderen Formen des Erkennens *verglichen* wird. Das adäquate Erkennen ist nicht besser als das inadäquate; es ist etwas anderes. Es gründet in sich selbst, unvergleichbar mit anderem; es gründet in der Ewigkeit (5p31), die nicht verglichen werden kann mit der Zeitlichkeit, welche die Basis inadäquaten Erkennens ist (5p21) und damit das Fundament aller Erfahrung des Schlechten. Spinozas Philosophie ist eine Theorie der Ethik sub specie aeternitatis, und deshalb ist sie keine Philosophie des Guten.

Aber Spinoza macht doch das Zugeständnis (5p41), daß, wenn wir um die Ewigkeit in ihrer Bedeutung für das menschliche Handeln nicht wüßten, all das, was er im 4. Teil hinsichtlich der Vorschriften der Vernunft („rationis praescripta") entwickelt hat, in Geltung bliebe. Auch dann müßte es von uns für das Wichtigste gehalten werden („prima haberemus"), weil Basis aller Tugend und damit einer richtigen Lebensführung („virtutis seu recte vivendi rationis fundamentum") das Suchen nach dem eigenen Nutzen („suum utile quaerere") ist und allein die Vernunft, nicht aber andere Instanzen, dem Einzelnen, der in diesem Feld unsicher ist, vorschreibt („dictat"), was ihm tatsächlich nützlich ist. So bleibt denjenigen, die hinsichtlich Spinozas Theorie der Ewigkeit des menschlichen Geistes und der darin verankerten Macht unseres Erkennens skeptisch sind (also den meisten von uns), für Fragen der Ethik im engeren Sinne immer noch seine im 4. Teil entwickelte Theorie des Guten. Aber sie sollten wissen, daß Spinozas Skepsis gegenüber der Normativität des Guten ihren Grund nicht in einem Naturalismus hat, sondern in einem Intellektualismus, von dem Spinoza im 5. Teil zeigen will, daß er eine Kraft der Gestaltung des Lebens nur hat, wenn er nicht als Norm, sondern als tatsächlicher Vollzug auftritt.

Michael Hampe

15. Das vernunftgeleitete Leben freier Menschen

15.1 Vernunft ist kein Vermögen

Nach der Leitung der Vernunft zu leben („ex ductu rationis" vivere, 4p46) und ein freier Mensch zu sein („homo liber", 4p67) sind Möglichkeiten, die Spinoza schon in der zweiten Hälfte des vierten Teils der *Ethik*, also noch unter der Überschrift „Von der menschlichen Knechtschaft" thematisiert. Menschliche Knechtschaft besteht darin, ein Leben zu führen, das überwiegend durch Affekte bestimmt ist, die ein *Leiden* darstellen. Ein solches Leben ist nicht notwendig, obwohl Leiden nicht vermieden werden kann (4p2.4). Das menschliche Leben kann auch durch Vernunft bestimmt, das heißt, ein nicht durchgängig unfreies sein. In einem solchen vernünftigen Leben spielen Affekte noch eine Rolle, aber entsprechend ihrer Einteilung in solche des Handelns und des Leidens (3def3) überwiegen die, die als *Handeln* zu charakterisieren sind.

Die vielleicht merkwürdigste Behauptung Spinozas im Kontext des Verhältnisses zwischen dem unfreien leidvollen und dem vernünftigen freien Leben findet sich in Lehrsatz 59 des vierten Teils der *Ethik*: „Zu allen Handlungen (actiones), zu denen wir durch einen Affekt, der ein Leiden ist (affectu, qui passio est), bestimmt werden, können wir auch ohne diesen durch die Vernunft (a ratione) bestimmt werden."

Bedeutet dies, daß etwa ein Mord als eine Handlung auch aus Vernunft geschehen kann? Können *alle* Handlungen, die geschehen, als vernünftige rekonstruiert werden? Eine solche Lesart scheint die Unterscheidung zwischen einem leidvollen unfreien und einem vernunftgeleiteten freien Leben zu einer Differenz der Beschreibung und der „emotionalen Begleitumstände" zu machen. Eine Handlung geschieht nach Spinoza notwendigerweise, da er Zufallsereignisse und Geschehnisse, die aus einer Willenswahl entspringen, nicht zuläßt (2p48.49, 3p2schol.). Sofern bei einer Handlung ein Affekt des Leidens, etwa bei einem Mord ein Gefühl des Hasses, das ein Leiden ist, auftritt, geschieht sie nicht aus Vernunft, tritt die Handlung aufgrund einer Erkenntnis, durch eine Aktivität auf, geschieht sie aus Vernunft. Wenn jedoch alles, was notwendigerweise geschieht, in *einer* Beschreibungsperspektive durch Leid, in einer *anderen* durch Vernunft geschieht, ist dann nicht schon für Spinoza (wie später für Hegel) das Wirkliche und das Vernünftige dasselbe? Doch was bedeutet hier „auf Grund" eines Affektes oder *„aus* Vernunft"? Was bedeutet „bestimmt werden" (determinatur) in diesem Zusammenhang (in 4p59)?[1]

Spinoza behauptet *nicht*, daß im vernünftigen und unvernünftigen Leben geistige Fakultäten wie Kräfte auf Menschen einwirken: einmal das Vermögen der Rationalität, das andere Mal das der Emotionalität, und daß dann, wenn Rationalität über Emotionalität „siegt" wie ein Boxer über seinen Gegner, das Handeln bzw. Leben eines Menschen vernünftig und im anderen Falle unvernünftig wäre. Eine solche Vermögenspsychologie hat Spinoza *nicht* vertreten (vgl. auch Yoshida 2004, 63). Vernunft und Affektivität sind für ihn keine geistigen Instanzen oder Kräfte, die auf ein Individuum, das unabhängig von ihnen denkbar wäre, einwirken. Nach der Vernunft zu leben bedeutet vielmehr *dasselbe*, wie *tugendhaft* zu handeln, und das ist wiederum dasselbe, wie *sein eigenes Sein zu erhalten* (4p24, 4p37schol.1). Wer durch Affekte des Leidens bestimmt wird, dem gelingt es nicht, sich so zu verhalten, daß er immer nur seiner Selbsterhaltung Förderliches tut, und wessen Leben durch Vernunft geleitet wird, dem gelingt es im überwiegenden Teil des Lebens, sein eigenes Sein zu unterstützen. Die leidende Affektivität ist nichts anderes als ein Symptom mißlingender Selbsterhaltung, also eine Manifestation von Ohnmacht, während Affektivität, die ein Handeln ist, die Art und Weise darstellt, wie es sich anfühlt, sich erfolgreich selbst zu erhalten, d.h. Macht zu haben oder die eigene potentia agendi zu steigern. Das ist der Sinn von „determinatur" und „e ratione" in diesem Zusammenhang. Das eigene Sein eines Individuums, das es zu erhalten gilt, ist jedoch für Spinoza etwas Partikulares. Als was ist es zu verstehen? Diese Frage ist schwieriger.

Im folgenden soll ihre Beantwortung *von zwei Seiten* aus versucht werden. *Zuerst* werden die Begriffe des *individuellen Gesetzes*, des *individuellen Wesens* und die Vorstellung einer *individuellen Vernunft* expliziert. Dann

---

[1] Zur Diskussion der Ambivalenz des Determinationsbegriffes im Zusammenhang mit 4p59 vgl. Macherey 1997, 325f.

wird der Gedanke eines *ewigen Wesens* eines Individuums herangezogen, der vor allem im fünften Teil der *Ethik* eine Rolle spielt. Von da aus soll dann einerseits hinsichtlich einzelner Affekte das durch Vernunft geleitete Leben konkret thematisiert und andererseits noch einmal die Frage betrachtet werden, ob alle Handlungen, die durch einen Affekt geschehen können, auch durch Vernunft realisierbar sind.

15.2 Individuelle Gesetze in der Strukturerhaltung von Individuen

An mehreren Stellen spricht Spinoza individualisierend von dem „Recht" („sui juris", 4praef.), den „Gesetzen" oder der Natur eines Menschen, etwa in 4p19: „Jeder verlangt oder verschmäht nach den Gesetzen seiner Natur (legibus suae naturae) notwendig das, was er für gut oder schlecht hält." Was in der Macht eines Menschen steht, welche Tugend er realisieren kann, ist nach Spinoza „allein aus den Gesetzen seiner eigenen Natur" zu begreifen („solas ipsius naturae leges possunt intelligi", 4def8). Ein endliches Einzelwesen kann als Modus jedoch nicht allein aus sich heraus, sondern muß als Teil der Natur (4p2) auch durch anderes begriffen werden. Ein Wesen, das ganz und immer frei nur in Geschehnisse involviert wäre, die aus seinen individuellen Gesetzen begreifbar wären, würde zu einer Substanz, was unmöglich ist (2p10). Weil die Macht jedes Einzelwesens endlich ist (4ax), bleibt es notwendigerweise auf anderes bezogen. Daraus ergeben sich Schwierigkeiten der Verhältnisbestimmung von Selbsterhaltung, Endlichkeit, Vernunft, Unvernunft, Knechtschaft und Freiheit. Selbsterhaltung, Vernunft und Freiheit sind für endliche Wesen *nicht vollständig und endgültig* realisierbar; jeder Modus muß einmal untergehen, durch anderes als ihn selbst bestimmt werden und deshalb leiden.

Sich selbst zu erhalten, d.h. tugendhaft zu sein, bedeutet, *nach den Gesetzen der eigenen Natur zu leben*, *aktiv* und *frei* zu sein und nicht durch anderes bestimmt zu werden (vgl. den Freiheitsbegriff in 1def7). Das Vernünftige als das Gesetzmäßige und individuell Natürliche (im Sinne von „natürlich" als „wesentlich", also das individuelle Wesen betreffend) ist für Spinoza nicht allein ein Allgemeines, auf die Substanz zu Beziehendes, auch nicht das Allgemein-Menschliche, sondern etwas Individuelles und Partikulares, jedoch nicht im Sinne individueller oder partikularer *Kraft*, sondern als *Form der Relationalität interner Komplexität*.

Jedes menschliche Wesen ist zusammengesetzt (Postulat 1 hinter 2p13 und 2p15). Diese Zusammengesetztheit, die vor allem von der Komplexität des *Körpers* her verstanden wird, nach dem Spinozistischen Parallelismus jedoch ihre Korrespondenz in *geistiger Komplexität* hat, ist nicht als *aggregative*, sondern *strukturierte* zu begreifen (Postulat 4 hinter 2p13). Individuelle Gesetze können als bestimmende Elemente oder Ordnungsmuster dieser Struktur begriffen werden. Wenn individuelle Wesen danach streben, ihr Sein zu erhalten (3p6), so bedeutet das, daß sie *Strukturerhaltung* anstreben (Lemma IV und V hinter 2p13; vgl. dazu auch Matheron 1969, 69).

In diesem Streben kann ein Einzelwesen die eigene Gesetzmäßigkeit erkennen und sich zu ihr verhalten oder auch nicht. Man könnte das als *bewußtlose* und *bewußte Selbsterhaltung* unterscheiden. Esse ich Suppe, weil ich erfahren habe und erinnere, daß sie mir schmeckt und bekommt, betreibe ich bewußte Selbsterhaltung. In diesem Fall bin ich frei und vernünftig. Ich kenne meine Struktur und handle aktiv aus dem Motiv, sie zu erhalten. Esse ich Suppe, weil ich Hunger habe, ohne darauf zu achten, ob sie mir schmeckt und bekommt, betreibe ich bewußtlose Selbsterhaltung und, wenn mir die Suppe nicht bekommt, ohne Erfolg. In diesem Fall bin ich durch die starke Begierde zu essen unfrei, erkenne meine Struktur nicht und verursache Leiden. Esse ich Suppe, weil mich jemand anders zwingt, sie zu essen, obwohl ich *weiß*, daß sie mir weder schmeckt noch bekommt, so habe ich zwar Kenntnis meiner individuellen Gesetze, doch hindert mich ein äußeres mächtigeres Wesen, ihnen entsprechend zu handeln.

Das eigene Sein zu erkennen, ist keine einfache Angelegenheit. Es ist auf adäquate Weise nur möglich mit Hilfe *wahrer Allgemeinbegriffe* (*notiones communes*, 2p40schol.1) oder durch *Intuition* (5p29ff.). Die Art und Weise, wie Menschen konventioneller Weise die Welt einteilen, vor allem, was sie konventioneller Weise für gut oder schlecht, schön oder häßlich oder als ihrem Sein bekömmlich oder unbekömmlich erachten, hilft bei der Erkenntnis dessen, was mir *wirklich nützlich* ist, nicht weiter (zum „wirklich Nützlichen" vgl. 4def1). Nur durch Bezug auf das, was Wesen notwendigerweise und nicht auf Grund von Konventionen gemeinsam haben, ist eine adäquate Erkenntnis der eigenen Struktur und Selbsterhaltung möglich. So ist der Zugang zur *allgemeinen Vernunft*, zur Struktur der Wirklichkeit überhaupt, Bedingung für die Einsicht in die individuelle Vernunft oder partikulare Gesetzmäßigkeit eines Individuums.[2]

Wie sich Spinoza genau eine Erkenntnis des Individuellen durch Allgemeines gedacht haben könnte, ist schwer zu sagen. Im Prinzip scheinen

---

[2] Das Verhältnis von Erkenntnis mit Allgemeinbegriffen und Selbsterkenntnis eines Individuums thematisiert auch Kisser 1998, vor allem 112–115.

hier zwei Wege möglich: *Erstens* können Allgemeinbegriffe als *graduierbare* aufgefaßt werden. Ein Individuum würde mit ihnen so erfaßt, wie in einem Meßprozeß in der Physik eine individuelle Situation, indem angegeben wird, *in welchem Grad eine Eigenschaft*, die ein Allgemeinbegriff benennt, dem Individuum jeweils zukommt. Das Individuum *A* wäre etwa durch (5P, 3Q, 7R), das Individuum *B* dagegen durch (6P, 2Q, 9R) gekennzeichnet. Rationale Selbsterkenntnis wäre dann so etwas wie eine *Selbstmessung* mit allgemeinen Begriffen. Die *zweite* Möglichkeit ist die einer *Begriffskombinatorik*, wie sie wohl Leibniz mit seinen einfachen Begriffen vorgeschwebt hat. So wie mit einem Alphabet von 26 Buchstaben eine Unzahl von individuellen Wörtern gebildet werden kann, ebenso könnte mit einigen *notiones communes*, wenn es auf die Reihenfolge ihre Realisierung (bzw. der ihnen entsprechenden Eigenschaften) in den Individuen ankäme, eine Unzahl von Einzelwesen voneinander unterschieden werden. Das Individuum *A* wäre dann durch [P; Q; S; R] und das Individuum *B* durch [Q; S; R; P] zu erfassen. Spinoza sagt m.W. nirgendwo, daß er sich die Möglichkeit eines Zugriffs auf Individuen durch Allgemeinbegriffe in der einen oder der anderen hier angedeuteten Weise denkt. Allerdings scheint eine *Folge* von Begriffen oder Eigenschaften, die in einem Individuum realisiert wird, als ein *zeitlicher Ablauf* gedacht werden zu müssen (etwa als Perzeptionsfolge bei Leibniz). Da es Spinoza bei der adäquaten Selbsterkenntnis um das *ewige* Individuum in Gott geht (5p22), ist diese Möglichkeit mit seinem Konzept schwer vereinbar. Die Graduierbarkeit von Begriffen scheint dagegen gut zur Einführung von Individualität und interner Komplexität über die eingeschobene Physik zu passen, auch wenn dort nicht mit Zahlen operiert wird. Von der Verwendung von Allgemeinbegriffen in der zweiten Erkenntnisart zur intuitiven dritten Erkenntnisart *zu springen* und intuitive Erkenntnis für *nicht* durch die zweite Erkenntnisart rekonstruierbar zu halten, würde Erkenntnis des Individuellen, einschließlich der Selbsterkenntnis, zu etwas *Unvernünftigem* machen.[3] Die Rede von der menschlichen Freiheit und Vernünftigkeit, die Spinoza im fünften Teil der *Ethik* führt und im vierten Teil bereits vorbereitet, müßte dann als ein Selbstmißverständnis gedeutet werden – eine wenig überzeugende Deutungsstrategie.

„Vernünftigkeit" hat bei Spinoza also eine *zweifache Bedeutung*. Erstens bezieht sie sich auf das Allgemeine, das alle Individuen teilen, den allgemeinen Notwendigkeitszusammenhang der Natur, wie ihn der *mos geome-*

---

3 Zum Problem des Irrationalismus in der Erkenntnis des Individuellen vgl. Hampe 1996, Kap. 3.

tricus expliziert. Sie ist als solche nicht einfach Erkenntnis von Allgemeinheiten, sondern auch Erkenntnis von Einzeldingen, sofern sie in den allgemeinen naturgesetzlichen Zusammenhang eingebettet und durch ihn determiniert sind (vgl. auch Parkinson 1954, 167). So ist die Erkenntnis der kausalen Komplexität, in der ein Einzelwesen existiert und wirkt, eine Leistung der Vernunft. *Zweitens* ist Vernunft auf individuelle Gesetzmäßigkeiten eines Einzelwesens bezogen, nicht sofern es in einem *externen* Kausal- oder Schlußzusammenhang integriert ist, sondern weil es eine *ewige interne Struktur* hat.

Die erste Verwendung von „Vernunft" ist von der von „Verstand" („intellectus") nicht verschieden und betrifft *Erkenntnis aus Ursachen oder Gründen* unter Verwendung der *notiones communes* oder die *zweite Erkenntnisart* (2p40schol.2). In dieser vernünftigen oder verständigen Sicht der Dinge erscheint alles in einem notwendigen Zusammenhang und nichts zufällig (2p44). Weil vom Standpunkt der Notwendigkeit Zeitabläufe für Spinoza keine Rolle spielen, liegt es „in der Natur der Vernunft, die Dinge unter einem Gesichtspunkt der Ewigkeit (quadam aeternitatis specie) zu betrachten" (2p44schol.2). Sowohl die allgemeine Gesetzmäßigkeit der Substanz als auch die individuellen Gesetze der Individuen sind *ewige Strukturen*.

Nun gibt es einerseits eine göttliche Idee des einzelnen Menschen (2p3, 2p9c und 5p22), eine Vorstellung vom Wesen jedes individuellen Körpers in Gott, unabhängig von dessen Geschichte (5p23) und andererseits die Möglichkeit und Tendenz in Einzelwesen, sofern sie vernünftig sind, sich selbst unter dem Gesichtspunkt der Ewigkeit zu betrachten. Die Idee eines Wesens, *unabhängig von der Geschichte* des betreffenden Individuums, bildet die Grundlage der Annahme einer auf die Individuen bezogenen *jeweiligen Vernünftigkeit*, die ihre individuellen Gesetze betrifft, das, was an ihnen als Individuen ewig ist, sich in den materiellen Stoffwechselprozessen und leiblichen wie geistigen Gestaltwandlungen erhält. Aus individuellen Gesetzen ergibt sich eine *interne Notwendigkeit*: das, was Individuen auf Grund ihrer internen Strukturiertheit tun *müssen*. Daß diese interne Notwendigkeit mit der externen in Konflikt geraten kann, ist der Grund dafür, das von Situation zu Situation zu entscheiden ist, ob Einzelwesen frei und vernünftig handeln oder gezwungen und unfrei leiden, ohne dabei eine Willenswahl ins Spiel zu bringen. Die Frage ist jeweils, ob eine bestimmte Situation als Verwirklichung individueller Gesetzmäßigkeiten eines betrachteten Einzelwesens zu beschreiben ist oder es einer diesem Einzelwesen externen Notwendigkeit unterliegt. Nur die Substanz, zu der es kein Außen gibt, unterliegt immer den

Gesetzen ihrer internen Notwendigkeit und handelt deshalb immer frei (1p17).

Die *Geschichte* der Individuen führt dagegen zur Aneignung von *Konventionen*, nur begrenzt gültigen Allgemeinbegriffen. Spinozas Nominalismus beschränkt sich auf dieses Gebiet des historisch Konventionellen. Das Veränderliche, Historische ist nicht das Vernünftige, auch nicht für die Individuen selbst. Sie sind, als Vernunftwesen, *nicht* ihre Lebensgeschichte. Vielmehr haben sie sich von der Determination ihres Denkens und Handelns durch konventionelle Allgemeinbegriffe *zu lösen*, wenn sie vernünftig und frei leben wollen. „Wenn die Menschen frei geboren würden, so würden sie, so lange sie frei blieben, keinen Begriff von gut und schlecht bilden" (4p68; zu diesem Prozeß der „Entbildung" auch in Hampe 2004). Doch weil Menschen in Konventionssysteme hineingeboren werden, erwerben sie Allgemeinbegriffe von gut und schlecht, von denen sie sich, im Laufe ihrer Entwicklung zur Freiheit (sofern eine solche stattfindet), zu befreien haben. Neben der „Tilgung" von Konventionen aus den Faktoren, die das Leben eines Einzelwesens bestimmen, es unfrei machen, ist die Aneignung oder Erkenntnis der Allgemeinheiten, die den *Naturzusammenhang überhaupt* ausmachen („naturae leges et regulae", 3praef.) und die das jeweilige individuelle Wesen selbst betreffen, für die Entwicklung von Freiheit und Vernünftigkeit entscheidend. Selbsterhaltungsstreben, sofern es im zweiten Sinne vernünftig ist, ist deshalb *nicht* die Erhaltung einer bestimmten *historisch entstandenen Gestalt* eines Individuums, die das Resultat der Einflußnahme anderer Dinge auf dieses Wesen darstellt, sondern kommt durch den Bezug auf das eigene ewige Wesen zustande, das außerhalb des historischen Beeinflussungskontextes durch andere mehr oder weniger mächtige Individuen betrachtet werden muß.

Unvernünftige Selbsterhaltung geht nicht vom ewigen individuellen Wesen eines Menschen aus, sondern von falschen Allgemeinbegriffen (inadäquaten Ideen) und manifestiert sich als ein *Beharren auf einer bestimmten historisch entstandenen Gestalt*, die mit dem individuellen Wesen eines Einzeldinges nicht viel zu tun haben muß. Sie ist deshalb auch nicht Selbsterhaltung, sondern Erhaltung von etwas anderem als mir selbst, einer „historischen Maske". Wegen der eingeschränkten Macht von Individuen ist eine Erhaltung von Gebilden, die nicht *sub specie aeternitatis* identifiziert und nicht mit *notiones communes* erfaßt werden, prinzipiell auf Dauer gar nicht möglich. Ein vernunftgeleitetes freies Leben wird sich nicht auf vergängliche Ziele und die Erhaltung historisch gewordener Gebilde beziehen. Denn nach diesen Gebilden das Leben auszurichten bedeutet, sich dem Schicksal („fatum", 4praef.) auszusetzen, also unfrei zu existieren, sich Umständen zu überantworten, die nicht in der eigenen Macht stehen, nicht aus der eigenen Gesetzmäßigkeit folgen. Frei und vernünftig zu leben heißt dagegen, mit Hilfe der allgemeinen Vernunft das individuell Ewige zum Maßstab des Handelns in der Zeit zu machen. Selbsterhaltung kann als der Versuch gedeutet werden, das Ewige eines endlichen Individuums in der Zeit möglichst prägnant anwesend zu machen.

Hätte Spinoza lediglich den *ersten* Vernunftbegriff, die Vernünftigkeit, die im rationalen Nachvollzug der Gesetzmäßigkeit der Natur überhaupt besteht, so wäre Vernünftigkeit von Individuen *Entindividualisierung*. Sofern *Freiheit* und *Handeln nach der eigenen Notwendigkeit* dasselbe sind, nur Gott jedoch immer aus seiner Notwendigkeit heraus handelt, bestünde menschliche Freiheit darin, sich in Gott „aufzulösen", um so an *seiner* Freiheit zu „partizipieren". Weil nach Spinoza Gott keine Person ist, wäre Freiheit an *Entpersonalisierung* gebunden. Das ist jedoch nicht Spinozas Position. Er vermeidet sie durch die Annahme des individuellen Wesens, einer partikularen Gesetzmäßigkeit, die ewig ist. Diese Annahme ist zweifellos heute schwer nachvollziehbar, da die Vorstellung, Menschen *seien* ihre *kontingente* Geschichte, inzwischen allgemein verbreitet ist (Hampe 2004, 246–249). Nicht allein der Gedanke, es gebe eine göttliche oder allgemein natürliche Vernunftstruktur der Wirklichkeit, die sich Menschen als endliche Wesen aneignen können, sondern vor allem die Überzeugung, sie seien in der Lage, sich auf eine transhistorische Vernunft ihres eigenen Wesens zu beziehen, ist durch die seit Kant betonte *Begrenztheit* menschlicher Einsichtsfähigkeit gegenüber Unendlichkeiten wirkungsmächtig in Frage gestellt worden. Damit soll nicht gesagt sein, daß mit Kant ein *Fortschritt* in der Philosophie gegenüber Spinoza vollzogen wurde, der diesem endgültig die Plausibilität entzogen hätte. Obwohl Kant selbst (und nach ihm Auguste Comte und andere) an einen *Fortschritt* der philosophischen Erkenntnis glaubte, kann man begründeter Weise zweifeln, ob der Begriff des Erkenntnisfortschritts für den Vergleich so unterschiedlicher Philosophiekonzeptionen wie der Kantischen und der Spinozistischen überhaupt taugt (vgl. zum Problem des Fortschritts in der Philosophie auch Hacking 2002, 55–59). Schließlich war auch Kant darauf angewiesen, ein „intelligibles Wesen" des Menschen, unabhängig vom erfahrbaren Naturzusammenhang und der Lebensgeschichte eines „empirischen Charakters", zu postulieren, um seine Konzeption praktischer Vernunft und Freiheit zu entwickeln.[4]

---

[4] Zum Problem des Verhältnisses von praktischer Vernunft und Freiheit bei Spinoza und Kant vgl. Wiehl 1983, v.a. 6f.

15.3 Emotionale Konsequenzen

Betrachten wir jetzt die praktischen Konsequenzen aus diesen theoretischen Überlegungen für das vernunftgeleitete Leben. *Haß* und *Zorn* als Affekte, die im Leben vieler Menschen auftreten, entstehen nach Spinoza durch falsche Erkenntnis äußerer Ursachen für eigenes Leid und verschlimmern entstandenes Leid (4p46). Dasselbe gilt für *Hoffnung* und *Furcht* (4p47), auch sie stellen Affekte dar, die notwendigerweise mit inadäquater Erkenntnis verbunden sind (3p18schol.2). Diese Affekte beruhen auf inadäquater Erkenntnis kausaler Komplexität, in die auf mich wirkende Einzelwesen und in die ich selbst eingebunden bin, und auf einem falschen (überschätzenden) Umgang mit der Zeitlichkeit von kausalen Prozessen. Ohne daß genau klar sein muß, was für inadäquate Ideen im Spiele sind, zeigt das Auftreten dieser Gefühle, daß man in kognitive Fehlleistungen verwickelt ist und sich in *Leidenszuständen* bewegt, die der Selbsterhaltung nicht dienlich und deshalb *unvernünftig* sind. Deshalb kann Spinoza diese Affekte gleichsam pauschal als solche beurteilen, die in einem vernunftgeleiteten Leben freier Menschen so wenig Bedeutung wie nur möglich einnehmen dürfen. Aus dieser Überlegung wird auch seine *Kritik des Mitleids* (*commiseratio*) (4p50 u. 3p23, 3p27schol.; vgl. auch Kronauer 1990, 9–36) und der *Todesfurcht* (*metus morti*) (4p67) verständlich. Ein positiv bewerteter Affekt, der den sozialen Zusammenhalt freier Menschen charakterisiert und den im Kontrast zum Mitleid zu betrachten sich lohnt, ist der der *Dankbarkeit* (*gratia*). Spinozas Verständnis dieser drei Affekte soll hier exemplarisch genauer vorgestellt werden.

a) *Mitleid*. Sofern Mitleid auf die Imagination zurückgeht, daß wir das Leid, das *anderen* zustößt, auch selbst erfahren, obwohl dies tatsächlich nicht der Fall ist, hindert es uns an der Wahrnehmung dessen, was anderen auf Grund ihrer Beschaffenheit not tut.

Es lenkt von der zügigen Hilfeleistung ab. Es findet eine *unscharfe* Bezugnahme auf andere Leidende und uns selbst statt, in der unsere individuelle Gesetzmäßigkeit (und die anderer sowieso) keine Rolle spielt, sondern die *vage Ähnlichkeit* anderer mit mir. Zwar gibt es diese Ähnlichkeit, sofern es *notiones communes* gibt, die auf mich und andere zutreffen, ich also tatsächlich eine Vernunft mit anderen teile. Doch teile ich deshalb gerade nicht ihr Leiden, sondern die Fähigkeiten zum Handeln. Wird durch Mitleid überhaupt erst Hilfeleistung ermöglicht, kann es zweckmäßig sein. Dies ist jedoch nur bei Menschen relevant, deren Leben wenig vernunftgeleitet und überwiegend unfrei ist. Für diejenigen, die nach Leitung der Vernunft leben, gilt, daß sie „soviel wie möglich zu bewirken streben, nicht von

Mitleid ergriffen zu werden" (4p50c). Sie werden Hilfe leisten, um die eigene Handlungsmacht (potentia agendi) und die anderer zu erhalten und zu steigern. Denn aus Einsicht in die Gesetzmäßigkeiten der Natur ergibt sich die Überzeugung, daß sich in ihr nichts findet, „was Haß, Spott oder Verachtung verdient, noch wird" der freie Mensch „jemanden bemitleiden, sondern [...] streben, so weit die menschliche Tugend vermag, gut zu handeln [...]" (4p50schol). Wer aus Mitleid blutende Wunden von Mitmenschen verbindet, mag dasselbe tun wie derjenige, der dies nicht aus Mitleid, sondern aus Einsicht tut. Im einen Fall geschieht die Hilfeleistung im Sinne von 4p59 durch einen Affekt des Leidens, im anderen Fall aus Vernunft. Es besteht jedoch die Gefahr, daß der, der aus Mitleid handelt, durch die „Tränen des anderen" zu etwas bewegt wird, was weder dem anderen noch ihm selbst hilfreich ist, niemandes Selbsterhaltung befördert. Diese Gefahr ist bei einsichtsvollem, vernunftgeleitetem Handeln nicht gegeben. Es gibt also Fälle, in denen Mitleid die Handlungsfähigkeit aller Beteiligten steigert, ihre Selbsterhaltung fördert. Es gibt jedoch *auch* Fälle, bei denen dies nicht eintritt. Handeln aus Vernunft weist eine solche Gefahr negativer Effekte nach Spinoza nicht auf.

b) *Todesfurcht.* Sofern Nachdenken über den eigenen Tod Furcht mit sich bringt, ist es Unlust, die das Tätigkeitsvermögen vermindert, und trägt nichts zur Selbsterhaltung bei. Mit dieser Einschätzung steht Spinoza nur scheinbar im Kontrast zur Tradition, etwa zu Montaigne, der behauptet, Philosophieren heiße sterben lernen (Montaigne 1995). Denn vernünftige Einsicht in die Endlichkeit des eigenen Daseins hält Spinoza ja ausdrücklich im definitorischen und axiomatischen Abschnitt des viertes Teils der *Ethik* fest (4def3.4 und 4ax, vgl. auch 2p30). Doch ist rationale Erkenntnis eigener Endlichkeit für Spinoza etwas anderes als Todesfurcht. (Heideggers Vorstellung, in einem Affekt wie der Angst werde Menschen etwas Wichtiges erschlossen, liegt Spinoza also fern.) Erkenntnis des eigenen Wesens ist die Erkenntnis einer in Gott ewigen individuellen Gesetzmäßigkeit. Der Tod bedeutet das Verschwinden einer historisch gewordenen Gestalt meiner Individualität, die diese ewige Gesetzmäßigkeit überlagert. Der Tod eines Einzelwesens ist das Abreißen historisch wandelbarer Erscheinungen, nicht jedoch das Verschwinden der ewigen individuellen Gesetzmäßigkeiten. Sofern vernunftgeleitetes Leben freier Menschen an dieser ewigen individuellen Gesetzmäßigkeit in der Zeitlichkeit orientiert ist, kann es nicht von Todesfurcht bestimmt sein. Denn Todesfurcht entsteht aus dem Bedürfnis, eine historisch gewordene Gestalt meiner selbst zu erhalten, die jedoch nichts Entscheidendes mit meinem Wesen zu tun haben muß. Todesfurcht zeigt ein irregeleitetes, von konventionellen

Allgemeinbegriffen bestimmtes Selbsterhaltungsstreben an. Sie zu verlieren bedeutet nicht, die Begrenztheit der eigenen Macht zu verkennen, nicht zu wissen, daß man ein endliches Einzelwesen ist. Doch weil das, was an diesem Einzelwesen frei und vernünftig ist, auch ewig, also unsterblich ist, kann vernunftgeleitetes Leben nicht durch die Furcht vor der Gefahr bestimmt sein, daß ein mächtigeres oder stärkeres Einzelding mich als zeitliches Wesen zerstört. Wie ich als zeitliches Einzelwesen mich zu meiner ewigen Essenz *überhaupt* verhalte, ist ein schwieriges Thema, das Spinozas Begriff der Ewigkeit betrifft, der Gegenstand des fünften Buches der *Ethik* ist. Ein Bezug auf eine überhistorische individuelle Wesenheit und ein entsprechender Begriff der Unsterblichkeit ist prinzipiell wieder in zwei Modellen vorstellbar: Erstens in dem einer *überzeitlichen* individuellen Essenz und zweitens dem einer *verewigten*, aber historisch gewordenen Wesenheit. Im ersten Modell sind Individuen *immer schon in Gott* in einer bestimmten Weise gedacht. Es ist ihnen möglich, im Laufe ihrer Lebensgeschichte die Idee, die sie von sich selbst haben, mit der Idee, die ewig in Gott ist, in Übereinstimmung zu bringen. Im zweiten Fall entwickeln sich Individuen historisch und das, was in dieser Struktur vernünftig ist, ihre Fähigkeit zu handeln ausmacht, wird in Gott *verewigt*, war jedoch nicht in Gott, bevor die Individuen nicht ihre Lebensgeschichte durchliefen. Aufgrund von Spinozas Definition der Ewigkeit, in der der Begriff der *Notwendigkeit*, nicht jedoch der der *Unzeitlichkeit* eine entscheidende Rolle spielt (1def8), ist nicht zu entscheiden, welches Modell er selbst favorisiert hat.[5] Das erste ist das philosophiehistorisch gesehen „konventionellere", das zweite entspricht eher der jüdischen Vorstellung eines Gottes, der kein Individuum vergißt, die jedoch für Spinozas unpersönliche Konzeption von Gott kaum noch von Bedeutung gewesen sein dürfte. Im zweiten Modell der *Verewigung der individuellen Wesenheiten als des Vernünftigen in ihrer Geschichte* würde der göttliche Verstand als veränderbar gedacht, sofern sich in ihm das Gebilde der notwendigen Strukturen durch das Werden der Individuen mit dem Prozeß der Geschichte wandelt; eine Deutung, die im Verhältnis zu traditionellen Spinozainterpretationen „extravagant" erscheinen muß, weil sie die Substanz stark prozessualisiert und Spinoza an Schellings Konzept des werdenden Gottes und Peirces Modell der Unsterblichkeit annäherte.[6]

---

5 Zu Notwendigkeit und Ewigkeit vgl. die Beiträge von Perler und Matheron in diesem Band.
6 Ich danke Ursula Renz für ein Gespräch über das Problem der Ewigkeit bei Spinoza, in dem mir die Möglichkeit dieser beiden Deutungen klar wurde. Zu Schelling und Peirce vgl. Hampe 1999 sowie 2006.

c) *Dankbarkeit*. Menschen, die nicht miteinander übereinstimmen, sondern durch konventionelle Allgemeinbegriffe voneinander abweichen und deshalb verschiedene Handlungsziele verfolgen, können einander nicht immer nützlich sein. Häufig werden sie nach ihren eigenen Vorstellungen von gut und schlecht andere unterstützen wollen, die ihre Zuwendung jedoch, weil sie nicht dieselben Ziele verfolgen, gar nicht als Unterstützung auffassen können. Weil jemand, der anderen nützlich sein will, nicht zurückgewiesen werden, sondern sogar eher eine Gegenleistung möchte, ist das Verhalten zwischen Menschen, die verschiedene Wertvorstellungen haben, und auch das zwischen denen, die sich von den Konventionen befreit haben, und nach der Leitung der Vernunft leben, und den Menschen, die noch den Konventionen verhaftet sind, ein heikles. Um das Problem differierender Wertvorstellungen, die Schwierigkeiten der Zurückweisung oder der künstlichen Dankbarkeit für Zuwendungen, die man eigentlich für schädlich erachtet, zu vermeiden, versucht der „freie Mensch, der unter Unwissenden lebt [...], so viel wie möglich, ihren Wohltaten auszuweichen" (4p70).

Die freien Menschen hingegen, die nur auf der Basis der *notiones communes* miteinander verkehren, beziehen sich nur auf das aneinander, was sie wirklich teilen. Neben diesen Allgemeinheiten spielt für sie das, was aus ihrer jeweiligen individuellen Natur notwendig folgt, eine Rolle. Deshalb ist zwischen ihnen eine Gemeinschaftlichkeit möglich, die von den Schwierigkeiten konventioneller Differenzen entlastet ist. Freie Menschen können einander nützlich sein, weil sie wirklich in bestimmten Hinsichten miteinander übereinstimmen (4p35), und deshalb gilt: „Nur die freien Menschen sind gegeneinander höchst dankbar" (4p71). Ihre Dankbarkeit hat nichts mit der Begierde zu tun, sich anderen zu verpflichten, Einfluß zu gewinnen oder sich der Unterstützung bei der Eroberung von Macht zu vergewissern. Sie ist vielmehr Resultat der „Reinigung" menschlicher Beziehungen auf das Minimum der allgemein rationalen Gemeinsamkeiten und die Achtung der Individualität des anderen. Auf dieser Basis ergibt sich eine gegenseitige Unterstützung, die jenseits von Handelsbeziehungen und Strategiebündnissen ist. Die Gemeinschaft der Freien ist von Dankbarkeit für die Nützlichkeit getragen, die sich Menschen untereinander, weil sie nun einmal in einigem übereinstimmen, eher entgegenbringen können als Menschen und Tiere. So *gefährlich* die soziale Gemeinschaft ist, die durch die Herausbildung von gemeinsamen Konventionen entsteht, weil diese Menschen auch voneinander trennen (die Gemeinschaft A mit den Konventionen *alpha* von der Gemeinschaft B mit den Konventionen *beta*), so nützlich ist die Vergesellschaftung der Menschen *jenseits der Konventionalität*.

Spinoza wird hier vor allem die zu seiner Zeit (und auch heute) heftigen antagonistischen Affekte vor Augen gehabt haben, die in Religionsgemeinschaften mit unterschiedlichen Konzepten von „gut" und „böse" entstehen. Der sozialen Kohäsion, die diese Gemeinschaften ihren Mitgliedern durch konventionelle Harmonisierung der Gefühle ermöglicht, entspricht eine agonale Außenbeziehung zu den Menschen, die diese Konventionen nicht teilen.

Darin besteht das soziale Aufklärungsideal Spinozas: Er betrachtete die menschliche Gemeinschaft als *gefährlich*, sofern der Freie, nach der Leitung der Vernunft Lebende und der Fremde sich in ihr der Mißgunst und dem Haß aussetzen und, wenn sie zurechtkommen wollen, zur Verstellung gezwungen sehen. Doch sah er daneben die Möglichkeit einer transkonventionellen Gemeinschaft der Freien, in der ehrliche Dankbarkeit für natürliche Nützlichkeit Menschen miteinander affektiv verbindet. Würde jemand in eine Gemeinschaft von Freien hineingeboren, so müßte er nicht den Selbstentfremdungsprozeß durchlaufen, der normalerweise durch den Erwerb konventioneller Vorstellungen von „gut" und „böse" in Gang gebracht wird, und könnte sich damit auch die „Reinigung" von falschen Allgemeinbegriffen und nicht vernünftigen Assoziationen sparen.

15.4 Vernünftiges und leidverursachtes Handeln

Sowohl in einer Gemeinschaft freier Menschen, die ein vernunftgeleitetes Leben führen, wie auch in einer, in der Menschen vor allem leiden, können sie einander nützen. Im ersten Fall, weil sie etwas gemeinsam haben, im zweiten, um ein Bündnis gegen andere Menschen zu schmieden, die sie hassen. In diesem zweiten Fall teilen die miteinander Verbündeten eine inadäquate Idee ihrer Feinde. Deshalb leiden sie, sofern sie ihre Feinde perzipieren. Trotzdem können sie zu Handlungen gegenseitiger Unterstützung veranlaßt werden, weil sie durch diese inadäquate Idee miteinander verbunden sind. Es wäre jedoch auch möglich, daß sie sich auf Grund der gegenseitigen Beschreibung mit *notiones communes* dieselbe Unterstützung zukommen lassen, ohne sich mit einer inadäquaten Idee aufeinander zu beziehen (also einer anderen als der, daß sie sich gegen die Feinde miteinander verbündet haben). Hier ist die Konstellation analog zur Hilfeleistung aus Mitleid und aus Vernunft. In beiden Fällen mag eine Person einer anderen eine Wunde verbinden, einmal aufgrund einer inadäquaten Idee, einmal aufgrund einer adäquaten. Auch dies ist ein Anwendungsfall von 4p59, wonach eine Handlung, die durch einen Affekt, der Leiden ist, verursacht wird, auch ohne diesen, durch Vernunft, zustande kommen kann.

Eine Person, die vom Haß auf eine andere Person beherrscht wird, leidet, weil sie notwendigerweise eine inadäquate Idee von dieser Person hat. Nehmen wir an, sie tötet diese Person und ihr Haß verschwindet. Das Töten ist eine Handlung. Es wäre jedoch auch möglich, daß sie ihren Haß mit Reflexion über die Ursachen, warum sie meint, auf Grund der anderen Person zu leiden, überwindet, d.h. durch Erzeugung adäquater Ideen, die die inadäquate Idee tilgen, die der Grund ihres Hasses war. Beschreibt man das Ziel der betreffenden Handlung als „Tilgung des Hasses", so kann es durch eine Mordtat oder eine Erkenntnisleistung erreicht werden. Ein Problem mit 4p59 tritt auf, wenn eine Handlung von vornherein als Leidverursachung beschrieben wird; wenn also das Leid, das bei der Person, die ermordet wird, vermeintlicherweise *auch* durch Vernunft (und nicht durch Haß) zustande kommen könnte. Davon spricht Spinoza jedoch nicht. Zwar ist der Ablauf, ein Messer dringt ins Herz einer Person ein und tötet sie, rational rekonstruierbar, doch bedeutet das nicht, daß die Tötungshandlung *immer* als eine vernünftige *gerechtfertigt* werden kann. Spinoza geht es in 4p59 um die *Entstehungsbedingungen von Handlungen*, *nicht* um die *Rechtfertigung von Leiden*, er behandelt *nicht* das klassische Theodizee-Problem.

Leiden ist eine allgemeine Folge der Existenz endlicher Wesen. Es wäre nur vermeidbar, wenn es keine endlichen Individuen gäbe. Handlungen, die die *potentia agendi* von mir oder anderen verringern, treten daher in einer Welt endlicher Wesen *notwendigerweise* auf. Doch sie sind nicht das, was ein freier Mensch, der nach der Leitung der Vernunft lebt, *anstrebt*. So wie der Tod unvermeidlich ist und doch nicht das ist, was sich Vernünftige ständig vor Augen führen, ebenso mögen leidvolle Konsequenzen von Handlungen unvermeidlich sein, doch sind sie nicht das, was einen vernünftigen Menschen vor allem zu interessieren hat.

Der von der Vernunft Geleitete wird auch versuchen, den Bezugpunkt, unter dem etwas ein Handeln und unter dem es ein Leiden darstellt, in seinem Handeln zu berücksichtigen. In einer religiösen Legende bringt ein Heiliger den Kapitän eines Schiffes um, der ohne diese Tat die Besatzung und die Passagiere ins Unglück gestürzt hätte. Er weiß, daß er damit Leid verursacht, doch tut er es, um größeres Leid zu verhindern. Das ist auch die klassische Situation des Tyrannenmordes. Sofern *nur der Ermordete* betrachtete wird, entsteht hier Leid. Sofern die betrachtet werden, von denen das Leiden unter der ermordeten Person genommen, deren *potentia agendi* erhöht wird, wird Handlungsfähigkeit gesteigert. Inwieweit Spinoza sich hier den Problemen des Utilitarismus, der Frage nach der „Addierbarkeit" von Leid und Glück über die einzelnen Individuen hinweg zu stellen hätte, ist eine Frage, die den Rahmen dieser Untersuchung sprengt. So viel kann jedoch gesagt werden: Der von Vernunft geleitete Mensch erkennt seine endliche Macht, weiß um seinen Tod und seine eingeschränkte Fähigkeit, den Lauf der Dinge überhaupt vorherzusehen und zu beeinflussen. Er wird sich bemühen, nach den Gesetzen der eigenen Natur zu handeln und andere auf der Grundlage der allgemeinen Vernunft zu unterstützen. *Alles* Leid verhindern zu wollen, bei sich und anderen, wäre eine Allmachtsphantasie, in der sich ein modus mit der Substanz verwechselte.

Literatur

Hacking, Ian 2002: Historical Ontology. Cambridge.

Hampe, Michael 1996: Gesetz und Distanz. Studien über die Prinzipien der Gesetzmäßigkeit in der theoretischen und praktischen Philosophie. Heidelberg.

Hampe, Michael 1999: Komplementarität und Konkordanz in Natur und Erkenntnis. Anmerkungen zu Schelling und Peirce. In: Heinz Eidam/Frank Hermenau/Dirk Stederoth (Hrsg.): Kritik und Praxis. Zur Problematik menschlicher Emanzipation. Lüneburg.

Hampe, Michael 2004: Baruch de Spinoza – Rationalität als Selbstbefreiung: In: Ansgar Beckermann und Domnik Perler (Hrsg.): Klassiker der Philosophie heute. Stuttgart.

Hampe, Michael 2006: Historische Einheit und semiotische Autonomie. Anthropologische Implikationen der Metaphysik von Charles Sanders Peirce. In: ders. Erkenntnis und Praxis, Frankfurt/M., 53–75.

Kronauer, Ulrich 1990: Einleitung zu: ders.: Vom Nutzen und Nachteil des Mitleids. Frankfurt/M., 9–36.

Montaigne, Michel de 1995: Essais. Paris.

Herman De Dijn

16. Ethik als Heilkunde des Geistes (5p1–5p20)

16.1 Die Ethik in der *Ethica*

Im fünften Buch der *Ethica*, „De potentia intellectus sive de libertate humana", fängt – wie Spinoza selbst in der Praefatio sagt – der zweite Teil seiner Ethik an „de modo, sive via quae ad libertatem ducit". Während das vierte Buch den ersten Teil seiner Ethik „de servitute humana, seu de affectuum viribus" behandelte, befaßt sich dieser zweite Teil (Buch V) mit der *potentia rationis*, also mit dem, was die *ratio* gegen die Affekte vermag, so daß wir von echter Freiheit (*libertas*) oder Glückseligkeit (*beatitudo*) sprechen können. *Servitudo* steht der *libertas* gegenüber; die *vires affectuum* sind der *potentia rationis* entgegengesetzt. Die Praefatio des fünften Buchs enthält ferner eine kurze Kritik des Freiheitsgedankens, des Gedankens des freien Willens bei Descartes und bei den Stoikern. Am Ende der Praefatio scheint die Macht der *ratio* ausschließlich im Erkennen (*intelligere*) zu liegen: Nur durch das Erkennen finden wir demnach die *remedia* gegen die Affekte oder Begehrungen.

Was diese *remedia* genau sind, wird in 5p1–5p20 deutlich. Das Scholium von 5p20 gibt ein sorgfältiges Resümee dieser *remedia*. In gewisser Weise umfassen die ersten zwanzig Lehrsätze also die ganze Problematik „des zweiten Teils der Ethik". Es folgen jedoch noch über zwanzig zusätzliche Lehrsätze. Diese betreffen den weiteren Problemkreis „der Ewigkeit des menschlichen Geistes ohne Relation zum (existierenden) Körper" (5p20s), welcher bekanntlich eines der schwierigsten Interpretationsprobleme der *Ethica* aufwirft. So sind bestimmte Kommentatoren der Meinung, daß Spinoza diesen Teil der *Ethica* (5p21–5p42) besser nicht hätte schreiben sollen.[1]

---

1 Bennett (1984, 357) bezeichnet die Passage von 5p21 bis 5p42 als „an unmitigated and

Der strenggenommen *ethische* Teil der *Ethica* (Buch IV und V) konfrontiert den Leser – abgesehen von der genuin philosophischen Frage, wie ein deterministisches Welt- und Menschenbild mit der Aufstellung einer Ethik in Einklang zu bringen sei (vgl. De Dijn 1977 und 1985) – mit unzähligen anderen weiteren Interpretationsproblemen. Zuallererst taucht das Problem des Verhältnisses zwischen den beiden Teilen der Ethik (also Buch IV und Buch V) und das damit verbundene Problem der genauen Bedeutung des ersten Teils auf. Selbst die beiden Teile des fünften Buchs (5p1–20 und 5p21–40) werden gelegentlich als grundsätzlich verschieden interpretiert (siehe Bartuschat 1992, 324f., sowie Macherey 1994, 27 und 40–43).

So könnte man hier fast von drei Teilen sprechen, die eine aufsteigende Linie zu einem vollkommen ethischen Zustand, zum Heil oder zur wahren Freiheit bilden.

Buch IV erweckt schon an sich den Anschein, eine Anomalie zu sein. Der Titel „De servitute humana, seu de affectuum viribus" scheint sich allein auf 4p1–4p18 zu beziehen. Die folgenden drei Lehrsatzgruppen aus Buch IV handeln insgesamt „de recta vivendi ratione" (4app., praef.). Im einzelnen untersuchen sie: 1) „quid id sit, quod ratio nobis praescribit" (die „dictamina (sive regulae) rationis"); 2) „quinam affectus cum rationis humanae regulis conveniant, quinam contra iisdem contrarii sunt"; und 3) die Beschreibung des „homo liber" als Paradigma („exemplar") des neuen Adams (4p18s; 4p68s). Der erste Teil der Ethik (Buch IV) handelt aber, wie Spinoza ausdrücklich vermerkt, „de sola humana impotentia", und erst der darauf folgende Teil (Buch V) „de Rationis in affectus potentia" (4p17s).

Wie kommt es, daß sich ein Teil der Ethik, der von der menschlichen *Ohnmacht* oder *Sklaverei* („De servitute humana") handelt, dennoch zu Dreivierteln der „recta vivendi ratio" widmet? (Vgl. dazu auch De Dijn 1992) Die Antwort liegt darin, daß die *recta ratio* nicht ohne weiteres imstande ist, die Affekte zu beherrschen. Zu Beginn von Buch IV erinnert Spinoza diesbezüglich an zwei alte Wahrheiten: „Video meliora, proboque, deteriora sequor" und „Qui auget scientiam, auget dolorem" (4p17s). Die Grundwahrheit, die das ganze Buch IV bestimmt, ist die Anfälligkeit des Menschen (4ax), selbst des rationalen Menschen: „hominem necessario passionibus esse *semper obnoxium*" (4p4c). Oder wie es die Praefatio des vierten Buchs ausdrückt: Der Mensch unterliegt unvermeidlich der

---

seemingly unmotivated disaster". Curley (1988) gibt gerade diese Lehrsätze nicht an. Verweise in Klammern beziehen sich auf die Ausgabe der Opera von Carl Gebhardt.

potentia fortunae, „in cujus potestate (homo) ita est, ut saepe coactus sit, quamquam meliora sibi videat, deteriora tamen sequi". Die *impotentia* und *inconstantia* selbst des rationalen Menschen sind darin begründet, daß seine Rationalität eine abstrakte Rationalität von *praecepta, dictamina, regulae* (4p18s) ist. Ebenso ist das Ideal des guten Lebens (*exemplar humanae naturae*: 4praef.) und des freien Menschen oder neuen Adams (4p67–73) nur ein abstraktes Ideal; ein mehr imaginäres als wirkliches Ideal (4p62s). Das Begehren des rationalen Menschen, das sich auf diese *dictamina* stützt und auf das Erreichen dieses Ideals gerichtet ist, kann dann auch ohne weiteres unterbunden werden (4p14–17). Daß es so um den Menschen steht, bedeutet natürlich nicht, daß er ohne die *ratio* und ihre Richtlinien besser auskäme. Worauf es hier ankommt, ist, daß man sich der Macht *und* Ohnmacht des Menschen ohne Wenn und Aber bewußt wird (4p17s).

Aus eigener Kraft und inmitten eines natürlichen Kontextes, welcher unvermeidlich durch starke Affekte charakterisiert ist, kann die *ratio* ihre eigenen Anforderungen nicht erfüllen. Fast beiläufig kann man dem vierten Buch entnehmen, daß die Realisierung eines ethischen Lebens (mit oder ohne *ratio*) das Zustandekommen einer Art „objektiver" Rationalität, des Staates, vorwegnimmt (4p37s2). Alexandre Matheron hat gezeigt, wie Buch IV gleichermaßen untersucht, welche Affekte eine günstige Voraussetzung für die Entwicklung der *ratio* (4p41–4p58) bilden und wie die Anforderungen der *ratio* sich im alltäglichen Leben in einem günstigen affektiven Kontext entfalten können (4p59–4p73; vgl. Matheron 1969, 283 und 520). Die große Frage bleibt jedoch, wie die stets verletzbare und provisorische menschliche Freiheit eine stabile Kraft werden kann: eine wirkliche *potentia intellectus* (so der Titel von Buch V). Das ist das Thema des folgenden Teils („in sequenti parte": 4p73s); in diesem zweiten Teil („alter pars") handelt es sich „de modo, sive via, quae ad libertatem ducit" (5praef.). Auch dieser Teil wird von fundamentalen Wahrheiten bestimmt (5ax1 und 5ax2), welche die Kräfteverhältnisse behandeln, die die *ratio* begünstigen können. Spinoza benutzt nicht zufällig zuweilen den Begriff *potestas* anstelle von *potentia*, um diese reelle Kraft zu benennen, z.B. in 5p10s.

In der Praefatio des fünften Buchs wird ein neuer Begriff eingeführt, der diese Verschiebung der Perspektive ausdrückt: Spinoza spricht hier nicht mehr von *dictamina* oder *praecepta*, sondern von *remedia*. Es geht also um eine Art *medicina* oder Therapie, die bis zur völligen Entfaltung, ja zur völligen Freiheit, führen muß. Dabei darf, wie Spinoza erklärt, diese *ethica-medicina (mentis)* nicht mit der *medicina* im gewöhnlichen Sinne verwechselt werden, d.h. nicht mit einer Heilkunde, welche „qua arte corpus sit curandum ut possit suo officio recte fungi" lehrt. Alle *remedia* der Ethik oder Heilkunde des Geistes können nur in der einen oder anderen Form der *intelligentia* bestehen; nicht der des Körpers, sondern vielmehr des Geistes selbst; also eine Einsicht nicht in die körperlichen, sondern in die geistigen Prozesse (5praef., sub fine). Es geht hier auch nicht um eine *logica* (wie im *Tractatus de intellectus emendatione*[2]), die anzeigt, „quomodo et qua via debeat intellectus perfici". Die Ethik-Heilkunde des Geistes spricht von der „sola Mentis seu rationis potentia" und erkundet „ante omnia, quantum et quale imperium in affectus habeat ad eos coërcendum et moderandum". Freilich liegt hierin ein wahres Problem, weil wir, wie im vierten Buch deutlich wird, keine absolute Macht über unsere Affekte haben – im Gegensatz zu dem, was die Stoiker und Descartes dachten (5praef.). Im Unterschied zu den *dictamina* oder *praecepta* verweisen die *remedia* nicht auf den *Willen* des Patienten zur Besserung,[3] sondern auf kausale Verbindungen zwischen (mentalen) Prozessen oder Handlungen und bestimmten Resultaten oder Zuständen und somit auf eine Art kumulativer Entwicklung, welche den Einfluß der *fortuna* übersteigt.

Vom „geistig-medizinischen" Standpunkt des fünften Buchs aus betrachtet, ist die Ethik des vierten Buches bloß eine provisorische Moral (welche selbst wieder zu unterscheiden ist von der provisorischen, von der die Rede in TIE war[4]). In 5p10s wird diese provisorische Moral als „recta vivendi ratio, seu certa vitae dogmata" beschrieben, welche auch in der neuen Perspektive des fünften Buchs eine bestimmte Rolle spielen kann und im Unterschied zur wahren Ethik oder Heilkunde des Geistes unschwer zu fassen und zu befolgen ist („neque enim difficilia sunt": 5p10s, sub fine).

Die provisorische Moral besteht im Reflektieren der *dictamina rationis*, aber in solcher Weise, daß die *dictamina* im wirklichen Leben Einfluß haben können. Dazu bedarf es einer Art Meditation, die sich auf das Gedächtnis und auf die Imagination der bestimmten Umstände stützt. So ist das Gebot, „Haß nicht mit Haß zu vergelten", nur wirksam, wenn wir uns konkret verschiedene Widerstände und unsere guten Reaktionen auf sie vorstellen können und wenn wir uns der Wichtigkeit von Kooperation

---

2 Zum TIE und seiner Bedeutung in Spinozas Gesamtwerk vgl. De Dijn 1996.
3 So Amelie Rorty in einem noch unveröffentlichten Vortrag („Can a Passive Affect (Anger) Be Turned into an Activity of the Mind"), den sie 1999 anläßlich einer Jerusalemer Spinoza-Konferenz über *Ethica* V gehalten hat.
4 TIE § 17.

und Freundschaft lebhaft bewußt sind (5p10s). Wie die *dictamina rationis* selbst mittels des Gedächtnisses und der Einbildung ihren Einfluß ausüben können, wird durch die Untersuchung der Mechanismen verständlich gemacht, die auch mit den *remedia* in Zusammenhang stehen (vgl. den Hinweis in 5p10s auf 5p6–8). Die provisorische Moral ist charakterisiert durch das, was Alexandre Matheron das Niveau oder Regime der *liberté provisoire* (1969, 540f.) nennt: diejenige Lebensweise, worin die Macht der Vernunft wohl anwesend, aber noch nicht konsolidiert und zu einem System der totalen Freiheit entwickelt worden ist, wie in 5p1–20 beschrieben wird.

Unbestreitbar findet also zwischen dem vierten und dem fünften Buch ein tiefgreifender Perspektivenwechsel statt (siehe dazu De Dijn 1996, 246–255). Dieser scheint, wie erwähnt, auch klar aus den jeweiligen Axiomen, welche den Gedankengang beherrschen, hervorzugehen. Die Perspektive des vierten Buchs ist durch die Problematik der Beschränktheit und Verletzbarkeit eines Lebens in Übereinstimmung mit der *recta ratio* und ihren *dictamina* gekennzeichnet; welch letztere, wegen einer Übermacht der äußeren Umstände, nicht immer befolgt werden können, was eben zu einer bestimmten Art von Leiden führt (4p17s). Die Perspektive des fünften Buchs sieht den Geist als eine Kraft (einen *conatus* mit *potentia*: 5ax2, verweisend auf 3p7), die stark genug erscheinen kann, um zu einer Art Freiheit oder Autonomie und zur Glückseligkeit (*beatitudo*) zu gelangen. Die Voraussetzung dazu ist die Wirkung der *remedia* (wie in 5p1–20 analysiert wird). Dieselbe *ratio*, welche es aus der einen Sicht (Buch IV) nicht schafft, wirklich mächtig zu sein, kann unter bestimmten Voraussetzungen sehr wohl zu einer bemerkenswerten Konsolidierung ihrer Macht gelangen (Buch V). Die Kraft des Geistes kann sich so stark entwickeln, daß wir „non facile malis affectibus afficiamur" (5p10s). Dazu muß der Geist sich aber, wie wir später sehen werden, zu einer *scientia intuitiva* transformieren.

16.2 Die zwei Teile des fünften Buchs

Einigen Kommentatoren zufolge bilden die beiden Teile des fünften Buchs nochmals zwei unterschiedliche Perspektiven, welche auf eine Abstufung innerhalb der Entwicklung des Geistes bis hin zur vollkommenen Freiheit hinweisen. Macherey sieht in 5p1–20 eine Reihe von Heilmitteln beschrieben, welche eine *solution minimale* bildeten; erst in 5p21–42 gehe es um die vollständige Verwirklichung der Freiheit, eine *solution maximale* der ethischen Problematik (1994, 40–43). Verschiedene Elemente weisen seiner Meinung nach darauf hin.

So münden in 5p1–20 die Rezepte der *ratio* in die Erkenntnis der dritten Stufe (*scientia intuitiva*), aber diese Erkenntnis kommt nach Macherey ausschließlich in 5p21ff. zur vollen Entfaltung. Parallel dazu nehme der *Amor Dei*, worin das Heil letztendlich besteht, nacheinander zwei verschiedene Formen an: *Amor erga Deum* im ersten Teil des fünften Buchs und *Amor Intellectualis Dei* im zweiten Teil des fünften Buchs (Bartuschat 1992, 326). Im ersten Teil des fünften Buchs spiele die *imaginatio* (Erkenntnis der ersten Art) noch immer eine Rolle, während sie im zweiten Teil verschwinde.

Spinoza selbst erklärt den Unterschied zwischen den beiden Teilen des fünften Buchs vor allem als einen Unterschied zwischen zwei Weisen, den Geist als mögliche autonome Kraft (*intellectus*) zu betrachten. Die erste Betrachtungsweise sieht den Geist als einen Ausdruck eines in der Zeit (*duratio*) lebenden Körpers; die zweite konzentriert sich eher auf die „Mentis durationem sine relatione ad Corpus" (5p20s, sub fine) oder handelt (wie am Ende von 5p40s vermerkt ist) „(de) Mente, quatenus sine relatione ad Corporis existentiam consideratur". Im ersten Teil des fünften Buchs werden die Lösungen besprochen, durch welche der Geist *in der Zeit*, inmitten der Sorgen des Lebens, Autonomie erlangt oder wirklich *intellectus* wird. Im zweiten Teil wird dieses Resultat „sub specie aeternitatis" (5p23s) beschrieben: als etwas, was den Geist *an sich*, „für alle Ewigkeit", kennzeichnet.

Hier erheben sich verschiedene Schwierigkeiten, vor allem den zweiten Teil des fünften Buchs betreffend, die in der Literatur nicht abschließend geklärt sind und denen wir an dieser Stelle auch nicht nachzugehen brauchen. Zum Beispiel stellt sich die Frage, ob die Ewigkeit als eine Art von Unsterblichkeit verstanden werden kann, und wenn ja, als welche?[5] Fehlt in dieser Ewigkeitsperspektive jeder Hinweis auf den konkreten Körper, oder bleibt nur die *Dauer* des Körpers unberücksichtigt? Gehört das Ideesein *dieses oder jenes* Körpers dennoch zur Essenz des menschlichen Geistes (5p23)? Gibt es eine Dauer des menschlichen Geistes ohne Relation zur Dauer des Körpers, wie 5p20s, sub fine, suggeriert?

In jedem Fall scheint es aber unrichtig zu sein, von zwei Etappen, oder von einer echten Abstufung, in den zwei Abschnitten des fünften Buches zu sprechen. Es scheint sich vielmehr um zwei Perspektiven auf denselben

---

5 Vgl. die Auseinandersetzung zwischen Kneale 1974 und Donagan 1974. Vgl. auch Nadler 2001. Der Ausdruck „immortalis" ist im Zusammenhang mit „aeternus" zu finden in 5p41s.

Prozeß zu handeln: Die Verwirklichung einer bestimmten Art von Erkenntnis und die damit verbundene Liebe zu Gott, die entweder in ihrer Entwicklung (5p1–20) oder in ihrer Zugehörigkeit zur (ewigen) Essenz des freien Menschen (5p31–40) betrachtet werden kann. „Hinter" der *Aktivität* des Geistes als einer „potestas concipiendi res sub specie aeternitatis" (5p29dem) steckt die *Natur* des Geistes als „idea quae (hujus ut illius) Corporis *essentiam* sub specie aeternitatis exprimit" – mit anderen Worten: der Geist als *ewiger* Intellekt (5p23s und 5p40s), welcher gekennzeichnet ist durch Selbstbewußtsein (5p30) und die Erkenntnis der dritten Art (5p37).

Die Abstufung zwischen den zwei Teilen im fünften Buch wird zum Beispiel aus der ungleichen Rolle der drei Arten der Erkenntnis hergeleitet: der Dominanz der *ratio* und *imaginatio* in 5p1–20 und der Dominanz der intuitiven Erkenntnis in 5p21–40. Die Rolle, welche die *imaginatio* in der ersten Perspektive spielt, ist in der Tat bemerkenswert – darauf wird noch zurückzukommen sein –, doch ihre Abwesenheit in der zweiten Perspektive ist selbstverständlich, handelt es sich hier doch um die Perspektive der Ewigkeit, des reinen Intellekts. In der ersten Perspektive geht es, genau wie in der zweiten, um eine intuitive Erkenntnis, in der Eigenschaften wie Selbstbewußtsein und Liebe zu Gott enthalten sind. In der zweiten Perspektive erfahren wir noch zahlreiche weitere Einzelheiten über die Erkenntnis der dritten Stufe. Doch damit wird nicht unterschlagen, daß diese Erkenntnis, welche „ewig" ist, *in* der Zeit steht (siehe vor allem 5p38–5p39 und 5p39s) und mit der Erkenntnis zweiter Art eng verbunden ist, die selbst wiederum von der *imaginatio* abhängt (5p28 und 5p38).

Wollte man an der Unterscheidung zweier Etappen in Buch V festhalten, dann wäre der *Amor erga Deum*, um den es in der ersten Perspektive geht, von geringerer Bedeutung als der *Amor intellectualis Dei* aus der zweiten Perspektive. Doch ist es schwierig, eine solche Interpretation aufrechtzuerhalten. Die Lehrsätze (5p18–20), in denen der *Amor erga Deum* eingeführt wird, verweisen nämlich gleichermaßen auf die Lehrsätze (2p46 und 2p47), in denen die intuitive Erkenntnis abgeleitet wird. Der Ausdruck *Amor erga Deum* wird auch im zweiten Teil des fünften Buchs (5p23 und 5p23s; 5p36s; 5p39dem; 5p42dem) als Synonym von *Amor intellectualis Dei* gebraucht, ja man findet sogar den Ausdruck: „Mentis erga Deum Amor intellectualis" (5p36cor). Aus der scheinbaren Veränderung der Terminologie sollte also nicht zuviel gefolgert werden.

Die zwei Schlußthesen des fünften Buchs – und zugleich der *Ethik* im ganzen – legen nochmals besonderen Nachdruck auf zwei Punkte: 1) darauf, daß Ewigkeit und Unsterblichkeit nicht das Ziel eines tugendhaften Lebens seien, sondern daß die Ewigkeit oder Glückseligkeit (*beatitudo*) mit der Tugend zusammenfällt; und 2) darauf, daß der Weg, der zur Freiheit oder Tugend oder Glückseligkeit oder Weisheit führt (*sapiens* wird *ignarus* gegenübergestellt, analog der Gegenüberstellung von *homo liber* und *servus*), beschwerlich und nur für wenige bestimmt ist (5p42s: „omnia praeclara tam difficilia, quam rara sunt"). Dieser zweite Punkt ist ein Hinweis darauf, daß die „provisorische" Moral aus 5p10s, welche auf den *dictamina rationis* (des vierten Buchs) basiert und über die Spinoza sagt, daß sie nicht so außerordentlich schwer zu befolgen sei, *nicht* mit der *via perardua* gleichgesetzt werden kann, welche dank der *remedia* zum letzten Heil führt.

16.3 Die *remedia*-Lehre (5p1–20)

Wie oben gesagt, ist Spinozas Ethik eine Art Heilkunde der Seele, eine Psychotherapie, die sich auf eine ganze Reihe von *remedia* stützt, welche zum Ende des ersten Teils der *Ethica* V zusammengefaßt werden (5p20s). Der Einsatz der *remedia* ist etwas anderes als der Versuch, den *dictamina* oder *praescripta* zu folgen. Die *remedia* sind nicht auf den Willen gerichtet, nicht von unserem Streben abhängig; sie wirken oder wirken nicht. Sofern sie wirken, geht dies nicht ohne die mentale Denkkraft vonstatten, die den Menschen wesentlich auszeichnet (die *potentia cogitandi et formandi adaequatas ideas*: 5p20s).

Bei den Heilmitteln handelt es sich im Grunde um eine Art von *Automatismen*: Ist ein bestimmter Grad der Entwicklung in einem bestimmten Kontext oder einer bestimmten Lage – und dank ihrer – erreicht, kann sich ein Handlungsniveau entfalten, das man ursprünglich gar nicht für möglich gehalten hätte. Es geht im Grunde um eine Erkenntnis der eigenen Affekte des Individuums (5p10s: „nostrorum affectuum perfecta cognitio"), welche zu neuen eigentümlichen aktiven Affekten führt. Zugleich besitzt das Individuum die Macht (*potestas*) „ordinandi, et concatenandi Corporis affectiones secundum ordinem ad intellectum" (5p10). Wo im ersten Teil der *Ethik* (Buch IV) die *fortuna*, oder der Lauf der Dinge, die Initiative ergreift und die *imaginatio* und die damit verbundenen passiven Affekte, die Begehrungen des rationalen Menschen querschießen, wird uns jetzt das genaue Gegenteil geboten. Im zweiten Teil der *Ethik* (Buch V) hat sich die *ratio* auf eine solche Weise stabilisiert, ist so stark bzw. reif geworden, daß sie die Kapricen der Affekte, welche parallel zu den körperlichen Affizierungen im Geist entstanden sind, nicht ausschaltet, sondern in sich aufnimmt und steuert. Thomas Cook spricht hier von einem „change from seeing things as invading us to seeing things as part of me".[6] Der Geist ergreift jetzt gleichsam die Initiative, und die körperlichen Affekte (oder die Gehirnprozesse) „folgen" nahtlos den Bewegungen des Geistes (5p1).

Bevor wir die verschiedenen Heilmittel näher betrachten, muß jedoch noch ein anderes Phänomen, das bei der Lektüre von 5p1–20 auffällt, zur Kenntnis genommen werden: die nicht unwichtige Rolle, welche die *imaginatio* auf seiten des Geistes und die *imagines* (oder Gehirnprozesse) auf seiten des Körpers bei der Konstitution der Freiheit spielen. Weil die Heilmittel mit einer bestimmten Art der Erkenntnis der eigenen Emotionalität *in concreto* zu tun haben, ist die *ratio* unvermeidlich auf die imaginative Erfahrung bezogen. Diese Erfahrung kann von solcher Art sein, daß sie positiv zur Macht der Vernunft gegenüber den Affekten beiträgt (5p9; 5p11–13). Das wohl spektakulärste Beispiel dafür ist die Tatsache, daß die aktive Einbildung der Teilhabe anderer an unserer Gottesliebe diese Liebe intensiviert (5p20). Umgekehrt können die aktiven Gefühle, welche mit der Vernunft verbunden sind, über die Modalitäten der Gesetzlichkeiten selbst (z.B. temporale), welche die *imaginatio* kennzeichnen, das Geistesleben leichter beherrschen (5p7, vgl. auch Matheron 1969, 553). Das Aktivwerden des Geistes in der rationalen Anschauung der eigenen Emotionalität findet übrigens seine Parallele in einer nichtpassiven Verkettung von *imagines* (Gehirnprozessen) im Körper. Es ist keine erfolgreiche Meditation des Geistes ohne eine „freie" Gehirnaktivität im Körper möglich, welche die passiven Empfindungen übersteigt (5p1; siehe auch Wetlesen 1979, 152–155).

Eine Erörterung der Gruppen von Heilmitteln, welche zusammen die Freiheit des Menschen ausmachen, geht am besten von der Zusammenfassung aus, die in 5p20s gegeben ist:

Das erste Heilmittel besteht „in ipsa affectuum (vera) cognitione" (5p20s). Unsere Affekte sind mentale Ausdrücke der körperlichen Empfindungen, die wir grundsätzlich adäquat begreifen können (5p4cor). Aus solchem Begreifen folgt zwar unvermeidlich der eine oder andere Affekt, doch vor allem die Gemütsruhe des Begreifens selbst (5p4s: „in quibus (Mens) plane acquiescit"). Man bemerke, daß es sich hier nicht um das

---

[6] So Thomas Cook in einem noch unveröffentlichten Vortrag („Adequate Understanding of Inadequate Ideas – Power and Paradox in Spinoza's Cognitive Therapy"), gehalten auf der Jerusalemer Spinoza-Konferenz 1999 über *Ethica* V.

Begreifen der Affekte *in abstracto* handelt, sondern um das Begreifen der *eigenen* existentiell erfahrenen Affektivität als mentalem Ausdruck der Empfindungen des *eigenen* Körpers. Wie Spinoza selbst es sagt, ist das Verstehen der menschlichen Passivität (auch der *eigenen* Emotionalität) etwas, das ebenso wie das Begreifen der externen Natur Genugtuung verschaffen kann (4p57s, sub fine).

Das zweite Heilmittel, das eng mit dem ersten verbunden ist, besteht aus dem, „quod affectus a cogitatione causae externae, quam confuse imaginamur, separat" (5p20s, mit Verweis auf 5p2 und 5p4s). In 5p4s wird tatsächlich die Verbindung zwischen der adäquaten Erkenntnis unserer Affekte und dem Trennen der Verknüpfung zwischen diesen Affekten und ihren (vermeinten) externen Ursachen hergestellt. Hierdurch werden Liebe, Haß usw. bezüglich ihrer äußeren Ursachen aufgehoben und die damit zusammenhängenden Begierden geschwächt. Dabei geht es nicht um eine Vernichtung der Affekte selbst - sie wäre schlicht unmöglich -, sondern darum, daß die Affekte als rein „interne" Empfindungen angesehen werden. Dadurch wird die Abfolge der Gefühle und Begierden, die mit ihnen einhergeht, unterbrochen und eine andere Abfolge initiiert – vergleichbar der Art und Weise, in der sinnliche Erfahrungen in eine adäquate Denkweise eingeschaltet werden können, auch wenn die unvermeidlichen Empfindungen des Geistes (die an sich sowieso nicht inadäquat sind) bleiben (4p1s). Eine Meditation über die Angst oder die Trauer, die durch jemanden in uns hervorgerufen wird, kann diese Affekte nicht ohne weiteres ausschalten. Sie kann aber die Folge der Gefühle und Begierden, die normalerweise mit ihnen zusammenhängt, abkoppeln und eine andere Reihe von Betrachtungen und Affekten folgen lassen.

Mit diesem Heilmittel können wir den Gedanken, den Spinoza in 5p20s nicht wieder aufnimmt, der aber in 5p6 und schol. ausdrücklich besprochen wird, verbinden.[7] Die Erkenntnis, daß die Dinge, die uns zustoßen, notwendig sind, verleiht uns Macht über bestimmte Gefühle. Dies gilt vor allem dann, wenn es sich um sehr konkrete Dinge handelt, die wir uns lebhaft vorstellen können: Die Verbindung zwischen diesen Dingen und den Affekten wird geschwächt. Hier verweist Spinoza ausdrücklich auf die Erfahrung.

Auch die Heilmittel drei und vier sind offenkundig nicht mit Regeln oder Willensentschlüssen in Verbindung zu bringen. Sie weisen eher auf „objektive" Faktoren hin, die allein schon durch ihre Anwesenheit und

---

7 Don Garrett spricht im Anschluß an Bennett von einem der in der Aufzählung von 5p20s vergessenen Heilmittel (Garrett 1996, 281).

ihren Einfluß die aktiven Gefühle fördern. Zuallererst gibt es den Einfluß des Zeitfaktors. Die *ratio* weist auf die gemeinsamen Kennzeichen der körperlichen Empfindungen hin, die fortdauernd auftreten und deshalb viel dominanter sind als jene Empfindungen, die (zum Beispiel) auf abwesende Dinge, auf die Vergangenheit verweisen. Aus der Eingebundenheit der rationalen Anschauungsweise in die Gegenwart folgt, daß diejenigen Affekte, die mit der rationalen Anschauung zusammenhängen, stärker sind als diejenigen, die etwa mit Erinnerungen oder mit anderen wirren oder ungeordneten Ideen verbunden sind (5p20s, verweisend auf 5p7). Ferner gibt es den Faktor der Anwesenheit der „Vielheit von Ursachen". Körperliche Empfindungen und Affekte können zugleich das Produkt sehr vieler und sehr verschiedener Ursachen sein (z.B.: Unser Leben wird durch zahlreiche Gefahren bedroht). Das mentale Gefühl (z.B.: Angst) wäre dann weniger zwangsläufig, als wenn es nur eine Ursache gäbe (5p9). Je vielseitiger eine identische körperliche Empfindung oder Anregung (*imago seu affectus*: 5p11dem) verursacht werden kann, um so leichter kann sie geweckt werden *und* um so einfacher auf vielerlei Dinge zugleich verweisen. Auf mentaler Ebene bedeutet dies, daß der Geist mit Leichtigkeit daran erinnert werden und viele Dinge zugleich damit verbinden kann (5p11). Nahezu alles kann das Ergebnis zur Folge haben, mit den gleichen Empfindungen verbunden zu werden, und so Anlaß zum rationellen Denken geben, d.h. zu einem Denken, das auf *notiones communes* bezogen ist, oder auf Gott (5p20s). Denn nahezu alles kann Anlaß zur Formung der Gehirnprozesse geben, welche sich mental in rationellem Denken ausdrücken bzw. in der Bildung der Idee Gottes. Erneut wird deutlich, daß die Gesetze der *imaginatio* (körperlich wie geistig) – genauer die Assoziationsmechanismen – das adäquate Denken und die damit verbundenen Affekte fördern können.

In den Lehrsätzen, die sich auf das vierte und fünfte Heilmittel beziehen, tauchen regelmäßig Wörter auf, die die Unterschiede in affektiver Intensität oder Stärke ausdrücken, d.h. diese Heilmittel bilden eine „échelle des intensités affectives", die sich gegenseitig verstärken und dem Geist eine ungeheure Macht über die passiven Empfindungen und Affekte verleihen (Macherey 1994, 66).

Dem fünften Heilmittel liegt ein „objektiver" Mechanismus zugrunde, welcher sich in 5p10 und 5p10s andeutet: Solange der Geist nicht durch Vorlieben abgelenkt wird, haben wir die „potestas recte ordinandi et concatenandi Corporis affectiones secundum ordinem ad intellectum". In Kombination mit dem vorhergehenden Heilmittel bedeutet dies, daß fast alles ein Empfinden und einen Gedankengang, der uns sogar veranläßt, an Gott zu denken und den *Amor erga Deum* zu fühlen, anspornen kann.

Es kommt also nicht auf die Ausschaltung der passiven Gefühle, sondern auf das Wachsen der aktiven Formen des Denkens und Fühlens an, welche eine bestimmte Grenze überschreiten, einander verstärken und sogar imstande sind, die *imaginatio* einzuschalten (die an sich weder gut noch schlecht ist). Es ist nicht verwunderlich, daß Macherey in seinem Kommentar zu 5p5–10 argumentiert, Spinoza entwickele hier eine neue *ars imaginandi* (1994, 70). Diese sei nicht durch assoziative Zusammenhänge, die wir nicht beherrschen, gekennzeichnet, sondern sei ganz im Gegenteil, wie Spinoza in 2p18 sagt, eine *facultas*, die von unserer eigenen Kraft abhänge und die wir *facultas libera* nennen können. Dies kann sich auch innerhalb wissenschaftlicher Forschung zutragen.[8]

Es kommt also darauf an, daß die spontane Denkkraft, über die jeder Mensch prinzipiell verfügt, sich bis zu einem bestimmten Niveau entwickeln kann, so daß sie gleichsam ihr Selbst verstärkt und wir „non facile malis affectibus afficiamur" (5p10s, Anfang). Der Geist wird, wie es der *Tractatus de intellectus emendatione* ausdrückt, eine Art *automa spirituale* (TIE § 85). Dann wird die unvermeidlich fortbestehende *imaginatio* in die Perspektive des Geistes als *potestas* aufgenommen (5p4s). Selbst die Liebe zu Gott wird durch die *Vorstellung* gefördert, daß viele Menschen mit uns an dieser freigebigen Liebe – die keine Gegenliebe fordert – teilhaben (5p20 und 5p19). In dieser Liebe sind wir für Neid und Eifersucht unerreichbar (5p20).

Sobald wir eine bestimmte Entwicklungsschwelle der Geisteskraft überschritten haben, sobald wir vor allem fähig sind, in unserer Meditation alles auf Gott zu beziehen – sogar uns selbst und unsere Gefühle (5p15, in 5p30–36 wiederholt) –, wird der intellektuelle Teil unserer selbst immer stärker. Es ist jener Teil, den wir als „den ewigen Teil" unserer selbst ansehen, der durch eine „duratio (actualitas: 5p29s) sine relatione ad Corpus" (5p20s) gekennzeichnet ist. In 5p21–40 wird dieser „Teil" dann, in all seinen „Ewigkeitsaspekten", erforscht. Der Geist – als reine Aktivität – ist nicht mehr hauptsächlich der Ausdruck des Körpers, der zusammen mit vielen anderen Körpern zwangsläufig in einen kausalen Zusammenhang eingebettet ist. Der Geist erscheint jetzt als ein *Ausdruck* der Substanz, die als *Deus quatenus* (der Formulierung in 1p15s zufolge) sofort an der *Kraft* der Substanz teilhat. Er – der Geist – hat zugleich mit allen anderen ewigen geistigen Essenzen, die gemeinsam Gottes unendli-

---

[8] Vgl. auch TIE § 57 (mit Fußnote y), § 72.

chen Intellekt oder seine Idee formen, Anteil an der göttlichen Kraft (5p40s: Schlußfolgerung aus 5p21–40). Dies ist selbstverständlich nicht mehr die Perspektive der *servitudo*, sondern die der *libertas hominis*.

Die Ethik der Freiheit wird, wie oben dargelegt, im fünften Buch auf zwei verschiedene Weisen beschrieben: aus der Perspektive der Dauer (5p1–20) und aus der der Ewigkeit (5p21–40). Wie schon betont, ist diese letztere Betrachtungsweise eigentlich keine *andere*, sondern eher eine vertiefte Dimension der ersteren. Die Ewigkeitsperspektive ist eine Perspektive, die „in" der Dauer anwesend ist, welche sich progressiv entwickelt (eine „Mentis duratio sine relatione ad Corpus": 5p20s). Durch die Lehrsätze 5p21–40 ziehen sich vielfache Hinweise auf Fortschritt und Übergang (z.B. 5p24–28; 5p39s, verweisend auf 5p38–40; vgl. Rodis-Lewis 1986, 213). In einem gewissen Sinne stellt die Betrachtungsweise des fünften Buchs selbst wieder eine Erneuerung der Perspektive des vierten Buchs dar: mit dem Unterschied, daß das, was im vierten Buch noch als relativ abwegig – im Hinblick auf den rationalen Menschen – betrachtet wird (das Ideal des freien Menschen), im fünften Buch als der Wesenskraft des Geistes selbst zugehörig erscheint (Bartuschat 1992, 383f.). Dies wird deutlich in den abschließenden Lehrsätzen 5p41–42. Matheron macht darauf aufmerksam, daß 5p1–20 als uns „den Weg" weisend gelesen werden kann: einen Weg, der aufzeigt, wie dasjenige, was in 4p65–73 als bloßes Ideal beschrieben wird, tatsächlich realisiert werden kann (1969, 520). Auffallend ist auch, wie in 5p41s die Freiheit des Menschen wieder mit dem fundamental-aktiven Gefühl, oder der Tugend, *fortitudo* – und das in ihren zwei Formen: *religio* (auf Gott gerichtet) und *pietas* (auf Andere und Dinge außerhalb unserer selbst gerichtet) – in Verbindung gebracht werden kann. Eben diese Tugenden haben bereits in jenem abschließenden Scholium (4p37s1) des zweiten Teils des vierten Buchs (4p19–37), welches von den grundlegenden Vorschriften der Vernunft oder von der wahren Tugend handelt, im Mittelpunkt gestanden. Was anfänglich als ein für den vernünftigen Menschen fast unerreichbares Ideal erschien, kann unter günstigen Umständen also Wirklichkeit werden, eine Wirklichkeit, welche wir als *beatitudo* umschreiben können (5p42). Dies alles ist nicht so fremd, wie es scheint. Wie Spinoza selbst bemerkt (5p4, 5p2–4 abschließend): „apprime notandum est, unum, eundemque esse appetitum, per quem homo tam agere, quam pati dicitur".

16.4 Schlußbemerkung

Was ist letztendlich die Bedingung der Möglichkeit menschlicher Freiheit? Weder eine Ausschaltung der Affekte, wie die Stoiker glaubten, noch die Wirkung des freien Willens, wie Descartes dachte. Die Frage läßt sich eher unter Rückgriff auf die analogen Verhältnisse bei Krankheit bzw. Gesundheit des menschlichen Körpers beantworten. Krankheit wird nicht durch die Ausschaltung der Außenwelt, die gleichermaßen Bedingung der Existenz wie anhaltende Drohung des Untergangs ist, geheilt, sondern durch das Sich-Durchsetzen der Kraft des gesunden Körpers, welcher fähig ist, Prozesse zu entwickeln, durch die das Äußere in den Dienst des Eigenen genommen wird; wobei der Körper so kräftig wird, daß er sowohl individuell als auch zusammen mit anderen, ähnlichen Körpern grandiose Formen kreativer Aktivität entwickelt (vgl. hierzu Spinozas Bemerkungen über die wunderbaren Dinge, zu denen der menschliche Körper imstande ist: 3p2s).

Der Geist kann einen erstaunlichen Grad von Autonomie erreichen, freilich, wie Wolfgang Bartuschat mit Recht bemerkt (1992, 316f. sowie 324f.), nur unter der Bedingung, daß es ihm gelingt, die ihm eigentümliche selbstbewußte Aktivität des adäquaten Denkens so weit als möglich zu entwickeln. Diese Denkaktivität ist nicht ohne weiteres dem wissenschaftlichen Denken gleichzusetzen; auch wenn die Freude des Erkennens hier bereits dominiert. Um einen völligen Sieg zu erringen, muß der Geist bis zu der Erkenntnis dritter Art vorstoßen; muß der freie Mensch *sich selbst* als individuelle Essenz in Gott sehen können (siehe auch Matheron 1969, 564; De Dijn, 1996, 255–258). Außerhalb intellektuellen Denkens kann es keine wirkliche Freiheit geben. Aber das intellektuelle Denken darf kein rein theoretisches Wissen bleiben. Es geht nicht unbedingt um Wahrheit oder Theorie (ebensowenig geht es um eine „general, mystical view of nature", wie Mason mit Recht sagt, vgl. 1997, 242); ins Auge gefaßt wird vielmehr eine praktische Wahrheit – eine Theorie als Praxis –, eben eine meditative Praxis, gerichtet auf das Einzelne (vgl. auch De Dijn 2001).

Wie wir schon bemerkt haben, ist der Perspektivenwechsel zwischen dem vierten und dem fünften Buch eine Art Übergang: der Übergang von einem rationellen Geist, der ein sehr leicht ins Schwanken gebrachter Ausdruck eines Körpers bleibt und sich der *fortuna* nicht entziehen kann, zu einem Geist und einer *ratio*, die eine Art Autonomie und Automatismus erreicht. Damit befinden wir uns nun auch hinsichtlich des Körpers in einer anderen Perspektive. Die *rerum imagines* – die Gehirnprozesse –

drücken die Ordnung und Verkettung der im Geist vorfindlichen Gedanken tadellos (*ad amussin*) aus (5p1). Darin besteht Spinozas Interpretation des alten Satzes „mens sana in corpore sano" (Macherey 1994, 184). Dem meditativen Geistesleben, worin die Aufmerksamkeit für jedwede Gefühlsveränderung zu einer Erkenntnis dritter Art und zu den damit verbundenen intellektuellen Affekten führen kann, entspricht auf seiten des Körpers eine Verkettung von Gehirnprozessen und körperlichen Affekten (*imago seu affectus*: 5p11dem), welche von einer eigenartigen Autonomie – bezüglich der Außenwelt – des menschlichen Körpers zeugen. Von daher ist es nicht verwunderlich, daß Spinoza gelegentlich mit orientalischen Formen der Weisheit und mit Weisheitspraktiken wie z.B. Yoga in Verbindung gebracht wird – Praktiken, die nicht die (unmögliche) Beherrschung der Natur zum Ziel haben, sondern lediglich die Beherrschung jenes Stückchens Natur, welches wir selbst sind: des *eigenen* Körpers (siehe v.a. Wetlesen 1977, 152ff.).

Freiheit und Heil (oder *wahre* Religion) fallen bei Spinoza zusammen. Freiheit bedeutet nicht, den Dingen, dem Gang der Natur, zu entkommen. Ihnen kann man nicht entkommen: Menschen können nicht tun, was sie nicht können; sie können nur inmitten anderer Dinge und den Gesetzen ihrer eigenen Natur folgend handeln. Das ist die Wahrheit des Determinismus, der jedoch mitnichten ein Fatalismus ist. Freiheit kann sehr wohl zustande kommen; nämlich als das *Handeln* zufolge der eigenen Natur inmitten der Natur. Das bedeutet einerseits, daß wir in jedem Fall sehr abhängig von einer Natur sind, die uns an Macht unendlich überlegen ist. Es bedeutet andererseits aber auch, daß es uns zugleich möglich ist, *in* und *durch* das adäquate Denken – vor allem die intuitive Erkenntnis – eine Gemütsruhe zu finden, welche „befreiend" wirkt. Wir bleiben Teil der Natur, fühlen uns aber nicht mehr dem Schicksal unterworfen. Was immer auch geschehen mag, wir leiden nicht mehr darunter. Im Gegenteil, alles wird uns zu einer Gelegenheit, uns im Erstaunen über alles, was geschieht (inklusive unseres eigenen Erstaunens), zu besinnen. Alles wird zu einer Gelegenheit: nicht zur unruhigen Sehnsucht nach Veränderung, sondern zur Affirmation und Ekstase (*gloria*: 5p36s).[9]

Diese Gedanken, welche wir *mutatis mutandis* in verschiedenen Weisheitstraditionen wiederfinden, formuliert auch der Übergangstext zwischen den Büchern IV und V (4app c 32). Auch wenn wir notgedrungen immer mit der Natur „übereinstimmen" und uns ihr in keiner Weise entziehen können, so kann eine solche Übereinstimmung doch auf zwei-

---

[9] Eine Art „enchantment through disenchantment"; vgl. Herman De Dijn 1996, 261.

erlei Weisen zustande kommen. In der einen leiden wir unvermeidlich und sind zwangsläufig unglücklich (dies ist mit verschiedenen anthropozentrischen Illusionen über uns selbst und die Natur verbunden; vgl. 1app. sowie De Dijn 2002); in der anderen sind wir genauso unvermeidlich aktiv, frei und glücklich. In dieser letzteren Lebensweise erkennen wir unsere wahre „Übereinstimmung" mit der Natur und bestätigen sie, indem wir die Notwendigkeit der Dinge nicht bereuen, sondern als „göttlich" lieben. Selbst das Grausamste kann so zu einer Art Anbetung Anlaß geben.[10]

Literatur

De Dijn, Herman 1977: The Possibility of an Ethic in a Deterministic System like Spinoza's. In: Wetlesen (Hrsg.), 27–35.
De Dijn, Herman 1985: The Compatibility of Determinism and Moral Attitudes. In: Emilia Giancotti (Hrsg.): Proceedings of the First Italian Congress on Spinoza. Napoli, 205–219.
De Dijn, Herman 1992: Spinoza's ethics: from the sorrows of reason to freedom and beyond. In: Domínguez (Hrsg.), 493–503.
De Dijn, Herman 2001: Theory and Practice and the Practice of Theory. In: Senn/Walther (Hrsg.), 47–58.
De Dijn, Herman 2002: Knowledge, Anthropocentrism and Salvation. In: Segal/Yovel (Hrsg.), 341–355.
Donagan, Alan 1974: Spinoza's Proof of Immortality. In: Grene (Hrsg.), 241–258.
Garrett, Don 1996: Spinoza's Ethical Theory. In: ders. (Hrsg.), 267–314.
Kneale, Martha 1974: Eternity and Sempiternity. In: Grene (Hrsg.), 227–240.
Rodis-Lewis, Geneviève 1986: Questions sur la Cinquième Partie de l'Ethique. In: Revue Philosophique no. 2, 207–221.

---

10 Diese Übersetzung wurde durch die freundliche Mithilfe von Hanne Jacobs und David Ulrichs ermöglicht.

Thomas Kisser

17. Die dritte Gattung der Erkenntnis und die vernünftige Liebe Gottes

In der dritten Erkenntnisgattung erkennt der Mensch nach Spinoza Individuelles und macht in diesem Erkennen eine neue Erfahrung seiner eigenen Individualität, die Spinoza als höchste Vollkommenheit, *summa humana perfectio* (5p27d), charakterisiert. Obwohl es nach Spinozas eigener Ansicht nicht erforderlich ist, die dritte Erkenntnisgattung zu haben, um die Ontologie, Erkenntnistheorie und Affektenlehre der *Ethica* zu verstehen, die in der zweiten Erkenntnisgattung, der universalen Ordnung des Verstandes, *ratio*, geschrieben sind, oder um seine Lebensführung gemäß dieser Rationalität einzurichten, da dies schon aus dem allgemeinen Streben nach Nutzen folgt (5p36s), so ist es innerhalb einer Interpretation doch nötig, Spinozas Verständnis von Individualität und Vollkommenheit zu klären und dieses in der Erkenntnistheorie der *Ethica* zu plazieren. Zumal die expliziten Ausführungen der *Ethica* zur dritten Erkenntnisgattung und der damit verbundenen vernünftigen Liebe Gottes, *amor Dei intellectualis*, von jeher als zu wenig ausführlich angesehen wurden und in der Tat nur als Schlußfolgerung des ganzen vorhergehenden Textes verstanden werden können. Die Interpretation dieses Theoriestücks impliziert also eine Gesamtinterpretation der *Ethica*, die hier zumindest im Ansatz sichtbar gemacht werden soll, was in einer Forschungssituation, in der z.B. ernsthaft die These einer echten Kontingenz in Spinozas Welt ins Spiel gebracht wurde, auch zur Kenntlichmachung der Interpretation und zum Nutzen des Lesers geschieht.

Im Sinne einer Überwindung der cartesischen Trennung von Ausdehnung und Denken versteht Spinoza diese fundamentalen und strukturbildenden Bestimmungen der Wirklichkeit als Ausdrucksformen der einen Substanz. Diese an sich selbst reine und absolute Wirklichkeit, der sich nichts entgegensetzt, gibt sich Attribute, apriorische Formen des Seins, in denen Differenzen möglich werden. Als unendliche Virtualitäten oder Medien ermöglichen die Attribute Einzelnes: *unumquodque ens sub aliquo attributo debeat concipi* (1p10s). Dabei entsteht ein doppelter Blick auf das, oder eine doppelte Natur dessen, was in diesen Medien erscheint. Einerseits verweist jedes Einzelne auf das Medium, als dessen struktureller Ausdruck es verstanden werden muß, andererseits verweist es auf seine Position innerhalb des unendlichen Zusammenhanges, auf sein Entstehen, seine Entgegensetzung gegen andere Einzelne und schließlich sein Vergehen, in dem es sich als höchst marginaler Teil jener unendlichen Virtualität zeigt (4cap32). Mit letzterer These von der gegen das Unendliche tendierenden Marginalität des Menschen trägt Spinoza der *condition humaine* in der Moderne Rechnung, die mehr und mehr die Disproportionalität des Menschen zu einer in sich und aus sich unendlichen Wirklichkeit erkennen muß, wobei diese Unendlichkeit selbst das Werk eines konstruierenden Geistes ist, in dem dieser beständig die Grenzen in das Größte und Kleinste hinein übersteigt. Die Frage des Menschen stellt sich damit als Problem der Erfahrbarkeit dieser neuen Ordnungen des Unendlichen und der Kommensurabilität des Menschen, das – entgegen immer wiederkehrender Proteste des *common sense* – nur reflexiv gelöst werden kann. Eben diese Reflexion hat nun den Zusammenhang zwischen den beiden Blicken auf das endliche Wesen in seiner Doppelnatur von Beschränktheit und seiner Zugehörigkeit zur Unendlichkeit zu formulieren, eine Aufgabe, der sich Spinoza mit der Theorie wahrer Erkenntnis und der damit verbundenen wahren Praxis stellt.

Die mediale Logik der Attribute stellt sich dabei gerade in den uns interessierenden Aspekten, dem der Individualität und dem der Vollkommenheit, der Tradition entgegen. Betrachten wir zunächst das Verständnis von Vollkommenheit. Von den vier Formen der Ursächlichkeit wird eine von Spinoza völlig verworfen. Während für Aristoteles die *causa finalis* alle anderen Ursachenformen integriert und zu einem sinnvollen Geschehen werden läßt – nur an ihrem Wozu erkennen wir die Dinge und Ereignisse wahrhaft –, kann Spinoza in dieser Formulierung der Zweckursache nur das Produkt eines sich absolut setzenden, aber um so borniterteren individuellen und gesellschaftlichen Blickes erkennen, der die äußere Wirklichkeit nach Maßgabe des eigenen Lebens oder des gesellschaftlichen Zusammenhanges bemessen will, dabei aber in Wahrheit keine allgemeine Geltung beanspruchen kann. Die Begriffe, die hier als Normen der Beurteilung gesetzt werden, entstammen nach Spinoza, pointiert gesagt, den aus individuellen und gesellschaftlichen Erfüllungen und Versagungen hervorgegangenen Ablehnungs- und Zustimmungsstrukturen, die, tatsächlich nach erkenntnisökonomischen Kriterien zustande gekommen, irrtümlicherweise als zeitlose Essenzen verstanden werden und so als Vorurteile im ideologischen Sinne, *praejudicia*, funktionieren (2p40s1). Auf der Ebene der Substanz und der Attribute als einer sich permanent durchrealisierenden Ganzheit, die von niemanden verlassen und von außen betrachtet werden kann, kann die Wirklichkeit als Ganze, aber auch im Einzelnen jederzeit nur als vollkommen begriffen werden (1p33s2). Ziele implizieren Mangel, wie sollte also Gott Ziele haben (1App)? So bleiben die Material-, die Form- und die Wirkursache, die die Sachstrukturen der Wirklichkeit formieren und deren Synthese deren Vollkommenheit ausmachen. Diese drei Formen der Ursächlichkeit werden wir in den Gattungen der Erkenntnis wiederfinden.

Die nähere Charakterisierung der Wirkursache, die den Charakter der genetischen Kausalität annimmt, ergibt einen zweiten fundamentalen Aspekt der Entgegensetzung zur Tradition, eine Umkehrung der klassischen Form/Materie-Begrifflichkeit. Die formale Bestimmung der Wirklichkeit, Ausdehnung oder Denken, bildet eine zugrundeliegende Virtualität, die durch die jeweiligen Inhalte bestimmt wird. Jedes Individuum ist als Modifikation ein Inhalt, in dem die Substanz das Attribut konkretisiert. Die Form als solche, Denken oder Ausdehnung, stellt dabei einen Nullgrad der Aktualität dar, der erst durch die Einzeldinge realisiert wird. Nicht mehr Form aktualisiert Materie, sondern Materie aktualisiert Form (Reisinger 1987). Darin zeigt sich das Konzept des Ausdrucks der Substanz: Diese affiziert sich in den virtuellen Formen der Attribute selbst, um sich für sich selbst zur Darstellung zu bringen, und genau dies gilt es im Allgemeinen und im Konkreten zu verstehen.

Innerhalb des als formale und virtuelle Einheit zu verstehenden Seins als einer höchsten Qualität – Ausdehnung oder Denken – sind die Differenzen graduell, das Individuum ist ein bestimmter Grad des Seins, in allgemeinster Hinsicht ein Grad von Kraft, der auf eine bestimmte Weise die Substanz gestalthaft darstellt (1p26). Diese Gestalt gewinnt das Individuum durch seinen Ort im Ganzen, *omnis determinatio est negatio*, pointiert gesagt, das Individuum ist nichts anderes als dieser Ort und damit das Gefüge seiner Relationen.[1] Man sieht, wie sich der Begriff der Form wandelt: Während traditionell die Form positiv als Gestalt aufgefaßt wird, wird sie jetzt als Negation oder Zwei-Seiten-Form verstanden. Kategorial

---

1 In dieser Hinsicht steht Spinoza in der Kontinuität des Konzeptes der Univozität des Seins, das ausgehend von Duns Scotus wesentliche Traditionen des modernen Denkens beherrscht und eine neue Konzeption des Individuums einführt (dazu Honnefelder 1990, Deleuze 1998).

gesprochen, die Synthese von Realität und Negation erzeugt in der Limitation eine bestimmte Wirklichkeit. Negation darf daher nicht als Negierung verstanden werden, sondern als Basis der Relationen zu den Anderen.

Diese Konzeption des Individuellen verweigert sich jeder klassifizierenden Logik, in der dieses nur als Fall eines allgemeinen Begriffes, einer Essenz auftaucht, anhand derer es in einem normativen Sinne auf seine Vollkommenheit oder Unvollkommenheit hin beurteilt werden kann. Als Bewußtsein wirft diese Singularität eine irreduzible Perspektive auf die Welt, die es, soweit es dies versteht, jedem anderen ebenso zubilligen muß. Zugleich ist es als Stelle in einen gesetzmäßigen Zusammenhang gestellt, der es zu einem Gegenstand von notwendiger Erkenntnis macht. Erst in dieser Verschränkung von absoluter Besonderheit und notwendiger Position kann das Individuelle zum Objekt einer besonders privilegierten Erkenntnisform werden, die dann die reflexive Form einer Perspektive aller Perspektiven impliziert und annehmen muß.

Sich selbst definiert das Individuum nun genau im Maße seines Seinsgrades oder der Selbstmächtigkeit. Auch diese Selbstmächtigkeit ist nie absolut (5praef), sondern graduell. Eine Absolutheit, wie sie in der Theorie des freien Willens gedacht wird, würde eine ontologische Isolation des Individuums von seiner Umwelt erfordern, die eben dem Ganzheitscharakter der Wirklichkeit widerspricht. Der Text der *Ethica*, insbesondere des fünften Teils, verbindet das Konzept der Macht mit den grammatischen Formen des Komparativ und des Superlativ, *minus, major, potentior, maximus* etc. Im Maße seiner Selbstmächtigkeit verarbeitet der Mensch also seine unendliche Marginalität. Diese graduelle Macht nimmt im Inneren des Menschen die Form der Konkurrenz von Erkennen und Affektstruktur im Sinne der Leidenschaft an, ihre höchste Form, die allerdings auch als solche die Affekte nicht anihiliert (5p20s), ist die dritte Gattung der Erkenntnis, in der die richtige Erkenntnis und Praxis ein zwar quantitatives, aber lebenspraktisch definitives Übergewicht über die Leidenschaften bekommt.

Wir haben damit bereits zur epistemologischen Bedeutung der Theorie der drei Ursachen übergeleitet. Die Ursachenformen begegnen uns auf der Ebene der *Mens* bzw. des Erkennens wieder, denn die Ideen können gemäß der Unabhängigkeit der Attribute nicht nur als Repräsentationen der Körper, sondern müssen als Entitäten im Attribut des Denkens, das heißt aber selbst als Relationengefüge verstanden werden. Die Repräsentationen müssen daher als die Setzungen der Relationen in einer Idee, als Bewußtsein von etwas als etwas, verstanden werden und zeigen so die Mächtigkeit einer Idee in den verschiedenen Graden an.

Die erste Form der Macht einer Idee, der *causa materialis* entsprechend, ist das Gewärtigen der Inhalte als bloßer Inhalte: Die erste Erkenntnisgattung gibt die strukturierte sinnliche Wahrnehmung und resultiert aus der Fähigkeit, auf vielfältige Weisen affiziert zu werden. Obwohl diese Wahrnehmung als solche nie falsch ist, entgeht uns auf dieser Ebene jeder *genetische* Zusammenhang. Dadurch entsteht die Möglichkeit, die Dinge unabhängig, also für sich zu verstehen, sie in einen abstrakten Zeitrahmen zu setzen und als kontingente Geschehnisse zu bestimmen. Diese kontingenten Geschehnisse setzen wir nun – dabei allerdings einem uns unbekannten Gesetz folgend – nach der Ordnung der Assoziation zusammen, worin Spinoza den Kern der falschen Erkenntnis sieht (2p35s). Praktisch gesehen versteht sich das Individuum in einer kontingenten Welt als unabhängiges Einzelnes und glaubt, sich in der ominösen Entität des freien Willens selbst bestimmen zu können. Spinoza kann in dieser Kombination von essentialistischen Begriffen und dem Appell an einen freien Willen nur die Verabsolutierung der eigenen Perspektive sehen, die die Marginalität des Menschen nicht aufzuheben vermag, sondern nur den Ausdruck der höchsten Ohnmacht und Entfremdung des menschlichen Geistes von sich und der Welt darstellt (2p44,p48,p49).

In der zweiten Erkenntnisgattung, der zweiten Weise der Macht des Geistes, verstehen wir die Inhalte aufgrund einer Vergleichung und Betrachtung ihrer gemeinsamen Operationsweisen und artikulieren so ihre Gemeinbegriffe, *notiones communes* (2p29s). Es gibt allgemeinste Operationsweisen, wie die Attribute selbst – alle Körper operieren in derselben Weise –, es gibt aber auch weniger allgemeine Operationsweisen. So haben vorzüglich Menschen die von Spinoza abgeleiteten Affekte, nicht aber andere Dinge. Die Vielfältigkeit der Affizierungsmöglichkeiten befördert dabei die Fähigkeit zu vergleichen und Gemeinbegriffe oder gemeinsame Formen zu bilden. Auf der Ebene der Gemeinbegriffe beginnt die wahre Erkenntnis. Wahre Erkenntnis wird von der *mens* selbst methodisch durch Vergleich und Schlußfolgerung hervorgebracht, wobei dieses Machen selbst bewußt ist. Die Idee wird zum genetischen Begriff, der methodischen Erzeugung eines Sachgehaltes. So folgt der Sachgehalt des Kreises aus der Idee des Zirkelschlagens. Der Sachgehalt des Zirkelschlagens bildet als Setzen des Kreises die Idee der Idee des Kreises und bildet als methodische Erzeugungsanweisung die eigentlich wahre Idee des Kreises. Die wahre Idee bezeugt sich daher nicht primär durch ihre Übereinstimmung mit dem Objekt, sondern dadurch, daß sie – ohne Bezug auf das Objekt betrachtet, *sine relatione ad objectum consideratur* (2def4) – die Idee des Objektes in konstruktiver und zweifelsfreier Weise enthält. So gibt die Idee des Zirkelschlagens die in sich zweifelsresistente Operation des Kreises, ohne daß man noch nachsehen müßte, ob das stimmt. Subjektiv nimmt daher die Idee der Idee das Bewußtsein der Gewißheit an (2p21s). Die *causa efficiens* begegnet uns wieder als konstruktivistische Theorie einer operativen *mens*. Für die zweite Erkenntnisgattung zeigt sich diese Operationsweise als gemeinsame Form, die wir ausgehend von den Attributen als den höchsten Formen ableiten.

Konsequenterweise ist auch die *mens* selbst, unser Bewußtsein, als Entität im Attribut des Denkens eine Idee, eine Modifikation, die Gott im unendlichen Verstand von unserem Körper bildet, ziemlich genau der *notio completa* in Leibniz' Theorie entsprechend (2p13). Diese Idee Gottes im Sinne des Genitivus subjectivus enthält – objektiv – unser Leben, und soweit Inhalte dieses Lebens allein aus dieser einen Idee, die wir sind, folgen, ist das Leben durch diese Idee selbst adäquat konstruiert. Diese Ursächlichkeit muß dabei in der handelnden Idee selbst, das heißt in unserem Bewußtsein als Idee der Idee auftauchen (2p34): Das Leben wird selbstgewirktes und damit selbstbewußtes Leben. Man sieht, wie sich gemäß dem Parallelismus das Handeln nicht dem Denken oder Erkennen entgegensetzt, sondern allein der Passion.

Die dritte Erkenntnisgattung geht in diesem Sinne der bewußten Lebensführung über die allgemeinen Operationsformen der Dinge hinaus und versteht die einzelnen Dinge und Geschehnisse in ihrer individuellen Struktur, im höchstmöglichen Grade der Konkretheit. Die Ereignisse werden dabei nicht als gemeinsame Form in Gemeinbegriffen, die mehrere Modi betreffen, verstanden, sondern in der individuellen Genese ihres Gehaltes. Die genetische Kausalität komplettiert hier den materiellen und den formalen Aspekt der Erkenntnis, man kann sagen, verbindet diese unmittelbar, eben zu einer Intuition, die von Spinoza durch ihre auch zeitliche Unmittelbarkeit, ihre sozusagen unendliche Geschwindigkeit charakterisiert wird (2p40s2). Der Mensch kann sich so als wirkliches Individuum gemäß der Definition Spinozas erweisen, als integrales und komplexes Zentrum und die Ursache der eigenen Bewegungen und Handlungen, als eigentlicher Ort der Erfahrung der genetischen Kausalität.

Die zweite Erkenntnisgattung, die den Text der *Ethica* trägt, enthält nach der Lehre von Gott die Lehre von der Erkenntnis, das heißt der Affektionen, die wir zu Ideen verarbeiten, und der Affekte. Ein Affekt ist eine Affektion, die in uns nicht nur eine Spur hinterläßt, die wir einem äußeren Gegenstand zuschreiben, sondern unseren Zustand im Sinne von mehr oder weniger Vollkommenheit verändert, d.h. subjektiv gesehen Lust oder Unlust verursacht. Unser Zustand ist dabei zunächst ganz minimalistisch als Streben, seinen Zustand zu erhalten, bestimmt. Das gelingt uns, soweit wir, wie Spinoza sagt, in uns sind: *Unaquaeque res, quantum in se est, in suo esse perseverare conatur* (3p6). Dabei kann man das *In-se-esse*, das In-sich-Sein als Grundbestimmung von Sein verstehen, da dadurch eine Selbstbegründung des Seienden gegeben wird, eine Bestimmung, die primär und in absolut uneingeschränkter Weise der Substanz als Ursache ihrer selbst, *causa sui*, selbst zukommt. Doch in einem univoken Verständnis des Seins muß dieses In-sich-Sein in einem bestimmten Grade jedem stabilen Wesen zukommen. Gerade das bringt der zitierte Lehrsatz zum Ausdruck. Insoweit etwas Bestimmtes in sich ist, strebt es, sich in seinem Zustand zu erhalten, und, soweit es an ihm selbst liegt, wird es das immer schon tun, soweit es aber in einer differenten Welt bestehen muß, wird es eine Frage seiner Mächtigkeit. Kann es für seine Fortsetzung in eigenen Handlungen etwas tun, nennt Spinoza das *actio*, wenn es sich selbst aktiv erhält und steigert, nennt Spinoza dies Tugend, *virtus* (4def8). Es ist deutlich, wie all diese Bestimmungen auch die basalen Bestimmungen der *mens* bilden, die als endliches Ding *conatus* ist und soweit sie ihre Wirkmacht zu entfalten vermag, in *actio* und *virtus* übergeht.

Das Bewußtsein des Affektes, der Lust oder Unlust also, verbunden mit der Zurechnung zu einem äußeren Gegenstand ergibt das Begehren oder den Willen im Sinne von: Ich will x, weil es mir einmal Lust bereitet hat, oder ich will x nicht, weil es mir einmal Unlust bereitet hat. Im Gegensatz zur Substanz, die nicht strebt, setzt das endliche bewußte Wesen also Zwecke nach Maßgabe seiner Erfahrungen und richtet so sein Streben aus. Soweit das endliche Bewußtsein in der Lage ist, seine affektive Strukturiertheit nicht nur empirisch nachzuvollziehen, sondern ihre allgemeine Geltung als Struktur des menschlichen Körpers und Bewußtseins zu verstehen, bildet es Gemeinbegriffe über sein eigenes Verhalten, also die Affektenlehre der *Ethica* im engeren Sinne. Allgemein gesprochen folgt aus dem Konzept des Strebens als einer Erhaltungsmacht, daß Affekte und Handlungen niemals isoliert, sondern in einer inneren Folgerichtigkeit auftauchen, die uns aber zunächst nicht klar ist. Die schlechten Affekte bestehen ja in der Einschränkung unserer eigenen Wirkmacht und verdummen uns im Sinne jener schon erwähnten Verabsolutierung unserer eigenen Perspektive und falschen Begriffsbildung. Dabei ist der schlechte Affekt als solcher nicht bewußt, sondern zeigt sich zunächst als Fixierung, die uns nur gegenständlich bewußt ist im Sinne von: Ich will das und das. Der wesentlichste Inhalt der Affektenlehre ist daher, daß die Liebe zu äußeren endlichen Gegenständen Ansprüche in uns erzeugt, die diese Gegenstände niemals einlösen, so daß die Verstrickung in solche Erwartungs- und Enttäuschungszusammenhänge uns immer ohnmächtiger macht und zu einem Suchtgeschehen führen kann (5p20s), in dem wir immer mehr wollen und immer weniger können. Die erste Stufe der Selbsterkenntnis ist hier die Erkenntnis der eigenen Eingeschränktheit, man kann sagen: der eigenen Geschädigtheit. In dieser Erkenntnis aber liegt nun bereits eine Kraft, die sich fortzusetzen strebt. Steigt man auf der Basis einer solchen Selbsterkenntnis aus den negativen, sich selbst verstärkenden Zirkeln aus, so beginnt ein positiver, ebenfalls sich selbst verstärkender Zirkel, in dem das Individuum stabiler und seine Macht gegen negative Affekte größer wird. Die Affektenlehre geht nach der Beschreibung solcher negativer Abläufe über zur Schilderung der Lebensweise des – wie Spinoza sagt – freien Menschen, der von der *ratio* geleitet wird (4p68–73). Die Formulierung dieser Lebenskonzeption als Ziel unseres Strebens sind die Gebote der Vernunft, *dictamina rationis* (4A). Die Gemeinbegriffe der Affekte und das Bild des freien Menschen werden dabei zu einer praktischen Anweisung zum richtigen Leben. Insofern diese Gebote der Vernunft als Kalküle auf unseren Nutzen verstanden werden, darf und muß man sie nicht als Normen verstehen, die sich an einen freien Willen im Sinne der *libertas indifferentiae* wenden. Vielmehr bieten sie technische Einsichten über unser Leben, die wir uns zu instrumentell definierten Zielen machen, weil wir uns davon eine Stärkung versprechen. In den *dictamina rationis* setzen wir gemäß unserem Streben nach Stärkung die allgemeinen Einsichten in die Affekte als Handlungsmaximen und konkrete Imperative. Wenn wir uns auf der zweiten Ebene der Erkenntnis gemäß einer Vorstellung des richtigen Lebens definieren, bestimmen wir uns selbst durchaus als zweckhafte Wesen. Doch gewinnt die Zweckstruktur dadurch keine ontologische Dignität. Vielmehr, so Spinoza, wirken die Bilder in negativem oder positivem Sinne als Wirkursachen auf unser Streben ein und determinieren es, eher dies als jenes zu tun. Soweit wir die rationale Konzeption des Menschen zu einem solchen Leitbild unseres Handelns machen, werden wir mit uns und der Welt gute Erfahrungen machen. Obwohl die *dictamina rationis* also für das Bewußtsein als Zwecke auftauchen, affizieren wir uns mit ihnen doch selbst im Sinne einer Wirkursache zur Ausrichtung unseres Strebens (4Praef).

Prinzipiell kann auf dieser Basis jeder Affekt verstanden werden und als Steigerung des eigenen Verstehenszusammenhanges zur bewirkenden Ursache von Freude werden. Für alle Menschen gilt, daß wenn sie Schaden von anderen erleiden, Unlust erfahren (AD3), deswegen den anderen hassen (AD7) und aus Zorn versuchen werden, dem anderen ebenfalls Schaden zuzufügen (AD36), solange sie nicht von einem anderen Affekt daran gehindert werden. Der Verstand vermag es jedoch, die Vorstellungen, die uns im Zusammenhang schlechter Affekte aufgedrungen werden, etwa den Wunsch nach Vergeltung, von dem äußeren Geschehen abzulösen und durch andere Gedanken einzuschränken und zu überwinden, in denen wir uns unseren wahren Nutzen bewußt machen. Etwa in der Erkenntnis, daß es langfristig besser ist, dem Zorn anderer mit Liebe entgegenzutreten (4C11). Im Verfolg dieser Maxime werden wir kräftiger und bemerken immer mehr, daß richtige Ideen falsche Ideen einschränken können, da sie stabiler in der Zeit und umfassender in den Inhalten sind (5p20s). So beginnen wir unsere Gefühle selbst zu bestimmen. Sie kommen jetzt nicht mehr primär als die Wirkungen zustandsverändernder äußerer Affektionen über uns, sondern werden von uns selbst bewirkt und drängen den Wirkgrad der negativen Gefühle immer mehr zurück. Der Erfolg dieser Methode erzeugt eine erste Form der Liebe Gottes (5p20). Gott als der allgemeine Zusammenhang, der Gemeinbegriff Gottes also (2p45), wird als allgemeiner Sinnzusammenhang erfahren und als Ursache der eigenen Vervollkommnung erkannt. Die Stärke dieses Affektes hängt daher auch davon ab, wie viele Menschen wir in diese Ordnung einschließen können. Diesem Affekt, der rationalen Liebe Gottes, ist kein anderer *directe*, wie Spinoza bemerkt, entgegengesetzt. In der Tat kommt diese Liebe zu Gott als Resultat der Aufhebung der Entgegensetzung, die die schlechten Affekte bedeuten, zustande. Sie markiert zwar die Souveränität gegen die Affekte, aber als Ende eines Konfliktes. Der Erfolg bzw. die Wahrheit der zweiten Erkenntnisgattung liegt darin, daß wir uns als Teile eines allgemeinen Zusammenhanges, etwa der Affektstruktur, verstehen und auf der Basis dieser Einsichten unsere positiven Affekte zu stärken suchen und so im Verlaufe dieser Umlenkung positive Affekte erzeugen. Dieses Selbstverständnis erfaßt uns selbst allerdings nur teilweise, denn „was allen Dingen gemeinsam ist [...] und was gleichermaßen in einem Teil, wie in dem Ganzen ist, macht nicht die Essenz eines Einzeldinges aus" (2p37). Das Individuum nimmt also in den *notiones communes* einen Umweg zu sich selbst, die Durchführung einer rationalen Lebensplanung bleibt als Rahmen und Form, der wir im Sinne einer Zwecksetzung folgen, immer in performativer Differenz zum Leben selbst und zeigt das Fehlen letzter Konkretheit, in der sich die Substanz selbst im Individuellen ausdrückt. Die Zwecksetzung in den *dictamina rationis* zeigt den konfliktuellen Charakter der zweiten Erkenntnisgattung, in der wir von den Affektionen ausgehen und die Affekte zu durchdringen suchen. In der Sache gehen jedoch die Begriffe oder Ideen der Einzeldinge, die Gott von den Dingen hat, den Gemeinbegriffen voraus. Letztere thematisieren nur einen Aspekt, eine bestimmte Operation.

Ohne die zugrundeliegenden Individualbegriffe könnten die Gemeinbegriffe weder objektiviert werden, noch gäbe es eine *mens*, die einen Gemeinbegriff aus dem Bewußtwerden der eigenen Operationsweise bilden könnte. Diese letzte Konkretheit wird nun nicht in der zweiten, sondern erst in der dritten Erkenntnisgattung erreicht. Die dritte Erkenntnisgattung entspringt zwar der zweiten, nimmt aber den Bezug zur eigenen Aktion nicht mehr über den Umweg eines Regelbewußtseins und einer Zwecksetzung, sondern realisiert das Selbstbewußtsein unmittelbar als Bewußtsein des eigenen Handelns. Erst hier wird die Erkenntnis präsenter Ausdruck der Situation. Wir verstehen eine Interaktion mit einem anderen – an die Interaktion bleibt die dritte Erkenntnisgattung gebunden oder genauer gesagt, verbindet sich ihr neu – in ihrem gesetzmäßigen Verlauf. Die Erkenntnis ist jetzt nicht mehr durch die Deduktion getragen und durch *dictamina* auf die Praxis bezogen. Vielmehr erkennen wir den Anderen, sei es in seiner Positivität, sei es in seiner Negativität, im Ablauf der inneren Notwendigkeit selbst. Das setzt die Affektfreiheit im Sinne der zweiten Erkenntnisgattung auf seiten des Erkennenden voraus und konkretisiert die Objektivität weiter. Wollte man das inhaltlich beschreiben, könnte man es nur noch in Form einer Erzählung tun, ein Traktat gerät hier an seine Grenzen. In einer Bewegung, die der aristotelischen Theoria als höchster Praxis ähnelt, erkennt der individuelle Geist aber nicht nur Anderes in seiner Individualität, d.h. die konkreteste Wirklichkeit, sondern gibt damit sich selbst als erkennender Form ebenfalls die konkreteste Wirklichkeit.

Spinoza eröffnet diesen letzten Sachkomplex der *Ethica* mit der interessanten, fast schon ironischen Formulierung, es sei nun an der Zeit, *tempus igitur jam est*, zu dem überzugehen, „was die Dauer der *Mens* ohne Beziehung auf den Körper betrifft" (5p20s). Man ist etwas überrascht über die Formulierung, wird doch im folgenden die Ewigkeit der Mens und eben nicht mehr ihre Dauer thematisiert. Aus dieser Ansicht wurde bereits eine alternative Lesart formuliert.[2] Doch ist der Text wirklich unverständlich? Denn tatsächlich kann es doch nur um den Widerhall der Ewigkeit in der Dauer gehen, will man nicht Ewigkeit und Dauer definitiv voneinander trennen. Spinoza selbst reproduziert das Paradox der Ewigkeit in der Zeit mindestens zweimal, wenn er den Beweisgang des fünften Teils so erläutert, daß er sowohl die dritte Erkenntnisgattung (5p31s) als auch die intellektuelle Gottesliebe (5p33s) behandeln wolle, als ob sie eben erst

---

2 Bartuschat 1999, 562: Es ist nun an der Zeit, zu dem überzugehen, was den Geist ohne Beziehung auf die Dauer des Körpers betrifft, *quae ad mentem sine relatione ad corporem pertinent*, statt: *mentis durationem sine relatione ad corporem* (vgl. Gebhardt 1925, 390).

angefangen hätten zu sein. Auch spricht er davon, daß wir empfinden und erfahren, *sentimus experimurque*, daß wir ewig sind (5p23s). Es muß also um eine Synthese der Essenz und der Existenz gehen, die in der Zeit bemerkbar wird, sonst formuliert man eine für die Theorie katastrophale Jenseitigkeit der Ewigkeit, ähnlich dem Alltagsbewußtsein, das diese in ein Leben nach dem Tode verlagert.

In der Sache fügt sich das Absehen vom Körper in Spinozas konstruktivistische Konzeption der Wahrheit, bzw. der wahren Idee, die hier ohne Beziehung auf ihr Objekt, den Körper, betrachtet wird. Dabei wird die *actio* der *mens* als solcher sichtbar. Auch für sie selbst zeigt sich das Bewußtsein des eigenen Tuns und erzeugt die Zufriedenheit, *acquiescentia* (3AD25), als rationales und nicht egozentrisches Selbstbewußtsein. Die Tugend des Erkennens als die Wirkungsweise seiner Spontaneität ist also nichts anderes als die Wahrheit, die zugleich das Bewußtsein seiner Hervorbringung enthält und so das Selbstbewußtsein hervorbringt. Im vollständigen Begreifen eines Ablaufes wird die Idee, die wir sind, die individuelle *mens* als Idee unseres Körpers (2p13), zur alleinigen Ursache dessen, was wir einsehen. Die Einsicht entsteht also nicht mehr daraus, daß wir Affektionen auf die Idee des allgemeinen notwendigen Zusammenhanges beziehen, den wir in den *notiones communes*, mal mehr, mal weniger umfassend, formulieren, sondern allein daraus, daß wir selbst in vollkommener Übereinstimmung mit der Situation aktiv sind. Aktiv sein heißt den eigenen Sachgehalt autonom zu entwickeln: Entfaltung des Selbst. Die dritte Erkenntnisgattung vollendet so das parallelistische Konzept des Handelns, das nicht als Übergang des Denkens in die Wirklichkeit stattfindet, sondern sich als vollendete Wirklichkeit im Denken selbst formuliert. Im weiteren kommt es darauf an, diese Theorie in ihrer höchsten Form als Wirklichkeit des Bewußtseins und der sich damit verbindenden Folgen aufzuzeigen. Nicht mehr, aber auch nicht weniger hat der Beweisgang der letzten 21 Lehrsätze der *Ethica* zu demonstrieren.

Ausgangspunkt ist dabei eine Entgegensetzung: Das Vorstellen und Erinnern, *imaginari* und *recordari*, kann nur der Dauer der *mens* zugewiesen (5p21) werden, der sich jedoch die Idee der *mens* selbst, die Idee, die die Essenz des Körpers unter der Form der Ewigkeit ausdrückt, entgegensetzt, die das Vorstellen und Erinnern übersteigt (5p22), was ganz allgemein aus der Ontologie der *mens* folgt (1p25). Kraft der Gegebenheit in der Idee, die Gott von uns hat, folgt für die *mens* eine Ewigkeit, die sie vor der völligen Zerstörung durch den Tod bewahrt (5p23). Diese Idee enthält das Wesen unseres Körpers, den Sachgehalt oder Inhalt seines Lebens unter der Form der Ewigkeit. Der Gedankengang nimmt damit zunächst einen formalen und abstrakten Bezug auf das Konzept der Idee im Verstande Gottes, die wir selbst sind, um dann schrittweise einerseits die notwendigen Eigenschaften dieser Idee zu entfalten und andererseits die Erscheinung dieses Sachverhaltes, die Ewigkeit des Geistes, in der menschlichen Wirklichkeit aufzuweisen. Wesentlich für den abschließenden Gedankengang der *Ethica* ist also vor allem, die Folgerungen aus der Theorie der *mens* in unserer Erfahrung aufzuzeigen. Dies teilt sich dem Geist in der Wahrnehmung seiner eigenen Verfahrensweise, seiner Performanz mit. Denn das Beweisen selbst führt das Bewußtsein einer unzeitlichen Notwendigkeit mit sich (5p23s). Nach dem Hinweis auf die konkretesten Objekte des Erkennens, die Einzeldinge (5p24), zeigt Spinoza, wie sich diese Erkenntnis der Einzeldinge auf den Geist selbst auswirkt. Denn soweit wir vollständig verstehen, setzen wir den Sachgehalt unserer Idee selbst. Diese Vollständigkeit gibt die ausschlaggebende Verbindung zwischen dem Objekt und dem Subjekt der Erkenntnis. Denn im Maße der vollständigen Ableitung einer Begegnung sind wir nicht mehr nur dieser Sachgehalt, etwa die bestimmte Beziehung zu einem anderen Menschen, sondern wir setzen diesen Sachverhalt für uns selbst. In dieser konkretesten Erkenntnis aktualisiert der Mensch sich selbst am intensivsten (5p25) und strebt natürlicherweise danach, diese höchste Aktualität seiner selbst zu erhalten oder weiter zu intensivieren (5p26). Da unsere eigene Wirklichkeit aus unserer eigenen Handlung folgt, wir also die vollständige Ursache eines bestimmten Gehaltes unseres Lebens werden, erreichen wir die höchste Zufriedenheit, *acquiescentia*. Selbstbewußtsein ist so keine formale Struktur, sondern die konkrete Souveränität über das eigene Leben (5p27). Dieses Streben und die daraus folgende Zufriedenheit kann nur aus der zweiten oder dritten, nicht aber der ersten Erkenntnisgattung entspringen, was eigentlich selbstverständlich ist, aber auch belegt, daß die dritte Erkenntnisgattung aus den zwar konkreten, aber noch allgemeinen Konzepten der zweiten Erkenntnisgattung „zusammenschießt" zur integralen und genetischen Erkenntnis eines Einzeldinges. Damit ist deutlich geworden, wie der Geist die zunächst abstrakte Bezugnahme auf den ewigen Gehalt der Idee, die er selbst ist, für sich selbst realisiert und daß diese Realisierung sich nur auf den ewigen Gehalt dieser Idee beziehen kann (5p29). Dieser ewige Gehalt verweist nun unmittelbar auf die Struktur der Substanz als solcher, in der sich der Modus nun plazieren kann. Der Modus begreift sich selbst durch Gottes Wesenheit und zwar als konkretes Individuum (5p30). Diese ewige unzerstörbare Individualität hat den Rang einer formalen Ursache für die eigenen Handlungen (5p31). Natürlich war diese Idee, die Gott von dem einzelnen

Geist hat und die dieser selbst ist, immer schon als Moment des ewigen Zusammenhanges Gottes da, doch jetzt geht es um die Realisierung dieser Idee für das individuelle Bewußtsein selbst, für das sie als Gegebenheit jetzt erst entsteht (5p31s). Im lebensgeschichtlichen Zusammenhang erwerben wir unsere Souveränität oder Ewigkeit erst, während sie der Sache nach, das heißt in Gottes Verstand, immer schon war und immer sein wird.

Die affektive Dimension dieser dritten Erkenntnisgattung ist Freude, die durch den absoluten Zusammenhang Gottes mit und in den erkannten Einzeldingen begründet ist und so neben höchster Zufriedenheit mit sich selbst eine unzerstörbare (5p33) intellektuelle Liebe zu Gott einschließt (5p32). Unser Selbstbewußtsein, in dem wir uns selbst setzen, erweist sich daher als das Selbstbewußtsein der Substanz selbst, das als solches reine geistige Liebe ist (5p35), was aber nur unter der Bedingung seiner Selbstmodifikation zu abgegrenzten Wesen verständlich wird (5p36). Dies entspricht ganz der Theorie der Wahrheit, nach der alle Ideen, auch die, die wir sind, die Ideen des unendlichen Verstandes sind. Auch hier geht es um die strukturelle Identität unserer Erfahrung mit den Deduktionen der *Ethica*, aus denen Spinoza ihre reale Wahrheit schließt. In dieser Identität zeigt sich die Liebe des Menschen zu Gott als die Liebe Gottes zu sich selbst (5p37). Dieser Status geht über jede Entgegensetzung und Äußerlichkeit hinaus und beweist die völlige qualitative Identität von Modus und Substanz im Maße des realisierten *Conatus*. Der menschliche Geist ist fähig, sich zu dieser absoluten Wirklichkeit insofern zu erheben, als er in der Lage ist, Gemeinbegriffe und Erkenntnis des Individuellen zu bilden und seine eigene Vollkommenheit im Sinne seines Sachgehaltes zu entfalten (5p38, 39, 40). Diese drei Lehrsätze bezeugen auch durch ihre Stellung im Text die Kontinuität der dritten Erkenntnisgattung mit der basalen Struktur des Conatus. So erweist sich das Selbstbewußtsein als Selbstbewußtsein Gottes, oder genauer, als das *Selbstverhältnis* Gottes, das in einem allgemeinsten Sinne vorausgesetzt werden muß. Doch diese Voraussetzung wird nicht abstrakt gemacht, sie ist vielmehr immer schon als *Conatus*, d.h. als In-sich-Sein auch des endlichen Wesens gegeben. Dieses basale In-sich-Sein als Struktur alles Seins gibt auch der *mens* ihre Struktur als Selbstbezug, der daher auch lebensgeschichtlich nicht aus dem Nichts auftaucht, sondern die höchste Qualität der Selbsterhaltung, wie man den *Conatus* etwas unzureichend bezeichnet, darstellt. Andererseits zeigt sich der wahre Sinn dieser basalen Struktur des Seins als Ausdrucksgeschehen der Substanz erst im Lichte einer solchen selbstbewußten Existenz. Der Mensch erringt in seinem Tun ein unmittelbares Selbstverhältnis, das jenseits jeder Zirkulation im Sinne einer transeunten

Kausalität oder eines Tausches Glückseligkeit erzeugt. Die Glückseligkeit ergibt sich nicht als Zusatz zur Tugend, schon gar nicht im Sinne eines Tausches. Vielmehr ist die Glückseligkeit die affektive Seite der Tugend selbst. In der wahren Erkenntnis als einer autonomen und genetischen Entfaltung der Idee, die wir sind, übernimmt das In-sich-Sein die Lebensgestaltung. Diese Handlungen lassen sich nicht mehr im Gegensatz gegen das Denken und Erkennen bestimmen, sondern vereinigen ganz im Sinne des Parallelismus von Ausdehnung und Denken Theorie und Praxis. Wir tun, was wir uns sind, und wir sind uns selbst, was wir tun. Der Ausgangspunkt der dritten Erkenntnisgattung sind daher nicht mehr allgemeine Formen, die noch Zwecksetzungen bestimmen, sondern die ursprüngliche dynamische Gegebenheit unser selbst, die Materie in der Form, in der sie das Attribut konkretisiert. Soweit wir vermögen, diesen ursprünglichen Gehalt zu genetisieren, drehen wir die Richtung der normalen Erkenntnis von den Inhalten zu den Formen um, oder ergänzen unsere normale Erkenntnisweise zumindest um eine zweite Richtung, die von uns selbst ausgeht und unseren eigenen Inhalt gleichermaßen zum Ausgangspunkt und zum Produkt unser selbst setzt. Erkenntnistheoretisch gesprochen erschließen wir, allerdings intuitiv, unseren eigenen Sachgehalt, indem wir ihn als die Idee der Ideen, die wir von unseren konkreten Handlungen im Erkennen setzen, bilden. Insofern wir dabei unseren eigenen Sachgehalt, die Idee, die wir sind, realisieren, unsere Handlungen als Ableitungen aus dieser irreduziblen Individualität, die wir sind, geschehen, setzen wir uns selbst autonom, als formale Ursache unserer selbst. In dem Maße, als der Mensch diese Einheit mit der Welt lebt, vermittelt er die Dualität und bezeugt die Einheit von Rezeptivität und Spontaneität, von Wesenheit und Existenz, von Zeitlichkeit und Ewigkeit. Die Basis dieser Einheit mit der Welt ist die Liebe Gottes, in der sich die älteste Struktur der Metaphysik, die Einheit von *genitivus subjectivus* und *genitivus objectivus* wiederholt zu einer Liebe, die nichts mehr sucht und alles geschehen lassen kann.

Literatur

Deleuze, Gilles 1998: Spinoza und das Problem des Ausdrucks in der Philosophie. München.
Honnefelder, Ludger 1990: Scientia Transcendens. Die formale Bestimmung der Seiendheit und Realität in der Metaphysik des Mittelalters und der Neuzeit (Duns Scotus – Suarez – Wolff – Kant – Peirce). Hamburg.
Reisinger, Peter 1987: Modelle des Absoluten. In: R. Löw (Hrsg.): Oikeiosis. FS für Robert Spaemann. Weinheim, 225–249.

Alexandre Matheron

18. Bemerkungen zur Unsterblichkeit der Seele bei Spinoza[*]

Bedeutet die partielle Ewigkeit der Seele bei Spinoza eine wahrhaftige Unsterblichkeit? Natürlich nicht im gewöhnlichen Sinne, denn sie hat mit einer unbestimmten Dauer nichts gemein. Aber im eigentlichen Sinne des Wortes „unsterblich"? Kann man sagen, daß die Seele, insofern sie etwas Ewiges an sich hat, *nicht stirbt*? Spinoza sagt es: *remanet* (5p23). Und dennoch stirbt der Körper vollends, obwohl er ja auch etwas Ewiges an sich hat. Wie ist das möglich?

18.1 Die Ewigkeit ist „die Existenz selbst, insofern sie aus der bloßen Definition eines ewigen Dinges als notwendig folgend begriffen wird" (1d8). Dazu zwei Bemerkungen: Erstens beschränkt sich diese Definition nicht darauf, die Dinge, welche die definierte Eigenschaft besitzen, von denen, die sie nicht besitzen, zu unterscheiden. Wenn die Ewigkeit *ein gewisser Aspekt der Existenz selbst* (d.h. ein gewisser Aspekt aller Existenz) ist, dann besitzen alle Dinge auf irgendeine Weise diese Eigenschaft. Es bleibt dann nur die Frage, ob ihre ganze Existenz mit einbezogen ist. Wenn ja, *sind* sie ohne Einschränkung ewig; wenn nicht, *haben* sie mindestens *etwas Ewiges* an sich. Zweitens: Aufgrund einer scheinbar ungeschickten Formulierung ist diese Definition doppelsinnig. In einem ersten Sinn ist die Existenz eines Dinges ewig, insofern sie als notwendig aus der bloßen Definition dieses Dinges folgend begriffen wird; in einem zweiten, abgeleiteten Sinne ist die Existenz eines Dinges ewig, insofern

---

[*] Beim vorliegenden Text handelt es sich um eine Übersetzung des Aufsatzes „Remarques sur l'immortalité de l'âme de Spinoza", erschienen 1972 in: *Les Études Philosophiques*. Paris, 369–378. Wiederabgedruckt in Matheron 1986.

sie als notwendig aus der bloßen Definition eines anderen Dinges folgend begriffen wird, welches seinerseits im ersten Sinne ewig ist. Daraus lassen sich zwei evidente Schlüsse ziehen: Gott ist ohne Einschränkung ewig im ersten Sinne, die unendlichen Modi sind ohne Einschränkung ewig im zweiten Sinne.

Was die endlichen Modi betrifft, so haben sie immer noch im abgeleiteten Sinne *etwas Ewiges* an sich. Um das zu beweisen, bedarf es aber einer dreifachen Analyse. Erstens: Die endlichen Modi existieren auf zwei verschiedene Weisen. Wenn sie nur als in den Attributen Gottes enthalten begriffen werden, ist ihre Existenz unvollständig oder *unwirklich* (inactuelle); wenn sie dagegen als in den Attributen Gottes enthalten und außerdem als dauernd betrachtet werden, ist ihre Existenz vollständig oder *wirklich*. Die unvollständige Existenz läßt sich nicht auf eine bloße Möglichkeit reduzieren: Aus der Tatsache, daß das Wesen eines Dinges sich ohne Widerspruch aus dem entsprechenden göttlichen Attribut konstruieren läßt (oder, was auf das gleiche hinausläuft, daraus, daß das Ding denkbar ist), folgt nicht nur, daß das Ding existieren *kann*; es folgt daraus allein, daß es eines Tages, unter Absehung von jeglicher Beziehung auf äußere Ursachen, existieren *muß*. Das Wesen eines Dinges besteht in seinem Existieren-Müssen, oder in der Eigenschaft Gottes, es notwendig hervorzubringen. Dieses Wesen hat, für sich betrachtet, sehr wohl eine wirkliche Existenz, da das Attribut, dessen Eigenschaft es ist, selbst wirklich existiert. Und es hat eine wirkliche ewige Existenz, da diese aus der Definition Gottes folgt. Aber das Ding, dessen Wesen es ist, insofern es nur auf diese Weise existiert, *tendiert* erst zur Existenz: Gott muß es hervorbringen, aber er wird es erst dann hervorbringen, wenn gewisse Bedingungen zusammenkommen (1p28); inzwischen strebt er nur ewig danach. Die vollständige Existenz des Dinges besteht in der Verwirklichung dieser Tendenz. Diese erfolgt erst wenn und nur solange, als es der durch die anderen, schon verwirklichten endlichen Modi hergestellte Zusammenhang erlaubt. Erst dann sagt man, daß das Ding Dauer hat. Hieraus ergibt sich, wie M. Gueroult gezeigt hat (1968, 309–325), die Beziehung der endlichen Modi auf die unendlichen Modi: Der unmittelbare unendliche Modus ist die ewige Totalität der Wesen, das heißt, der ewigen tendierenden Existenzen; der vermittelte unendliche Modus ist die ewige Totalität der nicht ewigen, wirklichen Existenzen.

Zweitens aber läßt sich die wirkliche Existenz, je nachdem, welcher der beiden Kausalitätsarten, durch die sie bestimmt wird, der Vorzug gegeben wird, ebenfalls unter zwei Gesichtspunkten betrachten: unter dem Gesichtspunkt ihrer *eigentlichen Natur* oder unter dem ihrer *Dauer* (2p45s).

18. Bemerkungen zur Unsterblichkeit der Seele

Die Dauer oder das Fortbestehen eines dauernden Dinges, rein für sich betrachtet, ist eigentlich grenzenlos (2d5), doch werden ihr durch äußere Ursachen ein Anfang und ein Ende gesetzt. Wenn wir also von ihrer ontologischen Grundlage absehen und sie nur in bezug auf den phänomenalen Zusammenhang betrachten, dessen Determinismus uns entgeht, sind wir dazu verurteilt, sie als eine Art beliebig teilbare Quantität zu betrachten (2p45s). Die ontologische Grundlage ihrerseits wird von Spinoza geradewegs mit dem *conatus* identifiziert (2p45s). Was heißt eigentlich wirklich existieren? Es heißt handeln („Sein, handeln und leben, das heißt, wirklich existieren", 4p21), das zu tun, was aus unserer Natur folgt und dazu tendiert, diese zu erhalten. Wer nichts tut, ist nichts (1p36), und wer etwas tut, strebt danach, in seinem Sein zu verharren (3p6). Der *conatus* ist die ewige Kraft zu existieren, worin unser Wesen besteht, und dennoch ist er darüber hinaus auch etwas mehr: Er ist unser Wesen, aber *insofern* es, seiner ewigen Tendenz entsprechend, gewisse seiner Folgen (3p7 und 3p7dem) im vermittelten unendlichen Modus tatsächlich entfaltet. Dazu tendieren, sich zu verwirklichen, heißt für unser Wesen dazu tendieren, sich Affektionen zu geben, alle die Zustände, die mit seiner Natur verträglich sind, zu durchlaufen (3 def1 der Affekte, expl.), soweit es geht, alles zu tun, was es kann. Wirklich existieren heißt, diesbezüglich gänzlich oder teilweise erfolgreich zu sein. Erfolgreich sein heißt, weiterhin danach zu streben, erfolgreich zu sein, weil die Affektionen, insofern sie alle aus einem und demselben Wesen, dem sie nicht widersprechen können, folgen, ein kohärentes System bilden, das sich selbst hervorbringt und permanent reproduziert, solange keine äußere Störung es daran hindert (3p4 und 6). Ein selbstregulierendes System von Affektionen, rein ihrem Inhalt nach betrachtet, ohne Berücksichtigung ihrer Dauer: Das ist die „eigentliche Natur" unserer wirklichen Existenz.

Drittens ist diese „eigentliche Natur" auch wieder doppelt: Sie besteht aus einem passiven und einem aktiven Teil. Denn die äußeren Ursachen beschränken sich nicht darauf, unseren Affektionen eine Dauer zu gestatten, sie entstellen auch den Inhalt derselben. Einerseits durch Verstümmelung: Sie hindern unser Wesen daran, sich alle die Affektionen zu geben, die es sich geben würde, wenn es sich allein verwirklichen könnte. Auch die, die sie gewähren lassen, werden von ihnen abgewandelt und beschnitten (4p59dem1). Andererseits durch Verzerrung: Unter ihrem Einfluß erfolgen unsere Affektionen meist nach einer Ordnung, die für uns Unordnung ist, weil sie nicht aus den eigenen Gesetzen unserer Natur folgt. Das ist das Lösegeld, das wir für ihre Mitwirkung an der Erhaltung unserer Existenz zahlen. Aber Verzerrung und Verstümmelung sind nicht absolut universal. Sicher ist jede Affektion, rein für sich und als Ganzes genommen, passiv: Nichts widerfährt uns, was nicht das Anzeichen der Welt trüge. Andererseits aber ist jede Affektion in einer gewissen Hinsicht auch aktiv: hinsichtlich der Eigenschaften, die unserem Körper und allen anderen Körpern (2p38), oder manchmal einigen anderen Körpern, gemeinsam sind (2p39). Und es kommt auch vor, daß gewisse unserer Affektionen sich zu einer logischen Ordnung verknüpfen, die durch unsere eigenen Gesetze erklärbar ist (5p10). Auch wenn der Ausdruck nicht ganz berechtigt ist, kann man diese Verknüpfungen und diese Hinsichten als „aktive Affektionen" bezeichnen. Nun kann man fragen: Wird der Inhalt derselben, abgesehen von ihrer Dauer (d.h. abgesehen vom Augenblick ihrer Erscheinung und ihres Verschwindens und dem mehr oder weniger langen Zeitraum, innerhalb dessen sie sich manifestieren), nicht durch unser Wesen allein begriffen, welches seinerseits durch die bloße Natur des Attributs, aus dem es folgt, begriffen wird? Und bedeutet das nicht, da dieser Inhalt einen der beiden Bestandteile der „eigentlichen Natur" unserer wirklichen Existenz ausmacht, daß die Definition der Ewigkeit im zweiten, abgeleiteten Sinne in ihm eine Bestätigung hat? Sicherlich muß es paradox erscheinen, daß man der Ewigkeit etwas zuschreibt, was letztendlich verschwinden muß. Und tatsächlich, in der konkreten Realität ist der Inhalt unserer aktiven Affektionen von ihrer Dauer untrennbar: Die nicht denkenden Modi sind durch und durch sterblich. Dennoch, unter Berücksichtigung der Tatsache, daß es sich nur um eine Abstraktion handelt, bleibt es wahr, daß dieser Inhalt, als solcher und für sich allein betrachtet, überhaupt nicht mehr von den äußeren Ursachen abhängt. Es folgt daraus eine dritte Dichotomie, die genauso erschöpfend ist wie die erste, diesmal aber zwei Weisen, die Dinge „als wirklich" oder „als wahr oder real" (E5p29s) zu begreifen, betrifft: Die Dauer aller unserer (aktiven und passiven) Affektionen, sowie der Inhalt unserer passiven Affektionen, unterstehen der Kategorie der *gegenwärtigen wirklichen Existenz* (5p29) oder der Existenz „in ihrer Beziehung auf eine bestimmte Zeit und Örtlichkeit" (5p29s) betrachtet; unser Wesen und der Inhalt der daraus folgenden aktiven Affektionen unterstehen der *Kategorie der Ewigkeit* oder der Existenz als „in Gott enthalten und aus der Notwendigkeit der göttlichen Natur folgend" (ibid.) betrachtet. Somit leuchtet im Herzen dessen, was dauert, die Ewigkeit auf. Und da diese die Existenz selbst ist, insofern diese sich aus dem Wesen ableiten läßt, nimmt alle wirkliche Existenz daran teil.

18.2 Diese Teilnahme an der Ewigkeit ist, für sich genommen, noch nicht die Unsterblichkeit. Aber im Attribut des Denkens wird sie es. Denn *in diesem Attribut* ist das „ewige Etwas", welches alle wirkliche Existenz in sich verbirgt, nicht mehr nur das Resultat einer Abstraktion: Hier ist es wirklich unabhängig von der Dauer. Und das ohne irgendeinen Bruch im Parallelismus: Es genügt, die Bedeutung des letzteren gut zu verstehen. Man räsoniert oft so, als wenn dem Wesen des Körpers einfach das Wesen der Idee des Körpers und dem wirklich existierenden Körper die wirklich existierende Idee des Körpers entspräche, aber das ist nicht der Fall, und es verfälscht alles. Dem Wesen des Körpers entspricht die Idee des Wesens des Körpers, dem wirklich existierenden Körper die Idee des wirklich existierenden Körpers, und diese beiden Arten von Ideen sind eine wie die andere vollkommen wirklich. Es gibt wirklich in Gott eine Idee von seinem Wesen und von allem, was aus seinem Wesen folgt (2p3): von *allem*, das heißt, sowohl von den Wesen als auch von den Existenzen (5p22 und 5p22dem). Die Ordnung *dieser Ideen* ist es, die gleich sein muß der Ordnung des in ihnen Gedachten (2p7). Ob dieser „epistemologische" Parallelismus das Denken den anderen Attributen gegenüber privilegiert oder nicht, ist im Grunde genommen nur eine semantische Frage: Auf jeden Fall ist ja jedes Attribut durch seine besonderen Beschaffenheiten ausgezeichnet. Nehmen wir also den Spinozismus, wie er ist: Die Tätigkeit des Denkens besteht darin, Ideen hervorzubringen, die der Ausdehnung darin, Körper hervorzubringen. Und diese können nicht alle auf einmal hervorgebracht werden, während jene es können. Das wird Spinoza nicht mehr Schwierigkeiten bereitet haben als das Vermögen unseres Verstandes, die noch nicht oder nicht mehr existierenden Dinge zu begreifen. Und dennoch: Es ändert alles.

Nehmen wir zuerst, auf der Ebene des unmittelbaren unendlichen Modus, den Fall eines körperlichen, nicht verwirklichten Wesens. Solch ein Körper existiert laut Hypothese nur, insofern er im Attribut der Ausdehnung enthalten ist. Seine Idee existiert nur, insofern sie enthalten ist in der Idee der Ausdehnung, dem grundsätzlichen Element der Idee Gottes (2p8c), welches Spinoza an anderer Stelle dem unendlichen Verstande gleichsetzt (Ep. 64, G IV, 278). Anders gesagt, sie existiert in dem Maße, wie unsere adäquaten Ideen im Verstand existieren, nicht mehr und nicht weniger. Nun wird der Parallelismus sehr genau respektiert, und zwar auf zweifache Weise. Einerseits haben wir gesehen, daß das Wesen des Körpers, als Eigenschaft Gottes, diesen Körper eines Tages notwendig hervorbringen zu müssen, sich als solches – und nur als solches – einer wirklichen ewigen Existenz erfreut; es ist folglich normal, daß etwas ewig

Wirkliches ihm im Denken entspreche. Und dieses Korrelat, aus dem eben dargestellten Grund, ist nicht einfach die wirkliche Eigenschaft des Denkens, die Idee des Körpers hervorbringen zu müssen; es ist die wirkliche Idee der Eigenschaft der Ausdehnung, den Körper hervorbringen zu müssen. Zweifellos scheint Spinoza zumindest einmal zu sagen, daß die Idee eines nicht wirklich existierenden Dinges nicht existierend genannt werden könne (E2p11). Aber aus dem dortigen Zusammenhang sieht man deutlich, daß es sich um die Existenz der Idee *als Seele* handelt: Spinoza behauptet, daß unsere Seele nicht die Idee eines nicht existierenden Modus ist, weil, wenn dem so wäre, sie auch nicht existieren würde. Und in der Tat, die Idee des Wesens des Körpers, als solche und auf dieser Ebene, *ist noch nicht eine Seele*, genau wie die Ideen unseres Verstandes nicht Seelen sind. Aber dennoch *tendiert sie dazu*, es zu werden. So wie das Wesen des Körpers ewig danach strebt, seine Folgen hervorzubringen, indem es sich die Affektionen gibt, die es zu einem wirklich existierenden Körper machen werden, ebenso strebt die Idee des Wesens des Körpers ewig danach, ihre Folgen hervorzubringen, indem sie sich die Ideen von körperlichen Affektionen gibt, die sie zu der Idee eines wirklich existierenden Körpers machen werden. Auch von dieser Seite also verhält sich alles der Regel entsprechend: Die Idee des Wesens des Körpers ist tendenziell eine Seele, so wie das Wesen des Körpers selbst tendenziell ein Körper ist.

Was geschieht nun im vermittelten unendlichen Modus? Dieser, wie wir wissen, besteht aus der unendlichen Totalität aller wirklichen Existenzen; oder, was auf dasselbe hinausläuft, aus allen Affektionen, durch die alle einzelnen Wesen sich verwirklichen; oder, was gleichfalls auf dasselbe hinausläuft, aus allen Ereignissen, die im Universum stattfinden. Aber was ist an ihm ewig? Auf der Seite der Ausdehnung: seine gesamte Struktur oder *facies totius universi* (Ep. 64, G IV, 278) oder das System der universellen Naturgesetze. Und auf der Seite des Denkens? Die Idee dieses Gesetzessystems? Ohne Zweifel, aber darüber hinaus auch etwas anderes und wieder einmal aus demselben Grund: Wenn Gott aus der Idee der Ausdehnung unmittelbar die Ideen aller einzelnen körperlichen Wesen und ihrer jeweiligen Tendenzen, ihre Folgen zu verwirklichen, bildet (darin besteht in der Tat der unmittelbare unendliche Modus des Denkens), muß er dann nicht, mittelbar, die Idee der gesamten Ergebnisse aus allen diesen Tendenzen ableiten? Und was wären diese Ergebnisse, wenn nicht die Geschichte des Universums? Der vermittelte unendliche Modus des Denkens (die Idee, wenn man will, der wirklich existierenden Welt) wäre also nicht nur die ewige Idee der Gesetze, welche die unendliche Reihe der Ereignisse regieren, sondern auch die ewige Idee *dieser Reihe selbst*, bis in ihre kleinsten Details. Es ist nicht einsichtig, warum Gott, der ewig die Ideen der Dinge hat, deren Verwirklichung nur eine Zeitlang dauert, nicht genauso ewig die Ideen dessen bilden sollte, was ihnen während der Zeit, in der sie sich verwirklichen, zustößt: In der Ausdehnung kann nicht alles gleichzeitig geschehen, aber alles kann auf einmal begriffen werden. Wenn Gott die Ereignisse nur im Laufe ihres Sich-Ereignens begriffe, wäre sein Verstand in diesem Punkt dem unseren sehr unterlegen, denn wir verfügen immerhin über ein gewisses Vermögen der Vorsehung. Es gibt, in Gott, eine adäquate Idee von der Schlacht bei Waterloo und von jedem Bild, das während der Schlacht bei Waterloo auf den Körper von Fabrice einen Eindruck gemacht hat.

Aber es gibt keine Idee dessen, was passiert wäre, wenn Grouchy rechtzeitig eingetroffen wäre. Gott entwirft keine Fiktionen (TIE § 54, G II, 20). Er geht nicht vor wie Galileo, der eine wirkliche Bewegung aus einer Zusammensetzung imaginärer Variationen rekonstruierte. Er leitet nicht aus der Totalität der Wesen zunächst das ab, was jedes von ihnen in der Abwesenheit aller Hindernisse machen könnte, um danach aus der Zusammenstellung dieser virtuellen Handlungen auf das, was ihnen wirklich geschieht, zu schließen: Er schreitet geradewegs zum Resultat, ohne jeden Umweg über unmögliche „Möglichkeiten". Sein ewiger Verstand enthält nichts als die Attribute und deren tatsächliche Folgen (1p10): alle Wesen, alle wirklichen Affektionen dieser Wesen, aber sonst nichts.

Man sieht, was das für Konsequenzen hat für die verschiedenen Aspekte der wirklichen Existenz der endlichen Modi. Die ewige Idee der Totalität der Ereignisse, deren Dauer wie deren Inhalt, läßt sich von der ewigen Idee der Totalität der Wesen (oder des Wesens der Totalität) ableiten: Sie ist ewig als Folge darin enthalten, so wie die wahre Idee einer Eigenschaft des Kreises in der wahren Idee des Wesens des Kreises enthalten ist. Aber stellt sich dasselbe Verhältnis der Inklusion *auch* zwischen den entsprechenden Teilen dieser beiden unendlichen Ideen ein? In den meisten Fällen nicht: Die Deduktion der einen Totalität aus der anderen läßt sich nicht von Glied zu Glied durchführen. Es gibt in Gott eine ewige adäquate Idee der Dauer meiner aktiven und passiven Affekte. Diese Idee ist aber nicht insofern in Gott, als er die Idee des einzelnen Wesens meines Körpers hätte, denn sie leitet sich gleichzeitig von den Ideen aller Wesen ab, deren Handlungen die Grenzen dieser Dauer bestimmen (2p30dem); sie ist vielmehr insofern in Gott, als er die Idee der Totalität dieser Wesen hat. Es gibt in Gott auch eine ewige adäquate Idee des Inhalts meiner passiven Affekte, aber aus demselben Grund ist sie in ihm, insofern er die Idee der Totalität der körperlichen Wesen hat, deren verunstaltende

Handlungen zur Bestimmung dieses Inhalts beigetragen haben (2p28dem). Die ewige Idee von alledem, was in mir der Kategorie der „gegenwärtigen wirklichen Existenz" unterliegt, ist nicht in der ewigen Idee meines eigenen Wesens enthalten: Sie ist nur in der Idee des Wesens des Ganzen enthalten. Aber bezüglich der ewigen Idee des Inhalts meiner aktiven Affekte (in dem sehr präzisen Sinne, den wir diesem Ausdruck oben verliehen haben) ist die Lage ganz anders. Wenn sich von meinem Wesen ein Gesetz der Art „wenn A, dann B" ableiten läßt, und wenn tatsächlich eine Affektion B in meinem Körper auf eine Affektion A folgt, dann gibt es in Gott eine adäquate ewige Idee der Folge AB, da es sich in diesem Fall um ein „wahres oder reales" (2p11 und 29s) Ereignis handelt. Und da der Inhalt dieser Verknüpfung sich durch mein Wesen allein begreifen läßt, ist seine ewige adäquate Idee diesmal sehr wohl *in* der ewigen Idee dieses meines Wesens enthalten. Um sie zu bilden, bedarf Gott keineswegs des Rekurses auf die Ideen der anderen Wesen. Die ewige Idee dessen, was in meiner wirklichen Existenz der Kategorie der Ewigkeit unterliegt, steht zu der Idee meines Wesens in genau demselben Verhältnis wie der vermittelte unendliche Modus zu dem unmittelbaren unendlichen Modus des Denkens. Daraus ergibt sich die Lösung des Rätsels der Unsterblichkeit.

18.3 Es genügt nun, drei elementare Spinozistische Wahrheiten in Erinnerung zu rufen, um das Geheimnis zu lüften. Erstens, die wirklich existierende Seele ist die Idee eines wirklich existierenden Körpers (2p11 und 13); sie ist *nichts anderes* als die ewige Idee des Wesens des Körpers (5p23dem). Sie ist das, was diese Idee wird, wenn es ihr gelingt, sich die Ideen der Affektionen des Körpers zu geben, genau wie der wirklich existierende Körper das ist, was sein Wesen wird, wenn es ihm gelingt, sich Affektionen zu geben. Zweitens folgt daraus: Die Seele ist sich der Affektionen des Körpers bewußt (2p12). Aus der Tatsache, daß sie die Idee eines wirklich existierenden Dinges ist, folgt, daß sie eine Idee *ist*, die Ideen *hat*, und was heißt Ideen haben, wenn nicht sich dessen, wovon es Ideen sind, bewußt sein? Drittens, diese Ideen, die unsere Seele hat, sind zweierlei: erstens inadäquate Ideen von der Dauer all unserer Affektionen (2p30) und vom Inhalt unserer passiven Affektionen (2p28), allesamt verworrene Fragmente der Ideen, die Gott davon hat. Zweitens aber hat unsere Seele adäquate Ideen vom Inhalt unserer aktiven Affektionen: Diese sind gleich den Ideen, die Gott davon hat. Daraus folgt dreierlei:

Erstens, es gibt etwas in uns, was nicht stirbt (5p23): die Idee, daß wir ewig *sind*, mittels welcher Gott das ewige Wesen unseres Körpers begreift.

Das bedeutet noch nicht, daß *unsere Seele* unsterblich wäre, denn diese Idee, für sich selbst und nur auf der Ebene des unmittelbaren unendlichen Modus betrachtet, *tendiert* bloß dazu, eine Seele zu sein; sie ist es nicht wirklich. Noch bedeutet das, für sich allein genommen, daß diese Unsterblichkeit von Bewußtsein begleitet würde, denn diese Idee, die wir sind, *haben* wir nicht, wenigstens nicht unmittelbar. Wenn sie nach unserem Tod jeglicher Idee einer körperlichen Affektion entledigt wäre, wären wir immer noch da, aber wir hätten kein Bewußtsein. Es bleibt zu fragen, was es mit diesen zwei Punkten auf sich hat.

Zweitens kann man fragen: *Haben wir* gewisse Ideen in aller Ewigkeit? Zweifellos, denn aus allem vorhergehenden folgt deutlich, daß all unsre adäquaten Ideen und alles, was wir daraus ableiten, ewig in der ewigen Idee des Wesens unseres Körpers enthalten ist. Unsere inadäquaten Ideen werden verschwinden, wenn wir sterben (5p21), denn sie sind nur in uns, insofern unser Körper durch andere Körper affiziert ist. Wenn unser Wesen aufhört, sich zu aktualisieren, und im unmittelbaren unendlichen Modus der Ausdehnung auf seine ewige Einsamkeit reduziert ist[1], wird seine Idee die Ideen der Affektionen, die uns von außen her zukamen, nicht mehr enthalten. Die ewigen Ideen derselben hat es niemals enthalten, auch nicht in diesem Leben. Aber die Ideen desjenigen Teils unserer körperlichen Affektionen, der nicht durch äußere Ursachen hervorgebracht wurde, wird die Idee unseres Wesens immer enthalten, denn von ihm, und nur von ihm, leitet Gott sie ewig ab. Sie enthalten bedeutet aber, sie *haben*; und sie haben bedeutet, sich dessen bewußt sein, was in ihnen gedacht ist. Da wir diese ewige Idee *sind*, muß man wohl zugeben, daß wir jenseits von Geburt und Tod ein Bewußtsein haben von alledem, was wir in diesem Leben verstehen konnten (5p38).

Das mag merkwürdig erscheinen. Denn immerhin haben wir doch irgendwann anfangen müssen, das, was wir verstehen, zu verstehen. Hatten wir diese adäquaten Ideen, die, wie uns scheint, doch zu einem gewissen Zeitpunkt in unserem Geist entstanden sind, denn schon immer (vgl. 5p33s)? Ja, ohne Zweifel. Denn sie ließen sich schon immer von der Idee, die wir sind, ableiten. Nur haben wir sie nicht recht wahrgenommen, da die Verzerrung der Vorstellungskraft sie verdeckte. Unsere körperlichen Affektionen reihen sich durch Zufall in einer gewissen Ordnung aneinander, und die Vorstellungen, die sie ausdrücken, folgen derselben Ord-

---

1 Einsamkeit in dem Sinne, daß sie jegliche Interaktion zwischen den nicht aktualisierten Wesen ausschließt. Aber sie hindert diese Wesen nicht daran, ewig von innen zu kommunizieren; dasselbe gilt für ihre Ideen.

nung, die nicht die Ordnung des Verstandes ist und letztere verschleiert. Aber es kommt ein Zeitpunkt, zu dem unser Körper beginnt, seine Affektionen wenigstens zum Teil nach den Gesetzen seines Wesens verknüpfen zu können: Dann folgen unsere Vorstellungen ebenfalls dieser Ordnung, die diesmal der des Intellekts gleicht. Auf diese Art und Weise erhellen sich unsere klaren und deutlichen Ideen allmählich und scheinen somit eine nach der anderen im Laufe der Zeit zu entstehen (5p10). Sie waren aber von Anfang an da, wie sie vor der Geburt da waren und auch nach dem Tod da sein werden.

Aber nur jene. Es ist zwecklos zu wünschen, daß unsere Seele nach dem Verschwinden des Körpers neue Erkenntnis erlangen möge. Noch einmal: Gott begreift nur das, was ist. Insofern er die Idee des Wesens unseres Körpers hat, begreift er ewig nur den Inhalt unserer realen, aktiven Affektionen, nicht derjenigen, die wir uns hätten geben können, *wenn* günstigere Umstände es erlaubt hätten. Der ewigen Idee, die wir sind, kommt also in aller Ewigkeit nichts weiter zu als die adäquaten Ideen, die das Korrelat dieses Inhalts darstellen. Daher der Lehrsatz 39 des fünften Teils, angesichts dessen man sich oft gefragt hat, was er an dieser Stelle für eine Funktion hat, und der ja sehr genau die Tragweite und die Grenzen der Unsterblichkeit, wie Spinoza sie versteht, definiert: Unsere Teilnahme an der Ewigkeit steht in einem direkten Verhältnis zum Vermögen unseres Körpers, seine Affektionen der Herrschaft der eigenen Gesetze zu unterwerfen – authentisch *er selbst* zu sein, wenn man so will.

Drittens aber stellt sich die Frage: Ist diese Unsterblichkeit wirklich die der *Seele*? Mit anderen Worten, wenn die ewige Idee, die wir sind, nur auf ihre klaren und deutlichen Ideen reduziert wird, bleibt sie dann wirklich eine Seele, das heißt, die Idee eines wirklich existierenden Körpers? Es macht ganz den Anschein. Denn ein wirklich existierender Körper ist ein körperliches Wesen, das gewissen Affektionen unterliegt. Das ist hier sehr wohl der Fall. Die Idee unseres Wesens, insofern sie die Ideen des Inhalts unsrer aktiven Affektionen hat, ist die Idee eines affizierten Körpers, also eines wirklichen Körpers. Sicher begreifen wir diese Affektionen nach dem Tod nicht mehr „als wirklich" (5p21dem): Sie „als wirklich" zu begreifen hieße, sie im konkreten Zusammenhang zu begreifen, von dem sie faktisch untrennbar sind, d.h. im Zusammenhang ihrer Dauer, der passiven Affektionen, wovon sie nur Aspekte und Verknüpfungen von Aspekten sind. Aber kann man nicht etwas Wirkliches begreifen, ohne es *als* wirklich zu begreifen? Wenn ja, bleiben wir, wenigstens zum Teil, die Idee unseres wirklich existierenden Körpers, auch dann, wenn dieser Körper aufgehört hat, sich zu verwirklichen. Wir bleiben es mehr oder weniger, je nachdem, wie groß oder klein der aktive Teil unseres Lebens war. Das stellt keinen Widerspruch dar, wenn wir zugeben, daß Gott eine wirkliche Idee von unwiderruflich vergangenen Ereignissen hat. Wenn nicht, sind wir eine Idee, die zumindest bewußt bleibt, auch wenn sie nicht formell „Seele" genannt werden kann, und das ist ja wohl das wesentliche. Die Beschaffenheit des Stoffes ändert wenig daran.

Man kann es sicher bedauern, daß Spinoza diese Lehre von der Unsterblichkeit in sein System eingefügt hat. Man kann sich auch fragen, warum er das getan hat. Aber es ist eine Tatsache: Die Lehre ist da. Und sie verträgt sich mit dem System.

Postscriptum (2005)

Nach 35 Jahren bleibe ich mit dem Inhalt dieses Aufsatzes einverstanden, bis auf einen Punkt. Heute würde ich nicht mehr sagen, daß „der unmittelbare unendliche Modus die ewige Totalität der Wesen" ist (298). Eher würde ich für jedes Attribut behaupten, daß die Wesen aller endlichen Modi ewig in der Natur des unmittelbaren unendlichen Modus enthalten sind. Der unmittelbare unendliche Modus der Ausdehnung, schreibt Spinoza im Brief 64, ist Bewegung und Ruhe, und ich denke jetzt, anders als M. Gueroult, daß das wörtlich zu nehmen ist. Das aber, was die Natur dieses Paares, Bewegung und Ruhe, ausmacht, ist die unendliche Menge aller Gesetze ihrer möglichen Zusammensetzung, das heißt, aller Gesetze der physischen Natur. Nun ist das Wesen jedes endlichen Modus der Ausdehnung, das heißt jedes Körpers, eine endliche Teilmenge dieser Menge, die eine bestimmte Zusammensetzung von Bewegung und Ruhe festlegt. Folglich sind die Wesen aller Körper sehr wohl in der Natur selbst des Paares „Bewegung und Ruhe" enthalten. Ähnliches gilt für alle unbekannten Attribute. Abgesehen von dieser Richtigstellung scheint mir der Aufsatz nichts an Gültigkeit eingebüßt zu haben.

Literaturverzeichnis

1. Werkausgaben von Spinoza und Descartes

Spinoza Opera, hrsg. von Carl Gebhardt. 4 Bde., Heidelberg 1924–26. Nachdruck 1973, Ergänzungsband V 1987. [Zit. als G I–IV]
Descartes, René 1981ff.: Œuvres, hg. Ch. Adam und P. Tannery (= AT), „nouvelle présentation", Paris

2. Einzelausgaben von Spinozas Werken, Übersetzungen in moderne Sprachen

Sämtliche Werke, Hamburg
Bd. 1: Kurze Abhandlung von Gott, dem Menschen und dessen Glück. Hrsg. von Wolfgang Bartuschat [= KV]
Bd. 2: Ethik in geometrischer Ordnung dargestellt. Lat.-dt., neu übers. und hrsg. von Wolfgang Bartuschat. 1999 [sämtliche deutschen Zitate im vorliegenden Band stammen, wo es nicht anders vermerkt ist, aus dieser Ausgabe]
Bd. 3: Theologisch-politischer Traktat. Hrsg. von G. Gawlick, 3. Auflage 1994 [= TTP]
Bd. 4: Descartes' Prinzipien auf geometrische Weise begründet mit dem Anhang, enthaltend metaphysische Gedanken. Hrsg. von Wolfgang Bartuschat. 2. Auflage 1987 [= PPC]
Bd. 5.1: Abhandlung über die Verbesserung des Verstandes. Lat.-dt., neu übers. und hrsg. von Wolfgang Bartuschat. 1993 [= TIE]
Bd. 5.2: Politischer Traktat. Lat.-dt., neu übers. und hrsg. von Wolfgang Bartuschat. 1994 [= TP]
Bd. 6: Briefwechsel. Hrsg. von Manfred Walther. 3. Aufl. 1987 [= Ep.]
Traktatus Theologico-Politicus. Lat.-dt. Hrsg. von Günter Gawlick und Friedrich Niewöhner. Darmstadt. 2. Aufl. 1989
The Collected Works of Spinoza. Edited and Translated by Edwin Curley. Vol. 1. Princeton 1985. [Enthält KV, PPC, TIE, einige Briefe sowie die Ethica]
Éthique. Texte original et traduction nouvelle par Bernard Pautrat. Paris 1988

3. Bibliographien, Hilfsmittel, Zeitschriften und Reihen

Barbone, Steven und Rice, Lee 1997: Spinoza Bibliography: 1991–1995. In: North American Spinoza Society Nass Monograph 5, 3–45
Barbone, Steven and Rice, Lee 1997: Spinoza Bibliography 1990. In: North American Spinoza Society Nass Monograph 6
Bulletin de bibliographie spinoziste 1979ff.: In: Archives de philosophie 42ff. (Siehe auch http://www.cerphi.net/bbs/bbsf.htm)
Spinoza-Bibliographie 2000: Siehe unter http://www.spinoza-gesellschaft.de/spin200.html
Préposiet, J. 1973: Bibliographie spinoziste. Paris
Van der Werf, Theo et. al. 1984: A Spinoza bibliography 1971–1983. Leiden
Giancotti-Boscherini, Emilia 1970: Lexikon Spinozanum. 2 Bde. Den Haag

Guéret, M. et. al 1977: Spinoza, Ethica. Concordance, index verborum, liste de fréquences, tables comparative. Louvain-la-Neuve 1977
Ramond, Charles 1999: Le vocabulaire de Spinoza. Paris
Cahiers Spinoza 1977ff.: Paris
Chronicon Spinozanum Bd. 1-5., 1921-1927: Den Haag
Mededelingen vanweg het Spinozahuis 1934ff.: Leiden
Studia Spinozana 1985ff.: Alling (1985-1987), Würzburg (ff.)
Schriftenreihe der Spinoza-Gesellschaft 1992ff.: Würzburg

4. Gesamtdarstellungen, Einführungen, Kommentare

Allison, Henry E. 1977/1987: Benedict de Spinoza: An Introduction. New Haven/London. Revised Edition 1987
Alquié, Ferdinand ²1991: Le rationalisme de Spinoza, Paris
Alquié, Ferdinand 2003: Leçons sur Spinoza. Nature et vérité dans la philosophie de Spinoza. Servitude et liberté selon Spinoza, Paris
Bartuschat, Wolfgang 1988: Baruch de Spinoza. In: Grundriss der Geschichte der Philosophie begründet von Friedrich Ueberweg. Völlig neubearbeitet Ausgabe. Die Philosophie des 17. Jahrhunderts Bd. 2. Basel, 892-969
Bartuschat, Wolfgang 1992: Spinozas Theorie des Menschen. Hamburg
Bartuschat, Wolfgang 1996: Baruch de Spinoza. München
Bennett, Jonathan 1984: A Study of Spinoza's Ethics. Indianapolis
Caird, John 1988: Spinoza. Edinburgh/London
Cramer, Wolfgang 1966: Spinozas Philosophie des Absoluten. Frankfurt
Cristofolini, Paolo 1996: Spinoza. Chemins dans l',Éthique'. Paris
Curley, Edwin 1969: Spinoza's Metaphysics. An Essay in Interpretation. Cambridge/MA
Curley, Edwin 1988: Behind the Geometrical Method: A Reading of Spinoza's Ethics. Princeton
Delahunty, R. J. 1985: Spinoza. London
Delbos, Victor 1893: Le problème moral dans la philosophie de Spinoza et dans l'histoire du Spinozisme. Paris (Wiederabgedruckt Hildesheim 1988)
Donagan, Alan 1988: Spinoza. New Jersey
Fischer, Kuno 1897: Spinozas Leben, Werke und Lehre, Heidelberg
Gueroult, Martial 1964: Spinoza. Vol I: Dieu (Ethique I). Paris
- 1974: Spinoza. Vol II: L'âme (Ethique II). Paris
Hallett, H. F. 1962: Creation, Emanation and Salvation. A Spinozistic Study, Den Haag
Hampe, Michael 2004: Rationale Selbstbefreiung: Baruch de Spinoza. In: Beckermann, Ansgar und Perler, Dominik (Hrsg.): Klassiker der Philosophie heute, Stuttgart, 230-252
Hammacher, Klaus 1979: Baruch de Spinoza: Gewißheit in Erkenntnis und Handeln. In: Speck, Josef (Hrsg.) 1979: Grundprobleme der großen Philosophen. Philosophie der Neuzeit I. Göttingen, 101-132
Hampshire, Stuart 1951: Spinoza. Harmondsworth 1951. Wiederabgedruckt in ders. 2005
Hampshire, Stuart 2005: Spinoza and Spinozism. Oxford
Harris, Errol E. 1973: Salvation from despair. A reappraisal of Spinoza's philosophy. Den Haag
Hubbeling, Hubertus G. 1978: Spinoza, München
Joachim, Harold H. 1901: A Study of the Ethics of Spinoza. Oxford

Joachim, Harold H. 1940: Spinoza's Tractatus de Intellectus Emendatione: A Commentary. Oxford
Lloyd, Geneviève 1996: Spinoza and the Ethics. London/New York
Wetlesen, Jon 1979: The Sage and the Way. Spinoza's Ethics of Freedom. Assen
Macherey, Pierre 1998: Introduction à l'Éthique de Spinoza. La première partie – La nature des choses. Paris
- 1997a: Introduction à l'Éthique de Spinoza. La deuxième partie – La vie mentale. Paris
- 1995a: Introduction à l'Éthique de Spinoza. La troisième partie – La vie affective. Paris
- 1997b: Introduction à l'Éthique de Spinoza. La quatrième partie – La condition humaine. Paris
- 1995b: Introduction à l'Éthique de Spinoza. La cinquième partie – Les voies de la libération. Paris
Moreau, Pierre-François 1994: Spinoza. Versuch über die Anstössigkeit seines Denkens. Frankfurt/M.
Pollock, Frederick 1899: Spinoza: His Life and Philosophy. London (2. Aufl.)
Röd, Wolfgang 2002: Benedictus des Spinoza. Eine Einführung. Stuttgart
Seidel, Helmut 1994: Spinoza zur Einführung. Hamburg
Walther, Manfred 2002: Baruch de Spinoza: Ethik, in: Brandt, Reinhard und Sturm, Thomas: Klassische Werke der Philosophie. Von Aristoteles bis Habermas. Leipzig, 71–97
Wolfson, Harry Austryn 1934: The Philosophy of Spinoza. 2 Bde. Harvard. (Wiederabgedruckt beide Bände in einem 1958 Cleveland/New York)

5. Sammelbände

Balibar, Etienne; Seidel, Helmut und Walther, Manfred (Hrsg.) 1993: Freiheit und Notwendigkeit. Ethische und politische Aspekte, Würzburg
Chappell, Vere (Hrsg.) 1992: Essays on early modern philosophers. Bd. 10: Baruch de Spinoza, New York/London
Bubner, Rüdiger; Cramer, Konrad; Wiehl, Reiner (Hrsg.) 1977: Spinoza 1677–1977. Neue Hefte für Philosophie 12. Göttingen
Curley, Edwin und Moreau, Pierre-François (Hrsg.) 1990: Spinoza: Issues and Directions. Leiden
Czelinski, Michael; Kisser, Thomas; Schnepf, Robert; Senn, Marcel; Stenzel, Jürgen (Hrsg.) 2003: Transformation der Metaphysik in die Moderne. Zur Gegenwärtigkeit der theoretischen und praktischen Philosophie Spinozas. Würzburg
Domínguez Atilano (Hrsg.) 1992: La ética de Spinoza, Fundamentos y Significado (Actas del Congreso Internacional: Almagro 1990), Ciudad Real
Engstler, Achim und Schnepf, Robert (Hrsg.) 2002: Affekte und Ethik: Spinozas Lehre im Kontext. Hildesheim
Freeman, Eugene und Mandelbaum, Maurice (Hrsg.) 1975: Spinoza. Essays in Interpretation. Illinois
Garrett, Don (Hrsg.) 1996: The Cambridge Companion to Spinoza. Cambridge
Gennaro, R. J. und Huenemann, Ch. (Hrsg.) 1999: New Essays on the Rationalists. Oxford/New York
Grene, Marjorie (Hrsg.) 1973: Spinoza. A Collection of Critical Essays. Notre Dame/Indiana
Grene, Marjorie und Nails, Debra (Hrsg.) 1986: Spinoza and the Sciences. Dordrecht

Hammacher, Klaus; Reimers-Tovota, Irmela und Walther, Manfred (Hrsg.) 2000: Zur Aktualität der Ethik Spinozas, Würzburg
Kashap, Paul S. (Hrsg.) 1972: Studies in Spinoza. Critical and Interpretive Essays. Berkeley/Los Angeles
Kennington, Robert (Hrsg.) 1980: The Philosophy of Baruch Spinoza. Studies in Philosophy and the History in Philosophy, vol. 7. Washington/DC
Koistinen, Olli und Biro, John (Hrsg.) 2002: Spinoza: Metaphysical Themes. New York
Lazzeri, Christian (Hrsg.) 1999: Spinoza: puissance et impuissance de la raison. Paris
Negri, Antonio 1981: Die wilde Anomalie. Spinozas Entwurf einer freien Gesellschaft. Aus dem Italienischen von Werner Raith. Berlin
Segal, Gideon und Yovel, Yirmiyahu (Hrsg.) 2002: Spinoza. (The International Library of Critical Essays in the History of Philosophy). Darmouth
Senn, Marcel und Walther, Manfred 2001: Ethik, Recht und Politik bei Spinoza. Zürich
Synthese 37/1, 1977: Dordrecht
Vinciguerra, Lorenzo (Hrsg.) 2001: Quel avenir pour Spinoza? Paris
Wetlesen, Jon (Hrsg.) 1977: Spinoza's Philosophy of Man. Proceedings of the Scandinavian Spinoza Symposium. Oslo u.a.
Wilbur, J. B. (Hrsg.) 1976: Spinoza's Metaphysics: Essays in Critical Appreciation. Assen
Yovel, Yirmiyahu (Hrsg.) 1991: God and Nature: Spinoza's Metaphysics. Leiden
– (Hrsg.) 1994: Spinoza on Knowledge and the Human Mind. Papers Presented at the Second Jerusalem Conference. Leiden u.a.
– (Hrsg.) 1999: Desire and Affect. Spinoza as Psychologist. New York
– und Segal, Gideon (Hrsg.) 2004: Spinoza on Reason and the „Free Man". New York

6. Themenbezogene Monographien und Aufsätze

Amann, Francis 2000: Ganzes und Teil. Wahrheit und Erkennen bei Spinoza, Würzburg
Bartuschat, Wolfgang 1994: The Infinite Intellect and Human Knowledge. In: Yovel (Hrsg.), 187–208
Balibar, Etienne 1990: Causalité, individualité, substance: Réflexion sur l'ontologie de Spinoza. In: Curley/Moreau (Hrsg.), 58–76
Bove, Laurent 1996: La stratégie du conatus. Affirmation et résistance chez Spinoza, Paris
Brandom, Robert 1976: Adequacy and the Individuation of Ideas in Spinoza's Ethics. In: Journal of the History of Philosophy, 147–162
Cramer, Konrad 1999: Spinoza's Refutation of Interactionism: Remarks on Proposition 2 of Part III of Spinoza's ‚Ethics'. In: Yovel (Hrsg.), 25–43
De Deugd, C. 1966: The Significance of Spinoza's First Kind of Knowledge. Assen
De Dijn, Herman 1996: Spinoza. The Way to Wisdom, West-Lafayette/Indiana
Deleuze, Gilles 1969: Spinoza et le problème de l'expression. Paris. (Dt.: Spinoza und das Problem des Ausdrucks in der Philosophie. Übers. von U. J. Schneider, München 1993)
Deleuze, Gilles 1981: Spinoza. Philosophie pratique. Paris (Dt.: Praktische Philosophie. Übers. von Hedwig Linden. Berlin 1988)
Della Rocca, Michael 1996: Representation and the Mind-Body Problem in Spinoza. New York
Den Uyl, Douglas J. 1983: Power, State, and Freedom. An Interpretation of Spinoza's Political Philosophy. Assen
Garrett, Don 1999: Teleology in Spinoza and Early Modern Rationalism. In: Gennaro/ Huenemann (Hrsg.), 310–335.

- 2002: Spinoza's Conatus Argument. In: Koistinen/Biro (Hrsg.), 127–58
Hecker, Konrad 1977: Spinozas Ontologie der Körperwelt. In: Zeitschrift für philosophische Forschung 31, 597–617
Hecker, Konrad 1975: Gesellschaftliche Wirklichkeit und Vernunft in der Philosophie Spinozas. Regensburg
Jarrett, Charles E. 1978: The logical structure of Spinoza's Ethics, Part 1. In: Synthese 37, 15–65
- 1982: On the Rejection of Spinozistic Dualism in the Ethics. In: The Southern Journal of Philosophy 20: 153–175
- 1991: Spinoza's Denial of Mind-Body Interaction and the Explanation of Human Action. In: The Southern Journal of Philosophy 29, 465–485
Kisser, Thomas 1998, Selbstbewusstsein und Interaktion. Spinozas Theorie der Individualität, Würzburg
Macherey, Pierre 1990: Hegel ou Spinoza. Paris
Mason, Richard 1997: The God of Spinoza. A Philosophical Study. Cambridge/New York
Matheron, Alexandre 1969: Individu et communauté chez Spinoza. Paris
Matheron, Alexandre 1986: Anthropologie et politique au XVIIe siècle. Ètudes sur Spinoza. Paris
Moreau, Pierre-François 1994: Spinoza. L'expérience et l'éternité. Paris
Moreau, Pierre-François 2005: Spinoza. État et Religion. Lyon
Naess, Arne 1975: Freedom, Emotion and Self-subsistence. The Structure of a Central Part of Spinoza's Ethics. Oslo u.a.
Parkinson, G. H. R. 1954: Spinoza's Theory of Knowledge, Oxford
Rice, Lee 1990: Reflexive Ideas in Spinoza. In: Journal of the History of Philosophy 28, 201–211
Schnepf, Robert 1996: Metaphysik im ersten Teil der Ethica. Würzburg
Schrijvers, Michael 1989: Spinozas Affektenlehre. Bern/Stuttgart
Schütt, Hans-Peter 1985: Spinozas Konzeption der Modalitäten. In: Neue Hefte für Philosophie 24/25, 165–183
Sprigge, T. L. S. 1997: Spinoza and Indexicals. In: Inquiry 40, 3–22
Steenbakkers, Piet 1994: Spinoza's Ethica from manuscript to print. Studies on text, form and related topics. Louvain
Walther, Manfred 1971: Metaphysik als Anti-Theologie. Die Philosophie Spinozas im Zusammenhang der religionsphilosophischen Problematik. Hamburg
Wiehl, Reiner 1983: Die Vernunft der menschlichen Unvernunft. Hamburg
Wilson, Margaret D. 1980: Objects, Ideas and Mind. Comment on Spinozas Theory of Mind. In: Kennington (Hrsg.), 103–120. (Wiederabgedruckt in dies. 1999, 126–140)
- 1991: Spinoza's Causal Axiom (Ethics I, Axiom 4). In: Yovel (Hrsg.), 133–160. (Wiederabgedruckt in dies. 1999, 141–165)
- 1992: Infinite Understanding, Scientia Intuitiva, and Ethics I.16. In: Chappell (Hrsg.), 397–408. (Wiederabgedruckt in dies. 1999, 166–177)
- 1999: Ideas and Mechanism. Essays on Early Modern Philosophy. Princeton
Yoshida, Kazuhiko 2004: Vernunft und Affektivität. Untersuchungen zur Spinozas Theorie der Politik. Würzburg
Zac, Sylvain 1963: L'idée de vie dans la philosophie de Spinoza. Paris
Zourabichvili, François 2002: Spinoza. Une physique de la pensée. Paris

7. Historische Hintergründe von Spinozas Philosophie, Biographie

Albiac, Gabriel 1988: La sinagoga vacia. Un estudio de las fuentes marranos del espinosismo. Madrid (frz. La synagogue vide. Paris 1994)
Brykman, Geneviève 1972: La judéité de Spinoza. Paris
Freudenthal, J. 1904: Spinoza. Sein Leben und seine Lehre. 2 Bde. Stuttgart
– 1887: Spinoza und die Scholastik. Philosophische Aufsätze. Eduard Zeller zu seinem 50jährigen Doctor-Jubiläum gewidmet. Leibzig, 83–138
Gaukroger, Stephen und Schuster, John 2002: The Hydrostatic Paradox and the Origins of Cartesian Dynamics. In: Studies in History and Philosophy of Science, vol. 33 (2002), 535–72
Gaukroger, S.; Schuster, J. und Sutton, J. (Hrsg.) 2000: Descartes' Natural Philosophy. London/New York, 81–112
Lazièche-Rey, Pierre 1932: Les origines cartésiennes du dieu de Spinoza. Paris
Mechoulan, Henry 1990: Amsterdam au temps de Spinoza. Paris
Meinsma, K. O. 1896. Spinoza een zijn kring. Den Haag (dt. 1909: Spinoza und sein Kreis. Historisch-kritische Studien über holländische Freigeister. Berlin)
Nadler, Steven 1999: Spinoza. A Life, Cambridge: Cambridge
Rousset, Bernard 1996: Spinoza. Lecteur des *Objections* faites aux *Méditations* de Descartes et de ses Réponses. Paris
Van Bunge, Wiep 2001: From Stevin to Spinoza. An Essay on Philosophy in the Seventeenth-Century Dutch Republic. Leiden u.a.
Vries, Theun de 1990: Baruch de Spinoza mit Selbstzeugnissen und Bilddokumenten
Walther, Manfred (Hrsg.) 1998: Lebensbeschreibungen und Dokumente. Hrsg. von Manfred Walther. Vermehrte Neuausgabe (= Bd. 7 von Sämtliche Werke, Hamburg)

8. Zur Wirkungsgeschichte
(vgl. dazu auch die Literaturangaben zur Einleitung)

Altwicker, Norbert (Hrsg.) 1971: Texte zur Geschichte des Spinozismus. Darmstadt
Bayle, Pierre 2003: Historisches und kritisches Wörterbuch. Artikel „Spinoza". Hrsg. Günter Gawlick und Lothar Kreimendahl. Darmstadt 2003, 359–439
Bayle, Pierre 1983/1698: Écrits sur Spinoza. Hrsg. von Françoise Charles-Daubert und Pierre-François Moreau. Paris
Damasio, Antonio R. 1994: Descartes' Error: Emotion, Reason, and the Human Brain. New York. (Dt. 1999: Ich fühle, also bin ich. Die Entschlüsselung des Bewusstseins. Übersetzt von Hainer Kober. München)
Damasio, Antonio 2003: Looking for Spinoza: Joy, Sorrow, and the Human Brain. New York (Dt. 2005: Der Spinoza-Effekt. Wie Gefühle unser Leben bestimmen. Frankfurt)
Delf, Hanna; Schoeps, Julian H.; Walther, Manfred (Hrsg.) 1994: Spinoza in der europäischen Geistesgeschichte. Berlin
Goetschel, Willi 2004: Mendelssohn, Lessing, and Heine. Madison/Wis. u.a.
Erschienen: Madison, Wis. [u.a.]: Univ. of Wisconsin Press, 2004
Schriftenreihe: Studies in German Jewish cultural history and literature
Hegel, Georg Wilhelm Friedrich 1817/1971: Spinoza. In: ders. Vorlesungen über die Geschichte der Philosophie. Neuere Philosophie. Die Periode der Metaphysik. Frankfurt, 157–196

Heidelberger, Michael 1993: Die innere Seite der Natur. Gustav Theodor Fechners wissenschaftlich-philosophische Weltauffassung. Frankfurt
Israel, Jonathan 2001: Radical Enlightenment. Philosophy and the Making of Modernity 1650–1750. Oxford
Jacobi, Friedrich Heinrich 1998: Schriften zum Spinozastreit (Werke, Gesamtausgabe Bd. I,1). Hrsg. v. Irmgard-Maria Piske und Klaus Hammacher, Hamburg/Stuttgart/Bad-Cannstatt
Otto, Rüdiger 1994: Studien zur Spinozarezeption in Deutschland im 18. Jahrhundert. Frankfurt/M
Schröder, Winfried 1987: Spinoza in der deutschen Frühaufklärung. Würzburg
Schürmann, E; Waszek, N. und Weinrich, F. (Hrsg.) 2002: Spinoza im Deutschland des achtzehnten Jahrhundert, Stuttgart/Bad Cannstatt
Walther, Manfred (Hrsg.) 1992: Spinoza und der deutsche Idealismus. Würzburg

Personenregister

Adorno, Th. W. 8
Alanen, L. 62
Alexander, S. 10
Allison, H. E. 92, 94
Alquié, F. 138
Althusser, L. 9, 11f.
Amann, F. 55, 139, 141, 172, 181
Aristoteles 94, 102, 119f., 123, 126, 128, 284
Augustinus 155

Baron, H. 235
Bartuschat, W. 3, 40, 49, 51, 55, 74, 88, 105, 107, 134, 136, 139–143, 163, 178, 209, 220, 231, 268, 272, 279f., 292
Bayle, P. 9, 94, 102
Bennett, J. 11, 38, 49, 60, 66, 68, 74, 107, 110, 141, 162f., 165, 170, 172, 208, 267, 276
Berlin, I. 78f.
Berning, M. 45
Blumenberg, H. 155
Blumenstock, K. 146
Blyenbergh, W. v. 3, 243
Bodin, J. 226
Bouveresse, R. 118
Bove, L. 38
Bradley, F. H. 10
Brandom, R. B. 68
Brentano, F. 182
Bruno, G. 123
Burgh, A. 1
Burke, E. 231
Bush, G. 67
Bush, G. W. 67

Caird, J. 10
Carriero, J. 18, 68
Cheneval, F. 230
Cicero 154
Clarke, S. 23
Clinton, B. 67
Comte, A. 258
Cook, Th. 16, 275
Courtenay, W. J. 62

Cousin, V. 10
Curley, E. 154, 156, 161, 170, 208, 268

Damasio, A. 81, 95, 98, 206
Dante 155
Davidson, D. 12
De Dijn, H. 143, 268, 270f., 280f.
Delahunty, R. 90
Deleuze, G. 11f., 38, 49, 141f., 285
Della Rocca, M. 64f., 91, 102, 110, 156, 163, 172, 205
Dembski, W. 207
Descartes, R. 3, 6, 19f., 20, 22, 27–29, 40f., 43–45, 61–64, 81–84, 88–91, 93, 98, 102, 104f., 108f., 116, 120, 123–130, 134, 145, 156, 183, 186, 194, 198, 208, 267, 270, 280, 283
Dewey, J. 207
Diogenes Laertius 154
Domínguez, A. 237
Donagan, A. 272
Dubois-Reymond, E. 96
Duns Scotus 64, 155, 285

Ehrhardt, W. E. 9
Einstein, A. 10–12, 98
Ellsiepen, Ch. 82, 134, 140, 142f., 146–148
Enden, F. v. d. 3f.
Euklid 3, 146
Euler, L. 131

Fechner, G. Th. 10, 95–98
Feigl, H. 95, 98
Fichte 9
Fischer, K. 4
Folkers, H.
Frankena, W. K. 212
Frankfurt, H. 12
Freud, S. 10, 12, 187, 197

Gabbey, A. 38, 40, 47f.
Galilei, G. 123, 129f., 152, 303
Garber, D. 40
Garrett, A. 142

Garrett, D. 18, 28, 68, 70, 74, 153, 163, 170, 276
Gaukroger, S. 124, 135
Gebhardt, C. 11, 60, 74f., 268, 292
Gilead, A. 138
Glüer, K. 12
Goethe, J. W. v. 9
Goldenbaum, U. 4, 9, 11
Graukroger, S. 40
Gueroult, M. 11f., 38, 54f., 105, 107, 133, 139, 141–143, 145, 147f., 298, 307
Guicciardini, N. 125

Hacking, I. 258
Hagner, M. 10
Hallett, H. F. 113
Hampe, M. 255, 257f., 261
Hampshire, S. 12, 203
Hartbecke, K. 102
Hartmann, E. v. 208f.
Hastedt, H. 206
Heerich, Th. 11, 229
Hegel, G. W. F. 9, 95, 102, 252
Heidegger, M. 260
Heidelberger, M. 10, 95, 98
Heller, H. 11
Herder, J. G. 9
Hobbes, Th. 104f., 108, 154f., 186, 200, 209, 218, 227f., 231
Honnefelder, L. 285
Horkheimer, M. 8
Hubbeling, H. G. 143
Hume, D. 79
Huygens, C. 125, 129f.

Israel, J. I. 4f., 94

Jacobi, J. H. 9, 137f.
Jacobs, H. 282
Jaquet, C. 118, 148
Jarrett, C. 11f., 210
Joachim, H. H. 10
Jonas, H. 160
Jonge, E. d. 209

Kant, I. 219, 222, 230, 258
Kelson, H. 11
Kierkegaard, S. 12f.
Kisser, Th. 148, 254

Klever, W. 3
Kneale, M. 272
Knuuttila, S. 62
Kronauer, U. 259
Kuntze, J. E. 95

Lagrée, J. 3
Lange, F. A. 96
Lauermann, M. 11
Leibniz, G. W. 4, 5, 23, 25, 88, 96, 255
Lessing, G. E. 9
Lévy, L. 114
Lloyd, G. 205
Löw, R. 207
Luhmann, N. 11

Mach, E. 98
Macherey, P. 9, 49, 176, 179, 200f., 216f., 252, 268, 271f., 277f., 281
Machiavelli, N. 235
Madanes, L. 234
Malebranche, N. 102
Malinowski-Charles, S. 197
Manning, R. N. 208
Mascarenhas, V. 92–95
Mason, R. V. 41, 60, 68, 76, 280
Marx, K. 12f.
Matheron, A. 11, 38, 118, 133, 146, 216, 218, 225, 254, 261, 269, 271, 279f., 297
Matson, W. 168
McLaughlin, P. 40, 127
McTaggert, J. E. M. 10
Mendelssohn, M. 9
Mersenne, M. 62
Meyer, L. 75
Montaigne, M. d. 260
Moreau, P.-F. 3, 10, 119, 219
Morteira, S. 155
Müller, J. 10

Nadler, S. 4, 272
Naes, A. 11f., 209f.
Nietzsche, F. 10

Odegard, D. 113
Oken, L. 95
Oldenburg, H. 60, 76
Otto, R. 4
Overbeck, F. 10

Parkinson, G. H. R.   111, 139, 143, 256
Paty, M.   11
Pauen, M.   77, 94, 96
Peirce, C. S.   261
Perler, D.   63, 261
Perry, R. B.   210f.
Platon   123
Pollock   154, 156
Polanyi, M.   116
Preuß, H.   224

Radner, D.   17
Randi, E.   62
Regan, T.   209
Reisinger, P.   28
Renz, U.   110, 261
Rice, L. C.   170, 220
Riehl, A.   95, 98
Röd, W.   94, 143
Rodis-Lewis, G.   279
Rohs, P.   38
Rorty, A.   270
Rorty, R.   13
Rothenberg, D.   209
Rousset, B.   105
Ruse, M.   207

Schelling, F. W. J.   95, 261
Schiller, F.   9
Schlick, M.   98
Schmidt, W.   145
Schmitt, C.   11, 231
Schmitt, E.   22
Schneider, U. J.   133
Schnepf, R.   5, 42f., 46, 107, 142
Schröder, W.   4
Schuller, G. H.   39, 118
Schuster, J.   124
Schütt, H.-P.   73
Schweitzer, A.   210

Searle, J.   171
Seneca   167
Senn, M.   11
Sepper, D. L.   45
Sokrates   202
Spaemann, R.   207
Steenbakkers, P.   5
Stephan, A.   96
Strawson, P.   12

Taylor, P. W.   20
Telesio, B.   123, 155
Thomas v. Aquin   67, 102, 155
Timm, H.   9
Tschirnhaus, E. W. v.   39, 41, 43

Ueno, O.   227
Ulrichs, D.   282

Verbeek, T.   126

Walski, G.   67, 74f., 107
Walther, M.   4, 9, 11, 60, 136, 215f.
Walz, G. A.   229
Westfall, R. S.   125
Wetlesen, J.   275, 281
Wiehl, R.   258
Wieland, C. M.   9
Williams, B.   13
Wilson, M. D.   106, 110, 138–140, 143f., 172
Wittgenstein, L.   86
Wolf, J.-C.   107, 201, 203, 205, 208
Wolfson, H. A.   37, 41, 43, 49, 155

Yoshida, K.   252
Yovel, Y.   40, 55, 161

Zeltner, H.   95
Zourabichvili, F.   119

Sachregister

Aberglaube 188, 207
Abhängigkeit 7, 179, 198, 200f., 203, 210, 217, 242
Achtung 228, 262
Adäquatheit 133–135, 138f., 145f., 147, 181
Affekt 6–8, 13, 77f., 141f., 148, 152f., 168f., 171–195, 197–199, 201, 204–206, 211–213, 215–219, 221, 225, 228, 231, 233, 240, 243f., 246f., 251–253, 259f., 263f., 267–270, 274–277, 280f., 286–293, 299
– Genese der 7
Affektenlehre 1, 5, 7, 10, 170, 213, 217, 283, 289f.
Affektion 23, 112–115, 136, 139, 144, 147, 149, 171, 174f., 179, 193, 288, 291, 299f., 302–306
–, aktive 189f., 193, 206, 274, 304, 306
–, passive 141, 205, 274, 303f., 305
Affektnachahmung 215f., 225, 228
Ähnlichkeit 86, 175, 180, 186, 259
– Prinzip der 186
Aktivität (actio) 41, 53, 89f., 96, 104, 148, 153, 161, 166, 176, 182, 203, 242–245, 247–249, 251f., 273, 278, 280, 289, 293
Allgemeines 242, 246, 253–255
Allgemeinbegriff 136, 142, 254f., 257, 261–263
Allianz 229f.
Allmacht 62
–, absolute 62f.
–, geordnete 62
Amor 173, 176f., 272f.
– Dei intellectualis 144, 148, 272f.
Anbetung 203, 282
Anerkennung 225
anima 117, 156
Anthropomorphismus 107, 119, 203, 206, 208f.
Aristokratie 225, 231, 233
Aspekt 42, 67, 74, 136, 306
Assoziation 89, 101, 113, 136, 140, 149, 175, 178, 180, 185, 222, 263, 277, 287
– Gesetz der (Assoziationsmechanismen) 136, 140, 178, 222, 277

– von Ideen 113, 136
Attribut 6, 17–34, 37–56, 64, 69f., 82–85, 87–91, 96–98, 104, 129, 134, 138f., 141, 143–145, 169, 209, 220, 284–288, 296, 298, 300f., 303, 307
Ausdehnung 6, 22, 25, 40f., 43, 45–47, 49f., 53, 65f., 68, 70, 76f., 83–85, 88–90, 96, 111, 123, 128f., 148, 158, 162, 169, 195, 283, 285, 296, 301–303, 305, 307
auxilia imaginationis 136

Beatituto 267, 271, 274, 279
Begehren (cupiditas) 153, 169, 172–174, 176–179, 181, 186, 205, 216, 223, 241f., 245f., 249, 269, 289
Beobachter 171, 174f., 179f., 218
Bürger 219, 221, 225–228, 230–233, 235
Bewegung 39–41, 44–47, 49f., 52f., 56, 72, 88, 90, 118, 123–129, 131, 141, 156–162, 164, 166, 275, 288, 292, 303, 307
– Relativität von 49
– und Ruhe, ontologische Äquivalenz von 160
Bewußtsein 92–94, 139f., 147f., 171f., 178, 180f., 185, 187, 195, 209, 238, 243, 286, 288–290, 292–295, 305
Beziehung, zwischenmenschliche 183f., 186, 188, 190, 192, 217, 262

causa sui 73, 146, 289
Conatus 7, 103, 132, 151, 153–158, 162, 167–169, 176, 198, 200, 203, 207, 238–245, 248–250, 271, 289, 295, 299
Chimären 164, 221

Dankbarkeit 176, 177, 199, 259, 262f.
Dauer 48, 54, 144, 161, 165f., 200, 218, 220, 223f., 234, 257, 272, 279, 292f., 297–301, 303f., 306
Deduktion (deduction) 10, 43f., 48, 130, 142, 292, 295, 303
deduktiv 75, 145f., 149
Demokratie 5, 13, 220, 225f., 231, 233f.
Denken 6, 9, 11, 22, 144, 40f., 43, 45, 50, 54, 64–66, 68, 70, 76, 77, 83–85, 88–90,

96, 104, 106f., 110, 117, 119f., 134, 137, 139, 141, 156f., 169, 185, 195, 206, 210, 227, 257, 277f., 280f., 283, 285f., 288, 293, 296, 301f., 304
Desillusionierung 201, 205, 211
Determination 50, 252, 257
Determinismus 9, 281, 299
Dictamina rationis 205, 241, 244, 268–271, 274, 290–292
Differenz
–, numerische 101–103, 105f., 112, 116, 120
–, spezifischen 116, 119
Ding (res) 42, 105, 139, 155
Direktionsgewalt 224, 228, 234

Eigentum 220, 232
Eigenschaften 52, 73, 85, 87, 93, 95, 102, 105, 107f., 116, 120, 139f., 142, 148f., 176, 189, 218, 255, 294, 300
–, gemeinsame (proprietates communes) 141
Einzelwesen, Einzelnes 242, 244, 253–257, 259–261, 284, 287
Egoismus 202, 205, 213
–, romantischer 205
Ekstase 281
Emotion 79, 98, 169, 252, 259, 275f.
Empörung 228
Entbildung 252
Entfremdung 197, 203, 287
Entpersonalisierung 258
Ereignis 54, 66–68, 76, 86–92, 110–112, 117f., 152, 174f., 178f., 179, 182, 187, 243, 252, 284, 288, 302–304, 307
Erkenntnis 1, 3, 8, 42, 56, 60, 74f., 78f., 82, 109, 133, 140f., 143–149, 179, 189f., 194, 200, 204, 212, 215f., 218, 240f., 249f., 252, 254–260, 264, 272–276, 281, 283–296, 306
–, adäquate (s.a. adäquate Ideen) 82, 138, 141, 240, 243, 246, 254, 276, 280
–, intuitive 82, 133, 144–147, 250, 255, 272f., 281
–, reflexive 134, 139, 181
–, sinnliche 82
Erkenntnisarten 133, 135, 137, 139–141, 143–149
Erkenntnisordnung 117

Erkenntnistheorie 1f., 10, 82, 120, 139, 172, 237, 283, 296
Erkenntnisvermögen 83f.
Erklärung 19, 29f., 41, 44, 53, 95, 97, 103, 113, 119, 143f., 152f., 169f., 186, 191, 206–208
–, Ebenen der 89, 103
–, kausale 44, 50f., 55f., 188, 206f.
Erleben 87
Erstaunen 281
Essenz 71–73, 83, 108, 117f., 133, 143–149, 163–165, 173, 179, 195, 209, 243, 246, 261, 272f., 278, 280, 285f., 291, 293
Ewigkeit 1, 54, 66f., 70, 74, 144, 148f., 250, 256, 261, 267, 272–274, 278f., 292–297, 300f., 304–306
Existenz 2, 37f., 42, 46, 48, 51–56, 61, 67, 71–73, 75, 88, 96, 104, 108, 144, 148f., 1544, 156, 158, 166, 173f., 179f., 194f., 218, 224, 264, 280, 293f., 296–304

facies totius universi (Angesicht des ganzen Universums) 39, 47, 50f., 53–56, 302
Fatalismus 281
Feind 223, 229, 231, 263
Fiktion 206–210, 227, 239, 303
fluctuatio animi 186
Form 41, 49, 52, 56, 85, 97, 107, 119, 145, 152, 160, 176, 178, 180–183, 192, 197, 209f., 228–230, 239–241, 243–245, 248–250, 253, 270, 272, 278, 284–288, 291–294, 296
Fortuna 269f., 274, 280
Französische Revolution 231
Freiheit 1f., 4–10, 13, 60f., 64, 76–79, 82, 112, 118, 136f., 140, 152, 155, 182f., 191, 197–199, 201–206, 208, 215f., 222, 226–228, 231–235, 237, 241, 244, 249, 251, 253–256, 257–264, 267–269, 271, 273–275, 278, 280–282, 290, 292
Freude (laetitia) 7f., 79, 151–153, 169, 173f., 176, 179f., 182, 184, 186, 188f., 191–193, 203–205, 211f., 216–218, 243, 280, 290, 295
Frieden 226f., 22, 231, 234f.
Furcht 176f., 200, 219f., 225, 227–229, 231, 259–261

Gebot 204, 229, 241, 244, 270, 290
Gegenstand/Objekt 7, 44, 67f., 82, 85–87,

93, 106, 112f., 133f., 137, 139–143, 145, 147–149, 151f., 172–175, 178–181, 186, 191, 239f., 286, 288f.
Gegenseitigkeit 187–189
Gehirn 84, 87, 89, 91, 275, 277, 280f.
Geist (mens) 1, 5f., 40, 50, 54, 78, 82–90, 92–99, 101, 103–120, 135–141, 143–149, 151, 158, 169, 172–174, 176–178, 180–182, 189f., 192–195, 198, 206, 220, 222, 224f., 227, 234, 240, 246, 249f., 267, 270–273, 275–281, 284, 287, 292–295, 305
Gesetz/Gesetzmäßigkeit 62, 136, 155, 217, 223, 227, 229, 233, 287, 304
–, individuelles 259f.
Geschichte 51, 54–56, 78f., 192, 256–258, 261, 302
Gewalt 62, 219, 225, 229, 245
Gewißheit 134, 140, 145, 288
Glückseligkeit 267, 271, 274, 296
Gott 5f., 8, 11, 27–29, 37f., 40, 42f., 46, 51–53, 55, 60, 62–70, 73f., 82–84, 106–108, 111, 117, 124, 134, 145, 148, 147, 151, 165, 188f., 198, 204, 206f., 209–213, 222, 243, 249, 255f., 258, 260f., 273, 277–280, 285, 288, 291–295, 298, 300–307
–, personaler 64f., 71, 83, 107, 258
–, werdender 261
Gottesidee 142, 146, 277, 288, 301
Grund 68, 97, 146, 148f.
–, zureichender, Prinzip des (principle of sufficient reason) 73
Gute, das 2, 170, 192, 05, 210–212, 218, 237–250
Gut 2, 78, 215–217, 240, 249f.

Handeln 2, 5, 38, 40, 51, 54f., 119f., 169, 224, 226f., 232, 244f., 247f., 250–252, 257–260, 263f., 281, 288, 290, 292f.
Handlungsmacht 199, 224, 226f., 234, 260
Haß (odium) 2, 7, 171, 173–176, 179–182, 184f., 189, 204, 243, 252, 259f., 263f., 270, 276
Hegelianismus 10
Heil 212, 268, 272, 274, 281
Hoffnung 78, 176f., 184, 204, 225, 229, 231, 259

Holismus, semantischer 109
Homöostase 158, 160
Hydrostatik 124

Ideal 205, 212, 241, 247, 249, 269, 279
Idealismus 9
Idee
–, adäquate 93, 118, 134f., 139f., 144f., 149, 172, 178, 180–182, 190, 194f., 201, 203f., 210f., 241, 245, 259, 263f., 288, 301, 303–306
–, inadäquate 134–136, 138, 140, 149, 172, 181f., 194, 201, 203f., 210, 257f., 263f., 304f.
– der Idee (idea ideae) 287f., 296
Identität, Identifikation 37, 65, 84–87, 95f., 115, 120, 146, 149, 161, 168, 184, 238, 295
– der Unterschiedenen (identity of indiscernibles) 23
– von Leib und Seele 95, 97
Imagination (s.a. Vorstellung) 45f., 79, 133, 135–140, 146, 172–176, 178–182, 188, 199, 204f., 240, 243f., 259, 270, 272–275, 277
Imitation der Affekte (imitatio affectus) 7, 184, 186, 188–190, 216
Immanenz 8, 10, 43, 144, 239
Individualität 6f., 103, 255, 260, 262, 283f., 292, 294, 296
Individuum 106, 111, 147, 153, 156, 159, 167–170, 174, 178, 180, 182, 190, 200–202, 205, 238, 240, 242, 249, 252–258, 261, 274, 285–288, 290f., 294
infinit/unendlich 20, 26, 32, 38–40, 42, 44, 47–56, 66, 69f., 83, 108f., 117, 128f., 134, 175, 202, 281
In-se-esse 289
Institution 220, 225, 227, 230–235
Intellekt (intellectus) 19, 39, 42, 107f., 117, 136–138, 198, 256, 267, 269f., 272f., 278f., 306
Intentionalität 104, 171–173
Interaktion, s.a. Wechselwirkung 87–91, 93, 95, 141, 194, 197, 200, 215, 222
Interesse 189, 204f., 210–212, 215, 217, 221, 229–232, 235
Intuition 82, 104f., 112, 114, 120, 131, 144f., 254, 288
intuitiv (s.a. scientia intuitiva) 43, 49, 59,

82, 105, 110, 114f., 133, 137, 139, 143–149, 250, 255, 273, 281, 296

Kausalität 144, 146, 149, 169, 174, 209, 285, 288, 296, 298
–, immanente 144, 149
Kausalketten 74–76, 97
Knechtschaft 7, 82, 140, 183, 197–201, 213, 215, 237, 241, 251, 253
Komplexität 93, 152, 162, 253–256, 259
Konflikt 1, 90, 200, 221, 223, 242, 256, 291
Konkretheit 288, 291f.
Konkurrenz 200, 216, 286
Kontingenz, kontingent 37, 45, 48, 59–61, 71–74, 76, 136, 140, 179f., 216f., 258, 283, 287
Kooperation 217, 224–227, 235, 270
Körper 6f., 45, 49, 62f., 72, 84–86, 88–90, 92f., 95–98, 103, 105, 110f., 113–117, 121, 123, 127–129, 131f., 135f., 138f., 141, 147, 149, 152, 155–162, 164, 166–169, 171f., 174f., 178f., 183, 187, 189, 193–195, 205f., 212, 234, 254, 256, 267, 270, 275, 277f., 280f., 287f., 292f., 297, 300–307
– Dauer des 272
–, menschlicher 110, 113f., 135f., 141, 280f., 288
–, unser 110f., 114–116, 147, 149, 276, 281, 288, 300, 305f.
–, zusammengesetzter 158–162, 166
Körper-Geist-Verhältnis 84–86, 88–90, 92f., 95–98, 103, 105, 110, 112f., 115, 136, 169, 172, 194, 206
Korrespondenztheorie 133, 254
Kosmos 11, 83f., 203
Kraft (force, vis) 25, 30, 37, 64, 79, 123–125, 127f., 144, 146, 148, 157, 159, 161, 169, 178–182, 186, 193, 229, 246, 249f., 253, 269, 271f., 278–280, 285, 290, 299

Leben 1f., 4, 13f., 78, 89, 133, 137, 151f., 155, 167, 169, 183f., 187, 189, 200, 202–206, 209, 211, 215, 217, 221, 224, 231, 233, 235, 244, 250–253, 257–262, 269–272, 274, 277, 284, 288, 290f., 293f., 296, 305, 307

Lebewesen 73, 93, 118–120, 154f., 162, 204, 208f.
Leid 183, 186, 228, 251f., 254, 259f., 264f., 271
Leidenschaft (passio) 152, 172, 176–178, 180, 182–187, 189–194, 215–218, 220, 286
Libertas 4, 267, 279, 290
Liebe (amor) 8, 148, 171, 173–182, 184f., 188, 191, 206, 212, 216, 220, 227, 273, 275f., 278, 283, 289, 291, 295f.
Limitation 286
Lust 173, 176, 189, 288f.

Macht (potentia) 37, 51, 61–63, 78, 165, 171, 174–183, 185, 187, 195, 197–201, 203–205, 211f., 218f., 222–228, 230–233, 239f., 243, 250, 252f., 257f., 262f., 265, 267, 269–271, 274–277, 281, 286f., 290
Maß 136, 206, 243, 258
Materie 96, 285, 296
Medicina 269
Medien 284
Menge 64, 141, 157, 223–225, 227, 231f., 235, 307
Meditation 203f., 270, 275f., 278
Metaphysik 37, 68, 70f., 83, 107, 139, 151, 165, 171, 296
Mitleid 177, 186, 225, 228, 259f., 263
Modifikation 6, 44, 49f., 55, 104, 146, 285, 288, 295
Modus 6, 22, 24, 39, 42, 47, 48–51, 53–55, 64, 66, 76, 85, 89, 102, 128f., 139–141, 144–146, 164, 172, 179, 181, 195, 243, 253, 265, 294f., 301f., 304f., 307
–, endlicher 48, 307
–, unendlicher (infiniter) 39, 48–55, 139, 141, 295, 299
–, vermittelter unendlicher 302, 304
–, unmittelbar unendlicher 301f., 304f., 307
Monarchie 225, 231–233, 238
Moral 3f., 6, 212f., 218, 221, 270f., 274
–, provisorische 270f., 274

Nationalsozialismus 11
Natur 11, 37, 42f., 46–48, 53f., 59, 61, 63f., 67, 69, 71f., 74f., 77, 82, 84, 88,

90f., 93, 105, 08, 118f., 136, 140, 151–155, 157f., 161 165–168, 174f., 178f., 183, 186, 190–192, 194, 200–203, 206–209, 215, 218, 220–226, 228f., 233, 237f., 241f., 244–248, 253, 255f., 258, 260, 262, 265, 273, 276, 281f., 298–300, 307
Naturbegriff, doppelter, 223, 284, 299
Naturgesetz 2, 40f., 55, 62, 152, 155, 160f., 222f., 302
Naturrecht, 153, 155
Naturteleologie, 207f.
Naturzustand 200f., 218–220, 222, 226, 229, 235
Negation 26, 285.
Neurowissenschaft 7, 81, 98f.
Nezessitarismus 59–61, 63, 66, 71f., 74, 76f.
Norm 134, 15, 205f., 212, 220, 223, 241, 248, 250, 284, 286, 290
Normativität 222f., 250
Notiones communes 140–142, 149, 254–257, 259, 262f., 277, 287, 291, 293
Notwendigkeit 2, 11, 37, 42, 45–48, 54f., 59–61, 66f., 71–73, 75, 77, 148, 154, 161, 164, 168, 174f., 181, 213, 218, 230, 255–258, 261, 282, 292, 294
–, essentielle 71–73
–, externe 256
–, innere 292
–, interne, 256f.
–, intrinsische 179
–, kausale 71–73
Nutzen 199, 203, 208, 211f., 219, 224, 227, 229f., 250, 283, 290f.

Objekt 85–87, 92, 109–112, 114f., 161, 169, 172–176, 178f., 181f., 184f., 193, 195, 286f., 293f.
Ohnmacht 176, 197f., 201, 203f., 212, 217, 252, 268f., 287
Ontologie 1, 5f., 37f., 42, 56, 104f., 107, 237, 283, 293
–, allgemeine 107f.
Ordnung 39, 60f., 66, 68–70, 72, 75f., 78f., 82, 88, 90–93, 98, 136–138, 140, 178, 184, 217, 230, 254, 281, 283f., 287, 291, 299–301, 306
– der Dinge 82, 88, 90, 98

– der Ideen 82, 88, 90–93, 301
– der Modi 66, 68
– der Natur 61, 88, 91–93, 136
– kausale 39, 18
ordo geometricus 142, 145

Panpsychismus 84, 91, 93, 95, 98, 116, 208
Parallelismus 65, 84, 87–90, 93, 95, 97f., 134, 183, 254, 288, 296, 301
–, psychophysischer 84, 87f., 93, 95, 97f., 134, 254
Partizipation 148, 227, 232, 234f.
Person 65, 71, 77–79, 83, 86, 107, 167, 171, 173, 185, 188, 198, 210f., 221, 233, 258, 263f.
Passivität 198, 202f., 276
Performanz 294
Perspektive 67f., 74f., 86f., 89, 94, 96–98, 134, 136f., 171–175, 179, 182, 216, 218, 238–241, 245, 247f., 252, 268, 270–273, 278–280, 286f., 289
Perzeption 142, 255
phänomenologisch 105, 114–116
Philosoph 190, 204
Physik 1, 6, 10f., 38, 113, 119, 123–132, 151f., 159, 168, 225
Physiologie 10, 89, 110f., 113
Pflicht 213
Politik, politisch 186f., 221, 229, 235
politico-theologisch 126
Potentia 38, 51, 62, 171, 178f., 201, 218, 224, 241, 243–245, 248, 252, 260, 264, 267–271, 274
Pragmatismus 13
Privatrecht 226
Psychoanalyse 7, 10
Psychosomatik 110
Psychotherapie 78, 274

Rationalismus 66, 73, 78f., 137
–, explanatorischer, 66, 73
–, therapeutischer 78f.
Realismus 10, 221, 235
Realität 172, 179, 190, 195, 206, 235, 286, 300
Redefreiheit 228, 234
Reduktionismus 7
Regierung 201, 225, 227, 231, 233f.
Religion 4, 60, 76, 186f., 215, 263, 281

religiös 3, 8f., 14, 148, 188f., 264
Remedia 267, 269–271, 274
Repräsentation 139–141, 145, 148f., 171–174, 181, 286
res cogitans 84, 108
res extensa 84
Rezeptionsgeschichte 12, 95, 102, 121
Rückkopplung 223
Ruhe und Bewegung 39, 41, 47, 49f., 52f., 56, 88, 90, 141, 158, 160–162, 164, 166, 307

Sanktion 219
Schlechte, das 192, 218, 241f., 248–25
schlecht 2, 110, 137, 207, 210, 217–220, 223, 231, 239, 242–246, 248f., 253f., 257, 262, 278, 289, 291
Schmerz 77, 87f., 96, 116, 204
Schöpfer 6, 83
Schöpfung 3, 203
Scientia intuitiva 105, 133, 137, 139, 141–143, 145–149, 250, 271f.
Seele 10, 81f., 91f., 94f., 97–99, 116f., 137, 183, 193f., 197f., 205, 274, 297, 302, 304–307
Selbstbewußtsein 147, 149, 180, 273, 280, 292–295
Selbsterhaltung 7, 68, 119, 153–156, 166, 169f., 182, 202, 204, 207, 209, 219f., 220, 222–224, 231, 238f., 241, 244–248, 252–254, 257–261, 295
Selbstmord, Selbstmörder 167f.
Selbstregulation 299
Selbstwissen 115–117, 121
Sicherheit 220f., 228, 231f., 235, 238, 246
Souveränität 62, 198, 224–228, 230, 233, 291, 294f.
Staat, Definition des 224f., 231
Staatsbürger 219
Staatsgewalt 224–229, 232f.
Staatszustand 220–222, 228
Staatszweck 231, 234
Statik 226
Stoa, Stoiker 154, 205, 267, 270, 280
Streben 68, 153, 155–157, 166, 169f., 173f., 176, 202, 205, 207, 209, 216, 223, 225, 237–245, 248–250, 254, 274, 283, 289f., 294
Struktur 2, 42, 46, 51, 54f., 60, 67, 114, 134, 139, 144, 148, 172, 178, 187, 208, 239–242, 244, 248, 253f., 256, 261, 288f., 294–296, 302
Strukturerhaltung 253f.
sub specie aeternitatis 76, 143, 148f., 250, 256f., 272f.
Subjekt 5f., 9, 85, 93, 101–108, 112, 116, 118, 120f., 134, 165f., 171, 173, 179, 181f., 249, 288, 294
Substanz 6f., 9, 17–34, 37–46, 50., 55, 61, 64, 69, 73, 82–85, 89–91, 95f., 98, 102–104, 128f., 131, 151, 158, 197f., 201f., 253, 256, 261, 265, 278, 283, 285, 289, 291, 294f.
– in sich (in itself) 18
–, self-conceived 18, 20f., 25, 34
Substanzdualismus 6, 84, 106
Substanzmonismus 6, 17f., 21f., 26, 28, 30, 37, 41, 69, 85, 103, 211
Suizid, s.a. Selbstmord 202f.

Teilnehmer 171, 173–175, 179–181, 202
Teleologie 68, 71, 170, 192, 203, 207f., 218
Theologie 3, 107, 151
–, rationale 107
Therapie 7, 13, 78, 141, 202, 269, 274
Tod 5, 9, 79, 154f., 200–202, 206, 213, 228, 259f., 264f., 293, 305
Trägheit 157f., 161f., 166, 168
Tugend 60, 76, 120, 133, 153, 192, 204, 211–213, 217f., 221, 244–246, 249f., 252f., 260, 274, 279, 289, 293, 296
Trauer/Traurigkeit (tristia) 7, 78f., 152f., 169, 173f., 176, 180, 182, 184, 192f., 218, 241–243, 276
Tyrann 167, 228, 264

Überzeugungsdrang 216
Unlust 173, 176, 260, 288–290
Unsterblichkeit 203f., 261, 272, 274, 297, 301, 304–307
Untertan 226, 228
Ursache, 6, 37, 40f., 51–53, 55, 60, 66, 68f., 71–76, 88, 90f., 126–128, 133, 135, 146, 156, 163–165, 167f., 170, 172f., 175–177, 182f., 193f., 198, 200–203, 206f., 209, 216f., 221, 224, 239, 256, 259, 264, 276f., 284–286, 288–291, 293f., 298–300, 305
–, finale 68, 170
–, formale 285, 294, 296

SACHREGISTER

–, immanente 37
–, materiale 285
–, teleologische 7
– Wirk- 38, 71, 73, 285, 290
– Zweck- 107, 206, 209, 284
Urteilskraft 228

Verfassung 230–233
Vergehen 220, 227f., 284
Vergeltung 291
Vergesellschaftung 224, 262
Vermögen 64, 70, 137, 153, 155, 245, 251f., 301, 303, 306
Vernunft (ratio) 74, 77, 133, 137, 139f., 160f., 167, 183, 187, 189f., 198, 201, 203–206, 211, 215f., 218f., 221f., 224f., 227, 229, 231, 240–242, 244–265, 267–275, 277, 279, 283, 290
Verstand (s.a. Intellekt) 39f., 42, 44–47, 50, 52, 54, 64, 79, 83, 106–109, 115, 180, 256, 261, 288, 290, 295, 301, 303
–, infiniter/unendlicher 39f., 42, 44, 46, 50, 54, 109, 288
Vertrauen 234
Verzeitlichung 184
Virtualität 284f.
Vollkommenheit 66, 169, 195, 206, 212, 283–286, 288, 295
Völkerrecht 229f.
Vorschrift 190, 223f., 227, 248, 250, 279
Vorstellung (imaginatio) 63, 89, 134–140, 144, 149, 185, 187f., 199, 204, 244, 256, 262f., 278, 290f., 306
Vorstellungskraft 167, 305
Vorzüglichkeit (praestantia) 116, 119f.

Wahrheit 2, 13, 44, 62, 65, 78, 133f., 140, 154, 166, 224, 246, 248, 268f., 280f., 291, 293, 295, 304
Wahrnehmung 82, 86, 88, 92, 97, 109–112, 115f., 120, 136, 139, 172f., 195, 259, 287, 294
Wechselwirkung, psychophysische 88
Weisheit 1,8, 12–14, 274, 281
Wertprädikate 218, 220, 223
Werturteil 10, 210, 213, 221
Wesen 37f., 45, 50, 56, 60f., 64f., 67, 73, 75, 82, 93, 96f., 104, 107, 116, 144, 146f., 149, 152, 156, 164, 168, 185, 195, 197f., 200, 202–205, 207f., 212, 234, 243, 253f., 256–258, 260f., 264, 284, 289f., 293, 295, 298–307
Widerstand 228, 270
Wirklichkeit 151, 180, 209, 215, 223, 239, 242, 246, 254, 258, 279, 283–286, 292–295
Wille (voluntas) 6, 37, 60–66, 68, 70, 96, 117, 151, 191, 203, 211, 220, 226, 229, 232, 241, 252, 256, 267, 270, 274, 276, 280, 286f., 289f.
–, freier 6, 37, 60f., 64, 151, 191, 241, 267, 280, 286f., 290
–, göttlicher 62–68, 70
– Theorie des 64, 211
Wissen 123, 125f.

Zahl 136, 146f., 225, 229, 232, 255
Zeit 55f., 67, 99, 113, 136, 144, 148, 161, 174, 176, 182, 190, 199f., 202, 207, 210f., 250, 256, 258–260, 272f., 277, 287, 291–293, 296, 300, 305f.
Zorn 76f., 191, 259, 290f.

Hinweise zu den Autoren

Francis Amann studierte Philosophie, Kunstgeschichte und Politische Wissenschaften in Berlin, Rom und Hamburg. Sie arbeitet auf den Gebieten der Philosophie des Geistes, Erkenntnistheorie, Ethik, Theorie der Gesellschaft, Systemtheorie, zu Luhmann und Spinoza. Buchveröffentlichung: Ganzes und Teil. Wahrheit und Erkennen bei Spinoza, 2000. Aufsätze zu Spinoza und Luhmann.

Wolfgang Bartuschat, 1977–2002 Professor für Philosophie an der Universität Hamburg. Wichtigste Veröffentlichungen zu Spinoza: Spinozas Theorie des Menschen (1992); Baruch de Spinoza (1996). Herausgeber und Übersetzer: Spinoza, Abhandlung über die Verbesserung des Verstandes (1993, 2. Aufl. 2003); Spinoza, Politischer Traktat (1994); Spinoza, Ethik in geometrischer Ordnung dargestellt (1999); Spinoza, Descartes' Prinzipien der Philosophie (2005). Zahlreiche Aufsätze zur Philosophie Spinozas. Mitherausgeber (seit 1994): Archiv für Geschichte der Philosophie.

Thomas Cook ist Professor für Philosophie am Rollings College in Winter Park, Florida. Seine Forschungsschwerpunkte sind Spinoza und das 17. Jahrhundert im allgemeinen mit einem besonderen Fokus auf dem Körper-Geist-Problem sowie Fragen der moralischen Psychologie. Er hat zahlreiche Artikel über Spinoza in verschiedenen Zeitschriften und Anthologien publiziert.

Herman De Dijn ist Professor für Moderne Philosophie am Institut für Philosophie der Katholischen Universität Löwen (Belgien). Er ist Mitglied der Königlichen Belgischen Akademie für die Wissenschaften und Künste. Viele Jahre lang war er Vorsitzender der Internationalen Spinozagesellschaft ‚Het Spinozahuis' in den Niederlanden. Er ist international bekannt für seine Beiträge über Spinoza und auch Hume.

Michael Della Rocca ist Professor für Philosophie und Leiter des philosophischen Departements der Yale University. Er ist Autor von Representation and the Mind-Body Problem in Spinoza (1996) sowie zahlreicher Artikel im Bereich der frühneuzeitlichen Philosophie sowie der gegenwärtigen Metaphysik.

Christof Ellsiepen ist wissenschaftlicher Mitarbeiter in Systematischer Theologie an der Evangelisch-Theologischen Fakultät der Universität Mainz. Veröffentlichungen: Anschauung des Universums und Scientia Intuitiva. Die spinozistischen Grundlagen von Schleiermachers früher Religionstheorie (2006); Immanenz und Freiheit. Spinozas Beitrag zur Religionsphilosophie, in: Protestantismus zwischen Aufklärung und Moderne, hg. v. R. Barth u.a. (2005).

Stephen Gaukroger ist Professor für Philosophie- und Wissenschaftsgeschichte und ARC Professorial Research Fellow an der Universität von Sydney, Australien. Veröffentlichungen: The Emergence of a Scientific Culture (forthcoming 2006); Descartes' System of Natural Philosophy (2002); Francis Bacon and the Transformation of Early-Modern Philosophy (2001); Descartes, An Intellectual Biography (1995); Cartesian Logic (1989); Explanatory Structures (1978).

Michael Hampe ist ord. Professor für Philosophie an der ETH Zürich. Publikationen zu Spinoza, der Philosophie der frühen Neuzeit, Whitehead, der Metaphysik des Pragmatismus und zur Wissenschaftsphilosophie der Biologie und Psychologie u.a. Neuere Publikationen: Erkenntnis und Praxis, Frankfurt 2006; als Hg.: Naturgesetze, Paderborn 2005.

Thomas Kisser, Studium der Philosophie, Evangelischen Theologie und Amerikanistik in München. Promotion 1993 über Spinoza. Mitarbeiter der Schelling-Kommission der Bayerischen Akademie der Wissenschaften. Aufsätze zur Philosophie Spinozas und des Deutschen Idealismus.

Alexandre Matheron ist Professor emeritus an der Ecole Normale Supérieure, Fontenay-Saint-Cloud. Er hat drei Bücher über Spinoza publiziert: Individu et communauté chez Spinoza (1969, 1988), Le Christ et le salut des ignorants chez Spinoza (1971), Anthropologie et politique au 17e siècle. Etudes sur Spinoza (1986). Er ist Autor zahlreicher Aufsätze über Spinoza, Descartes und Hobbes.

Pierre-François Moreau ist Professor an der Ecole Normale Supérieure des Lettres et Sciences humaines, Lyon. Er leitet die Groupe de recherches spinozistes und das Centre d'Etudes en Rhétorique, Philosophie et Histoire d'Idées CERPHI. Er ist Hauptherausgeber der neuen Ausgabe des Oeuvres complètes von Spinoza. Jüngere Publikationen: Lucrèce. L'Ame (2002), Spinoza et le Spinozisme (in der Reihe „Que sais-je?" 2003), Problèmes du spinozisme (2005), Spinoza. Etat et Religion (2005), Les universels. Spinoza (in Zusammenarbeit mit Charles Ramond, 2006). Herausgeberschaften: Mit B. Besnier und L. Renault: Les passions antiques et médiévales (2003), mit Ann Thomson: Matrialisme et passions (2004), Les passions à l'âge classique (2006).

Michael Pauen ist Professor für Philosophie an der Otto-von-Guericke-Universität Magdeburg. Visiting Professor am Institute for Advanced Study in Amherst, Massachusetts, Fellow an der Cornell-University und am Hanse-Wissenschaftskolleg in Delmenhorst, Ernst-Bloch-Förderpreis 1997. Veröffentlichungen: Illusion Freiheit? 2004; Feeling Causes, Journal of Consciousness Studies 2006; Does Free Will Arise Freely. Scientific American 2003; Painless Pain, American Philosophical Quarterly 2000; Is Type Identity Incompatible With Multiple Realization? Grazer Philosophische Studien 2003; Das Rätsel des Bewußtseins, 1999; Neurowissenschaften und Philosophie 2001.

Dominik Perler ist seit 2003 Professor für Philosophie an der Humboldt-Universität zu Berlin. Er lehrte zuvor in Oxford und Basel und war 2004–2005 Fellow am Wissenschaftskolleg zu Berlin. Buchveröffentlichungen u.a.: Repräsentation bei Descartes (1996), Occasionalismus. Theorien der Kausalität im arabisch-islamischen und im europäischen Denken (mit U. Rudolph, 2000), Theorien der Intentionalität im Mittelalter (2002), Zweifel und Gewissheit. Skeptische Debatten im Mittelalter (2006).

Ursula Renz, Studium der Philosophie, Germanistik und Didaktik. Promotion 2000. Visiting Fellow an der Yale University, Scolaire Intérnationale an der Ecole Normale Supérieure in Lyon. Seit 2004 Wissenschaftliche Assistentin an der ETH Zürich. Arbeitsgebiete: Philosophiegeschichte mit Schwerpunkten in der frühen Neuzeit (Spinoza, Rationalismus) sowie bei Cassirer, Heidegger und im Neukantianismus. Artikel zu Problemen der Philosophie des Geistes, Emotionstheorie, Kulturphilosophie und Philosophischer Anthropologie. Sie arbeitet derzeit an einer Arbeit über Spinozas Theorie des menschlichen Geistes.

Robert Schnepf wurde 1993 mit der Arbeit „Metaphysik im ersten Teil der *Ethik* Spinozas" (Würzburg 1996) in Heidelberg promoviert und habilitierte sich 2001 an der Martin-Luther-Universität Halle-Wittenberg mit Schrift „Die Frage nach der Ursache – Systematische und problemgeschichtliche Untersuchungen zum Kausalitäts- und zum Schöpfungsbegriff" (erscheint Göttingen 2006). Seine Arbeitsschwerpunkte sind Metaphysik und Metaphysikgeschichte, Rechtsphilosophie und Geschichte der Rechtsphilosophie sowie Erkenntnistheorie mit einem Schwerpunkt auf den Problemen der Geschichtswissenschaften.

Jean-Claude Wolf, studierte in Zürich, Bern und Heidelberg Philosophie, Germanistik und Literaturkritik. Doktorat und Habilitation an der Universität Bern. Seit März 1993 Ordinarius für Ethik und politische Philosophie an der Universität Freiburg, Schweiz. Arbeitsgebiete: Angewandte Ethik, Rechtsphilosophie, Utilitarismus, Liberalismus, philosophischer Pragmatismus, Spinoza, Kant, Schopenhauer und Nietzsche. Veröffentlichungen in Auswahl: Tierethik. Neue Perspektiven für Menschen und Tiere, 1992, gemeinsam mit Peter Schaber: Analytische Moralphilosophie, 1998, Zarathustras Schatten. Studien zu Nietzsche, 2004.

Manfred Walther ist Prof. em. für Rechtsphilosophie an der Juristischen Fakultät der Universität Hannover; Gründungspräsident der Internationalen Spinoza-Gesellschaft. Wichtigste Veröffentlichungen: Metaphysik als Antitheologie (1971); Die Lebensgeschichte Spinozas in Lebensbeschreibungen und Dokumenten, 2 Bde. (2006). Aufsätze zur politischen Philosophie Spinozas und zur Wirkungsgeschichte Spinozas in Deutschland von Leibniz bis Tönnies, Kelsen und Schmitt. Mitherausgeber der STUDIA SPINOZANA und der Schriftenreihe der Spinoza-Gesellschaft sowie zahlreicher Sammelbände. Kürzlich erschienen: Die Sophistik: Entstehung, Gestalt und Folgeprobleme des Gegensatzes von Naturrecht und positivem Recht (2002); Spinoza and Jewish Identity (2003); Religion und Politik (2004).

www.ingramcontent.com/pod-product-compliance
Lightning Source LLC
Chambersburg PA
CBHW051109230426
43667CB00014B/2500